北京大學《儒藏》編纂與研究中心　編

《儒藏》精華編選刊

正學堂稿（上）

〔明〕李　材　撰

劉經富　校點

北京大學出版社
PEKING UNIVERSITY PRESS

圖書在版編目(CIP)數據

正學堂稿：全二册 /（明）李材撰；北京大學《儒藏》編纂與研究中心編. -- 北京：北京大學出版社，2025.9. --（《儒藏》精華編選刊）. -- ISBN 978-7-301-36645-5

Ⅰ. B248.99

中國國家版本館CIP數據核字第2025J7599C號

書　　名	正學堂稿 ZHENGXUETANG GAO
著作責任者	〔明〕李材　撰 劉經富　校點 北京大學《儒藏》編纂與研究中心　編
策劃統籌	馬辛民
責任編輯	周　粟
標準書號	ISBN 978-7-301-36645-5
出版發行	北京大學出版社
地　　址	北京市海淀區成府路205號　100871
網　　址	http://www.pup.cn　新浪微博：@ 北京大學出版社
電子郵箱	編輯部 dj@pup.cn　總編室 zpup@pup.cn
電　　話	郵購部 010-62752015　發行部 010-62750672 編輯部 010-62756694
印 刷 者	三河市北燕印裝有限公司
經 銷 者	新華書店 650毫米×980毫米　16開本　33印張　410千字 2025年9月第1版　2025年9月第1次印刷
定　　價	138.00元（全二册）

目録

上册

下册

校點説明

李材（一五二九—一六〇七），字孟誠，别號見羅，人稱見羅先生，江西豐城段潭鄉湖茫村人。嘉靖四十一年（一五六二）登進士第，授刑部主事。隆慶間，歷任兵部郎中、廣東僉事。善用兵，屢敗倭寇。萬曆初，官至雲南按察使，因毁參將署爲書院，致激兵變。嘗收孟養、蠻莫兩土司以制緬甸，以功擢右僉都御史。萬曆十五年（一五八七），雲南巡按御史劾其破蠻冒軍功，逮問下獄，囚繫五年；萬曆二十一年遣戍福建鎮海衛，久之，赦還，卒，年七十九（生卒年參一九八九年重修《湖茫李氏宗譜》）。

李材師事江右王門著名學者鄒守益，又問學王畿、錢德洪，爲王陽明再傳弟子。黄宗羲《明儒學案》卷三十一《止修學案》專論其學。李材一生著述甚豐，據《明史·藝文志》及《四庫全書總目》等著録，李材著有《數學録》十二卷、《南中問辨録》十卷、《將將紀》二十四卷、《兵政紀略》五十卷、《經武淵源》十五卷、《李見羅書》二十卷（含《大學古義》一卷、《道性善編》一卷、《論語大意》四卷、《書問》九卷、《門人記》四卷、《舊本序》一卷）、《觀我堂摘稿》十二卷（含《大學古本義》一卷、《書問》十卷、《雜著》一卷）等。

《正學堂稿》爲李材晚年謫居福建漳州、莆田時所撰，内容多與理學相關，文體以函劄爲主，亦有序記碑銘。該書先由李材弟子福建龍溪人黄盤（字汝潔）裒集，編爲二十六卷，萬曆二十四年丙申（一五九六）初刻於漳州，以李材居漳州時講學之地紫芝書院内正學堂名書。今見各本述及之《正學堂稿》，當多指此二十六卷本。後由其莆田弟子陳其志、方承郁續編爲四十卷，萬曆二十九年辛丑再刻於莆田。

又《明史·藝文志》别集類著録徐即登（一五四五—一六二六）撰《正學堂稿》二十六卷。即登爲李材弟子，亦爲豐城人，清雍正十年《江西通志》卷六十九亦謂即登撰《正學堂稿》，未載卷數。同治十二年版《豐城縣志》卷十五《人物志·儒林·徐即登傳》及卷二十四《藝文志》均著録徐即登撰《正學堂稿》二十六卷。黄虞稷《千頃堂書目》卷二十四著録李材《正學堂稿》二十四卷，卷二十六又著録徐即登《正學堂稿》二十六卷。究竟是李材所撰《正學堂稿》誤著録爲徐即登，抑徐即登另撰有《正學堂稿》二十六卷，尚待進一步考證。

李材的著作，大半亡佚。陶福履、胡思敬所刻《豫章叢書》，以收集《四庫》未收之贛人著作及稀見善本爲職志，但均未收録李材著作。清末，豐城李氏族人李止學發願搜尋李材遺著，獲得《敎學録》、《正學堂稿》，分别刊刻於宣統二年（一九一〇）、民國元年（一九一一二)。所刻《正學堂稿》,凡四十卷,卷首附有李材九世孫苐慶的題詞。民國十二年,李止學重印《數學録》、《正學堂稿》,並附刻《李見羅先生行略》,卷首增加了時任江西省省長蔡成勳所作序。

此次校點,以民國元年所刻《正學堂稿》爲底本。底本目録所列篇名有闕字或與正文不一致者,皆依正文補改,以求一致。有的篇名含多篇文字,爲清楚起見,從第二篇起,加一「又」字。校點中的錯誤、不當之處,敬祈學者批評指正。

校點者 劉經富

讀曰淵夫其裏粹
夫其容灼見大學
之道直接洙泗之
宗

癸亥春筱塘九世孫苐慶拜題

正學堂稿舊刻序

獻可頃居楚，讀見羅李先生書，輒心醉，然吏事糾紛，吾斯之未能信也。及歸而杜門，復值先生載道而南，過從問難，亦既有年。因得其《書要》、《約言》及《問辨》諸書，讀之反覆，乃始喟然歎曰：「文不在兹乎！」夫聖經傳自孔氏，而入門獨有次第，豈特三綱八目之犁然具哉？首之知止，括之脩身，而申之以知本：本末始終寓焉。止不離善，而善之所屬者何？身是已，故言止而非涉於虚。脩不離身，而身之所統者何？善是已，故言脩而非飭於貌。一止一脩，互爲夾持，而三綱八目遂爾具舉。繇止脩之義不明，故有言知不言止，而以致知爲立宗者，是昧心與性而離之也。善何自而止？有本身不本善，而以此身爲軀殼者，是岐形與性而二之也。身何自而脩？不止不脩，而于古人之學去之遠矣。

先生生于孔、曾千百載之後，心契于千百載之前，剖破群迷，特標創見。以善爲命脉，以身爲歸宿，以止爲入竅，以脩爲工夫。而善之所以不淪於虚，身之所以得成其大者，則以有所點化，有所操柄，而本之道歸焉耳。繇其知止，故落根有地；繇其脩身，故罅漏無呰；繇其知本，故壹止壹脩，而經綸之欛柄在我。以此辨宗，以此明學，易而易知，簡而易操，雖考諸往而不謬，百世以俟而不惑者也。顧或者猶疑止慮之揭稍近定慧，不知先生之學以經世，故不離事物以求止。而禪氏之學以出世，則離事物以求定者也。唯其相離，故善爲虚名，身爲虚器，而措之事事皆虚；唯其不相離，故善爲實理，身爲實際，而措之事事皆實。虚實辨而邪正分，不啻若别白黑而數一二矣，奚其疑？

先生居東日久，裁答益富，然鑿鑿皆性宗教乘也。友人黄君汝潔裒爲一編，釐若干卷，名曰《正學堂稿》，將壽之梓，與學者共。余得受而讀之卒業，見其隨叩而應，皆因機以導。質之向者諸書，詞旨雖異，指歸則同，或文義可以互觀，或箴規可以交警，或沿波可以遡源，或揣本可以知末。誠哉吾儕啟關之鑰匙，而入道之階梯也，是烏可以無傳乎？若徒視爲寒温慰藉者述誇鬪云爾，則非先生愛成之意，抑豈二三子淑艾之心？

萬曆丙申季秋之吉舊屬晚生同安李獻可頓首拜譔

刻見羅李先生正學堂稿序

嘗觀聖人之道，其猶水乎！水之汪洋浩蕩，萬派千支，終歸溟渤，乃其初之渟泓一掬者，實先之焉。有本者如是，夫學可離本乎？自宗本失而學術支，發源無地，而徒取勘於流行，是挈裘而倒其領，舉網而失其綱也。漸進無基，而遽希功於極致，是欲升而棄其梯，求濟而捨其筏也。內之身心意知，外之家國天下，皆茫然無所把握，即有所施設，而或憑意見，或任氣魄，要非性中作用，其與寂滅虛無不足以經世者，均之乎病也，則性學不明之故也。

遡堯舜以來，聖聖相禪，至孔子集其大成，而惟曾氏獨得其宗者也。《大學》一書，面相授受，綱舉目具，開其竅於止善，歸其本於脩身，而叮嚀知本，一言於斯，定命於斯，經綸條理淵源，渾然統括。昔賢云「見古人爲學次第，獨賴此篇」，有味乎言也。二千年來，聞見異同，遞明遞晦。

明興，諸大儒相繼倡學，而姚江王文成公最著。文成以致知揭宗，論者尚有歸宿。流行疑義，至抉幽闡伏，直頂聖門，則無若吾師見羅先生者矣。先生天啟聰明，體勘既久，超然默識。人急辨體，先生務明宗；人以止善爲終事，先生斷以爲始事；人以知本爲經文剩語，先生獨以爲經世要樞。故謂始終本末，分別入道之門；本歸脩身，以要至善之宿。知脩身爲本，斯爲知本。前後論著，其大旨不離乎是，若挈裘領，一舉而頓之順者，不可勝數也。恍然覿面孔、曾，精神命脉，兩相符印。聖學崇深，得先生説梯筏之，抑何簡易切實也。繼往開來，其有功於世道豈淺哉！

先生書刻甚富，往如《問辨録》、《性善篇》、《大意》、《約言》，既流布宇内，而是集則寓清漳及敝邑縉紳迎至莆陽時問辨著作，彙而成編，題曰《正學堂稿》。承郁受而讀之，則見清流惠風，明鏡屢照，人人各得，而吾師不以爲疲。至於序記諸篇，皆抒寫藴藉，羽翼性宗，具足以發明學問宗旨，而雄宏失道左見矣。以吾師止脩之説直頂聖門，嘉惠來學，固已遡濂、洛、關、閩而上之，何論河汾。承郁幸列末席，雖不能至，實心嚮往之，故於刻成而僭爲之序，以自附董生推尊之誼云。

萬曆辛丑歲獻春吉日莆陽門人方承郁頓首百拜敬書

敬刊見羅李先生正學堂稿述略

先生明代之偉人也。當時以學術顯，講義宏富，著述如林。自明以來，半多散佚，究莫詳其真詮。從姪止學讀書之餘，搜尋殘缺，忽得先生《敎學録》全卷，悉心研究，乃歎先生之學，真得孔、曾之學，舍此無以見宗廟之美，百官之富，烏可不傳也？于是精校刊刻，以公諸世。後又購得先生《正學堂稿》，披誦再四，益覺止修之學之精微，大有關于世道人心，于是又付之梓。世之君子讀先生之書，學知本之學，且本所學以公諸天下，是則泌所厚望，願與諸君子所同心共勉者也。惟先生著述遺佚甚多，爰就所知，臚列于左，以備同志者留心採訪云爾。

《大學考次》一卷，《大學約言》一卷，《崧臺講義》一卷，《觀我堂稿》二十二卷，《論語大意》十二卷，《道性善編》一卷，《南中問辨録》十卷，《仕學齋稿》二卷，《福堂稿》二卷，《哲範》五卷，《鞭後巵言》二卷，《楓亭大會録》九卷，《中庸庸言》二卷，《孟子説約》四卷，《經正録》八卷，《日鑒編》一卷，《愛成堂稿》六卷，《知本同參》十一卷，《大學古義》一卷，《四大儒書》四卷，《羲麟徑旨》四卷，《詩書説略》二卷，《讀孫子》一卷，《經武説略》二卷，《讀孫子》一卷，《經武淵源》十五卷，《將將紀》二十四卷，《兵政紀略》五十卷。

民國元年六月　　江西豐城李希泌謹識

見羅李先生正學堂稿卷之一

東嶽會書温陵士友二條

往在滇南，有教諭李陶成，舉顏子「不遷怒，不貳過」問：「是如何用功者？」予曰：「賢姑未論顏子之功，且先要明得顏子之學。」因揖衆生，進而諭之曰：「今此正是大比之期，諸士子蚤夜孜孜，窮搜徧閱，忘寢忘食，可謂好學矣。假今有問弟子孰爲好學者，必答之曰『有顏回者好學』。至舉其實，必曰『口不絶吟于六藝之文，手不停披于百家之篇』，『焚膏油以繼晷，恒矻矻以窮年』，如此方可謂之好學矣，而乃曰『不遷怒，不貳過』，此於所謂好學者果何當也？試思之。他日，其自言也，復曰：『十室之邑，必有忠信如丘者焉，但不如丘之好學。』夫欲究六藝之文，窮百家之籍，非聰敏者不能也。由世説之，必曰『十室之邑，必有聰敏如丘者焉』，而乃曰『必有忠信』，此又於所謂好學之道何當也？今此諸友亦適在大比之期，汲汲孜孜，宜無異於滇之士子矣。試以比於孔子之所謂『忠信』，顏子之所謂『不遷怒，不貳過』者，其爲道亦有合乎否也？必明於此而後學可講，必明于此學而後知古聖賢之所以卒歲窮年、聚頭劘切者，乃不爲徒空言矣。」

又

明道先生曰：「《大學》，孔氏遺書，須從此學則不差。」又曰：「於今可見古人爲學次第者，獨賴此篇之存，而《論》、《孟》次之。」今三書具在，所以誨人者，曾無異旨，迺獨云「須從此學則不差」，豈從《論》、《孟》學尚有差耶？又曰「可見古人爲學次第者，獨賴此篇之存」，豈從《論》、《孟》學尚少次第耶？夫由階而後可以升堂，由堂而後可以入室，是學之序也。《大學》之教人，果以何地爲階？何地爲堂？何地爲室耶？更有合勘者：《大學》明言知止而后能定、而后能靜、而后能安、而后能慮、而后能得，是明「明」以爲學之始事也，當下之落根立命處也。而乃以爲盡夫天理之極，而無一毫人欲之私也，是以德業之極致者言之也，直以爲學之終事也，於古人之意旨亦有合乎否也？知本兩言，蓋孔子獨悟之宗也，千聖經綸之秘也。故曰：「此謂知本，此謂知至。」蓋直以爲盡性至命之極則矣，而乃曰「此衍文也」，直削去之，不知于古人之宗趣，又何當也？且知本、知止，必以特揭目外，而致知格物，乃以並列目中。故舊每謂止不知明德、親民，勢必兩歸偏駁；本不悟均平齊治、格致誠正，畢竟茫無指歸。今既斥「知本」爲衍文，又置「知止」爲漫語，而直揭「致知」爲宗旨，日從事於格物，以是爲學之宗趣也，於古人學之歸宿，又何當也？

區區喫緊提挈爲學之故，不避笑訾，業已犁然著在策牘，尚恐與會之友覩見者之不多，疑信者不無相半也，故復瑣瑣發此，以代口頰，且以開問難之端。其諦審之，毋忽！

費隱章答柯宇徵問名方榮，龍溪人。

有物者，有物物者。以道觀之，雖天地之大，亦物也。其運乎？其處乎？雖天地亦不得而自知也。故曰：「君子之道費而隱，及其至也，雖聖人亦有所不知焉。」天地之大也，人猶有所憾。憾者何？憾其尚爲造物者役，而非所謂不物於物者也。「語大莫能載」，蓋無大之可外也；「語小莫能破」，蓋無内之可入也。聖人之所以範圍天地之化而不過，曲成萬物而不遺者，率此道也。子思子蓋真見性者，故不謂之曰「不覩聞」，則謂之曰「至微隱」。不覩聞，可與知乎？至隱微，可與能乎？故曰「及其至也，雖聖人亦有所不知不能焉」，而豈所謂問禮、問官與病博施者謂哉？

道不遠人章答傅近裏問名翰表，南安人。

脩其身而天下平，行有不得者，皆反求諸己。其身正而天下歸之矣，何遠人爲道之有？伐柯者其則不遠，尚在外也，以人治人，取之己也。施諸己而不願，亦勿施於人而已矣，何遠人爲道之有？子臣弟友，求之人者反之己，道不在外也。有餘者不敢盡，不足者不敢不勉，盡其道之在我者而君子矣，彼遠人以爲道者何爲哉？

素位而行章答黄汝信問名桀，龍溪人。

知本兩言，千聖秘密。思不出位，歸止實功。素位而行，蓋素位而行其學也；不願乎外，蓋無外之可願也。此所以無入而不自得也。富貴貧賤，夷狄患難，自人世必有之遭，惟一切順其所值而行其學，即無往而非進德脩業地頭也。在上位而陵下，怨所招也；在下位而援上，尤所出也。取正於己，而半點精神不以之涉向人分上，即無適而非坦途也。其窮其通，聽其命之自至，而已無與焉，故曰「居易以俟」。

鬼神爲德章答黄汝顒問名梋，龍溪人。

老子曰：「視之不見名曰夷，聽之不聞名曰希。」無聲無臭，天載本色也；不覩不聞，性命純懿也。無物不體，所以爲造化之樞紐，品彙之根柢也。何以必曰鬼神？以其昭於有象也。舉其所洋洋者，無在而無不在，而無聲無臭者可知也。「日鑒在兹，豈可度思，敬之敬之，矧可射思」，復性之功也。故曰：「夫微之顯，誠之不可揜如此。」夫執而求之鬼神焉，末矣。

吾與回言章答塤孫問

舊答友，謂：「『吾無行而不與』，大率此事非一行可了。」又曰：「『吾與回言終日』，大率此事非一言可盡。」終日與言，豈是偶然事，蓋凡與回言皆終日也。「不違如愚」，蓋無疑之可問也，相悦以解也。「退省其私」，亦足以發，蓋聽夫子之教而無言，承門人之問而有發也。此孔子所以謂「自吾得顏回而門人益親也」。他日又曰：「回非助我，不違則宜。」其無助有發，則烏在其爲愚？此昔賢所以謂「發聖人之藴，教萬世無窮者，顏子也」，允矣。

君子周而不比章答黄欽孚問名翊，龍溪人。

旋斡乾坤者無他做手，惟是扶陽抑陰。故維持世界者無他做手，惟是進君子退小人。然其端乃在杪忽毫分之間，而其辨必謹於似是而非之際。周有近比，泰略似驕；和類同群，近黨矜涉争。然一則公，一則私，無以異於枘鑿薰蕕之不相入也，不可以不辨也。

推其所自，一則喻於義焉，一則喻於利焉；一則求諸己，一則求諸人。懷土懷德，嗜尚兩分；懷惠懷刑，趨操各别：故其究如此也。一則坦蕩蕩，一則長戚戚；一則上達日進於高明，一則下達日流於汙下：其受享又如此。一則過如日月之食，一則過必文；一則成人之美，一則成人之惡：其行事又如此。一則不可小知，一則不可大受；一則易事而難説，一則難事而易説：其效用又如此。夫君子道長，小人道消，則爲泰。泰者，通而治也。小人道長，君子道消，則爲否。否者，閉而亂也。一君子進則衆正與之俱進，一小人進則衆邪與之俱進，而世道之隆汙，生民之休戚，舉於是焉判矣，可不慎與？後之爲君子小人辨者夥矣，倘類萃孔子之言觀之，著明深切，孰以加此？取友者固宜以此灼然書紳，官人者亦宜以此凜凜持鑑，庶兩無負。

攻乎異端章答黄惟良問名廷寶，鎮海人。

《春秋》成而亂臣賊子懼，仁義之説明則爲我兼愛之害熄。何者？正其本也。茹毛飲血，蓋稼穡之教未興；衣鞹披裘，蓋麻枲之被未廣。此之不務而彼之闢，是奪其所以生生之資也，能無害乎？

老氏非與孔子並時而處者乎？孔子不聞闢老氏，且曰：「今見老子，其猶龍乎？」高其品，不學其學，此蓋孔子之家法也。惟日與三千、七十之徒，萃止於洙泗之間，講明乎堯舜之道。序《詩》、《書》，贊《周易》，定禮樂，脩《春秋》，以大備素王之經制，而又晚成《大學》，手授曾子，以貽天下來世，至於今萬古日星。而彼紛紛藉藉，卒於澌盡殞滅，則自孔子之闡明正學始也。此不攻異端，而詆排攘斥，道莫徑於此矣。

夫孔子豈不惡異端者哉！韓愈氏所謂：「今之所宗而事之者，下乃公卿輔相，吾豈敢昌言排之哉！擇其可與者語之，❶猶時與吾悖，若遂成其書，則見而怒之者必多矣，必且以我爲狂爲惑。」蓋亦有鏡於此。孟子亦曰：「君子反經而已矣。經正，則庶民興；庶民興，斯無邪慝矣。」此之不伸而彼之抑，揚湯而止沸，抱薪而救燎，固昔賢之所深戒者也，又烏在其爲知本者乎？

---

❶「語」，韓愈《重答張籍書》作「誨」。

哀公問政章答魏敦稷問名嶷，南安人。

《中庸》一書，開口以天命立宗，到底從天載收局。天載者，即天命也。「無聲無臭」者，「不覩不聞」也。繼之曰「隱」也「微」也「獨」也，皆是物也。更就人身之中，指出天命之體，亦惟曰「喜怒哀樂之未發，謂之中」也，蓋喫緊管宿此矣。

「哀公問政」章，則尤孔子觀體之談，彌洩經世之藴，如引小兒步步回頭，俾知反本還元，不爲浪漫。如説「爲政在人，取人以身，脩身以道」，盡矣。繼之曰「脩道以仁」者，果何爲乎？曰「思脩身，不可以不事親；思事親，不可以不知人」，盡矣。乃必曰「不可以不知天」，又何爲乎？曰「天下之達道五，所以行之者三。君臣也、父子也、夫婦也、昆弟也、朋友之交也，五者天下之達道也。知、仁、勇三者，天下之達德也」，盡矣。乃復曰「所以行之者，一曰不獲乎上，民不可得而治矣；不信乎朋友，不獲乎上矣；不順乎親，不信乎朋友矣；反諸身不誠，不順乎親矣」，盡矣。乃復曰「不明乎善，不誠乎身」。皆委委曲曲，若將推進一層而説，顯然指定學宗，昭然揭示止於至善門法。往所以謂之「不明乎善，不誠乎身」，至哉言乎！此《大學》所以必先知止也。故於末章直教人以入德之事，無他做手，惟是一步步反向密邊管歸本上。所謂「知遠之近」，言邇可遠在兹，遠上不須多較量也。曰「知風之自」，言威如之吉，反身之謂也，風上不須勞人力也。曰「知微之顯」，言盥而不薦，有孚顒若，顯上不待費安排也。更引「潛雖伏矣」以證君子之不可及者，在人之所不見。引「相在爾室」以證君子之爲敬信者，不待於有言動之時。故賞刑不用而民自勸自威，拱手垂裳而天下可坐而理也。此誠知本之極功，實則止於至善之門法，所謂「致中和則天地以位焉，萬物以育焉」，蓋是實理實事。「無爲而治，夫何爲哉？恭己正南面而已矣。」此愚所以每謂唐虞者洙泗之淵源，堯舜者孔曾之矩範。政即學，學即政，不可以差殊觀也。

王餽兼金百鎰章答洪懋仁問名啟源，龍溪人。

僭每謂仕止久速外，無別有秋陽江漢。假令孔子當去齊日而少需於接淅，於去魯之日而必於脱冕乃行，即手勢之擺脱不輕，而事局之拘牽或來，濡滯心跡，爲之不光矣。昔人乃以避嫌，爲賢者不爲。以予觀於經世之宗，脩身爲本之學，真顰笑觴豆，至小之節量，亦無容空闕也。「非其義也，非其道也，一介不以與人，一介不以取諸人」，必如此而後心跡雙清，凛凛乎秋陽江漢。

孟子之學，自是同於孔子，而其矩度，乃稍稍異曾。如於宋餽七十鎰而受，於薛餽五十鎰而受，所處誠爲有名，取數得無太溢？至後車數十乘，從者數百人，以傳食於諸侯，又不以爲泰焉，則何其意氣之高，而步趨之太闊略如此耶？且功之一字，尤非己所宜言。舜之授堯，豈得援以爲例？幾希乎僅以取酬於口語，而非所以示訓矣。故善學伊尹者，必學其一介不取，三聘而後幡然，而不當學其五就湯、五就桀。善學下惠者，當學其三黜不去，不以三公易介，而不當學其袒裼裸裎，油油然與之偕。學孟子者，亦如此矣。如抗齊卿之去節，卻弟子之萬鍾，不枉尺而見諸侯，不踰階而揖佞幸，皆凛凛乎至心大義，炳然士範，不可易者。至如以「乃積乃倉」爲公劉好貨，「爰及姜女」證太王好色，「七十里之囿」爲文王實有，又自是胸襟眼孔，敻爾殊倫，别有主持，非凡所及，可以爲法而不可病也。若兹餽金傳食之事，直有關於出處辭受之大閑，而不可泛常視者，則雖以孟子之志，且爲未楷也，而况於學者乎？則誠不可以不知所擇矣。

滕定公薨章答熚兒問

周衰禮廢，魯以周公之後，人望之邦，已不能行三年之喪矣。而滕文公於冲幼之年，會有父喪之事，乃毅然欲行之焉。然愧其平日之未嘗學問也，恐父兄百官之不我足也，此所謂求在人者也。孟子卻達此也，故曰「親喪固所自盡也」。「君薨，聽於冢宰，歠粥，面深墨。即位而哭，百官有司，莫敢不哀。」何者？「先之也。」「是在世子」而已，此可求諸人乎？世子亦悟曰「是誠在我」也。蓋人分上無處著工夫也。「五月居廬，未有命戒，及至葬，顔色之戚，哭泣之哀，弔者大悦。」以馳馬試劒之資，爲父兄百官之所不足。一旦率德改行，秉禮執哀，直於己躬。上自求盡分，而倔强者爲之易慮回心。四方之來觀者咸皆大悦，而且願爲之氓矣。此蓋洙泗心旨，曾子之所從受學於孔子，而子思之所傳於孟子者也。然豈徒以語一世子哉！他章所云：「愛人不親反其仁，治人不治反其智，禮人不答反其敬。行有不得者皆反求諸己，其身正而天下歸之。」曰：「有人於此，其待我以横逆，則君子必自反也。」曰：「仁者如射，射者正己而後發。發而不中，不怨勝己者，反求諸己而已矣。」言皆如出一轍。他日又曰：「言近而指遠者，善言也；守約而施博者，善道也。君子之言也，不下帶而道存焉；君子之守，脩其身而天下平。人病舍其田而芸人之田，所求於人者重，而所以自任者輕。」嗚呼，盡之矣！

墨者夷之章答陳方晉問名懋時，同安人。

孔子曰：「五刑之屬三千，而罪莫大於不孝。」「夫孝，天之經也，地之義也，民之行也」，蓋以是爲生身立命之自出也，於此而用薄，無所不薄矣。墨氏之治喪也，以薄爲其道也，故孟子闢之，推其敝極，至於無父無君。夫「生不歌，死無服，桐棺三寸而無槨」，薄則薄矣，尚知反虆梩而掩之，未至於棄親也，而其學竟以此爲世擯廢。自孟子辭而闢之，廓如矣。而獨佛氏者，以其背君臣、棄父子之教，昭昭乎爲政於天下，與儒學競爲雄長。一日出家，輒稱佛子；生身父母，渺若路人。疾痛饑寒，恬無忌恤；死亡殯祭，邈不相關。甚至抵殺父淫母之變，不以爲仇而以爲他家活計也，此豈尚爲有人理耶？

夫墨子未嘗無親，特以兼愛爲宗，以儉約爲教。薄待其親，略與衆等，而孟子遂謂之無父，且曰：「無父無君，是禽獸也。」禽獸偪人，人將相食，今釋氏之於君親何如也？管子之論豎刁也，曰：「其身之不愛，安能愛君？」論易牙也，曰：「其子之不愛，安能愛君？」論衛公子開方也，曰：「其親之不能愛，安能愛君？」以爲非人情不可近也。桓公不能屏也，而三子者卒亂齊國。今釋氏之於君親何如也？以視三子者之用情，其刻正等矣。而世方宗而事之，不謂之形而上者有過於吾儒，則謂之有裨吾儒無妨于正學，是何其智之管仲之不若也？傅奕之斥蕭瑀也，曰：「非孝者無親。」蕭瑀不生於空桑乎？墨氏尚謂之無父，後之奉佛者，何待推其弊極，當身之罪，直與墨氏等矣。是豈獨孟子之罪人，抑亦傅奕之罪人矣？

伯夷避紂章答徐獻和問

傳稱武王之伐紂也，天與之，人歸之，諸侯不期而會者八百，而獨伯夷非之，扣馬而諫曰：「父死不葬，爰及干戈，可謂孝乎？以臣弑君，可謂仁乎？」左右欲兵之，太公曰：「此義人也。」扶而去之。伯夷之爲此也，若茫然不知有順天應人之舉，而太公之斥而去之也，又若邂逅生未有交之人。以予觀於孟子，兩人者雖皆避紂之亂，遠處海濱，而皆慕周之仁，來歸就養。是不但氣求聲應之侶，而直爲同心合德之交，所當與共堂而處者也。何其意見之不侔如此耶？大率古人注措，每與後殊，雖共守者義，而各行者志，微子、比干、箕子，豈不同爲殷之宗臣，而察商之必亡也，處之都非一局，而夫子皆許之。申包胥之於伍員，夫豈非夙好，乃伍員欲覆楚，固不諱言於申胥。申包胥欲復楚，亦不諱言於伍員。已而各行所志，並全其義，而司世教者兩不以爲非焉。想見伯夷、太公，雖聞風慕養，共托於周，然一則有見於社稷之無常奉，天命不可孤也；一則有見於倫紀之有定防，大義不可犯。爲太公者，必曰「我必奉天」，故其言曰：「天下者非一人之天下也，乃天下人之天下也。」爲伯夷者，必曰「我必信義」。一時之焚溺雖當拯，而萬世之綱常不可廢也。扣馬之諫，固伯夷之夙心，亦太公所熟悉。然伯夷固不執己志以妨太公，而太公亦不護己謀以忌伯夷，兩皆諒。其無他，而義之有攸當也。所謂「君子亦仁而已矣，何必同」者，正此之謂也。如不然，則爲伯夷者必將自囚，乘傳以告變於殷，而順天應人之大義泯矣。爲伍子胥者，必將絶根傳刃於申包胥之腹中，而披髮纓冠，忠臣之心事廢矣。此真所謂「可爲達者道，難與衆人言」也。

獻和復進曰：「伯夷、太公兩人之所處義，誠各協矣。畢竟人臣之義，當以何者爲正乎？」予曰：「善哉問也！後之人行事，亦有類是者矣。當吕后之欲王禄、産也，王陵爲右相，引高帝刑白馬之盟以争之，曰：『非劉氏而王者，天下共擊之。』陳平爲左相，竟順旨焉。已而安社稷、定劉氏者，卒平也。然君子之論，終不以彼易此，曰人臣之義，當以王陵爲正也。嗟乎！此固伯夷之所以卒爲百世之師也。」

誠者自成也章答黄司藩問名台，龍溪人。

「誠者自成也」，不自成，惡在其爲誠？而道自道也，不自道，惡在其爲道？誠之一字，特自人言之耳。要之，則實理也。故貫物之始終，不誠則無物矣。然豈徒以成己哉？能盡其性，則能盡人之性，盡物之性，即以成物也。自成己言，則曰仁，仁即誠也；自成物言，則曰智，智亦誠也。總之爲性之德，而其機則於自誠始也。故曰「合外内之道也，故時措之宜也」。

春秋疑義示熲兒

讀《春秋》者，莫難於斷，莫善於疑，善於疑斯善於斷矣。所謂文則史，義則竊取之，經聖人筆削後，皆所謂不存其事，而特存其義者也。故最可疑者，無如《春秋》。疑之所在，義之所在也。王臨川惟不達此，故詆爲爛朝報。如開卷書元年，蚤可疑矣。天子頒正朔於邦國，所奉者王之朔，即所紀者王之年，豈有千八百國人自爲元，而可以名大一統者乎？此其所必無之理也。而乃於隱之立也，以元紀焉，則昭然其爲歸責之義，意不在隱也。繼之曰「春王正月」，又可疑也。周正建子，謂冬正月可也，安得爲春？且魯之史也，安得加王？國君嗣位，始事之大者也，安得不書即位？繼之曰「公及邾儀父盟于蔑」，又可疑也。友邦脩睦，會有常經，不書會而曰「及」，義果何居？邾雖小國，列在五等，不書爵而書字，義又安屬？繼之曰「鄭伯克段于鄢」。侵則書侵，伐則書伐，敗則書敗，滅則書滅，何以一不書，而曰「克」？帥師者呂，何以不稱「將」而稱「君」？公弟曰弟，公子曰子，何以不書「弟」而目「段」？❶繼之曰「天王使宰咺來歸，惠公仲子之賵」。五帝稱帝，三王稱王，繫王于天，義厥有屬。王人則人，大夫則字，孤卿至貴，何以稱名？且賵者仲子，繫者惠公，以妾繫夫，義又安在？尊莫如王，重莫如宰，寵姬下賵，意豈無譏？繼之曰「祭伯來」。上不言使，下不言聘，畿內諸侯胡爲乎來？貶則宜名，褒則宜爵，不爵不名，義又安屬？無奉即私交，稱字又非貶。此一切皆可疑者，蓋全經皆爾也，不獨隱之一年爲然。嗟乎！此正所謂義之所在也。

往既妄謂《春秋》當虛看，茲復妄謂《春秋》要善疑，他日又曰《春秋》雖要虛看。一切本情而斷，背情實以求之，而云如觀山水，隨步異狀也，只成泛説。吾故曰：疑之所在，義之所在也。惟事不備，而疑乃生；惟情可詳，而義乃立。此正筆削之所以爲深且妙，而游、夏不能贊一詞者也。文中子亦曰：「春秋之失，自歆、向始也，棄經而任傳。」信哉！

---

❶「目」，疑當作「曰」。

見羅李先生正學堂稿卷之二

見義不爲章答黄汝潔問名槩，龍溪人。

昔夫子有感而嘆「吾未見剛者」，或對以「申棖」。子曰：「棖也慾，焉得剛？」只此六箇字，斷盡了天下人錫多則卷，金且失堅，豈有慾而能剛之理？又嘗觀慈湖之語西山也，曰：「希元有見道之心，乃未能忘富貴利達，何也？」西山愕然請問，慈湖曰：「子嘗以命訊日者，故知之耳。」功利中人，如油入麪，絲毫縈絆，力敵萬鈞。雖有關於宗社安危、生民休戚，如一指蔽目，太山爲之不見矣，此孔子所以謂『見義不爲，無勇也』。」推原其故，豈有他哉？則以秉志立操，合下來判決得不清楚耳，以致當機履局，不免雜於利害而計。只一雜於利害而計，即義之分數畢竟輕，利之分數畢竟重矣。雖欲勇於爲義，其將能乎？伯夷非所謂聖之清，民到于今稱之者乎？然一頭放著個千乘，一頭放著個餓死，甘效餓死，不顧千乘，此其節所以竟立。比干非殷之宗臣，孔子之所稱仁者乎？然一頭放著個國相，一頭放著個剖心；甘棄國相，直趨剖心，此其道所以終勝。他日，因子貢必不得已之問，斷以「去食」，謂「自古皆有死，民無信不立」也。嗟嗟！是可以判千古爲義之勇矣。

古稱「死有重於泰山，有輕於鴻毛」，等死耳，何以重比泰山？則天經地義之所維持也，世道人心之所回斡也，此其所以重也，則伯夷、比干是也。等死耳，何以輕比鴻毛？則狗苟蠅營，趨利趨名，往而不知反也。合汙同流，朝昏苟度，如鳥獸草木之會時，澌盡而莫知尋繹也，此其所以輕也，則千駟之齊景、萬斛之元載，與蠢蠢蚩蚩者皆是也。彼其初未嘗無擇也，特其甘棄義，庶利之有獲也，畢竟所獲何多？甘處不義，謂害之可避也，畢竟害孰爲甚？此愚所以謂「果其求仁而得仁，怨亦是仁；果其欲仁而得仁，貪亦是仁」。必如是，而後可以判見義必爲之勇。

柳下惠爲士師章答塤孫問

昔豫讓憤智伯之滅也，欲爲之報讐，至漆身爲癩，呑炭爲啞。其友曰：「以子之才，臣事趙孟，子乃爲所欲爲，顧不易耶？」豫讓曰：「既已委質爲臣，而又求殺之，是二心也。吾所以爲此者，將以愧天下後世之爲人臣而懷二心者也。」故二心不可以事君。屈原之忠，忠亦至矣。《卜居》之篇乃曰：「將遊大人以成名。」《離騷》之篇又曰：「歷九州而相其君，何必懷此都？」雖卒，曰「飲吾馬於蘭皋」、「睠蹙顧而不行」。亦隱隱犯著顧瞻咨嗟、停待商量之意。君臣何等分也，凜然地義天經，而可作二心語乎？柳下惠之在諸賢中最爲和同矣，於其時八百分割，士蹤遞互。於齊不可，有去之魯者；於楚不可，有去之秦者。狎見狎聞，恬不爲異。故於其三黜也？人曰：「子未可以去乎？」乃下惠不以爲然，曰：「直道而事人，焉往而不三黜？枉道而事人，何必去父母之邦？」此皎然事主之忠忱，而又確然用舍行藏之節度矣。誰謂柳生和，乃爾直；誰謂柳生通，乃爾固。孔子知其心矣，故曰：「不以三公易其介者，柳生是也。」孟子知其品矣，故曰：「柳下惠，聖之和者也。」此其所以爲百世之師。

民之於仁章答郭喬準問名廷標，龍溪人。

大哉乾元，萬物資始；至哉坤元，萬物資生。故仁者生理也，命脉也，無間可容息也。一事而違仁，即一事生理滅；一時而違仁，即一時人理絶。此志士仁人所以甯殺身以成仁，而無甯求生以害仁也。而世往往昧之，利可趨則不復顧廉恥，害可避則不復念君親。水火誠資生之物，然生機之中乃有殺機在焉，非仁比也，而世往往蹈之，逞忿悁而不顧，趨焚溺而不辭。至於封疆之臣應死封疆，社稷之臣應死社稷，蹈之則成仁，違之則害仁，而世之取義成仁、臨大節而不奪者，何其不多見耶？且蹈水火者徒殺其身，爲世不吊。果其蹈仁而死，則雖焦爛漂沉，而以此全歸，則爲天之肖子；以此致命，則爲國之忠臣。其相去蓋不啻若霄壤矣，而何其蹈仁而死者之不多見於天下耶？

舜往于田章答盧貞甫問名弘進，衡陽人。

僭每謂孟子胸襟眼孔與人别樣。好貨好色，姑不駁時君世主之非，而自牖納之約焉。導以同民之欲，即無適而非正道。雖公劉之好貨，太王之好色，本無其實，而輒援以徵也。「玄德升聞」，原在底豫之後。二典三謨，其所熟講，故曰：「『祗載見瞽瞍，夔夔齋慄，瞽瞍亦允若』，是爲父不得而子也。」乃於謨蓋都君之問，不斥其非，而特發爲「象憂亦憂，象喜亦喜」之論。瞽瞍殺人之問，不詆其妄，乃曰「執之而已矣」，以明士師之義不可撓。曰「竊負而逃，遵海濱而處」，使知仁人孝子之不以天下之大易吾親也。不告而娶，要以伸無後之爲大，曾不曰：豈有帝女釐降，而嚚頑之父母，乃非其所樂與者乎？號泣于旻天，載在典謨。蓋初於歷山之事，因問觸機：有感于世情之少，則慕父母；知好色，則移之于少艾；有妻子，則移之於妻子；仕則慕君。一切隨境遷逐，無有純心一德以繫念乎親也。欲發大孝終身慕父母之論爲世勸也，故曰：「帝使其子九男二女，百官牛羊倉廩備，以事舜于畎畝之中，天下之士多就之者。」謂人悦之，好色富貴，無足以解憂者，惟順於父母，可以解憂。按文讀之，若將謂瞽瞍終其身未嘗底豫，而舜亦終其身有不順于父母之怨矣，則何其眼孔之高、胸襟之曠，而識趣議論之度越如此耶？

大率後之儒者有兩病：漢儒之病，病在昧旨趣而跡故實，有近於老馬之識途；宋儒之病，病在守經常而懵達變，若將爲鼓瑟之膠柱。如《泰誓》三篇，斷以爲非武王之所有，前塗倒戈，血流漂杵，直謂之紂兵之自相屠殺也，非武王事也。應天順人，自是名義之正。若愛重傷，則如勿傷；愛其二毛，則如服焉。此宋襄公之仁義，所以見譏於天下後世也。豈有兵刃既交，聽敵人之自相戕殺，而一無所事事者乎？仁人無敵於天下，以至仁伐至不仁，而何其血之流杵也？若孟子之論，則真可謂能守經而又不流爲膠柱矣。

梁惠王立沼上章答郭景漸問名鋭，鎮海人。

與天下同欲者謂之仁，咈百姓以從己之欲者爲不仁。仁則天下歸之，不仁則天下棄之。君人之大體無他，在同民之所好惡而已矣。

孟子知其然，故於時君世主，凡所嗜慾，姑未遽折其非，自牖而納之約焉。如梁惠王之立於沼上，顧鴻雁麋鹿而問也，自是遊宴之事，此何以稱焉？卻引《靈臺》之詩，申庶民子來之義，謂文王之能與民同樂，故能樂其樂也。引《商書》「時日曷喪，予及爾偕亡」之言，謂紂雖有臺池鳥獸，豈能獨樂哉？幾於靈丹一粒，點鐵成金矣；無事弼違，相悅以解也。此孟子之所以爲妙手也。他如「王之好樂甚，則齊其庶幾乎」，謂能與百姓同樂則王。好色，則引太王之愛厥妃，俾内無怨女，外無曠夫，以肇基王迹也。好貨，則取證於公劉。好勇，則稽實於文武七十里之囿。姑未詆其訛，而謂芻蕘者往焉，雉兔者往焉，謂與民同之，民尚以爲小也。其原本正處，自是洙泗家風，而依違之曲折，導諭之低昂，亦不免兼帶了游談之氣。試觀孔子之答齊景公也，曰：「君君、臣臣、父父、子子。」答魯定公也，曰：「君使臣以禮，臣事君以忠。」答衛靈公也，曰：「俎豆之事，嘗聞之矣；軍旅之事，未之學也。」皆凛然義正詞嚴，合則留，不合則去。不以片詞隻韻，少有假借遲回，此蓋孔子之家法也。如上諸論，真所謂有孟子之志則可，無孟子之志則誕也。後之學者宜何從？敢以爲善學下惠者，無如魯男子矣。

顔淵問爲邦章答煃兒問

聖人論事，大率自原本上提者多，而自節目上述者少。獨於顔子爲邦之問，酌四代禮樂以告之，後儒因以謂有王佐之才，此姑不置論矣。惟因是而推之，乃有可訝者。夏數得天，自是百王之所不易，殷輅、周冕，亦特舉其一，以概文質之中，而制固不盡於此，至若樂以象成者也。功大者乃備，德粹者乃醇，故古人以鐘鼓、管籥、羽旄、干戚爲樂末節。假令以征誅而有天下，而於其作樂也，特爲揖遜之雍容，雖彷彿乎韶濩、咸英，而於義則何取乎？公孫弘所謂「心和則氣和，氣和則形和，而天地之和應之」。倪寬亦曰：「惟天子建中和之極也，金聲而玉振之，而豈儀觀音響之可比擬摹畫者乎？」而乃曰「樂則韶舞」焉。昔季札請觀于周樂，見舞韶箾者，則韶樂未嘗不在魯。乃夫子在齊而聞韶也，則韶樂又未嘗不在齊，惟無舜之德只，故俾雍容揖遜，徒見於羽旄干戚而祇爲虛托也。「樂云樂云，鐘鼓云乎哉？」後之人欲效韶美善者，請自舜之德始。如不然，而第曰「樂則韶舞，樂則韶舞」也，則豈所謂言外之經旨乎？

孰謂微生高直章答黄汝慶問名集，龍溪人。

韓愈之稱石洪處士也，曰：「有以自老，無求於人。」夫子之稱蘧伯玉也，亦曰：「邦有道，則仕；邦無道，則可卷而懷之。」吝情留去，只爲無可卷懷；有求於人，只爲無以自老。微生高之不得爲直，明矣。然家果有醯乎？無醯而乞鄰，微生之所不得已也。世每誚陳相見許行而大悦，盡棄其學而學焉。彼其學果有得，何遽至於見奪？或者亦緣家本無醯，而後向鄰求乞。儒衣儒冠，誰云不自孔氏？孔學之有徵也明矣，布在方策也著矣，而沿門持鉢，甘效貧兒取供糊口者，何其衆也。「明學要矣，明學要矣。」予每切切言之。昌黎何等品也，乃折節於太顛；子韶亦高士，甘俛首於妙喜。此慈湖先訓所以嘆東坡之投老，顧以養生爲先也。謂追想其情，令人心熱，則誠有可慨者也。雖欲高自標植，以不爲微生之乞鄰者，其將能乎？

夫子加齊卿相章答潁兒問

予每以「富貴不能淫，貧賤不能移，威武不能屈」爲境界不可動。詖辭可知其蔽，淫辭可知其陷，邪辭可知其離，遁辭可知其窮。爲學術不可動，境界之不可動難矣，學術之不可動尤難，何者？天下惟理惑爲未易解也。入聞夫子之道而悦，何以出見紛華而悦《非十二子》，豈有一門許其是者？然皆持之有故，言之成理。順非而澤，洋洋纚纚，雕龍談天，湮耳惛心，使人入於其中，茫然莫知決擇。此孔子所以謂三十能立，直至四十乃保不惑也。不然，則如知言兩字，亦何關於不動，而孟子者乃曰：「我知言，我善養吾浩然之氣。」以是爲有長於數子，爲不動心之根本也乎？

今諸書之爲理惑者少矣，爲世蠹害者亦稀矣。僅有禪、玄兩宗尚存於世，與儒角競。蓋孔子以經世爲宗，而渠主出世。孔子以厚倫爲教，而渠主悖倫。孔子以充擴善端體天之生德，而渠務爲滅息，俾入無生。孔子以扶植綱常培兩間之正氣，而彼務爲忍辱。方行等慈，不擇淫賤。此其大綱大紀之夐然與儒異趣者也。雖其談心説性，時有入微；至其鼓舞播揚，殊乖本實。而世有志士厭棄詞章者，往往悦而嚮之，不謂之有裨吾儒，則謂之無妨正學。甚或謂佛氏所説爲形而上者，吾儒所説爲形而下者。此吕明仲之所以雖師兩程，而實師事佛，高視佛學，而謂兩程之所見反淺也。假令有孟子出焉，則彼二氏者，曾不足與楊墨争衡、告子匹敵。洞開慧視，直揭肺肝，障迴瀾倒，辭而闢之，豈容其尚存朕跡，歷數千載，經涉沙汰，尚簧鼓於天壤間耶？後之欲學不動心者，請自知言始。而欲學知言者，則請自明學始，庶幾哉尺度權衡，乃在於我，而詖淫邪遁多岐之學術，舉無所開其喙矣。不然，其有不爲所蔽溺迷惑者，吾見亦罕矣。

苟有用我章答柯謨伯問名紹皋，龍溪人。

往語友，舉子貢之答子禽，謂：「夫子之得邦家者，所謂立之斯立，道之斯行，綏之斯來，動之斯和。」謂從學諒之耶？抑從政諒之耶？朞月而可，未徵世用；三年有成，刻效何當？又愛儀封人之請見也，出而謂二三子曰：「何患於喪？天下之無道也久矣，天其將以夫子爲木鐸乎！」故使老安少懷之志顧未酬，❶而綏來動和之神化不顯。天心厭亂，其生夫子也，本不爲一時之謀，故其困夫子也，直將爲萬世之計。譬之詩非能窮人，必窮者而後工。轍環四國，席不暇煖，啓憤振頹，上説下教，皇皇然有如振鐸然者，夫子之作用，蓋有以知天之心矣。墮三都，誅正卯，羔豚不飾價，男女別於塗，朞月之可，自非空説。女樂一受，相道未終，委而去之，故俾有成之大業，徒寄空名，未臻底蹟。雖然，謂天爲無意乎？厚其德，故必塞其遇；亨其道，故必窘其身。蓋有爲以爲之矣。所謂「何患於喪」，真有諒於天心之有攸屬，直將「以夫子爲木鐸」也。

舊有語：「君道與師道合爲一轍，故教本與治本易地皆然。」又曰：「行道者其功近，明道者其德遠。」何者？行道之功在一時，而明道之功在萬世也。然則歷數之在夫子躬者，豈必負斧扆，相皇極，受命作邦，陟

❶「顧」，疑爲「願」之訛。

君卿之位，而後爲天心之有攸屬哉？必底觀綏來動和之績效，而後諒三年之可與有成哉？如封人者，亦信可謂能知天於窮通得喪、牝牡驪黄之外，另具隻眼矣。

有伊尹之志章答羅汝存問名懋忠，豐城人。

世每頌伊尹之聖，不但班於夷惠，學術之正，直可上列宣尼。考於《伊訓》、《太甲》諸篇，其所稱「顧諟天之明命，以承上下神祇、社稷宗廟，罔不祇肅」。曰：「慎乃儉德，惟懷永圖。若虞機張，往省括于度，則釋。」曰：「奉先思孝，接下思恭。視遠惟明，聽德惟聰。」曰：「惟天無親，克敬惟親。民罔常懷，懷于有仁。」曰：「德惟一，動罔不吉；德二三，動罔不凶。」曰：「德無常師，主善爲師；善無常主，協于克一。」真宛然都俞吁咈之遺風，唐虞洙泗之血脉，進而班於孔子無愧，而孟軻氏乃以爲聖之任焉。且曰：「與我不同道也，則誠過矣。」及觀公孫丑舉伊尹之放太甲也，謂：「賢者之爲人臣也，其君不賢，則固可放與？」乃曰：「有伊尹之志則可，無伊尹之志則篡也。」而後知任之一字，孟子之品題蓋不輕也。

莊生，何如人，亦知臣之於君無適而非君也，無所逃於天地之間。一放乎桀，於德已慙；再放乎太甲，幾如置子。故敢斷謂君臣大分，凛然地履天冠，開闢到今，罔容紊越。至伊尹乃一再傷焉，則真是任之過也。雖云「有尹之志則可，苟無尹志即成篡矣」，其又可爲訓乎？尹之所以克終厥德者，以千駟不屑顧，三聘乃幡然，厥辟既復政，脱屣即言歸，心跡雙清，灑然緇磷。蓋渠既不忍戀寵利，居成功，故其君亦不致惑辨言，亂舊政，而尹竟克保終耳。《竹書紀年》乃謂太甲自桐而出，殺尹以復位也。以今觀於伊陟、象賢、復相、太戊，言之謬妄，不問可徵。彼特以小人之情，量君子之腹，未論伊尹即太甲之處仁遷義於桐，無有師保，如臨父母，亦豈常衆之情之所可測乎？此孟子所以謂「有伊尹之志則可也」，蓋有以諒之，審矣。

書説答熲兒問 六條

放勳、重華，蓋史臣贊美形容之語，而後誤以爲堯舜之名者，非也。堯最難名，惟放勳二字，彷彿得其氣象。孔子所云「大哉！堯之爲君。巍巍乎！惟天爲大，惟堯則之。蕩蕩乎！民無能名」者，意亦祖此。「欽明文思安安，允恭克讓，光被四表，格于上下」，直至「黎民於變時雍」，凡以發明此耳。「欽若昊天」以下，又指其事言之，曰「曆象」，曰「若時」，曰「若采」，曰「平土」，皆其事之大者，而政固不盡於此。至庸命巽位，直以天下爲公，「明明揚側陋」，惟賢是與，而不限於類，則又爲昭曠之獨觀，而不復可以涯涘比量者，真所謂「惟天爲大，惟堯則之。蕩蕩乎！民莫之能名」也。而惟放勳二字，爲足以概見其光景耳。重華之義，猶曰重光，大率惟堯可以配天，惟舜可以紹堯，故云爾耳。

又

惠迪不言福而言吉，從逆不言禍而言凶，蓋聖人論吉凶，不論禍福也。迪之惠即吉，非有待而後吉也；逆之從即凶，非有待而後凶也：故曰惟影響。禍福之説，報應之説也，蓋是世情之見。比干剖心，子胥鴟夷，夫豈非禍？然道則吉矣。連衡者六印磊落，合從者駢組流離，夫豈非福？然道則凶矣。試觀三百八十四爻，其所教決擇趨避，意至矣，乃惟曰吉凶悔吝，而未嘗一及於禍福也。所謂「知幾其神乎？動之微，吉之先見者也。君子見幾而作，不俟終日。介如石焉，寧用終日，斷可識矣」。正謂此也。

又

放齊曰：「胤子朱啟明。」帝曰：「吁！嚚訟，可乎？」朱者何？丹朱也。堯之至公至明，不待贊矣。而獨謂有啟明之資，而其究至于殄世，有可傷者，則以嚚訟爲之害也。昔智伯欲立後，其臣曰：「請立霄也。」智伯欲立瑤，其臣曰：「瑤之賢于人者五，其不及者一。夫以五賢陵人，而以一不仁行之，果立瑤也，智宗必滅。」夫豈非開明之資，則以嚚訟爲之害也。商辛之伎勇，楊廣之辨慧，皆是物也，適足以成其遂非長傲，抵於滅亡而後止耳。此孔子所以謂「如有周公之才之美，使驕且吝，其餘不足觀也已」。舜有傲弟，堯有傲子，玩允恭克讓與温恭允塞，恰好與之相反也，而曾是莫聽大命以傾也，謂之何哉？

又

帝曰：「咨，四岳！朕在位七十載，有能庸命，巽朕位？」師錫帝曰：「有鰥在下，曰虞舜。」「父頑、母嚚、象傲，克諧以孝。」帝曰：「我其試哉！女于時，觀厥刑于二女。」夫以天下與人，天下之大事也。後來以一職授人，亦必敷奏以言，明試以功，宛轉於鄉國間，而後升之司徒，授之職任。乃四岳之所舉者，固惟是父子兄弟之間，而帝堯之所試者，又不過於夫婦嫡妾之際，卒以天下與舜，而舜罔弗克勝。以之慎徽五典則從，以之納於百揆則敘，以之賓於四門則穆，以之納于大麓，則烈風雷雨弗迷。蓋無往而弗宜也。後之學者，乃以此等爲諸艱之歷試，不知帝堯蓋直以父子、兄弟、夫婦、頑嚚、傲妬之多艱爲歷試其所難者，蓋在此而不在彼矣。至於典從、揆叙、賓門、納麓，又自屬登庸後事，所謂經試而諒其可，隨事而考其成，而非所謂試也。「『惟孝友于兄弟，施于有政』，是亦爲政。」孔子亦云爾矣。「老吾老以及人之老，幼吾幼以及人之幼，天下可運于掌。『刑于寡妻，至于兄弟，以御於家邦』，言舉斯心加諸彼而已。」孟子亦云爾矣。皆允有合于女女觀刑之意，而世故於經營幹濟邊求之，抑末矣！

又

敷納以言，何待後世？即唐虞世之所以選士者，道不越此矣。又曰「明試以功」，「三載考績，三考黜陟幽明」，何待後世？即唐虞世之所以課吏職者，道不越此矣。此皐陶所以謂「亦行有九德，亦言其人有德」，而又必曰「載采」，「采」必指其實言之，嘗以某事知其賢也。道漓世降，民僞日滋，視唐虞世何啻霄壤，乃直以空言選舉，而不復稽之行事之實也，其不能得人也，宜矣。

又

人情不甚相遠，無謂洪荒之世，特情竇未大開，習染未甚滋，分數之淺深異耳。唐虞何等世，「讒説殄行，震驚朕師」者，民俗有之；「静言庸違，象恭滔天」者，朝紳蹈之。至廛士師之設，作五肉之刑，以禁戢之。然以二聖之德臨之，不妨其致治雍熙，率德改行，以不犯於所司也。故謂民盡澆漓，治不可復古者，信哉其誣民也。

見羅李先生正學堂稿卷之三

答楊荊巖書

來教云：昨在會中，承先生發好學忠信之問，諸生未有以對，仰候大教。先生又引而不發，歸書臆見，奉求裁正。不遷不貳，正是顔子成就結果的地位，擬之孔子，則正三十而立之時也。顔子自言，亦云：「如有所立卓爾，雖欲從之，末由也已。」大抵學者能造到立的地位，便是聖人胚膜，只待點化，過此亦無所用其力，所謂大可爲之地。孔子志學，必十五年工夫，方至立處，過此優游，漸入於神化，每十年輒換一樣光景，更不消用一毫工夫矣。顔子造此地位，亦只是優游以俟，所謂「欲從末由」者在此。惜天不假之年，終於未達一間，夫子所爲慟也。象山先生揭先立其大，立教分明，是孔顔真法門。特其工夫處言頓不言漸，以起後學之疑耳。孔子言好學工夫，多少刻苦，豈能一蹴而至？如曰：不求安飽，敏事慎言，而後可謂好學。如曰：日知所亡，月無忘所能，而後可謂好學。看來聖門只一顔子能如此著實用功，簞瓢陋巷，非禮勿視聽言動，得一善拳拳服膺，與夫子所道無一不實踐過，是以工夫無一不精密，心體無一不還全。至定至安，至悦至樂，造於所立。卓爾之地立，則怒何能遷，過何能貳，故夫子就此證其好學也。先生於此二句解作不遷於怒，不貳於過，最得聖人真血脉。若但云「怒甲移乙，過前復後」云云，則一原憲「克伐怨欲不行」便能如此，何待顏子？然夫子論好學之質，不曰「聰敏」，而必曰「忠信」，蓋《中庸》言誠爲物終始。濂溪先生言：「誠通誠復，則人之性質原皆忠信，高則上智，卑則下愚。」孔子言「性相近，習相遠」，正必有忠信，學則聖人，不學則鄉人之證也。孔子原天縱上智之資，回自知不敢望孔子，故曰「回雖不敏」。不敏，忠信也。參之魯、柴之愚，雍之厚重，子路之忠信，皆是也。然子路肯如顏子好學，即爲聖人無難，故夫子深惜之，惓惓六言六蔽，以明學之不可不好，而子路終不能卒以好勇終其身也，去顏子之「不遷不貳」遠矣。龍溪先生言：「聖門之學，只在主忠信。好學是保任忠信功夫。」良是。又云：「忠信之外，更有窮理，是二之也。」此説未解，並以求教，惟俯甄，幸甚。

承教，感虛衷。頃所以舉孔顏好學爲質者，蓋有感于章句之學牿心，必破除此障，而後可以入道。不然，則雖以孔顏爲之師，懇懇諄諄，爲之啟鑰開關，而彼猶然在文義上轉，在知見上落定了根脚也。故曰：賢姑未論顏子之功，且先要明得顏子之學。蓋必明得顏子之學，而後吾可學顏；必明得孔子之學，而後吾可學孔。今欲學孔顏，而直從知見上立家，以訓詁詞章爲學之好也，其將能乎？試觀三千、七十，日相從事于問難，蓋並在《論語》中，豈有一字句不從性地上落根，從身心上作體切磨勘者乎？「日知其所亡，月無忘其所能」，蓋是子夏之見，與孔顏所學者異，故曰：「吾與爾事夫子於洙泗之間，退而老于西河之上，使西河之人疑爾於夫子。」蓋法門隱隱變矣。觀他日夫子所以飭子夏者，亦曰：「女爲君子儒，毋爲小人儒。」蓋可見矣。「不遷怒，不貳過」，正是指言學之工夫，豈是頌言學之地分。堯兢兢，舜業業，豈繄始事，直至耄期倦勤，百有十歲時，其兢業猶是也，蓋無間可息也。

承教，謂既立後便無復有功夫可用，恐于義未之盡也。舊語不云乎，「『孔子無不知而作』，常止也；『顏子有不善未嘗不知』，知止也」，知止固是用功，常止亦是用功。敬怠理欲，差別毫分，中間無別有落脚處，豈可云已至立地，遂晏然優游以俟，無復有功夫之可做乎？忠信兩字辱諭，取證一誠，蓋深得其旨。孔顏豈有他學？只是教人積誠，不要積僞，故資禀只是貴在忠信，不貴在聰敏，此木訥所以近仁，而參也所以竟以魯得之也。此學之辨也，故又曰：「必明此而後學可講，必明於此學，而後知古聖賢之所以卒歲窮年、聚頭劘切者，乃不爲徒托空言也。」喫緊提撕，意正在此，業已明白道出，而非有隱而未發也。且以對章句之士言，而非爲達者發也。惟丈覽而正之，并以轉而示諸多友。

答舒夢灘書四條

問：行遠自邇，登高自卑，學者自然次第。乃玄虛之士，謂道可頓悟，且薄吾儒學問之功。然則吾儒學問之功，果可少耶？及究其所謂頓悟、所謂道者，不過滅五倫、黜五官，一經面壁，便可稱禪宗。毋論其事不可爲，則果能之，於世亦何補耶？豈但無補於世，使人人皆如其面壁，則天下之士農工商絶矣。是大有害於世者，乃世之人争艷之，甯棄此就彼，不知何故。此學術大端，不可不辨，願老師盡言之，以解世惑。

舊有語：「經世出世，頭路兩分。千里毫釐，是同是別。」蓋以爲必不可同也。而近乃謂「必有出世之心腸，乃可以做經世之學問」者，不知堯舜周孔亦有出世心腸否也？果其有出世之心腸，則不可以做經世之學問矣。

而世必欲援釋以入儒，推儒以附釋，直以混俗之行藏，欲希涅槃之受享，此可必知其無成也。方枘圓鑿，自相矛盾。曾舉以難一老宿，謂儒學固有宗，佛學亦有宗；儒學固有家法，佛學亦有家法。不然，則何以釋迦牟尼佛以浄飯國王之子，必舍王宫、棄眷屬，而趨脩於寂寞之濱耶？就俾在家出家，亦有在家節度，如維摩詰、龐居士，其最著者矣：一則示有妻子修梵行，示有眷屬樂遠離；一則有男不婚，有女不嫁，大家團圞頭，共説無生話。今果能之否耶？能之，則許爾學佛有成。不能之，則恐其空繫兩頭，而卒無裨於成事也。

賢所憂者，滅性敗倫，恐士商之種絶。予所憂者，姑不在此。果其能顯然背父子，離親戚，削髮披緇，以趨從于出世之教，則吾猶有取焉。何者？謂其能不亂乎儒也，則吾老孔子門中，豈少此一人耶？此所謂不必闢者也。故近有詆李卓吾者，而予獨以爲不然。假今天下之學佛者，而皆卓吾者也，則儒自儒，佛自佛，豈獨無妨於儒，尚亦有裨於佛。惟其口堯舜，心佛老，冒之以洙泗簪紳，主之以葱嶺血脉，則真所謂可闢者也。闢之誠是也，雖然，人分上卻無功夫可做也。孟子曰：「經正則庶民興，庶民興，斯無邪慝矣。」此最得闢邪之道。故《春秋》成而亂臣賊子懼，仁義之説明則爲我、兼愛之害熄。今儒學之在天下，果明耶未耶？孔、曾宗傳之在天下，果著耶？抑未著耶？不此之明，而彼之闢，揚波而助瀾，縱風而止燎，固昔賢之所深戒者也。子又不聞之乎「恐無補於衛正，而適以滋口説之紛呶」也。察之。

又

問：孔子對君，舉「盛服」與「齋明」並。及詔其徒，謂「正衣冠，尊瞻視」。至孟子亦有「服堯服，言堯言，行堯行」之説，可知聖賢教人至切如此。後儒不知此義，其説務爲高妙，而初學愈難下手，蓋日甚一日矣。嘗試思之：峨冠博帶，此心自然翼翼；纔换便服，便覺寬和。然則服飾非粗矣，聖賢歷歷言之，其意在是與？敢問。

舊每舉「夫子温良恭儉讓以得之」，謂只一箇字不相似，還不是以脩身爲本。又舉「無爲而治者，其舜也與？夫何爲哉？恭己正南面而已矣」。謂曆象授時，封山濬川，命官敷教，舜之所以致治者，是有多少作用，而孔子乃獨舉而歸之于一「恭己」，不知此正黄帝、堯、舜以來相傳之心法也，垂衣裳而天下治之模範也。子賤之治單父也，蘧伯玉往觀化焉，見夜漁者，得小即釋之。鳴絃座上，垂拱從容，不知子賤何以處此？大率聖門之學，原不曾將身與心分作兩項看。視靈明覺知與九竅百骸，固通爲一體；視家國天下與靈明覺知、九竅百骸，亦通爲一體。如是而定命，如是而表儀、正位、居體，美在其中而暢於四肢，發於事業，此所以不言而躬化也。「正衣冠，尊瞻視，儼然人望而畏之」者，畏此也。此曾子所以謂「籩豆之事，則有司存」，而謂「君子所貴乎道者三」也，是乃真知本者也。冠裳佩玉，琴瑟和鸞，凡可以爲身心之檢制者，古蓋無一之不備也。今皆亡之矣，豈獨衣冠云乎哉？此孔子所以謂「以此坊民，猶有疾驅于道」者。簡意喻此矣，更察。

又

問：孔子曰：「仁者，人也。」孟子曰：「仁，人心也。」總之，心外無仁矣。孔子又有「回也，其心三月不違仁，其餘即日月至焉」之説，解者以「操舍存亡」當之。果如此言，則心自心，仁自仁矣，何以謂之

「仁，人心」耶？老師曾有此駁，尚未明言。琛不能無疑，亦不特琛一人之疑也，敢問。「仁者必覺，而覺不可以名仁」，非紫陽語乎？契以爲是乎非乎？「合性與知覺，有心之名」，非横渠語乎？契又以爲是乎非乎？知契必不以爲不是矣。然則仁與心果一乎？頃答獻和書，契曾見之否？謂心性本無辨，辨之者以歸宗也；心性本不可析，析之者以正混也。從古以來，未有辨心性者、析心性者，然勘之款項卻不差，正謂此也。杜希登，同門得力友也。往感丘生問，曾出以詰之。渠答曰：「如老師意，只是要明心性之辨。」予歎曰：「希登徹關矣，可謂言簡理到。」今世學問之敝竇誠多，而大本大原，歸宿差訛，只在於此。度契尚不究，頃匆匆亦未及講此，誠不可以不深長思者也。有答丘夢徵、董子定輩書，在刻中，試一檢而詳之。有發有疑，更以見質。

又

問：《易》稱「易簡」，孔子自脩，不過「庸德庸言」，孟子亦曰：「堯舜之道，孝弟而已矣。」孝弟即庸也，即易簡也。堯舜之道，實不越此。乃世儒厭薄之，務爲詭異以驚世，而世亦以此相尚。然則遠人亦可以爲道耶？何滔滔莫之挽耶？中流砥柱，實老師之責。願明著其説，以迴狂瀾，不特琛一人所願請也。

最易最簡、最平最常者，莫如脩身爲本矣。然非止善以定其命，格致誠正以嚴其防，齊治均平以滿其分量，而欲以了脩身爲本之事緒，未能也。此正所謂「庸德之脩」也。只一箇脩字内，包括了無量妙義。堯舜之道，孝弟而已矣。至舉其弟不弟，乃直在「徐行後長，疾行先長」之間。蓋皆以明其至近而非遠，至易而非難，而不知即此至近至易之中，乃大有可作商量者矣。舜明於庶物，察於人倫，由仁義行，非行仁義也。同一明倫，如何叫做由仁義？如何叫做行仁義？此真所謂差毫釐而謬千里，不可以不深長思者也。世之騖高虛而遺近實者，誠爲學旨之蠹。而漫視吾儒，忽略學問，直以堯、舜、孔、曾，與百姓之日用而不知者作一等看，則其爲學問之蠹害，亦非淺小也。察之。

答潘士讓書名庭禮，龍溪人。

問：嘗聞先父之教，曰：「善在同人，功惟反己，致慎於獨知無對之地，尤所以握其樞。」今聞大教，乃知慎獨者，止至善之謂也；反己者，脩身爲本之謂也；同人者，經綸天下國家之謂也。宗旨所示，禮亦了無所疑。但以資禀之庸，體驗之淺，則毫釐千里之間，不無可言者，請舉以就正。師云：「止爲主意，脩爲工夫。」固已明白洞徹矣。禮竊謂脩之工夫無處用，全於止上用之，是脩又似主意，止又似工夫。此與「真止即是脩，真脩只是止」之説，果有合乎？至善，性也，未發也。曰止，則又非未發也。故兢兢業業，小心翼翼，如見如承，似有已發之意。此果以已發攝未發乎？抑用功之初，覺有著力處，似爲已發，至功夫漸純，到於無心，則合止與至善皆未發耶？抑自鷄鳴而起，至嚮晦而息，除發用時無論，即念慮不生，默有覺照處，皆爲已發，其中更有未發者在耶？日用間有有心照管時，有無心順則時，承教皆是工夫。因舉程子「學者須先識仁」章以示，則誠足以破兩邊沉溺之病。仁即至善也，識即知也，存即止也，是至善一止，而學問無餘事矣。特於發未發之間，猶有未釋然者，敢請。

淵源家學，頃讀令先公集，已異之，謂非世儒中有。簡至，覩稱引，於蠡管窺又有不謀合者，爲快爲快！

止脩兩字，喻若提衡，孰重孰輕，初無彼此。畢竟取定者針，效動者手，即歸宿流行，兩皆有其據矣。到得脩固止深，都忘内外，則雖謂脩處即是止，止處即是脩，亦無不可也。此不識不知，文王所以順帝之則也。至善兩字，蓋指言學之命根；脩身爲本，蓋直下示人歸宿。來簡謂「至善，性也，未發也」，是矣，卻又曰「言止，則非未發矣」。夫善，體也；止，功也。世有未發之體，安得有未發之功？攝知歸止，予每言之矣。正是要將知歸於止，不是直以止歸於知。而來簡擬將已發攝未發，夫未發可攝乎？至造詣之有淺深，覺功力之有生熟，故或見其與本體一，或見其與本體二，此又自地分言之也，非所論於體也。然則謂「必養盛者乃有未發耶」云然者，無乃爲知字所累。知於有識知處辨體，而不知於能識知處推原。故欲就未發覔，則自朝至暮，雖暗室屋漏，無往而非覩聞；欲就已發覔，則孰是孰非，即覆海翻倉，無處可討。分别此止字法門，所以茫然，竟鮮據也。舊作《道性善編》，契不見之乎？謂心有放，故做功夫著得一箇存字；有不正，故做功夫著得一箇正字，皆是對治之法。至於性，則真是不可加得一物也，故只説得一箇養字。養之法，豈有毫分做作？故在《孟子》中只是道得一箇息字，在《大學》中只是道得一箇止字。息與止，豈有毫分做作？真所以養之之方也，正謂此也。嗟乎！子思以未發爲中，而後儒乃以無過不及爲中。孔子以止爲始事，而後儒乃以止爲終事。孔子以至善爲體，而後儒乃以致知爲體。此皆杪忽毫分之差，而實逕庭霄壤之判，無怪乎其學之淵源，於洙泗竟舛據也。來簡疑辨雖多，究其根荄，總在於此。頃面振甫談，謂二十年所寶，惜被先生一口打破，都無了影響也。其見略同此，可出共商之。又向晚偶接温陵一友書，大異之，不覺喜溢於顔，喟然而嘆，謂仙鄉信多才，不可謂無明眼士也。吾契氣質粹然，而又學有承傳，謂孔、曾重擔，可更推諉，付之何人？

答周公亨書名道元，晉江人。三條

問：《讀書要》云：「從本立宗，不知本歸何處？從止發慮，不知止歸何地？」若曰身即是本，似又滯于形器；止即是善，似又涉于玄虛。慮從何發？本從何立？敢請。

止於至善，則脩身爲本之命脉也；脩身爲本，則止於至善之竅門也。舊語不云乎，「知至善爲命脉，則知其原不離身；知脩身爲竅門，則知其即是止於至善」。故曰：「此謂知本，此謂知至。」蓋直將止善本身合歸一脉矣，而可二言之乎？墮玄虛，滯形骸，以議他學可也，以議孔、曾宗傳，則昭然在門屏外矣，察之。

又

問：《讀書要》云：「脩身爲本，孔子提宗語也。」既已提宗，當時三千、七十，類皆聞之，何曾氏獨得其宗？雖穎悟若子貢，篤信若子夏，竟不得其宗，若何？敢請。

古云：「千佛出世，只怕人不發信心。」孔子之無異傳，三千、七十之無異受，明矣。曾氏何以獨得宗，則信有可訝如子所云者矣。「尊其所聞則高明矣，行其所知則光大矣」，非曾子語乎？更復以「傳不習乎」爲日省之要，試觀三千之徒，有如此發信心者否？「吾與爾事夫子于洙泗之間，退而老于西河之上，使西河之人疑爾於夫子」，蓋法門隱隱變矣，而欲以希曾氏之得宗也，不已難乎？此吾所以謂悟教非難，守教爲難。學既得宗，只守得定便是悟，不可云別開徑竇，更長支離，乃是悟也。此誠要緊的病證，因問及之，不但爲契一人發也。

又

問：《讀書要》云：「本末始終四字，把定入道之樞，括盡經世之竅。」蓋吾人一身，萬事萬物皆備，而一日之間，應感酬酢，紛紛擾擾，無有停息。不識入道之樞，何處討得，廼能把定。經世之竅，是何方法，廼得括盡。老師又云：「此正教人知止之法。」不識又何方尋得止之實地，敢請。

本末分，則知其歸宿者必於本；終始分，則知其起脚者不自終。此正教人以知止之法也，故曰「知所先後，則近道矣」。予舊亦云：「悟得本末始終四字徹，則隨時隨地，皆有歸宿。」隨地有歸宿，欛柄在我矣，事雖紛紜，由我處置矣。以爲把定入道之樞，而又括盡經世之竅，子又何疑乎？

答林兆虞書名一鳳，龍溪人。

問：致知格物四字，儒先論者紛如。至老師抗宗訓世，歸本脩身，其論始定。夫知非本體，即良知亦涉於用，敬聞命矣。第書云：「格物者，格其一物當幾之物。」則似今日格一物，明日格一物，其功夫恐涉於支否？伏望指教。

《大學》，全學也。歸本脩身，所以歸止至善。頃所謂知脩身爲本而止之，蓋已一句道出，而契尚未及檢而知也。心意知物，原是身之全體，故格致誠正，即爲脩之全功。隨漏提點，而其旨意之歸於止至善者，一也。止法果得手，真有心意知物各止其所，而格致誠正，總付之無所事事的光景矣。且無物之可覓，又烏有格之可言？而以爲今日格一物，明日格一物，憂其功夫之或涉於支也，得無慮之過乎？察之。

見羅李先生正學堂稿卷之四

答陳幼溪丈書四條

頃有感於見地之殊，有憂於學旨之難明也，簡一友人，謂同輩友自昔難相取。不然，則何以名世如子產、叔向、晏嬰輩，與孔子並世而生，乃並在洙泗宗傳外耶？此皐比勇撤，子厚之所以照耀來今也。暨今張、程並賢，而關洛兩宗之學，亦未嘗不並行於世。芻蕘可採，而況其在同輩友學問之間乎？問藥者期療病，作丹者取成僊，赴家念切，即不問其指蹤之爲何人也而聽之矣，乃獨於學則不能然？頃於「爲命」章特發此義，以爲畢竟是求法之誠，反不逮於禪者希聖之志，原與先輩之發心不等也。如翁教，讀之坦坦，真可云洞開慧視，豁然與古爲徒者矣。所謂「聞一善言，沛然若決江河而莫之能禦」者，非翁之謂而誰乎？弟以此心竊感而銘之，謂僅見而希有者莫如翁也。故敢忘其固陋不盡者，詳在左方，而并以續刻上呈，請正。

又

來教云：《大學》止脩之旨，從翁提撕起來，能使海濱之士，翕然鼓舞變動。惟是洙泗成說，得翁口上翻掀倡明，恍若登孔、曾之堂，而新聞其指授也，豈不爲千古之一大快？

頃在滇南，馬鳳麓曾相詑，謂：「經文三綱並揭，八目平鋪，不識公何所憑裁，於散亂文字中拈出止脩兩字。」弟曰：「以爲非耶？」鳳麓曰：「正謂恰好天然，且妙契精一，有功學者。」兹承翁教，亦惠取之。大率學問要緊明宗，若不知宗趣所歸，而漫從節目上尋索，正了心又怕格不得物，誠了意又怕致不得知。此弟往簡所以謂「並用之不勝其意緒之多端，偏舉之又未免爲條貫之未備」，是真可笑者也。如翁其真知本者乎！爲快爲快！

又

又云：「適有友舉翁説『顔子三月不違仁』章問：『仁，人心也。説心何爲説仁？方其違仁時，仁將何處歸藏？心將何處背棄？』渠終不解，轉以問弟云何。弟謂：『先生正是因人想像逐末，不曾於本上理會，故有此問。』」仁與心本無二物，心生物也，仁字該得心字，心字恐未該得仁字，故孟子曰「仁，人心也」。謂此心天理亦嘗發見矣。人欲亦生乎其間，是以欲人止而脩之。顔子不違，即所謂止也，仁即至善也。其主宰在心，其運用在視聽言動之間，所謂脩身爲本，此顔子之學也。顔子之學與人同，而其三月不違，欲罷不能，語之不惰，拳拳服膺弗失，此顔之所以獨爲好學，而有以異於人也。顔子滿目俱是仁，他人對面不相識；顔子地地皆是止，他人地地皆是違。何處歸藏，何處背棄，第有離合之辦爾。❶

❶「辦」，疑當爲「辨」。

往丘夢徵曾舉此，與今疑者略相似。時出以示多友，人各有陳，並不契旨。最後杜希登至，答曰：「如老師見，只是要明心性之辨。」弟曰：「希登徹關矣，可謂言簡理到。」從古以來，大率知性者少，識心者多。往往只認著一箇昭昭靈靈，能識能知者，便以爲生天生地之主本矣，此其所以不知性也。蓋直以心爲性也，所以隨緣赴感，一切漫謂天機。其流之弊，至於恣慾徇情，咸稱妙用，則學不明本，而流浪之識知，罔所據依也。《大學》徹頭教箇止字，夫豈徒然？心不違仁，恰好合此旨趣，故特假以提撕，俾知辨別。幸翁亦味此，果孰爲有去來者乎？孰爲無去來者乎？不住者客，古之人有言之者矣，蓋欲教學者知所歸宗也。翁既點止字，又云：「仁字該得心字，心字恐未該得仁字。」近之矣！近之矣！未盡者容續請。

又

又云：問：「李先生教人脩身爲本，又欲人於本末始終理會，如何？」弟謂聖經已詳言之矣。理無本末，物則有本末矣；理無終始，事則有終始矣。李先生只爲世人於事物都從末上忙逐，不知反本，故欲理會此四字，而知脩身之爲本也。重在知本，經文下「壹是」兩字最妙。夫道，一而已矣，只是一本，更無二本，故曰「其本亂而末治者否」。又舉「聽訟」一節，指出知本大畏民志，千言萬語，只是要本字透露。從本至末，由始至終，徹頭徹尾，如一條大路，直通北京。知始知終，顧人脚力如何，再無别項蹊徑。此翁所以得孔、曾之命脉竅門，而爲吾闔人之指南車，直欲相率行得到、趕得上，非虚語也。物有一條，每謂教人以知止之法，學者驟傳止字，動輒謂「也須先做了致知格物之功始得」，正爲不達於此。顔子之稱夫子也，曰：「循循然善誘人。」吾生千載下，何由而識其循循善誘？吾於《大學》真諒之矣。喫緊教知止，即徹頭教以歸止之法，直於事物龐雜中分別本末始終先後，使人當地有可據依持守。下文又詳數事物，倒歸脩身一步。使人執之以自淑，則家國天下之柄在我；運之以應務，則均平齊治之用咸宜。真天德之統會，王道之淵源，盡性至命，一以貫之者也。故舊又有云：「區區有功聖學，固在揭出脩身爲本，而討出脩身爲本，卻在悟破知止。」兩節，正謂此也。翁所論者俱是矣，然亦尚有合商量者，容另請。

答吴養志書

來教云：嘗究致良知，廼近世名儒所以反宋儒支離逐外。不意學者認寂滅爲良，認情識爲知，文成救世之言，祇爲剩語，翻是招牌，甚且并文成而訾議之。聖賢千辛萬苦，尋得一條路徑，惟恐人不知不覺，費盡口舌，開明接引，而學者置爲無用之談，亦可悲矣。雖然，聖賢亦聊以盡吾心爾，百世而下，當必有旦暮遇之者。先生揭脩身爲本，實所以救事内逐外兩失，不知學者果能脩之否？止之否？自先生過莆後，每每與諸友極論，只要去實止實脩，自然能得先生立言之意。若只要辨論是非，縱辨得明，只是説見羅先生不曾説得自己脩身爲本，分明是孔聖話頭，豈是見羅先生杜撰出來？願諸君只常立箇毋孤負見羅先生之志便是。

人宗洙泗，户法孔曾，故國不異政，家無二學。二百一十五字經文，豈徒以立一日章程，固所以定千百載不易之斷例也？及此星日炳然，謂致知兩字爲孔門正法眼藏，可乎？頃有語，謂失在於習後儒之説熟，而不覺其信之深。尊孔子之意雖甚深，而反入之淺也。脩身爲本，豈是救弊之方？恰好扶元，便爲對證之劑。往所謂「自天子至庶人，壹是皆以脩身爲本，性學也」，兄曾味之否耶？虛講是非者，誠爲閑説話；而正研學術者，卻是實功夫。此孔子所以謂學之不講，是吾憂也，而稱回之爲人也。擇乎中庸，得一善則拳拳服膺而勿失之矣。擇中者豈伊一言一動之間？得善者不指一作一止之協，正多岐之學術，足以亂真迷世者也。然則謂學果可不講耶？惟兄更一思之。漳士有志者多，悟信者亦非少，只苦僕抱恙，卻跡杜門，無能爲之接引也。藥酒必得三料，一連服之，乃可以收全功，此又要緊囑也。

答柯君器書名萬梯，莆田人。五條

問：《易》曰：「先天而天弗違，後天而奉天時。天且弗違，而況於人乎？況於鬼神乎？」夫先天弗違，師所謂性宗者是也，而後天之説，莫是從性中流出，所謂率性之道否？明以考諸人事，幽以質諸鬼神，皆是物矣。先儒所論賢希聖、聖希天，竊以爲吾人立志，即學合天而希賢希聖，尚別有一段階級否？幸示之。

聖人之學，直以天爲宗，故學聖無他，直以天爲法。士希賢、賢希聖、聖希天者，直造詣之地分不同耳，而其爲事天之宗、希天之學，一也。頃所以謂存心養性，安勉無二，功同一問。仁，孔子之所以答顏淵、仲弓、樊遲者無二旨，若必以希賢與希聖者別有原，即希聖與希天者亦別有道矣，理不然也。先天後天，在論學自屬心性之分。《繫辭》云云，又就大人之與天合德説來，蓋全是德性用事，直能執天之權而爲造化作宗主也。所謂「天且不違，而况於人乎？况於鬼神乎」，義可見矣。言豈一端，各有攸當，其此之謂乎？

又

問：「克復」説，世以爲克去己私，復還天理，舊矣。竊謂己不可作己私説，蓋與物無對，所謂真己，而禮即在其中。一日克己復禮，舉精神意氣，全無一毫向人邊走，則全體是仁，而天下歸之矣，此其機斷不由人。下文所云視、聽、言、動，自然各還本，則又安有非禮之可言哉？非曰克復爲綱，而視聽言動爲目，實同條而共貫者也，未知是否。

予答汝潛書，謂儒學只貴平，不貴巧。平則氣日斂，而道理日近；巧則意日騖，而蹊徑轉多。學貴明宗，至文義亦須解得明白。爲仁由己，由人乎哉？自是分别界頭，要在己分上著功。克己之己，豈可執煞作一樣看？能近取譬，强恕而行，聖人所以破有己之障者，亦既諄諄矣。但要于復禮處知所歸宗，即克己處自然不犯著對治，就俾如舊之説，作克去己私復還天理，亦何不可？大率學者之病，在於不能就大旨討明，而直于文句上較量，此意所以轉支而義轉舛也。

又

問：老師《書要》云：「身在世間，既不能離事物，又不能宰事物。大經未能經綸，大本如何站立？直欲攝知歸止，反本一步，則實實落落，直在於經事宰物上著功夫，虚知見，到此不復在心頭矣。」第心中無事，際此春和景明，萬物熙熙，皆吾固有，直欲與天地上下同流，渾然通體而無間，不知只此即是虚知見否，抑心齋坐忘如顔氏之屢空乎？敢請。屢空境界，談何容易。花香明媚，對境夷猶。牧竪樵夫，胸中寧無樂趣？此昔人所以謂「城中車馬應無數，能解閑行有幾人」也。即欲以此方比屢空，當郤大本胸襟地分，是隔幾層，此可無問而知。屢試君器，大率意興玩味處多，鑽研透露上少。昔賢所謂「飽歷風霜十九冬，肝腸鐵樣對諸攻。群讒衆詆尋常事，了取男兒一世中」者，其苦心煅煉蓋如此。心齋坐忘，雖云語出莊生，想見顔子未能三十遽進於屢空境界，亦殊不是草草也，未可容易談也。

又

問：君子所性，大行不加，窮居不損，蓋其分之定於天者，本無不足，孰從而加？本無有餘，孰從而損？凡可得而加損者，必非君子之所性矣。所性既定，自然根心生色，睟面盎背，施於四體，不言而喻，則性之非空也明矣。何老師於「形色」章乃云「色即是空，空即是色；色不異空，空不異色」？不幾於援儒入墨，而實踐之無地乎？願剖所疑。

性之非空，不待睟面盎背而見，只仁義禮智根於心，便可以知性之不空矣。包天包地、包人包物且由此，而況其學得所養，有不根于心、生于色、施于四體者乎？色即是空，空即是色，偶舉之以證形色天性之語意有近，而其意正以明踐形之不墮于空虚也，而契乃見以爲援儒入墨也，過矣。

又

問：《詩》云：「穆穆文王，於緝熙敬止。」夫緝熙分明是箇脩法，敬止分明是箇止法。提出仁敬孝慈信，分明是箇止善，而非止敬，則敬止之敬，乃其「小心翼翼，昭事上帝」之境界也。言本體畢竟是工夫，言功夫又畢竟是本體。老師所云「脩之所以止之也，止之所以脩之也」，其合功夫本體而一之者乎？舍止脩外，還别有「緝熙敬止」否？

「緝熙敬止」四箇字，直是止脩兩到，且無有止脩之可分别者。所以仁、敬、孝、慈、信，隨感流行，不識知而順則也。止脩雙揭，誠爲入彀之宗。由文王「小心翼翼，昭事上帝」，「在宫雍雍，在廟肅肅」之氣象味之，則真是只有一止，無復有脩之可言也，而脩自在其中也，察之。

答丘士藎書名宇勷，晉江人。

問：晦翁有云：「向來講論思索，直以心爲已發，而日用工夫亦只以察識端倪爲最初下手處。以故闕卻平日涵養一段工夫，使人胸中擾擾，無深潛純一之味。而其發之言語事爲之間，亦常急遏浮露，無復雍容深厚之氣。蓋所見一差，其害乃至於此，不可以不慎也。」味斯言，豈非晦菴先生晚年定論乎？其所云「涵養」，不知與知止一步有合乎？格物致知，傳有云：「即凡天下之物而窮究之。」陽明先生謂爲義襲似矣，乃復以致知爲宗，而曰「未發之中即良知也」。畢竟落在境界，又似輸涵養一著者，未知是否。

學問差别，真只在于杪忽毫分之間，然毫釐之差而千里之謬，實起于此。此孔子所以謂「學之不講，是吾憂也」。今既知以止至善爲宗，則與彼致知自相寥絶，不復待説。只晦翁晚悟一段，有在似是而非之間，不可以不講者。往予亦取其語，至揭之屏間自勗。自悟徹止脩後，乃斷知涵養功夫，直下就擾擾紛紛中取討歸宿，而不在平日未事前，别作一方法，禁制討甯帖也。故由此而出者，則所云涵養者與省察併在一時，故有從本立宗、從止發慮之妙。不由此而出，則所云涵養者截然將在事先，而所云省察者截然將在事後，與聖門精一止脩之作用，爲不侔矣。所以分動分静，將戒慎恐懼與慎獨工夫作兩項做，將静則有中而動則無中矣而可乎？至於紹興，則又直以省察當卻涵養，以視晦翁校輸一著，有如來簡所云「《大學》之所以必揭知本爲歸宗，而以知止入竅」者，豈徒言之乎？更察。

答林而德書名鳳翔，鎮海人。二條

問：老師云：「無對者獨，有對非獨，知《中庸》所謂獨者，不指有睹有聞，則知《大學》所謂獨者，不指有好有惡。」畢竟是所指安在？亦指者在於性體？而慎之者是就性體而用力之？全副精神直向本上歸宗，不流末上去？所謂「止至善、中者，天下之大本」，孟子所謂「萬物皆備於我」，程子所謂「仁者無對」，皆是物也，抑别有旨也？

「上天之載，無聲無臭」，性體也。「戒慎不睹，恐懼不聞」，復性之功也。「莫見乎隱，莫顯乎微」，此君子之所以戒慎恐懼，必致謹於斯也。何以必言獨復性之竅也。頃所謂「無對者獨，有對非獨」，大且不足名之，又何爲對之有？此程子之所以謂「學者須先識仁」，而《中庸》謂「不明乎善，則不能誠乎身」也。如簡所云「全副精神，向本上歸宗，不流末去」者，盡之矣！盡之矣！然孰爲本？孰爲末？更須一向裏體究得明白，乃有下落。

又

問：老師云：「脩身爲本，則是求仁方法。」嘗讀「顔淵問仁」章，竊以爲夫子告之以克復，渾然是個止法。仁歸於天下，而機由於一己，隱隱是于己上著精神，知所先後消息。及請問條目，又告之以非禮勿視聽言動，渾然是箇脩法。先儒以四者皆身之用，要之四者皆爲復禮而設，不過欲因日用求本體，實非向外著功，即爲仁由己之謂也。當時顔子一聞斯言，遂斷然曰「請事斯語」。看他何等擔當，何等力量，即既竭吾才的光景，欲從末由的地面，故夫子於七十二子獨稱顔淵爲好學，又許顔子不違仁，蓋以此也。大抵孔學以求仁爲宗，下手處不越脩身爲本，故曰「脩身爲本是求仁方法」，請教。

心法倡自虞廷，惟一惟精，朗然指授。蓋一以定命，一以嚴防，經世之宗，必如此下功，乃爲無滲漏也。此孔子所以謂「敬義立而德不孤」也。不孤兩字最有味，往答吕文化，謂：「遺止則孤了脩，落根無地矣；遺脩則孤了止，關防不密矣。克復兩字，只是換了話頭，而其爲精一止脩之作用，一也。」而契乃見以克復爲止，四勿爲脩，若將謂前段專説止而後段專説脩也，而可乎？至簡末謂「孔學以求仁爲宗，下手處不越脩身爲本」，卻是。

答李惟寅書

問：蓋嘗習章句之說：「道之不明也，吾知之矣。賢者過之，不肖者不及也。」言知而歸重於行，後人爲之解曰：「行之力乃見知之致。」有如人品之善惡邪正，此心了然見其微。豈曰非知則必崇其善且正者，去其惡且邪者，方爲見之行事。不然，依阿淟涊，作婦人女子態，恐畢竟見之未真。故行之不力，是其知猶未致也。致知爲脩身第一義，此中世道人情關係，正學非淺。先生何以明教之？

每謂義無定在，緣時地人情而爲之低昂損益者是也。經世之學，錯綜於人倫事物之交，是有多少變態，豈容一切。孔子所謂「義以爲質」，而又必「禮以行之，遜以出之，信以成之」者，果何爲乎？陽虎、王驩所以處之者，是遵何道？謂孔孟知之有未真與？已知矣而又遲回爲之委曲，謂孔孟行之有未力與？所謂「見惡人以避咎」也，易言之矣。四凶當堯世容之，舜攝政則誅之。五十國釋于武，不釋于周。比干諫死，箕子佯狂。所以處之者都非一局。若必執以爲行之力者乃知至，則比干爲聖而箕子非忠矣，而爲孔子者乃漫然無決擇，概許其仁乎？最可惡者莫如癭，以其生于頸而附于咽，不可以一決而遂去。髫齒欲脱未脱，爲累者甚，而亟毀之，足殺兒。若必任其知之及，而概取于行之力，不量其情局事變之爲何如也，是必直躬者乃爲智。而藏往知來，古之所稱圓神不倚者，反不得爲知之致矣，甯獨如此而已也？行師則尚謀，懼鄙暴虎；出處則相時，局不主一偏。是乃真致知者，不可以一端求也。所謂「聖人之行不同也，或遠或近，或去或不去，歸潔其身而已」矣。加減稱量，自隨其節，而要之本常立，身常脩，即道常在我矣。此誠經世要機，有關正學，不可以不講者也，而非高明士經事勘磨者，疇能發之？業已具簡代候。刻報，倘尚在，希爲轉索之見寄，蓋此中篋笥之所攜者盡矣。

見羅李先生正學堂稿卷之五

答黄毅菴書

高誼聳心，依依不置。默堂還，便續致短函，不省曾否徹於記室？

孔傳《大學》，豈爲身圖，直將性命全提，倒廩傾倉，布在方策，以貽天下來世。故其規模最爲宏大，旨趣最爲淵深，條貫極其嚴備，端緒極其微渺。二百一十五字，布置描畫，喻如造物生人。自頂至踵，由表及裏，九竅百骸，賅而存焉。此其所以謂之全學，而或以管窺，或以蠡測，執其一斑而見，以爲道在是矣。此所以竟千載不明也。而非翁之鉅眼宏襟，疇或識之？所謂自天子至庶人，直是該盡了天下人品；壹是皆以脩身爲本，直是管盡了天下學術。然非將二百一十五字凑底悟徹，如盤走珠，字字不相粘帶，不相妨背，而渾融流轉又不出於盤中，則所謂脩身爲本者，猶在藩之外也。此孔子所以謂「此謂知本，此謂知之至也」，盡矣，無復有餘藴矣。後來只不明此，故將知本兩言，指作衍文，而以此謂「知之至也」之上，别有斷簡，則豈獨傳文缺，經文亦缺矣。翁試謂除卻知本兩言，孔子雖神聖，將何所憑裁，以握性命之樞，以立經世之極耶？

僕本世外人也，又多病，自閏迨今，閱半載矣。一跡不踰户限，一友不能接引，亦自處于世外之道，而獨感翁丈之過於相知也，忘其頽病，勉而具此，不盡者已略見於刻中矣。要爲天地立心，爲生民立命，則此敝筭者未必不是遊洙泗之梯航媒妁也。伏惟覽而教之，俾繼此得畢其愚，期共勉旃。爲孔、曾忠臣，不負爲一大事。因緣出現於世，亦庶幾不孤負天王明聖，而海濱流落，若翻爲人世之極遭也，爲幸何如？

厚幣頃領，愧無以酬，乃載荷遠將之辱。念翁嘉惠，夫豈泛投，服之爲榮，不恥維鵜，敬謝敬謝！芳臺丈書并領矣。

答舒夢灘書名琛，進賢人。

問：昨歲承矩誨諄諄，琛敬佩之終身矣。第老師惡以釋亂儒，若釋自釋，儒自儒，則不惡。琛嘗譬之人家：長子誦法孔氏，服儒服，卒業於東廓；次子誦法天竺，削髮披緇，參禪於西室，似亦不成人家。即其削髮披緇，便有損於吾儒經常之道，不必其彌近理而大亂真，然後可惡也。琛以爲此汲汲當闢者，敢以醯鷄之見再陳，惟老師教之。

闢邪衛正，聖賢同心；似是而非，特所深患。蓋一則病在于皮毛，一則爲疚于心腹，同一亂正，而淺深之分數異致如此。此象山所以謂「今之釋子，類皆擔板庸人，何能害道也」。公而必欲一道德，同風俗，俾國不異政，家不殊俗，則諸不在六藝之科者咸當禁斷，何獨釋乎？故以釋害儒，害尚淺；以儒冒釋，害乃大。處堂奥，起爐作竈；入腹心，種胎植種。如呂嬴之互易，牛馬之暗投，浸淫沉錮，且不識其敝所從入，而直認以爲生身立命之本矣。瀾倒淪胥，莫爲救挽，所謂「竊鈎者誅，竊國者爲諸侯」。諸侯之門，而仁義反存焉矣。豈獨竊其國，併與其聖智之法竊之，以自擅其宗矣。老氏、鄉原，夫非與孔子並時而處者乎？然孔子不聞闢老氏乃闢鄉原，則以老自老，道雖非正，其端緒猶可尋也，易辨也。居之似忠信，行之似廉潔，非之無可非，刺之無可刺，宛然一聖人之成德也。而實則順非飾澤，藏垢匿瑕，混俗和光，閹媚取悦，使世中其毒而莫測其方，且頌其德，以爲此真原人也，則其爲斯道之蠹害，乃真不可救解者也。此孔子之所以惡鄉原甚於老氏也。

公如必有慨於王教之未純，道術之未一，老佛之爲世賊害也，則請上陳之吾君，下陳之吾相，不過費方尺之紙，「人其人，火其書，廬其居」，如《原道》之所論，武宗之所行，朝令下而夕可見之施行。事若甚難，而實則有至順至易而無難者。惟此腑臟之包含，堂奥之蟠竊，求之無其端，而罪之無可按也，則雖以聖君賢相，有衛道之勤心，而莫爲之救挽也。此程伯子所以謂：「昔之中人也乘其迷暗，今之入人也因其高明，且忽不覺其轉而入於籠罩，以互爲蒙蔽也。」此其比於削髮披緇，顯然背父子，離親戚，以自畔於名教者，其爲害果孰輕而孰重耶？此予之所謂深可惡者也。而又自愧其原本之微，不足以障滔天之勢，恐適以激縱風之燎，揚湯之沸，謂不若反而明孔、曾之學，循知本之教，庶幾哉經正則庶民興，庶民興斯無邪慝者，猶可望救於萬分之一也。簡至，具悉憂世之殷，衛學之切。然以爲事固有機在人者，有具在我者，所謂可盡者，盡其分之在我者而已。

答傅君髦書名來譽，鄞縣人。二條

問：《大學》説至善是本體，而止善之功不離歸本。《中庸》説誠是天道，而誠之之事不過復天。故人性惟有至善，本無不善，而至善實有諸已。始稱至誠者，至誠以造，位稱無論矣。迺論帝降，何以有誠與至善之分也？至思誠功夫，有謂擇善者，非其脩之惟精者耶？有謂固執者，非其止之惟一者耶？《大學》以止爲脩之入竅，脩爲止之功夫，胡《中庸》先脩而後止耶？倘有所謂止脩合一者耶？夫一爲誠，二之則不誠。誠則未有不止，止則歸于一誠，胡誠止提醒有二耶？抑其間果其偏全先後之逕庭也？且學不厭爲智，分明是明德，而卻以成己爲仁；教不倦爲仁，分明是親民，而卻以成物爲智。學本一宗，曾、思、孟斷不持兩端，當必有同條共貫者。敢冒昧上質，伏維老師明教。

古稱千聖一心，六籍一語，果其意之無不同耶？抑辭之罔不協耶？若必執其辭而取其協，豈獨《中庸》有不同於《大學》，孟子有不同於孔子，即雖一聖之口，一座之間，其辭之或少或多，語之或先或後，隨事提點，亦自有不同者。而其旨意之必歸於一是，真千聖相授，守一道也。虞廷允執之論，灼然爲洙泗淵源。一善一中，點體處既若背違精一止脩，説工夫又爾兩無蒙涉。契既能信得善即是中，而又何不能信得誠即是善；既能信得止脩即是精一，而又何不能信得擇執即是止脩。至於或先止而後脩，或先脩而後止，語若不同，義有各當。仁義兩字，在《孟子》中以道性善，自指體，他或從宜，別爲點次。往答董蓉丈，契不見之乎？謂此等仁智又就用之德説，蓋指能擇者爲智，而能守者爲仁也，不可執一看也。學不厭亦何嘗不是仁？教不倦亦何嘗不是智？成己成物，明德親民，因時繫屬，總類此矣。此孔子所以謂「言豈一端而已」乎？夫各有攸當也，察之。

又

問：吾儒之學本天。《大學》，性命宗也，徹天地、貫古今、包人物者。《易》曰：「天行健，君子以自强不息。」蓋人事外，無天道矣。而管於脩身爲本四字，迺誦師教，謂因讀《易》有悟於本末、始終、竅斷，知孔子學問，一生悟門有味哉！先生之深於《易》也，令人三復焉。敢發譬所明，證譬所疑。夫《易》本於太極，卒於陰陽，變化造物，不離消息盈虛，云爲管歸存亡進退。故知進退存亡者，不失其正；識消息盈虛者，能與時行。時者天之所不能違，《易》之所不能逆，而况學乎？乘龍御天，本之大明終始、六位時成，《易》道盡之矣，聖學盡之矣。至傳《艮》彖曰：「艮，止也。時行時止，動静不失其時。」則知止非槁木死灰之謂。終日乾乾，天行之謂也，時之與止，果其有二耶？果其一耶？抑二而一者耶？又曰：「艮其身，止諸躬也。」則止脩合一之妙，居可知已。顧君子居安者《易》序，樂玩者爻詞、象詞，變占神知，不可方物，爲道屢遷，不可典要。本末始終之竅，非通人達才，烏能致意於斯？至《大學》提宗，已該《易》旨，六十四卦、三百八十四爻，特其註脚。愚生以聞其語，未窺其奥也，敢以臆見請正，伏乞老師幸教。

區區悟學之端，果因讀《易》，而入學之竅，本歸脩身。嘗有語：《易》以天地雷風水火山澤羅天地之法象，聖人以身心意知物家國天下括人世之經綸。《易》本太極，《大學》本至善，始終本末之先後，宛然陰陽柔剛之進退，消息盈虛，云爲變化，大明終始，六位時成，總此括盡。所以全《易》道在於我，舍人事而別言天，舍《大學》而外譚《易》，皆非所謂知義之至者也。時行則行，以何爲之稱量？時止則止，憑何爲之裁節？頃有云：「止字本是死法，點入脩身，卻有無窮妙趣。」蓋脩有多方，而止亦隨所脩處曲盡其經綸之巧也，此其所以妙也。槁木死灰者，能有是乎？至於時字爲義，自以境界言、以流行言；止字爲義，自就工夫説、就歸宿説。故止能運時，而時不能違止。此大人之所以與天合德，先後天而莫之能違也。

君髦意儘知歸，只苦文義牽纏，以致往來縈絆，倏是倏非，乍疑乍悟。如此展轉支離，出門是草，岐路方多，豈獨載牘之間未覩一是？聯鋪促席，多方就正，且不勝其口説之紛拏也。出見紛華而悦，何必古人？此孟子之所以貴於知言也，體之。

答蔡瑜美書 名士瑜，晉江人。三條

文字本貴奇不貴襲，而世競務襲不務奇；學問本貴常不貴巧，而世必厭常欲務巧：此道所以舛也。往有語，契不見之乎？覽與我處畎畝之中文字，能刻意可喜。至學問樸實頭，只一脩身爲本最有據，而來簡乃不及之，得無亦尚有厭常意耶？二問語并答去，必無以空言玩，乃有益。

又

問：愚生竊莊誦老師講「回也，其心三月不違仁」章，以爲學者須究如何爲心，如何爲仁。此醒人究辨之大機括也。夫孟氏曰「仁，人心」，則仁與心一也，而何以曰「回之心不違仁」，又若二之，何歟？

彼心活物也，仁生理也，謂心與仁截然爲二者，非也。虞廷之論曰：「人心道心，心一也。」而有人心道心之辨，意者理出於心，則以仁言心可也。而心亦有不盡出乎理，或牿于旦晝而有違仁時歟？雖牿于旦晝而天理之公，未嘗不隱然在歟？乃老師所謂「背違時，仁將何處歸藏？心將何處背棄」，愚生思之而未得其解也，願明示之。

仁在體不在説，故不但暫一至者不可以語仁，即偶一違者亦不可以言仁之至矣。此聖人所以從心所欲，無往非仁，而顏子之所以未達一間也，蓋尚有違也。學者到此，只好向己躬上切實體取。一日之間，自子以至亥；一月之間，自朔以至晦。是仁非仁，毫髮不容瞞昧；日至月違，動息有可查考。即步步是工夫，言言皆實力，而所質「仁將何處歸藏？心將何處背棄」者，直下可從意中領矣，不復俟言説矣，體之。

又

問：夫子之論性也，曰：「性相近也，習相遠也。」而孟子之論性也，曰：「性無有不善。」乃又有三品之説者，曰：上焉者不習而自善，中焉者可習而上下，下焉者雖習不善矣。然則習之所施，僅在中人耳。其言之剌謬，達性者非之。乃夫子言性而又言習，孟子言性而不言習，此又何故也？夫性與生俱來也，習者脩治之謂也。言性而置習，則虛；言習而置性，則妄。是兩者互爲用，然其用孰爲大與？老師性善之編，其所以開示來學者詳矣。性習之用，愚生尚未徹底裏，敢敬質之。

「繼之者善，成之者性」，非夫子語乎？「在止於至善」，又非夫子語乎？故孟子只道性善，子思子直曰

「天命之謂性也」，皆祖自夫子也。豈得以遠近兩字致疑，謂夫子之論性乃有異旨耶？故性自性，習自習，如僕見，只合訓之曰「性相同也，習相異也」爾已。大率周末處士横議，在孔子世已不勝其駁雜支離，往往執習之壞者爲性，而將命之天者雜以習，甘自暴棄，諉於性之果有善與不善也。此夫子所以傷也，故特揭而言之曰「性本同也，習乃異也」，以唤醒學者，使知反異歸同。而豈以性習雜言，有如論性不論氣，不備如來簡所質云云乎？可嘆！

答黄光普書名浩，南靖人。

問：浩讀書通大義，即志聖賢之學而嚮往之矣。受之庭訓，聞之師友，謂聖賢之學，心學也，此學始于虞廷。虞廷之道心，即《大學》之明德。明德所以新民，新民無他，道在止至善、致良知者主腦也，則服膺而時習之。第此知從何而生？何地乃可棲泊靈明？非反本還源，直於性善歸宗，徒就發竅之良者，以爲推致危微之間，倏明易晦，雖强自點檢，加爲善去惡之功，必竟復命歸根之竅，靡有依據也。正爾疑揣，及聞我師脩身爲本之教，乃忻然曰至善爲主腦，脩身爲本爲功夫。脩身爲本性宗也，求仁之方法也。「艮其背」，脩身爲本之旨訣也。本此、止此、心此、正意此，誠知此致，物此格，若網在綱，各止其所。良知豈本體哉？蓋根柢于性之仁義也。經有可據，吾心洞然，覺靡滯礙，毅然擔當。鄉原痛絶，狂狷興思，蓋必透此關，始可與語。有入頭，可進步，天性顯現。極光明，極正大，廣居安宅，都在這裏。而禮路義門胥此出矣，迺真脩身爲本者也。退省其私，直以止脩學諸己，以止脩之學言諸人，實意充滿，流通事物，分量所及，靡敢不滿。竊以爲止即在此，脩即在此，未知于師教何如也？幸聞示之。

脩身爲本，人知其爲經世之宗，誰知其爲性宗？止於至善，人知其爲末後事，誰知其爲始事？止善本身，人知其爲兩句話頭，孰知其爲一條脉線？區區此番提揭，於經世實際，誠爲有功，而於性命落根，尤爲喫緊。故要緊在明心性之辨，何以要明心性之辨？爲其已揭知爲體也，指致知爲宗也，所謂全經專教知止。後儒不明，以全經專教致知。契既讀拙稿，不見之乎？既已知得此意，直下就身上歸宗，直下就善上落脉。如簡所云者，彷佛近之矣！近之矣！幸實體，毋虛托。

答楊振甫書名琰，龍溪人。

守心者大率光景之見，故辨體者必入支離之解。憑揣摩則靈變閃爍，若莫測其端倪；稽踐履則舛錯空疎，祇以增其誕漫。往所以謂不急辨體，要在明宗，蓋有深創此也。契能省而悔之，允矣。至將所指授一一以身體當，理路尤明。維皇上帝降衷於下民，若有恒性，此全體一仁也。將身幇善者，意恐至善之墮渺茫；將善貼身者，意恐本身之泥形器。交互推原，總墮兩邊之解，豈知老孔子蓋直下了經世之務，即直下透性命之根。故以此行乎家，以此行乎國，以此行乎天下，萬緒千條，總會歸于一本。以此脩乎齊，以此脩乎治，以此脩乎平，紛紜錯雜，總收拾於一止。所謂窮理盡性，以至於命者，用此道也。如簡所陳，日用間尚不免於隨處體認，毫忽舛訛，尚昧本末之分。譬之人身，自是有天君，自是有百體，豈可云非天君則百體無所主宰，非百體則天君無所命令者乎？吾故曰：「《大學》，全學也；脩身爲本，性宗也。」悟此則於世道自關情，體此則於明學淑人，自不容已。孔汲汲，孟皇皇，有誰驅之？有何職任？固自是徹性徹命，意之所自，不容已也。非如簡所云「有待於擴而大之者」也。「士不可以不弘毅」，每謂之直從承當《大學》而得，信然哉！信然哉！惟體之，并出與會友共之。

答徐時舉書名鏊，豐城人。

任重道遠，士之定責，故明學淑人，士之定分。顧恐擔當不勇者則量不弘，而檢脩不密者則力不固。無徵不信，不信民弗從，蓋理固如此矣。如契之屢簡，諄諄庶不愧此矣，惟勉之。向經上講，不若向身上講，蓋身爲經傳者。所以傳經也，身上進一分，則經上悟增一乘。往予何曾一字句向經文上求，直截從身上體會，而學日以明，經日以徹。

來書撮要明宗之説，雖甚緊切，畢竟不若就日用行履處作實體勘，而揭其悟者疑者與相對證，似更簡明而有力也。至所述經義，覽之紀紀綱綱，大都未嘗不是，只尚是向經上説，於對境臨爐，抽添加減，貼皮貼骨，尚隔一層。所舉除卻心意知物、家國天下無別有身者，檢予無是語，果有之，必是承上文別有爲記。答顏與樸有謂「心意知物，身之全體，故格致誠正，即是脩之全功」者，語近似，旨卻異，此不可以不察也。會事必望猛提策，俾無怠，有何奇功？有何捷效？只此勉勉循循，要以無勤於始，無墮於終，即蔚然可信於家邦，無忝於洙泗之門屏矣。

答姚國初書名虞，南安人。

參也何以魯得，須思而得其故。大率悟非難，守爲難。尊聞行知，敬守師説，直從一路裏進功，而不復雜于二二三三之解，此所以月將日就，臻於高明光大而不自知也。豈獨自得一脉，頂傳如臨如履。曾而思，思而孟，至于今萬古日星者，則自一念之守教始也，餘並寂寞無有嗣者。吾門中敏穎者多其儔，而近魯者國初爲最矣。惟自頂至踵，自心志達皮毛，自食寢至酬酢，自倫理至觴豆，拿定了一箇脩身爲本一切管，而入於準繩規矩，使人望而信之，曰「此真講學士也」，就令異趣者熟而察之，亦曰「此真迂闊人也」。無忝爲講學士，則進而入於魯之光景也爲不難矣，惟勉之。來問不暇答，念所以告子者義盡此，亦無別有他説也。

答鄧惟立書名□，樂安人。

憤悱滿襟，千里如見，肩當氣力，有可感思，此吾所以每羨僊里爲有人也。舊每謂：「學問明之難，任之尤難；悟之非難，守之難。」果其如簡所述，兢兢然將一副當精神管而歸宿此，恢之以弘，固之以毅。自本達標，不作兩路心思；自始暨終，不作兩截人物；自暗室至廣庭，不作兩樣頭面。以此明諸心，以此淑諸人，以此體於躬，以此範於里。將化人成俗，直以一身肩當；明學淑人，直爲一生事業。將孔、曾所爲，爲天地生民立命立心者，道不越此矣。而又何憂於識見志氣之卑、悟證之淺乎？顧恐未必能耳。羅石令叔不意遽作古人，可痛。令弟知偶恙，未作書，面間可出此。

見羅李先生正學堂稿卷之六

答陳蘭臺書

來教云：清漳行役，望門墻二十里而遥。同事者挈而去之，未遂請教之私，迄今此心怔怔怦怦，如有失也。數月来先以陪直，指使問俗，旋以棘闈從事。比出，則又署司篆矣。日在溷冗中，雖此心乾乾，不敢少有怠忽，而百務擾擾，未免苦於糾紛。然就裏體驗，則於所謂「順事無情」者，「行所無事」者，稍見真機。每退而休衙，則又思昔人補過之説，豈不謂應感時或有差錯，退而檢點，思所以補之耶？至於夜而就寢，寢而稍醒，則念頭動處，覺有馳逐之意，又常收斂秘密，不使放逸。日日如此。其於先生所指修身爲本，愈見親切有味。然伏而思之，應接時雖稍見天機之流行，而未免有一時差錯，必有待於思補者。獨處時雖稍見天機之秘密，而未免有一時念起，必有待於收斂者。於此時也，而能使内外兩忘，念念無非，事事不錯，然後爲止於至善。是可見修之之功難，而止之之地未易到也。雖然，其修也曷從而修之？其止也曷從而止之？皆賴此心之虚靈一段，惺惺不昧者爲之照察，爲之管攝。故一事稍錯，旋即悔之，必思所以補之；一念方起，旋即覺之，必思所以收之。率此虚靈之體，隨此虚靈之用，體用一原，顯微無間，一以貫之，皆虚靈之本也。故曰「知止而後有定」，曰「知所先後」，曰「此謂知本」，曰「此謂知之至也」，畢竟少不得一知字。是可見知也者，徹首徹尾，徹内徹外，一以貫之者也。

竊謂先生之所謂止、所謂修者，與陽明先生之所謂良、所謂知者，其宗無有兩也。先生謂分別爲知，雖良知亦分別也，是就情識上説知，而陽明先生謂知即是非，是就虚靈上説。知其修其止，皆不外此虚靈，故曰：「明德也，明即知也，止即德也。明明德者，知所以止也。」先生謂《大學》言知本，言知止；《孟子》言知性，言知天。若遺卻止本而直謂《大學》以知立教，以知爲體，脱去性天而直謂《孟子》以知立教，以知爲體，是揣本齊末，按圖指駿，蓋皆自分別爲知處説耳。然本也止也，性也天也，畢竟是何物也？即《大學》之明德也，所謂至善者也。曰明者，自其虚靈之不昧者言也；曰善者，自其純粹之不雜者言也。是所謂良知也，不從分別説也。先生謂堯、舜、禹、湯、周、孔，未聞以知爲體，然精一執中之訓，其主宰是何物也？不外此心之虚靈也。不外此心之虚靈，即不能外陽明先生之良知也。先生謂就知止者看體。知固有良亦有不良，然其良也與不良也，誰謂知之止？此知之體也有良有不良者。情識之知，已發之用也，知其爲良。知其爲不良者，虚靈之知未發之体也。即所謂明德也，不曰德，而曰明德，明之一字可想已。止也者，止此者也；修也者，修此者也；本也者，本此者也。故竊謂先生之止脩，與陽明先生之良知，非有二宗也，特其指點各有名耳。

鄉者越中欲遂執弟子之禮，請事先生之門，因讀先生之書，尚未得吻合歸一之説，故稍待之。今者近先生之居矣，故敢剖露肝膽，一盡其愚。伏惟先生憫其顓蒙，直指而開發之，俾得終請事之初心，幸甚。

僕以淺陋之資，重當淪墜，謂宜見棄君子，乃過承道誼，披吐肝膈，不鄙夷而惠進教之，感甚。

蠡管之測，知甚無當，然寔得自三十年苦心婉轉勘磨。於儒先説雖若時有背違，於孔、曾傳實是毫髮無敢違越。全經具在也，翁試將二百一十五字就三綱檢之，謂体在明德乎？在至善乎？就八目檢之，謂本在致知乎？在修身乎？又以知止兩字校之，謂所重者止乎？知乎？即可以見旨義歸趣之大略矣。故明德與至善，決不可以互指爲體；良知與知覺，決不可以分別何者屬用。必以加一良字便屬體，則最可玩味者莫如乾知矣，未嘗不與坤作成物對説也。以視良知，雖自於不慮，未嘗不與良能對説也。良知果體也，良能亦體乎？今試將良能二字挈出，則舉世人共非之矣，且從而笑之矣。而承沿習熟，不復加之察也，奈何哉！且心雖一物，談心者自昔以兩字盡之，如來教之所舉虛靈者是已。《正蒙》亦曰："合性與知覺，有心之名。"如翁見，必以虛爲之體乎？靈爲之體乎？必以虛爲體，則此靈明覺知之屬，在後天而非先天也決矣。如復曰"靈即是虛也，覺即是性也，兩無有分别也"，則《大學》無事止善，而虞廷無取執中矣。且只一"明明德"，便可了得，何取更説"止至善"？且謂之必先知止矣，而後能定能靜，以能有得也，不幾於挈綱處便作贅語矣乎？至於有生以後，人即發靈，水陸飛行用者屬此，固未有生而無知之人，又烏有學而不用知之理？但遡源徂委，不合以之提宗耳。如教所云："知本知止，知先知至，總不能外一知字。"又曰："其修也孰從而修之？其止也孰從而止之？"皆是也。曾不思其從何而來。南軒不云乎，"怵惕惻隱，乃天理發見之苗裔耳"。於此而體究其所以然，則理可盡而體可窮。文公亦曰："仁者必覺，而覺不可以名仁。"微獨儒者言之也，莊生亦曰："神何由生？明何由出？"又曰："孰主張是？孰隆施是？"若必執一知之中，而析其何者爲之體，何者屬在用，則鄙人誠固陋，不知其解矣。雖然，亦嘗體之矣。有靈即屬覺，有覺即屬覩聞，有覩聞即非未發。以是而言性，雖孔、曾復起，而爲是説，不敢信之矣。故近語友，謂看《易》必認得太極，而後敢按落乾坤作後天。看《大學》必透得至善，而後可照瞭明德屬發用。而以視知之不可爲體，致知之不可提宗也，不復待解矣。大率《大學》原是全學所以條貫，極其嚴備，喻同造物生人，一毫增減紊亂不得，習傳循誦，宗趣久乖矣。頃答董蓉丈，故敢斷謂前此所以誤，只爲不知知本爲《大學》立教之宗，知止爲《大學》入手之竅，修身爲《大學》歸止之的。所以訓詁詞章，弊於宋者，固以格致爲宗，而唤起天下曉得。求心振於明者，亦祇以致知爲奥。故由舊説則要緊全在格致，而知止甚輕；由今説則立命歸根全在一止，格致誠正。不過就其中缺漏處檢照提撕，使之常歸於止耳。此似豁然爲《大學》另開一眼，另見一天，而實則按依孔學之頒布章程，而非敢爲臆説也。而非振古人豪，有一匡斯文之志者，疇能亮之？中間諭及檢省于動用之間，體察於夢覺之際，歉歉於脩爲之難，而止地之未易以固也。精志密功，直與兢業汲皇同一懇至。僕方學之未能，覽之增恧，而又何敢贊乎？相去遠，欲語者不啻千，然見所及，又自恨其短淺，亦聊以見不敢自外於提策，效芹曝之端引耳。伏惟覽而教之，臨楮無任惓惓。

答陳蘭臺書

頃荷虚襟，過而以學見命，輒忘固陋，草率款攄，知必無當淵懿。然承下問而莫爲酬，簡也；苟有知而不以獻焉，欺也。知畢竟以知爲體耶用耶？以爲體，則《大學》之所謂善，虞廷之所謂中，子思之所謂未發者，果用耶體耶？知至善與未發不可以知名，則知明德與良知不可作體看矣。舊有語：「果一知耳，孰未發？又孰已發？子思子決不支離，而世無可奈何。」卻又曰：「未發之中未嘗無已發，已發之中未嘗無未發也。」又或曰：「未發之中即在已發内也。」真所謂最無依據打棍的話頭也，而欲以求宗趣之不乖離，其可得乎？又往答徐獻和，謂：「從古未有辨心性者、析心性者，然勘之款項，卻不差不識。」翁亦嘗以自昔所論心性者，就款項一爲研覈否？

外，《經武》二編，見當傳寫，已覼覆瓿，乃復過屢捐貲，爲廣流布，自是翁嘉惠盛心。然俎豆嘗聞，軍旅未學，我戰則克，道蓋不恃此也，又俾覽之汗淫浹矣。

答吴養志書

來教云：竊聞士君子以萬物各正爲己分，以一人未聞此學爲己責，此非撥撒精神，性體原來如此。然非一點靈明，徹底清净，與虚空同體者，安能與虚空同用？世之規規自守者，不可與語明親一體之學。欲與之反求靈明，不以爲寂滅玄渺，則病其茫蕩出脱，此其病坐未悟入故耳。强近來愈覺此學不宜自隘，而反諸靈明，未見其能判斷歸一清楚，擇善勿失。來教所謂「擇中者，豈在一言一動之間；得善者，豈直一作一止之協」。正多岐之學術，足以亂真迷世者也。學不悟性，惟在言動作止修爲，自稱明學弊，落信果，何能以覓孔聖真修之旨？學之不講，真可爲憂。

入漳，向在病，而此七日間又以感暑患痢，殊爲苦。教至，所以不能詳答。有生以後，人即發靈，水陸飛行，共無掩蔽。故靈不待求也，聞聲隨聲，見色隨色，但恐其蕩而無歸，所以保固而收攝之者，不可不知所歸宿耳。偶思昔人謂：「人心之不同也，有如其面焉。心誠爾也，性果爾乎？」又曰：「人藏其心，不可測也。」又曰：「險於江河，至於性，豈亦有險于江河者乎？」故欲就靈明揀别其是非善惡，則可倏而危、倏而微，即欲就地駐脚，直以爲立命安身之所也。則《大學》無事止善，而虞廷無取執中矣。且所求者既是靈明，能求者復是何物？若曰以靈明求靈明，是二之也。此淺陋之見也，知不足呈於大方，聊一言之發笑。尊體幸漸康，殊爲喜。聖像謹以揭之廳壁，如見羹墻。

與傅錦泉丈書

頃乘近裏便，簡答高情，矢將補過。末齡以無辜祝貺，兹又越再旬矣。日夕熟服鼎言，至簡易直切，蓋是求同於孔、求同於孟，而非求異於朱也。不覺喟然興嘆，戚然生感，以爲世之知我愛我，復有如翁者乎？

僕稟資雖非魯，至究學處卻甚平。故於實落地得有見，而於孔、曾宗，每透一關，輒悟增一乘焉。暨透之盡，恰好吻合全經，不餘一字，而予亦皞皞熙熙，無他有剩見矣。他經未必徹，如《大學》二百一十五字，自謂之覿面孔、曾，若親聆其謦欬者。檢尋拙刻，有萬其言，一切坦坦平平，按依經傳，祖述孔、曾，有如台教所云，此僕之所以深切有感也。舊每謂：「文字本貴奇不貴襲，而世兢務襲不務奇；學問本貴平不貴巧，而世必厭常欲務巧：此道所以舛也。」而僕肯自蹈之耶？旅邸不能專人，翁友歸，草此，再申感念，伏惟台照。

答吴養志書

譴罰未蠲，流落蓋其本分，其敢萌出位之思。善無不止，不止者知也。此孔子所以謂「吾有知乎哉」，蓋常止也。又曰：「回也其心三月不違仁。」則容有不止也，其餘則日月至焉而已矣。大率去善之日多，至善之日少，此内外賓主之所爲辨也。辱諭，攀援之歎，并示從事于休歇之功，具見究省之不草草。只以鄙意測之，最無攀援，宜享休歇者，莫如丈矣。以此一番支離病證，其所助力，於道亦非少，而尚此云云，則彼强有力者，無怪乎日憧憧于往來之朋從，而莫之有至止矣。

鎮海風力雖勁，氣反不寒，比漳加熱，至士子性習尤質實，有堪琢，宜先輩道義之奮興者多也。尊體更向痊，尤爲喜。近刻攜者盡矣，容另寄。

答賀志文書名絢，大埔人。三條

問：前者獲拜老師，蒙賜《書要》。及退，即將《大學本義》細玩三日夜，然後將《性善講義》、《斅學》等篇，逐一理會。遇問處即想其問之是非得失，而後看老師所答之何如，如此一月，稍有所得。予每謂《大學》仁書也，又曰太學全學也。若只就一言半句，以意指點窺測，又烏覩其爲仁書爲全學乎？入手一箇知止，合頭一箇知本，真可謂不傳之秘也。故曰：「此謂知本，此謂知至。」故欲明學者必將經來貼身體。視二百一十五字，如盤走珠，字字不相粘帶妨背，而渾融流轉，又不出於盤中，而後學乃可稱到手也。往劉質丈未契此，於廣會中大相駁。己思之，謂鄙見之必不徒然也。將《大學》來擺開，而將身子頓在其中，遂有悟。兹契既有明學之心，而又能按經文反覆潛玩，至看語録。又能先玩問者之情，後探答者之旨，亦合節。頃語不云乎，「論古事必以身處于利害得失之中」。蓋不以身處于利害得失之中，則安能盡得古人之用意深處？只如此密密用功，久之自漸近理。

又

問：又得列丈及楊老兄每有所提醒，絢因是自思，曰功夫若不貼身做，終是口頭話，乃自爲一作用。曰已過事勿思，未來事勿想，反己自照，隨事體察。近日嘗與一友人論曰：「今人之所以不能修身者，皆因種種思慮，醉夢流浪，未嘗知止。如若知止，則善即在此，身即在此，修即在此，何嘗有二哉？故夫子曰『思無邪』，曾子曰『君子思不出其位』。門人之記夫子曰『毋意、毋必、毋固、毋我』，是言夫子之得止也。『博我以文，約我以禮』，是顔子之所繇以止也。『克己復禮』，是夫子告顔子以止也。『吾日三省吾身』，是又曾子之所以爲止也。」

止深一步而定，再深一步而静，再深一步而安。故知止一條，只是申言止之爲要，蓋入手便要止，以此爲斬關第一義也，豈末後事乎？非止，如人未有家，只成狂走。非止，如種未得地，先不落根。「邦畿千里，惟民所止」，言止必有所也。「緡蠻黄鳥，止于丘隅」，言止所當知也。故知所要矣，若不知至善之所在，而漫言止，至曲爲之法安頓之，多爲之説排遣之，以未來不思，既往不咎爲止之所也，止可得乎？大率認善不真而妄言所，認所不真而妄言止，皆秖以成意見之揣摩，光景之玩弄而已，與聖門所謂止者，其差毫釐，其别千里矣。至諸所稱引者，於止字義尤未協，姑且不置駁。幸契且從此看，要之只一止字明白，即諸所爲紛紜疑誤者，俱可犁然解矣。

又

問：近日來痛自抹殺閒事，收斂精神，束歸身上，庶幾少有所聞，以酬宿志，且以不負老師之教。第閑静中稍見欲根起滅不斷，雖暫時氣機歇息，而潜滋暗長者，每乘間而起，益覺實病之難除，實功之難進也。與人議論，不覺有争長兢短心。作文看書時，不覺有欲好心。得意時，不覺有喜心。語及父母時，不覺有意戀心。事不如意，不覺有愠結心。雖過後即覺，少頃即悔，然一觸前事，而前弊依然還又矣。大抵夾輔之功少，故欲收斂而未能耶？抑前者之功夫尚未得嫡傳耶？伏乞老師條悉教之，庶拔出迷途，同登彼岸，則千萬世之嫡傳，不獨閩而已，絢可勝仰望之至。

《通書》曰：「思曰睿，睿作聖。」不思，則不能通微；不睿，則不能無不通。是知無不通生於通微，通微生於思，思其可已乎？但用之以反躬歸復，則爲咸九二之貞吉；任之以紛飛起滅，則爲咸六四之朋從。子曰：「天下何思何慮？天下同歸而殊塗，一致而百慮。」天下何思何慮？正謂此也。更須思已殊途，安得同歸？已百慮，安得一致？所謂「何思何慮」者，正有慮其漫不知歸，而直狥情慾，向外面馳走也。通微兩字尤喫緊，果通微，止有所矣。若不從止地討明，而第從念上驅逐，恐竟此生，無復有至止安立之日矣。

與武林會友書

天龍亹亹之叩，錢塘戀戀之情，言念多朋，及此不置。學問要緊辨宗，譬行路之必審所趨，作文之必先定意。南轅北軌，判不同方，乃日與澤虞燕賈較尋丈、計枉直，不知大旨先錯，卻從錯處識認講求，亦卒於旁趨徑竇，自成其錯誤而已。此孔子所以謂「學之不講，是吾憂也」。所以羨「回之爲人也，擇乎中庸，得一善則拳拳服膺，而勿失之也」。得善者，豈伊一事之工；擇中者，不指一動之協。正僊家之所云「旁指三千六百門，多岐之學術，足以亂真迷世者」也，故須擇也。試觀夷、惠何如人，孟子尚斷以不同道。三千、七十人皆孔氏之徒，尚云「惟顏氏曾氏之傳得其宗也」，則學之難明也甚矣！所幸者宗傳具在也，二百一十五字昭布簡牘，有如星日。惟不以意見狃於中，不以聞見牽於外，而直按經義順文求之。揭三綱何以倒歸一止？布八目何以本歸脩身？卻結之曰「此謂知本，此謂知之至也」。直將止善本身合歸一脉，此陽明先生所以謂「知修身爲本，斯謂知本，斯謂知之至也」。既已知得此意，即一意向止上入竅修地著功，月將日就，有緝熙於光明矣。曾子所謂「尊其所聞，則高明矣；行其所知，則光大矣」。正謂此也。

惟誠必北矣，子誠暨諸友會事，必日加淬勵，聯束稚期。稿刻必完，不待此寄，然亦寄一部以見予之不忘情諸友，庶諸友之不忘情此學也。

與徐德選書名銓，武平人。

樸茂之資，中含敏鋭，所問者一一契理當情，良慰良慰！　家國天下，自昔看得地分不明，所以齊治均平，自昔看得事緒不徹。蓋人人有家國天下之分量也，所以人人有齊治均平之責任，而非指有家之大夫，有國之諸侯，有天下之天子也。舊有語：「貴賤之等，自是截然。」論性分則真所謂兩無加損，此所以自天子至庶人，壹是皆以修身爲本也。人品不必同，而學術之歸趣管是矣。舊曾感一王孫，請揭此，僭語之曰：「無輕視此。以此揭于廟堂之上，分量不小；以此揭于草舍茅簷之下，分量不增。」真孔子之半生磨勘，老後經綸，慧眼夐開，而有功於經世者也。家此齊，國此治，天下此平，真一修身而能事畢。明德、親民、止至善，一以貫之矣。故願與君共勉之，并出與合庠士共勉之，無他囑也。

見羅李先生正學堂稿卷之七

答朱友大學辨疑名夏，江山人。

「學公學公」言之，非陽明先生語乎？「求之於心而不得，雖其言之出於孔子，未敢信也」，又非陽明先生語乎？好異者誠爲彼己之私，衛道者自是士人之責。僕舊亦云：「學之所在，天命之所在也，誰敢私之？」「是曰是，非曰非」，「予豈好辨？予不得已」，蓋奉天之命也，正謂此也。象山亦謂「孔子無私門户與人私商」。明道之與荆公論也，曰：「天下事非一家，願公平氣以待之。」必察斯數者，而後世之直氣可伸，公論可暢，是是非非，疑信之蘊結，可以解矣。問藥者期療病，作丹者取成僊，❶夫豈爲角異同之見，而必去彼取此也哉？瑣瑣者如款答，在下方惟照悉。

《大學》一書，乃孔、曾授受經世實學，傳心之要典也。自程、朱補傳，而格致之義不明，至今遂爲一大疑案。陽明先生復取古本，旁釋其義而刻之，使學者曉然有所證據，以不迷於入德之方。其間或尚有訛舛處，亦不敢擅改一字，恐不信於天下也。繼而見羅先生以經印傳，以傳釋經，定爲序次，而舊本

❶「僊」，原作「僲」，卷四《答陳幼溪丈書》有「作丹者取成僊」句，據改。

之章句始明。復揭「脩身爲本，止於至善」爲全經宗趣，而以止、脩二字爲入門要訣，蓋慮經世者或騖於外馳，忘世者卒流於枯寂，不明本止，何以歸宗？此是先生苦心，亦是先生確見。發孔、曾之心藴，大有功於來學，真斯世斯文之幸也。但其間與陽明先生有矛盾處，夏於萬曆辛巳，曾具書及疑辨附上請教，而不得達。癸巳冬，幸遇先生節鉞過江陽，始以拙稿面呈門下，未蒙批示。甲午春，辱頒翰教，及《書要》六册閲之。昔陽明先生嘗以格物之説，爲支離於外求，而今《書要》復以致良知之説，爲支離於心體，學者貿貿焉將何所取衷哉？《孟子》曰：「夫道，一而已矣。」堅白同異，有關學術，爰質所疑，仰祈辨正。

執事江陽老學也，從事於致良知之學久，信地熟，故擺脱爲難。區區亦蚤事此者，以不忍爲誣服，故於丁巳有知體之悟，及辛酉爲性覺之論，壬戌而後，乃稍勘見遺經，知其宗趣有在。載更閲歷，直於對壘臨戎、羽檄交馳之際，有諒於知本之爲經世學也，止至善之爲立命宗也，乃不復作二二三三之解矣。僭作知本兩義，以詔粤之士友。途逕既殊，舉目江山，果然迥非前境。執事者謂其于儒先之説，時有不合，誠是矣。然以勘之孔學宗傳，則真是字字同、節節合，豁然若爲之另開一眼、另見一天者。執事者既有諒其以經印傳，以傳釋經，序次之而章句以明。復揭修身止善爲學宗趣，而以止修二字爲學作法，爲能發孔、曾之心藴，有功於學者。蓋已洞得其款矣，而尚不免執往之見致疑焉，何哉？大率勘經處功夫少，故習傳處迷誤不免尚多也。察之。

陽明先生揭致良知三字，爲孔門正法眼藏。見羅先生議之曰：「《大學》重知本知止，後儒卻主致知，乃以分別屬知致知爲用，要不可言本與止也。」故其所見始終不合。今觀《答詹養澹書》云：「從上立教，未有以知爲體者。經書星日炳然，姑未暇論，即如《大學》一書，首言明明德，而引《太甲》釋之曰『顧諟天之明命』，本體工夫皆重一明字，明即知也。」《易》曰：「乾知大始，乾以易知。」又曰：「通乎晝夜之道而知。」又曰：「知幾其神乎？幾者，動之微，吉之先見者也。」❶顔氏之子其殆庶幾乎？有不善未嘗不知，知之未嘗復行也。《孟子》曰：「人之所不慮而知者，其良知也。」程子曰：「明覺自然廓然順應，非以知爲體乎？常覺常明，通乎晝夜，善念發而知之而充之，惡念發而知之而遏之。此顔子所以不遠復，無祇悔也。」故有良知之體，而後有分別之用，不可遂以分別爲知也。譬之「日月有明，容光必照」，不可即以照爲明也。故曰「心統性情，知兼體用」，蓋有見于此耳。知非分別，獨不可以提宗乎？今乃曰：「凡説知者，不論良知、真知、乾知、易知、德性之知、見聞之知，用之良不良不同，其爲分別，一也。」學貴轉識爲智，而反推智入識，未免矯枉過直，或自有其説耶？誠非淺學所能測也。

「致知兩字，是聖學正法眼藏」，陽明先生有是語矣。故致良知即致知也，不以增一良字，便屬體也。有生以後，人即發靈，固未有生而無知之人，又烏有學而不用知之理？但不合以之提宗耳。故經書中凡言靈明覺知，皆用也。《中庸》曰：「戒慎乎其所不覩，恐懼乎其所不聞。」執事者必知不覩不聞之爲指性體矣，豈指知乎？又曰：「上天之載，無聲無臭。」執事者必知無聲臭者之爲指天命矣。天命者，豈知覺乎？中間

❶「吉」下，據《易·繫辭下》，脱「凶」字。

諸所稱引，一一皆就用説，執事者豈習而不察耶？「乾知大始，坤作成物」，將知與作對説，烏在其爲指體？曰「通乎晝夜之道而知」，所知有在，烏在其爲非用？餘並類推，不煩詳説。此予所以敢斷謂知爲分別，無分於知之良與不良也。士君子誠有貴於轉識爲智，區區之意，竊有慮於認智不真，其流之敝乃直依識作智，以之爲立命安身之本也。以爲矯枉之過而爲是説者，則非予所敢承也，察之。

良知二字，乃天性自然之明覺，聖學之所以成始而成終者也。《中庸》序達德，必先於智，而引大舜以明之。《論語》「智及然後仁守」，《易》曰「知至至之，可與幾也」，《孟子》曰「始條理者，智之事也」，非聖學之所以成始者乎？人惟具此良知也，方能有所覺悟，知入道之門，用功之要，致之格之，自有不容已矣。但既曰「知無不良，疑不待致」，而卒歸於邪暗者，何哉？欲蔽之也。苟能隨時隨處反觀默察，以復其惺惺明明之體，天理周流，無一息之間，纔有纖毫私欲萌動，當念即覺，隨覺即化，自然容住不得。故良知之於去人欲，真如烈火燎毛，太陽一出，而魍魎潛消也。至於應酬萬變，斟酌調停，莫不有天然之則，如規矩之於方圓，尺度之於長短，權衡之於輕重，不容毫髮僭差。不求諸一念之良知，亦將何所折衷乎？語云「天不生仲尼，萬古如長夜」，此之謂也。《孟子》曰：「智譬則巧也，聖譬則力也，猶射於百步之外也。其至，爾力也；其中，非爾力也。」《易》曰：「知終終之，可與存義也。」非聖學之所以成終者乎？是可見良知之明，萬古一日，先聖後聖，其揆一也。學者誠一反觀，當自得之，入聖功夫，奚待於他求哉？

「天不生孔子，萬古如長夜」，執事者之舉，信然。只不透《大學》宗傳，不明至善本體，則雖生孔子，亦猶然在洙泗門屏外也。頃語不云乎，「從古未有辨心性者、析心性者」。然勘之款項，卻不差良知兩字，豈是陽明先生創説，蓋孟子業道之矣。故知良知之深者，莫如孟子。《孟子》曰：「人之所不學而能者，其良能也；所不慮而知者，其良知也。」先能後知，何者指體？曰：「孩提之童，無不知愛其親者。及其長也，無不知敬其兄也。」同一知能之良，何者屬用？末卻復曰：「親親，仁也；敬長，義也。」則正所謂「乃若其情，則可以爲善矣，乃所謂善也」，則孟子道性善本旨也，故曰：「仁義禮智，非由外鑠我也，我固有之也。」而直以知爲體也，過矣過矣！虞廷學脉，萬古淵源；洙泗宗傳，星日可按。今決不可云「允執厥知」，又不可云「在止於知」。頃與劉質菴書，謂：「蓋是要將知歸於止，不是直以止歸於知。」其論確矣。若必任用之所慣，執信之所熟，截自後天，以爲歸宿，而忘其源源本本之所自來也，亦惟執事者之自爲主持，非人所能制矣。然以格於孔學之頒布章程，則此二百一十五字者，真如造物之生人，九竅百骸，賅而存焉，而寔則各付本物各還本，則有不容毫髮之或紊亂者矣。來書證引，空多殫力闡明，總皆道用邊事也，察之。

古今學術只有一箇本體，一箇工夫，天命之性純粹，至善、至虛、至靈，即本體也。惟虛也則曰止、曰定、曰誠、曰寂寂、曰不覩不聞；惟靈也則曰知、曰慧、曰明、曰惺惺、曰莫見莫顯、寂而常照、照而常寂。「尸居龍見，淵默雷聲」，非二物也。譬之水，止則明，萬形洞鑑，曾無留染。乃天性自然之體，不容絲毫人力參于其間。惟其本體如此，故其工夫亦如此。是以《大學》、《中庸》誠身誠意，皆不外於慎獨。「亦臨亦保，如見如承」，總是一箇慎字。獨者，人所不知，則爲己所獨知也明矣。與物無對，故曰：「獨，誠之源也。」彼佛氏有惺惺寂寂、定慧雙修之説，即定而言慧在定，即慧而言定在慧。吾儒亦曰：

「明誠相生，誠則明矣，明則誠矣。」此《大學》既曰「明明德」，又曰「止至善」，合而言之曰「知止也」。只要主意頭腦是當，言知可也，而止在其中；言止可也，而知在其中。故曰：「悟得本體，便是工夫；做得工夫，即是本體。」若云「攝知歸止」，猶落二見，非合本體之工夫矣。

每謂心雖一物，談心者自昔以兩字盡之，以心統性情者也。故《正蒙》亦曰：「合性與知覺，有心之名。」執事者亦曰：「惟虚也則寂，惟靈也則慧。」是執事者亦知虚之不可以屬知，靈之不可以語不覩不聞矣。而又必執知爲體，不幾于自相爲矛盾矣乎？釋氏本心，蓋伊川先生理到之語，醒醒寂寂之云，夫胡足以證此？必欲認心爲性，以知作體，則如此等云云，真有酷似之者矣。攝知歸止，原是鄙人不得已而爲言。蓋以判致知者之致，此知于外也。故以此表知止者之止，此知于内也。語稍涉玄，鄙人亦不甚取。執事者既蒙讀拙稿，顧不見之耶？而又未蒙諒焉，何也？察之。

學不急於辨體，要在明宗，其説是矣。然辨體明宗，亦只是一事。如《中庸》首章：「天命之謂性，率性之謂道，修道之謂教。」「中者，天下之大本。」辨體即所以明宗也，是故由教入道，戒懼慎獨，莫非性命作用。《大學》首章明德、新民、止至善，修身爲本。明宗即所以辨體也，是故條目先後，要歸格致，莫非止至善工夫。格致無傳，直從誠意入手，厥有旨哉？天下、國家、身與心，各有地位，惟意知物，無位不容，分析知者其體也，物者其事也，意則動静所乘之機，聖學從入之中道也。周子誠神，幾曰聖人。邵子曰：「一動一静之間，天地人之至妙。至妙者也與此旨同。」後儒格致之功，在迹上用，未免迷己逐物。《大學》格致之功，在幾上用，斯能會物歸己。如正心修身齊家治國平天下，總不出於好惡二字，而決言之曰「其機如此」，蓋可見矣。故曰「有天德便可語王道」，其要只在慎獨，慎獨即知幾也。《觀我堂稿》亦云：「『幾者動之微，吉之先見者也。』渾是一箇止法。」可謂得其旨矣，又何疑于致知非止至善之法乎？如曰明宗、曰辨體、曰心悟、曰自照自察、曰明至者，疑乃不生虛極者，分量乃大，透關徹底，果從何處得來？是皆良知妙用，後先一揆，豈可岐而二之，以自相矛盾乎？苟良知之説明，則凡致疑於陽明先生者，皆不辨而自明矣。

辨體明宗，果非二事，蓋宗從體立也。然則何以不急辨體？則以三五十年來，爲辨體之説，蠧壞生人命脉，耽悮學者光陰，而其原自於孔學之宗傳不明始也。此所以謂之不急辨體，要在明宗也。孔學之宗傳，果在知乎？若以止上有知字，本上有知字，先後上有知字，不問其宗趣之所歸宿爲何如也，而直曰「以知爲體」也，則吾誠不知其解矣。《敎學録》不云乎，「説知止便是止歸於善，説知本便是本歸於身。其學之淵源，信有在也」。如復執以「辨體明宗，心悟著察」等語，謂未嘗不用知也，即謂之自相矛盾也，是必廢知不用，滅絶生人之道而後可矣。區區果廢知不用者乎？飛行水陸，用者屬此，只爲擾擾紛紛，一從發竅後，往而不知返也。故非從原本上討出至善，無地可歸；非從經世上把定修身，無本可據。豈得以但有知者便是體，只求知者便是學，則彼飛行水陸者，誰非用知？加減稱量者，誰非是學？彼醒醒寂寂者，亦烏在其不本知而謂之不同道也？頃有語：「或用之鬥靡誇多，或用之灰心槁性，或用之恣情狥慾，或用之即事窮格，誰非用知？而宗趣之歸宿，厥有分矣。」此鄙人之所以敢斷謂用者知，止者善。而直以知爲宗也，則誠過矣，察之。

《孟子》曰：「盡其心者知其性也，知其性則知天矣。」會而通之，心之體則性，而性之源則天，非二物也。程子曰：「心，一也。有指體而言者，寂然不動是也。有指用而言者，感而遂通是也。」今乃曰：「虞廷之所傳者在中，道心人心皆用。《大學》之歸宗者在善，心意知物總非指體。良知者道心也。」又云：「知性者少，識心者多。」蓋直以心爲性也。又云：「性自能知，而知不可以名性；仁自能覺，而覺不可以名仁。」然乎否耶？夫謂良知，則道心之微是也，其與執中至善，有何分別？心統性情，感而常寂，明心則見性矣。性體常明，曰知曰覺，如燈之必光，有燈即光，無燈便暗，名雖異而體則同。是故先知覺後知，先覺覺後覺，正猶暗者之求明，若行不著，習不察，雖終身由之而不知也。此夢覺關頭，聖狂攸判，仁不仁之所由分也，豈可狥異名、昧同實，謂之第二義乎？竊窺心性之辨，不過以先天後天分體用耳。程子曰：「體用一源，顯微無間。」邵子詩云：「若説先天無箇字，後天須用著工夫。」❶後天工夫，正所以復先天之本體也，故曰：「下學而上達，知我者其天乎？」但會得宗旨明白，横説竪説，到頭總是一般。若泥文逐句，分析太過，正恐涉於意見。是此非彼，以起後學之疑，反爲斯道障礙矣。狂瞽之言，高明必擇，如螢光雖無助于太陽，而涓滴亦可納于大海，望終教之，幸甚。

執事者横説竪説，曲證旁援，無非欲以知爲體。鄙人者卻經萬勘千磨，證得知爲用。虞廷學脉，允矣歸中；《大學》宗傳，喫緊伊止。道心人心，果用也？執事者既知心性天之非二物矣，則必知人心之無有二用

---

❶ 「後」，原作「復」，依上下文應作「後」，故改。

也。然則謂惟危亦中，可乎？蓋道心既是中，人心亦中矣。後來學術差訛，只苦款項不明，所以歸宿無據。此「莫謂天機非嗜欲」，源源本本之所自來也。良知兩字，則正所謂道心也，中節之和也。謂鄙人論果謬耶？知性者少，識心者多，只此八箇字，妄謂之斷盡了千有餘年辨學的眼孔，收盡了千有餘年汗牛充棟意見的支離，與伊川先生本心本天之論，可共爲辨學底案，而執事者顧少之，何也？且鄙人之冒昧者，非獨于此也。《十翼》垂文，自昔頌孔之功，鄙人者乃獨曰「欲知孔子贊易之功，只在易有太極」一句而已。如執事見，必曰：「太極即乾知也，乾知即太極，而孔子者乃故於頭上安頭，何也？」故敢斷謂「有」字下得極重。蓋人只知有兩儀，只知有四象，只知有八卦，曾不思其從何而來？故特揭出太極，教學者知所歸宗也。又敢斷謂是生兩字，直貫到底，非是既生卻兩儀，須兩儀以生四象，四象以生八卦也。他日又因友問：「八卦名目，從何安立？」僭答之曰：「即八象之用神也。八卦既屬用神，乾知安得屬體？」故敢僭謂：「格致、誠正、修齊、治平，是就則上點，蓋以就學者功夫言也。乾、坎、艮、震、巽、離、坤、兑，是就用上點，蓋以就造化作用言也。」他日又曰：「《易》以天地雷風水火山澤羅天地之法象；聖人以家國天下身心意知物括人世之經綸。《易》本太極，《大學》本至善，正謂此也。」若必漫謂之一原，統執爲無間，即心意何嘗不可指爲知物，而乾坤何嘗不可謂之坎離？而聖人精義之學隱矣。若問先天一字無後天，須用著功夫，先儒誠有是説，亦嘗一致。思其所謂著功夫者，爲用致字法乎？抑用止字法乎？若專用致字，則其所主腦者信惟在知。如必用止字，則其所歸宿者必於先天而不於後天也決矣。末卻復云：「只要會得宗旨明白，即横説竪説，總是一般，此誠近理。」僕亦云然。第恐於宗旨處，見未明白，一味混沌打歸無事甲中。如水上葫蘆禪，浮沉起伏，任意顛倒，則又大不可者耳。只如來簡，既以《大學》辨疑爲質，而於三綱處不知倒，至善歸宗八目處不照，孔子揭修身爲本，亦烏在其爲宗旨既明白耶？乃亟欲橫説竪説，謂善即知、知即善、止即致、致即止，恐雖孔子復起，而爲是説不敢信之矣。循名責實，理自宜然，逐句牽文，夙不病此，執事者尚明察之。

答邦和宗叔書

至善兩字，度公必不作造極看。既不作造極，其爲指體何疑？至善既已指體，明德自當屬用，若將兩句話頭一併作體，則三綱領便須疊卻一綱矣。又於其下緊緊接著便説「知止而後有定」，一力靠就善上，約歸止邊，其爲落根下手無疑，而可云造極作末後事乎？公所説明德，自是三五十年來，多賢共見。僕初來亦只如此看，後乃知謬。所謂修此身於家而家齊，而德明于一家；修此身於國而國治，而德明于一國；修此身於天下而天下平，而德明于天下。此堯之所以被四表，格上下；文之所以光四方，顯西土也。明德體段，分量必如此看，故至善其歸宿，而明親其流行也。明德者，則至善之光昭發越也，惟公更味之。

有答蘭臺書及近語數條，并入覽。未契者嚴駁之，要之理無兩是，學無二宗，古人所貴明辨者，以此也。所謂不有益於彼，必有益於我，不致作空頭語也。

見羅李先生正學堂稿卷之八

與陳蘭臺書

五日前方于遞中接到手書，感切悃忱，冒昧還答，謂將繼條不盡之款。而忽傳使命，光賁衡扉，知新命之已簡陟于中邦也。爲之把玩再三，既感且喜，而又竊有悵也。

每謂貴同者志，然但不甘比俗，有意檢修者，皆可謂之同志。難同者學，自非喟發悲慈，破除城府，直以繼往開來爲心。人護其私，兩難棄捨，此議學之家，所以從來聚訟，而僊家謂之旁指三千六百門也。❶故于今世論學，必不得已以孔、曾爲宗，以《大學》爲案，庶幾哉荒唐謬悠，汗漫支離，猶可解救十一。僕之始志學也，雖不敢按依《大學》册子上鑽研，而既少有入，必於《大學》悟增一乘。已而入者益以深，悟者益以徹，而《大學》之旨愈益以明，卒於《大學》之旨靡有遺明，而僕意亦皞皞熙熙，無有遺憒矣。其是也，其非也，僕蓋不自知也；其疑也，其信也，僕亦安能自決。念自丁巳，有知體之疑；及辛酉，爲性覺之論；壬戌而後，乃漸悟於知本。宛轉十有餘禩，屬寇難縱横之日，羽檄交馳之際，成敗在呼吸之間，而僕意彌專，守彌一，豁然超

❶「僊」，原作「僲」，卷六《與武林會友書》有「僊家之所云旁指三千六百門」句，據改。

然，若獨來獨往於嶺海間也，百萬金革之中，若常無有一事也。則歸止之功力荷孔、曾之爲造深也。故敢斷以止於至善爲學命脉，修身爲本爲止訣竅，合全經二百一十五字，專教知止、格致、誠正。爲其有不能止而修之者也，何者？則滲漏之所從出也。故格致誠正尚有時用，有時不用，而止則無間可容息也。以心意知物尚有時病，有時不病，而至善則無間可容違也。「出門如見賓」，果爲賓乎？「使民如承祭」，果有祭乎？「立則見其參於前也，在輿則見其倚於衡也」，此堯之所以兢兢，舜之所以業業，禹之所以安止，湯之所以顧諟，文之所以昭事，孔之所以默識，而曾獨得宗，謂「君子思不出其位」也，嗟乎微矣！乃獨以知爲之體，致爲之用，守其常覺常照者，以運量於事事物物之間，以是爲盡性至命之宗竅也。謂《大學》之道固如是也，則鄙人誠固陋不知其解矣。

頃悟此已不疑，暨讀《識仁》篇，不覺喟然，有因看《崔公入藥鏡》，令人心地轉分明之意。而嘆先聖後賢，其揆果一，業固有先得我心之同然者，不爲汗漫也，而非邃詣如翁，疇能證之？中間叙述稍近僭踰，無非仰體翁虛，而又念别之遽且遠也，故不覺覼縷言之，惟亮察。

答蔡以高書

簡至，沛然有一瀉千里之勢，非胸次明，體認徹，惡能及此？此直可信而守之，以直達天德而又何待贊乎？顧學問必有宗，猶木之有根、水之有源委也。揭三綱倒歸一止，布八目本歸修身，皎然綱紀，如日如星。

往答董蓉丈，所以謂：「前此所以誤，只爲不知知本爲《大學》立教之宗，知止爲《大學》入手之竅，修身爲《大學》歸止之的。所以訓詁詞章敝於宋者，固以格致爲宗，而喚起天下曉得求心；振於明者，亦祇以致知爲奥。故由舊説則要緊全在格致，而知止甚輕；由今説則立命歸宗全在一止，格致誠正不過就其中缺漏處檢照提撕，使之常歸於止耳。」而來簡乃以格致誠正爲修始事，恐未必然。格致無傳，雖云創自鄙人，其實理亦如此，恐雖聖人復起莫之易。補傳已贅，至復爲之説曰：「人心之靈，莫不有知；天下之物，莫不有理。」是直以知在心，理在物，彼求理於事事物物之中者，昔賢所以謂之義外也。公不聞之乎，「罄南山之竹，寫修身爲本之條件不盡」者？非必其盡事物之理，一一而勘之，特以爲經世之學，舍修身爲本之外，無復有事耳。往語不云乎，「《易》雖是言天，而三百八十四爻，爻爻盡是人事；《春秋》雖是言人，而二百四十二年行事，經孔子筆削後，事事皆爲性命」。此正是止修合法，直下透性命之關膈也，不可草草視也。「己所不欲，勿施於人」，取譬之道盡矣。乃復曰「出門如見賓，使民如承祭」，果何爲乎？「言忠信，行篤敬，雖蠻貊之邦行矣」，盡矣。乃復曰「立則見其參於前也，在輿則見其倚於衡也」，又何爲乎？經世之學，錯綜於人倫事物之交，牽掣于聲色貨利之取，若不在宗上討得明的，於擾擾紛紛中直下知所歸宿，則真所謂「天下國家可均也，爵禄可辭也，白刃可蹈也」，莫大經綸節概，憑其意氣所激，亦可勉而能之，又惡在其爲知本者乎？

末後復見天心之説，業已發之《敎學録》，可檢繹。文公好讀道書，蚤歲亦兼參訪。所舉「忽然夜半一聲雷，萬户千門次第開」者，亦有玄的意思，與儒者之學不類，幸察之。未契者不妨另以見質。

答朱汝欽書名家相，欒安人。二條

問：夫子常云：「精神點點滴滴，止歸本内，一毫不可向人分上做，不可逐事物上求。誠是已是已。」第夫子當運籌幃幄之秋，禦侮折衝之際，此時勢若飄風，急如奔電，若精神惟收歸於本，將不忘事機乎？精神惟揣摩於事，將不離此本乎？若不離事又不逐事，不離身又不執身，則虚中果何以能著脚？果何以能應變乎？乞詳批示，以解衆惑。

知本兩言，本緣經世，止歸於此，如柄任操。試觀夾谷一會，歷階數語，氣定神閑，謂足以折强齊之心，壯魯國之衛，而不知預具左右司馬以從，蓋著著皆是先手矣。所謂臨事而懼，好謀而成。誠懼之必在事先，而謀之不在事後也。所以能臨境不摇天者，常定矢於牧野。「維予侯興，上帝臨爾，無貳爾心。」蓋故是帝王相傳之心法也。豈有止歸於本，而外之恐忘事機，内之恐離歸宿者乎？往事不足道，然所以能安神定氣於對壘臨戎之際，縱横酬酢，竟克濟事功者，則實有本乎此也。察之。

又

問：家相自受教以來，止之工夫頗爲喫緊。然恍惚幾微，尚多牽去。如静坐時不免馳出，應酬時不免馳入。它如名根、利根、氣根、色根，種種塵根，尚未能泯于當幾；榮辱關、利害關、生死關，種種關頭，尚未能坦然于所遇。獨計我夫子自筮仕之初，以至宦成之日，備嘗險阻，履如坦途，艱貞十年，安如一日。此其常止之方，已試之效，願以公諸弟子。

世情習染，人人有之。氣質之偏，賢者不免。所貴於學者，正以變化此也、克制此也。然非具大智眼，則種種根源，照不能徹；非操大慧劍，則種種魔祟，斷不能清。原始要終，覆海翻倉，直將一眼覷破，如大陽當空，則何處得有魍魎魑魅敢露頭面？間有蟠蠖稍堅倔强未服者，必須砥磨慧劍，迅掃廓清，如剥兕剸犀，罔遺餘力，則何處得有秘怪敢拒堅壘？區區經涉，委屬多艱，正本清源，自歸宗趣。至於臨爐看火，當境著功，則實有得于二者之力。即生死岸邊，且無滯礙，況區區色利，有如契所苦者云云乎？體之，幸甚。

答韋弘濟書名孚敬，晉江人。

心性之辨，古訓不聞，因辨遡稽，理路卻著。大率子思言其略，而孟子道其詳，只「喜怒哀樂之未發謂之中」一句，便是喫緊明心性之辨矣。蓋喜怒哀樂發者也，情也；其未發者，則性也。故未發非時也，天命也，至孟子則詳言之矣，曰：「惻隱之心，仁之端也；羞惡之心，義之端也；辭讓之心，禮之端也；是非之心，智之端也。」如此者不一而足，末復曰：「仁義禮智，非由外鑠我也，我固有之也。」則其理益著，其語意益大，苦懇矣。若曰：「惻隱、羞惡、辭讓、是非，尚可謂之由外而鑠我也，至仁義禮智之彪中炳外，則真所謂固有之者也。」豈亦所謂由外而鑠我者乎？故不但仁内也，義禮智信亦内也。此其論果何自發乎？則以闢告子也，亦所謂不得已而爲言者也。區區苦析，其亦何心？只爲心性之辨久不明，致令以知作體。有如來簡所云，故不得已而爲言也。

會語數端，略可自考究，末後功利詞章牿，雖有深中於世學沉錮，哺糟啜醨，正恐已躬亦坐在裏許。豪傑我作，甯復由人？孟子所謂「待文王而興者即凡民，無文王而興者即豪傑」，語最峻，理最切，真只一待字斷送了天下多少人也。惟勉之，并以示諸友共勉之。

答王辰卿書名仕槐，晉江人。

問：讀老師《崧臺講義》，不覩不聞，是畫出箇天命的樣子，而所謂獨也、隱也、微也、喜怒哀樂未發也，空空寂寂，不涉形氣，不落聲臭，亦是畫出箇天命的樣子。先儒訓獨爲獨知，隱爲暗處，微爲細事，未發作爲氣象，似又落形氣、聲臭一層。師謂善乎本乎？可覩聞乎？有聲臭乎？則至善原自無聲無臭，一知止便自精義入神。吾人直從修上用工，到真止真修處，誰復是止者？誰復是修者？止止修修，善本合一，卻無聲臭可言，而與天命爲一矣。然否？敢請。

來簡問者無多，而於宗趣尋繹，似稍有次第者。上天之載，有何形聲，不覩不聞，直湊根柢。隱微伊何？只緣不可覩聞。獨者伊何？只緣無有對待。未發又伊何？蓋天命之根本目未發也。敷榮暢茂，萬葉千枝，自何而出？則以未發者爲之根柢也。故未發非時，昭然明甚，暗處細事，是以時言。作何氣象？已露聲色，嗟乎昧也久矣！而契乃能究及於斯，良爲之慰。至所云善本合一，卻無聲臭可言，是又以地分言之，與《中庸》之直指天命，教人知所歸宿者異矣。大率論功夫，則斷然是有次第。而論宗趣，則直下要得落根。此又學之緊關處也，體之。

與楊荊巖書

知本兩言，僭謂之千聖經綸秘密。本末始終四字，爲孔子一生悟門。學本經世，故其討止乃直在攘攘紛紛中透關入膈。而其點未發，乃直當喜怒哀樂交發並馳之際覷見端倪。蓋必如此而言未發，乃直下可以立命安身，經世宰物。若必就萬境俱寂，七情俱槁，而後謂之未發也，是必斷滅種性而後有之也，無是理矣，且安得有其時乎？此静中看喜怒哀樂未發時，作何氣象。延平先生之語，所以爲未瑩也。濂溪主静之説，原是不對動言，故自註之曰：「無欲故静，善體之。」正與《中庸》未發之旨有符，所謂人生而静，天之性也。非是則無以生，而舍是亦無自而歸止矣。乃直于時地上求之，可乎？

僕本孤陋人也，意思尤零落，於學無所窺，而獨感翁之不忘提掖而惠教詔之也。故因張友歸，率爾附此。榮北量在期，音問自此益加遠矣，晤語正何時？惟爲孔、曾深念，力負荷以光顯斯文。

答吴養志書名日强，莆田人。

來教云：昭昭靈靈與良知良能，皆因感而有分别，均之不可以言體，信無分良與不良也。承教，謂强決不認靈爲體，又欲挈知爲宗，不免涉向禪門所呵，以昭昭靈靈爲主人。公去自先一菴夫子開倡以來，每示主静，無有挈知爲宗之論。人心自晝達夜，自生至死，亘古亘今，只有一箇寂然不動。雖其感而遂通，寂體曾無起滅，聖人所以盡盡此，賢者所以復復此。夫子名以至善而示以工夫，曰：「止至善之中，一毫昭靈不著，一毫知能不立，一毫學慮不存。」正與《易》之「寂然不動」同旨。强年來只向此中安身立命，先生懼其涉向昭昭靈靈者，不知從何處窺破其病。得惠教而深針痛灼之，不亦厚幸歟！至望至望。

手教惠頒，渙然旨協，謂昭昭靈靈與良知良能，果因感而有分別也，不可以言體也，有如鄙所云也。頻年聒瀆，只爲這些子勘未分曉，兹何幸聞斯語乎？爲快爲快！而又備云家學承傳，專一主静，無有挈知爲宗之説，而訝僕之指丈涉向昭昭靈靈，不知從何處覷破也，僕敢無徵言乎？

手教惠存，檢之可按，所云嘗究致良知，蓋聖賢千辛萬苦，尋得一條路徑，惟恐人不知不覺，費盡口舌，開明接引，而學者置爲無用之談，亦可悲矣。雖然，聖賢亦聊以盡吾心耳，百世之下當必有旦暮遇之者，此其一。又云非一點靈明徹底，與虚空同體者，安能與虚空同用？世之規規自守者，不可與語明親一體之學。欲與之反求靈明，不以爲寂滅玄渺，則病其茫蕩出脱。某近求愈覺此學不宜自隘，而反諸靈明，未見其能判斷歸一清楚，此其二。可謂喫緊於知能之主持，即是喫緊於昭昭靈靈之涉向矣，而尚待明眼者識乎？行道者所貴回頭，不忌誤；嚮晦者不忌沉昏，所貴覺。果其能覩景有觸，驚唤得醒，即届登彼岸，猛意回頭，亦何嫌晚？蒭菲可採，倒廪傾囊，亦何病虚？正不必於護前之失，兩存營護，乃益見其光明也。

王塘南丈，蓋敝鄉耆德也，玉瑩金精，傑然山斗。蚤嚮空宗，稀年悟悔，朗然自訟，咸與維新。故得道望益以高，信嚮益加篤，何者？則以其有本有末，可按可憑，洞然與天下更始也。如丈意見胸襟，似是輸他一格矣。舜之所以爲智者，在不自用而取諸人；横渠之所以爲高者，在不護私而讓於友。僭每謂行藏莫與命爭，議論莫與理爭。赤白青黄，敻然色別，必欲强而同焉，其誰諒之？區區之心，雖竊有快於丈之已見端倪，學將有賴，而又有感于丈之未大憣然改易絃轍，而尚處于似是而非之間，爲可痛也！中間語病不止一端，愧此拘株無能覿證，且不欲瑣聒，恐無補于切磋，而或以來不遜也。深針痛灼之諭，感極誠心，故敢披露腹心，不慙唐突。

答趙子立書名觀本，建陽人。

三千威儀，八萬細行，奚獨禪者當修，儒者亦當修；嚴整威儀，肅恭齊法，奚獨禪教所謹，儒教亦所謹。故條貫上不可以辨宗，應跡之偶異偶同不可以定學。疏食水飲，與斷葷戒殺何殊；車裘共敝，與布施錢財不異。故頃在東山，有以開齋爲令郎賀且爲我頌者，而予獨以爲不然。「非澹泊無以明志」，吾方欲爲疏食不可得也，而乃以爲禁乎？至於貪吝兩字，中入膏肓，爲世鴆毒，莫可救挽。今有人而能解衣推食，與世共之，死則爲之棺衾，病則爲之醫藥，此誠扳乎流俗，世之所稱善人君子也。故吾于子立之行，毫髮無有疚，而且有取爾也。惟此宗趣之乖離，則誠有不可以不講者。姑無論佛，只楊朱、墨翟，何等人品？而推其敝極，至於無父無君；夷、惠、伊尹，已逼聖真，尚斷以爲不同道也。今釋氏之於君親何如也？文中子乃曰：「西方之教也，不可行于中國。」以吾觀之，西方亦未嘗行其教也。西方有君臣上下，有父子夫婦，特高其品，尊而奉之耳。不但西方未嘗行其教也，亦未嘗行於其身，背了君親，卻換出一箇師徒，即是君親；棄了室家，卻添出一班眷屬，即同室家；抛了耕織，卻不免於募化提緣，即同耕織。此聖人所以斷以修身爲本，直下就經世中了畢心分，而不敢有分毫厭舍、慕大希高之意。蓋察見其落地圓成，無處可逃閃也，子立尚察之。若曰「吾雖崇信佛，亦未嘗敢背棄於孔曾名教」，是二之也。抱養承繼之説，吾蓋論之稔矣，契不聞之乎？只如「背覺合塵」一句，正是喫緊宗趣所關，宛轉支離，弊所從出。而蔽于其説者，方奉爲靈符秘旨，不復能加之察焉。此其委未可一言悉也，且未可罄殫之紙筆間，惟子立更深體之。

令郎吾固玉之爲聖爲賢，亦何嘗不望之爲元爲魁。均平齊治，是有多般條件，總皆吾分内事也，而獨厭科舉乎？謂既做了秀才舉子業，乃非其本分的生理也，必不然矣。

答范紹文書名宗吴，崇安人。

孔子稱：「志於道，據於德，依於仁，游於藝。」夫道則志之，德則據之，仁則依之，藝則直游之，蓋本末之分昭如也。釣弋射御，事事兼之，乃一切不以之成名，而曰：「吾少也賤，故多能鄙事。」且曰：「君子多乎哉？不多也。」此蓋孔子之家法也。

天下亦大矣，經綸之事務亦繁矣。有一事之濟於用，必有一人之效其能。禹平水土，稷教稼穡，皐陶明刑，后夔典樂，此其最大者矣。以至工虞曆象，豈有一事遺明，而可以周天下之治者乎？然其本固有在也。孔子所謂餘力學文者，正是此意。後之學文者，則倒身向文邊宿；學藝者，則倒身向藝邊歸。直以術業文辭定落科級，且傲然挾所長，以天下之美爲盡在己也。美名善事，莫或是過也？則何其與孔庭之所見者異乎？吾門下友明於堪輿之學者三，而紹文居其一。聞予教，似皆能不昧於本末之分，而直爲天壤間備經綸一段闕事也，此其所以可喜。

《約言》一集，所望隨地揭之，倒杖尋龍，暇亦時出而觀之，以涵泳于據德依仁之本領，以不墮滯科級，是所望也！是所望也！頃面翁山人，頗有奇氣，別後未置懷。歸到里中，果否能不負？面間致勗之。

見羅李先生正學堂稿卷之九

答劉質菴書名禮，豐城人。

來教云：捧讀來教，具見不以朽拙棄不肖，敢不願有所請。每謂老先生提挈修身爲本之宗，真是上接孔、曾之傳，百世以俟聖人不惑者。年來體勘下手工夫，實見得只有格致誠正四者，一口道盡，更不必别求法門。夫格物者有物有則之謂也，故格致之學原非博物以求知，實爲因物以見性，正所謂行之而著，習矣而察，乃聖學始條理之事也。由此漸臻誠正，則功夫方是入微，性命已是湊手，身修而善止矣，乃聖學終條理之事也。故程子曰：「致知但知止於至善。」可見知止即知致，無二知也。朱註亦云：「物格知致，則知所止矣。意誠以下，則皆得所止之序也。」凡此蓋皆見道之言，似未可以註疏而概置之也。

大凡學未明，急在明宗；學既明，要在用力。今幸我老先生揭示修身爲本之宗，天下談者，孰不知身即本也，即至善也；知修身爲本即知本也，即知止也。高者固不入於玄虛，卑者亦不滯於形器，此學大明，真如日中天矣。兹欲學者人人實用其力，以歸知本之宗，莫若教人只從格致誠正下手，庶幾日有可循之功，日有可見之實。若舍此而别爲標示，第恐徒長學者躐等頓悟之心，益滋茫昧空虛之弊，此尤爲可慮也。不肖每見論學者輒云：修身爲本，信是宗傳。但不知下手功夫實在何處。吁！是可歎矣。夫尊師會友，非不積有歲年，而入門一著，尚無真的，斯亦何貴於學哉？故不肖往往忘其固陋，僭有發明。竊謂《大學》之道，若論歸宗，固必在止於至善；若論下手實功，斷乎必先格物致知。蓋物未格，知固無由，而致知未致善，又何自而明？雖日以知本知止之説啓廸諄諄，而學者終恐有不得其門而入之歎矣。即有悟者，又或認静爲主，緣止入空，而實理實功，茫乎未有依據，尚何以見古人爲學之次第哉？不肖闇愚，輒爲此説，自信於老先生宗旨，罔敢悖違。

惟是友朋講論多見牴牾，欲得請正於門下者，誠切且久矣。過承引掖，敢諱狂妄，伏乞崇照，大賜開示，并寬僭踰之誅，無任感幸感幸。

止修雙揭，譬若提衡，手勢低昂，從宜酌損。蓋欲落性命之根，必用止；而以防事理之滲，乃著修。此孔子所以謂「敬義立而德不孤」也。程伯子最善體會，謂：「敬以直内，所以義以方外也。」予每謂所以二字最可味。他日又曰：「識得此理，以誠敬存之而已。」不須防檢，不須窮索。若心懈，則有防；心苟不懈，何防之有？理有未明，故須窮索；存久自明，安待窮索？世之專言格致者，幾希乎不量其心之有無蔽懈，而故搜括之也，此其所以舛也。即如來教所舉致知，但知止於至善。程伯子之言，正有惕於世人之知有知，不知有止，故下文緊緊接著便説「如爲人君止於仁，爲人父止於慈」之類，不須外面只騖觀物理，泛然如遊騎無所歸也。而丈乃引以爲重在格致之證，顯然以其所病者作工夫，而以其所戒者爲學脉，何其與古人之所見者異乎？

頃在滇，感諸友之與丈駁也，蓋嘗體會丈意而爲之解。謂著意在修，歸宿伊止也。兹承惠教，乃爾介然必以聞見所牿者爲真詮，而以鶩觀物理者爲正學，不復揆古聖賢之所以立教開宗者，要以定性命之樞，而非祇爲應務設也。假令有程伯子出焉，謂不須防檢，不須窮索，若將直廢格致不用，不知丈又當如何而訝之，如何而闢之也。揭三綱倒歸一止，布八目管重一修。修之伊何？格致誠正其功也，丈不稔聞之乎？孔子則何嘗廢格致不用，特其所提揭者必於命脉乎歸宗，而不效世儒之直汩没于應務，落根在支節耳。稿具在，幸丈照往之規，平氣虚心，擺開《大學》，而將身子頓在其中，看是如何作用，則孔子之意望庶不孤，而弟區區十年請益，叨承印可者，亦不致爲虚擲矣。至于認静爲止，因而緣止入空者，自屬寂學流弊，非止之過。揭修身爲本，而尚云不知下手工夫者，則又無志識之尤者，又何勞於丈之過爲軫慮，且因之并改廢其繩墨乎？

孟堅此歸似少進，可商確。德易書來，論此亦殊，悉似可助高明。芻蕘必採，而况其在子姓之間有明學之心者，知必無嫌于俯爲詮擇。别有答渠語，希并取觀之。弟處此自非適，然亦何敢不安？只苦病相侵，致意况之太零落耳。而獨感丈之勤款，謂有關宗趣，不得已而覼縷奉答也。是否？惟裁，幸貴宗諸友丈會間出此。

答劉德易書名應乾，豐城人。

問：質菴家叔祖之説，大約要重修上，謂止爲主意只是虚。虚頓立的，修爲工夫，則其實下手處也。近復有重格物，又有重誠意之説。蓋慮言止則落虚玄，務修廼有實際，此其意非不美且勤也，但覺於老師之旨，不無背違。不肖僭謂止歸至善，本歸修身，正從事物的本末始終上討出。此經世之宗，正與沉空守寂者不倫，甯必慮其墮于虚玄哉？格致誠正，何一可輕？要以總屬止歸本内，檢照提撕之功耳。「上帝臨爾，無貳爾心」，徹始徹終，徹晝徹夜，此屬止乎修乎？近裏深圖，即可辨也，而況本天本心之論。老師援以明教，不啻詳矣。致知立宗，已着用邊，而又必云「修身先格物」，轉相辨疑，愈覺離體，其於本天之秘，恐概乎未有覩也。

止修兩法，不合不離，實止實修，漸契本地主意工夫。老師舊語甚著，而謂主意不可下手，恐無當于《大學》之旨也。家叔祖又以艮背一條，直是成德事，思不出位，則日用所可著工者。不肖又僭謂位與止所，所字諒無異同，思不出位，毫分昭然。止所之義，則艮背可以著工，何疑也。聖學斷無兩塗轍，用工生熟，手勢自殊，而謂初學不可以預聖功，止爲上達之極功，修乃下學之始事，仍執舊詮，翻疑止法，即恐寔諳無期矣。大約家叔祖性地淳懿，材資高朗，鄉間約束極仗維持，只覺稍没陳言，未弘新識，倘老師婉示辨言，一恢大覺，其於此學似更有光也。

聖經綱紀，昭布日星，數墨循行，理路原著，蓋不待反躬獨悟乃有徵也。全經專教知止，往簡道之矣。故聖人直以止爲始事，非止則如人之未有家，非止則如種之未得地。格致誠正，凡皆所以修之者也即所以止之者也。故知止於善，則若網在綱，一切有條而不紊，無非所以爲盡性之功。止地未明而漫言格，未論乖當者於理爲無當，就俾偶協者於性命亦何補？疾徐甘苦，可謂非格致之功；加減稱量，大率了曲藝之事。

以是爲處世之方可也，性命之際，概乎未有當也。

令叔祖豈緊執舊之詮，大率性稟高明之過，雖已知其説之是矣，而又不樂爲符同，以堅樹別幟也。❶要重誠意，只得聽重誠意；要重格物，只得聽重格物。恐平氣體涵經學指歸，或不如是。來簡謂於鄙見不無背違，意誠善，語卻滯，蓋尚不免爲私之者也。果其有契於《大學》，有愜于孔宗，則吾亦且攝衣而從其後，其亦何限界分別之有？別亦有簡酬之，可以合看。

外承苦志，具見遠期，往轍可懲，幸毋終負三世諸佛，則是箇有血性的漢子。吾契聰明氣力，不後古人，得就吾平正學問中，做得一件奇事，亦真爲有光于洙泗，不但有光於劍水也。惟德今何往？何以久不聞問？與吾契真爲吾門雙轂，不但爲君家千里駒也，風便，并抄示之。

答夏用德書

自姚江揭良知，以建旗鼓，至今宗其教者，猶霏霏向往甚盛。然不免以知爲體，得無近于生之謂性之説？先生乃揭修身爲本，木鐸天下，孔、曾之學，炳若日星，使陽明復作良知之談，當不復置喙矣。夫學而不知本，是外馳也。知本而不以修身爲本，是出世之見也。先生之揭，内既不淪于空寂，外又不逐于事物，真千古道學之宗，經傳不傳之秘也。曩者舉一貫知十，詢及不肖，宏于聖學，茫若迷津，

❶「堅」，據文義似當作「豎」。

況遊於聖人之門者難爲言，是以一時未敢啟口。乃取先生知本之訓，日夜沉思潛玩。久之，略悟于聖學之要領，益信先生洞徹孔宗奧竅，非近世嘵嘵所能彷彿。夫十與二亦懸矣，子貢最號穎悟，回即明睿，知之通塞，亦胡至天壤如是？蓋顔子精神，內守者也；子貢神明，外馳者也。嘗觀其三月不違，不違如愚，得一善而服膺，其于知本之學深乎！賜則貨殖矣，方人矣，沾沾言語矣，知止之學何在？夫知本則神完，神完則天光發；不知本則心擾，心擾則靈明昏。賜不如回，固是多寡之分，而所以不如，則知本不知本之辨也。一貫、多學，亦若此矣。多學者，遺本而逐末；一貫者，因本以該末。蓋一則此爲主而彼爲賓，貫則静亦是動亦是，豈謂一貫無學耶？愚嘗謂知十之學，從修身爲本作工夫者也，而修身爲本，即孔子一貫之實也。

承學膚陋，自知盲人説日，然不敢於先生前而噤其口者，冀先生之哀其迷而發吾覆也云云。

僭每謂聖人之學，不爲病後立方，因病立方，未有不因藥發病者。陽明天啟聰明，於學豈有悟之不徹？特有激于訓詁支離，若將就地掀翻，謂聖門之所謂致知者，是致其德性之良知，而非聞見之知識也。不知沿知著致，科臼則一，而直以知作體，蠹害更深。揭三綱何以倒歸一止？布八目何以本歸修身？性宗也，豈知覺謂乎？而公乃能察而斷之，偉矣！

一貫云云，蓋非不學之謂。同歸殊途，一致百慮，真所謂天下何思何慮也，然豈不思不慮謂乎？特其精神之所注泊者，必於本不於末。「小心翼翼，昭事上帝」，亦臨亦保，如見如承。妙用天然，從本流出，此其所以謂之一貫。而公又能繹而悟之，偉矣！中間一二語疵，且無用駁，要之大體是當。知以止至善歸宗，而嚴修格致誠正以隄防之，即無適而非性命，無適而非一貫之所運用流行矣。

答池明洲書

來教云：久不奉候左右，不知尊況近似，懸悵殊甚。某自秋來，頭目眩暈，看書親筆硯，輒氣惰昏睡，不能自濟。乃憶舊時功夫，夜半起坐，又辰坐至午，午坐至酉，澄定思慮，調息斂神，病覺頓愈。而四肢反生瘡癤，苦痛難忍，蓋久坐氣滯致然。始知聖人之學，所謂「懸旒蔽明，紸纊充耳」，亦只是祭祀以前。若無事，則豈有不見不聞，不言不動之理？但當于此時，禁其非禮者而已。心能主敬，邪欲之類自當退。聽邪既閑，自然有誠，不待存之而後有。如夫子之告顔回四勿，即是爲仁非有兩様功夫。蓋天之生人有本然心體，人以私智鑿之，故或過於矯，或流於卑，皆非本體之真，皆所謂放心也。惟本然既全，則於事於物，自然當理。世人爲物所役，故每苦事多，而求禪定之説。聖人因物付物，心何嘗勞？彼禪氏有云：「以生而殺生，未死而學死。」及讀上蔡云：「活即是仁，死而非仁。」今人手足痿痺，謂之不仁。桃仁、杏仁，皆有生意，故謂之仁。朱晦菴云：「謹獨須貫動静做工夫。」可見人之養心，静中當有動，動中當有静。若徒尸居兀坐，墮聰去智，畢竟茫蕩，難以結局。吾儒窮理盡性，體用並行之道，甚不如是。此某平日好坐之弊，因病而轉悟者。然静時覺易，動時點檢甚難，疑於持守之關未能盡徹。或別有喫緊尚未融釋，願老先生指而道之，仰甚幸甚。

寥落中屢屢專人遠將顧盼，念自昨歲掩關静攝，已復就醫東山，閲八箇月，而後體力稍康，暫一對客。

曾未匝月，又復病眼、病痢、病血，入冬而後粗安，蓋福薄之多迍如此。

頃來一到鎮海，同陳鑑塘比部、吴肖武參戎暨周學博登大武之絶頂，指顧倂鄉，❶盈盈僅一水之隔，躍然欲駕風乘氣，叩大冲莫朕之關綮而末由也。還與多朋萃止郭祠，爲三日之會。考鍾擊磬，頌詩鳴絃，愧無古人浴沂風雩之襟懷，亦庶幾兩兩三三童冠與偕之景象。陶鎔觀感，譬彼紅爐；習氣狂情，無地安著。蓋于是而益信夫師友之功力之爲大也。三千、七十，依依孔子之門，卒歲窮年，聚頭磨切，都俞吁咈，師讓臣鄰，直以淵邃崇嚴，下交氓庶，故俾太和之氣洋溢廟堂，道義之風光昭海宇，而洙泗唐虞至今爲烈也。灰心槁性，尸居淵默，彼二氏之偏枯者，胡足以臻此？蓋一則與萬物爲體，故挈其身與萬物共一煅爐；一則以萬物爲累，故出其身避萬物，以求度脱。其差毫釐，其别千里，此經世之學與出世之學，所以夐不同爲塗轍也。而世往往有耽昵之者，帶水拖泥，沿門持鉢，甚或謂之三教原來一家，又或謂有裨吾儒，又或謂無妨正學，大率皆是本路裏見得不清切耳。

恭承雅教，涣若發蒙，直于澄神定慮之深，感其效所由臻，而又於經事宰物之間，覩其病所由窒，可謂洞有燭於端緒之微，徹有通於性命之竅矣。所謂「非苟知之，實允蹈之」，世之究心理學，孰有如翁者乎？良用歎服。僕本駑鈍之資，重以摧頹之劇，孤踪流落，浮寄海陬，况味蕭疎，日深茅塞。檢點枯索之腸，殆無一可供以就質者，而獨盥承教詔，往返熟服，爲之增感思焉。其所得于誘掖獎勸也，爲造甯有量哉？至於米

---

❶「倂」，據文義似當作「僊」。

麥之惠，又恰有濟于旅舘之需，若將燭照其瓶儲而周爲之餽恤者，其何貺如之？客邸不能走使，而又愧無可以將虔也，惟照亮。

答黄汝潔書名槃，龍溪人。二條

問：槃獲炙門墻，日領止修之教，竊謂身心性命之秘，自天啟之，乃前生一大幸。至捧《清漳答述》而校閲之，間有没溺苦海、未覩旨歸，僅以口吻相印證者。故我老師之教，引而不發，然所謂躍如者，未始不在也。子曰：「予欲無言。」老孔子不言而即行，是與時行物生，昭若發蒙。今學者索之口吻而不得，何不反求《書要》，深思其義？就使老師諄諄啟之，于楮上悟矣，胸中能遂了然乎？

師之道與天通，故師之心必與天相應。無少長賢愚，苟以是心至者，無不在容納之中。有一人不在所容納，即非所以語覆載之量。無淺深通塞，但以學叩者，無不在所樂育。有一人倦于樂育，即非所以體生成之心，此孔子所以謂「自行束修以上，未嘗無誨」，而「有鄙夫問於我，叩兩端而必竭」也，此師之道也。至於爲弟子者，淺深地分，自爾殊科。或無言不説，或告往知來，或得善則服膺勿失，或出見紛華而悦，亦惟其人而已矣。雖善爲師者，其將如之何哉？元氣啟蟄，啟其生意之未泯者；春雨溥施，達其勾萌之自遂者。栽培傾覆，作者受之，豈天之有意于其間乎？言至此，直可責學者之自勉而已，分數淺深，又何容於瑣瑣多爲較量，體之。

又

問：老師提揭止修兩字，槩直印之老孔子。孔子曰：「五十有五而志于學。」❶學者大學，即此止修也。纔下手便勘得此止，便用那修身工夫擒虎擒頭，把捉定矣。向後十年一進，何者非止？何者離身？立得此止，而身修不惑；得此止，而身益修。至五十年來，此身即天，直是修止之功，可以立命。看來此身何以謂之本身、本天，天命之謂性，與修恰好融貫，非判然兩事也。耳順、不踰，純純是箇止修渾化矣，故孟子曰：「形色，天性也。惟聖人然後可以踐形。」曉得孔子所志者何學，便曉得止修矣。至他日語子路曰「修己以敬」，即文王敬止之敬。言敬而止在其中，合下便敬。起初法門體認得真，用那修身工夫本領無餘。曾三省，顏四勿，極之；堯欽舜恭，兢兢業業，皆其志也。其充積之盛，至於安人、安百姓，有無限經綸，豈不是《書要》中本末始終四箇字，把定入道之樞，括盡經世之要哉？老師教人止修，竊謂即今之孔子也。直直截截，循循善誘，何多讓焉？如此認著，不知有當不。惟發其愚而教之。

舊每教學者一簡易直截之法，謂但學不明者，只提向身來作實講解，不必懸空作杳冥之想，亦不可纏繞作支離之見。如駁明明德即應之曰德於此明，駁親民即應之曰民於此親，駁止於至善即應之曰善於此止

❶ 上「五」字，當作「吾」。

諸？如此體、如此勘，即如此修、如此止，豈不簡易明白，而於古聖賢諸所論説者，亦自節節同、句句合，正不必於字字將來作比方校量也。

中間所云身何以謂之本身、本天，天命之謂性，亦屬揣摩之説，不若只玩予稿刻中所云「自天子以至於庶人，壹是皆以修身爲本，性學也」之句，更覺氣味深長也。又不然，則請看《答羅惟信書》所云「修身爲本之學，不但外不騖於家國天下，亦且内不狃於心意知物，此其所以爲性學也」云云，則幾於和盤托現矣。至末所舉本末始終四字，最爲入手之逕者。是則是，須更一講，究得明徹，乃有用處，且不瑣瑣。

見羅李先生正學堂稿卷之十

答陳抑之書四條

問：向日羅汝存西歸，幸老師詔之，得相留者三日。曾舉危微之旨相商相訂，似有見於此心之初，敢述以請。吾人一身，中體渾然全具，初何嘗不善？何嘗不止？甯有人心道心可分別者？端倪既發，知氣相參，就其發處，清氣爲道心，即此中之面目；煩氣爲人心，即此中之戈矛。人心起矣，加以旦晝相尋，遂以戈矛戕本來之面目，中雖自在而自失之，譬一指蔽目，泰岱匿形矣。孟子輿曰：「四端於我，若火之始燃，泉之始達。」此惟微之喻也。吾既爲人心所危，則當其始燃而撲之，當其始達而壅之。微者熄而危者愈無措身之地，故曰「違禽獸不遠也」。

虞廷者洙泗之淵源，辨體明宗，兩皆吻合。僭每謂執中止善，確然同一源流；精一止修，確然同一作法。第就虞廷十六字論，且不必涉入《大學》。就《大學》二百一十五字論，且不必涉入虞廷。以虞廷《大學義》原備，不待互相闡發明也。而互之，義反不暢，即此亦一事之止。故今且置《大學》不講，而專與公論虞廷十六字。

中之一字，本無形聲，湊體依稀，無如未發，以其皆就人身上點也。發皆中節，則渾一未發，故曰和；發不中節，則悖於未發，故爲不和。和則微，不和則危，此幾之纖芥所爲分，而道心人心所爲判也。聖學無他，大率先手，迴瀾既倒，爲力苦難，此虞廷授受所以只説「允執厥中」也。亦臨亦保，如見如承，殫心緝熙，基命宥密。道心人心，爲其有不能中而析之者也。「惟一惟精」，爲其有不能執而止之者也。此堯之所以止説執中，不爲闕文，而舜益以三言。頃謂之特以疏允執未析之功，而非以道心之微，爲發堯之所未發也。故學問要緊明宗，畢竟洙泗唐虞，宗歸何處？

又

察其幾而慎守之，「惟精惟一」，則人心退聽，道心爲主。日用常行，順帝之則。至帝則順而中體在，是故曰「所立卓爾」。精一者，所以修之也；順則者，所以止之也。修則止，止即修：修者如行人之赴家，止者如到家之駐足。聖人全體大極，足可言順，則其言修身，言在止於至善者，爲反之者立法也。若曰中在吾身，而施於家國天下，不本諸吾身而徒求諸家國天下，愈逐愈紛，愈失愈遠。要幹家國天下，須是收拾吾身，齊齊整整，無頗無倒。然後以我觀物，匠心成務，舉而措之，若網在綱，若裘有領，何事不可爲？然欲修吾身，離家國天下事，更無用工去處，惟要紛紜中常提起此身做本，方不墮落求諸人境界。必如是，始爲知本耳。

修身爲本之學，豈獨自天子達，真自聖人達也。堯兢兢，舜業業，豈緊始事？直至其仁如天，百有十歲時，其兢業猶是也，蓋無間可容息也。以爲特爲反之者立程，是謂始學者有工夫，而聖人則無工夫可做矣，豈其然乎？從心所欲，不識不知，特以名其不犯著做手耳。然帝則必默順，率履期不越，亦豈漫然都無有事，若梗泛萍飄者乎？累丸之喻，絶有近此，用志不分，乃凝于神矣。聖人者特所謂精之至、專之至者也，此其所以神也。歸性者止順則者，則止之流行也；赴家者止到家者，則止之盡頭也。故以則認止，其流必至知有流行，不知有歸宿；以造極爲止，其弊必至錯認始事，作爲終事。此不可以不辨者也。他如「要幹家國天下，須先收拾吾身」云云，理當矣。卻繼之曰：「整整齊齊後，乃以我觀物，匠心成務。」則又似有等待矣。又如「欲修吾身，離家國天下無用功處，惟要在紛紜中常提得身主起，不令墮落於求諸人境界」，則善之善矣。守此執樞，無爽矣。

又

常竊謂《大學》肇於虞廷傳心之法，託於十六字。古今善體認十六字者，無如顏子。撥千百年之雲霧，開千百年之迷途，俾學者覩青天而遊康莊。溯洙泗之流以窮虞廷之源者，無如老師。汝存辨微字，以「莫顯乎微」與「幾者動之微」爲證愈。竊意不然，若以二言爲證，則此二微字俱兼善惡，是人心初動時，亦未嘗不微也。特不能遏克而反導之，故至於洶洶無所忌憚耳。

學問莫善於體，莫不善於訓。蓋體則步步貼身，而端緒日見；訓則字字離析，而支蔓轉多。言豈一端，各有攸當。微之一字，在《虞書》與《易》所稱者自屬用，而在《中庸》「莫顯乎微」自點體。就用説，故必兼善與惡，故有道心、人心之分，而將危與之對看；自體説直是聲臭俱無、渾一未發，故緊應不覩不聞，而將顯與之對看。

向來學者只苦不認得不覩聞，是指天命之體，而又不認得莫顯見，是申言不覩聞之雖至隱而莫見、至微而莫顯也。故見以不覩聞爲静，而以莫顯見爲動，將動與静作兩段境界，而將養與察作兩項工夫。而豈知子思子之喫緊歸宗，乃直於天命上落根，而不作二乘解乎？至「謂人心初動，未嘗不微」，似亦稍欠體會。應感起物，奄忽斯須，端緒毫分，就兹判決，豈有已發之爲人心，而於初動之時乃尚保其微，不抵於危殆者乎？察之。

又

汝存又曰：「惟危惟微者，言人之心出入無常也；惟精惟一者，言此心之操存有要也。」「操存有要」四字妙矣！若「出入無常」，則子輿「操舍存亡」之説盡之，大端亦語平旦之氣、仁義之心，若曰「是幾希者即道」。止爲主意，修爲功夫，予每言之矣。執中者亦主意也，三言之益，正有慮於道心、人心之不一，而微危之靡有定也。故教人之精以察之，一以守之，謂必如是，而後信可以執厥中也。操則存一節，蓋緊承上文養字而來，若曰「操則存，舍則亡」，出入無時，莫知其鄉心之存亡，不可測識如此，而養可不豫乎？公所論自善，只存亡兩字，似宜更一體會。

答陳蘭臺書

來教云：頃者求教，辱夫子不鄙夷，而麾之門墻之外也。肫肫懇懇，指示迷途，似夢初覺，如醉復醒。

數月以來，奉雲函於静几。自公之暇，周環展玩，仰而思，俯而誦，真有不知手之舞之、足之蹈之者。

「知不可以爲體」一語，已挈盡無遺，似無容辨。獨《大學》之所謂「善」，虞廷之所謂「中」，子思之所謂「未發」，其體雖灼然可見，然而止於善也，執其中也，致其所未發也，不識在何處求也。竊恐非常照常覺之天，何以止之、執之、致之也？夫子謂立命歸根全在一止，又謂知止爲《大學》入手之竅，然則欲得其竅方歸其根，不於此常照常覺者著力，何以入其竅而歸其根乎？陽明先生之提宗者，正教人以入竅歸根之喫緊處。夫子今日之提宗者，直教人以竅以根，而欲其入而歸之也。故曰：「先聖後聖，其揆一也。若體用之説，自有分別，似不必分析而辨之也。」鄙生誠愚，得夫子知本之訓，覺有持循，因是愈覺良知活潑，其於至善，非此無以入竅而歸根也。故直敢合一言之憤悱如斯，夫子其再有以啟發之，幸甚。

氣求聲應，幸夙同心。梗泛萍飄，謬蒙盼睞。何意台重乃亦假節閩南，俾予落落孤踪，獲申請益。至旅邸之無棲，既曲爲之。蓋障舊編之蕪蔓，又特廣其愛傳，愛我知我，疇復是過？顧此幾微之緒，乃有關於千聖秘密，而非翁之有意異僕。芻蕘蠡管，容或有一班之幾乎道者，不敢不以獻耳。

每愛伊川先生本心本天之論，謂可爲千古辨學底案，謂果一知耳。孰爲心，又孰爲天，必悟此而後可與語體一致知耳；孰本心，又孰本天，必辨此而後可以歸宗。「知不可以爲體」一語，挈盡無遺，翁既信之矣，必有體也。體安在乎？姑就《大學》按之，果其止歸於善，抑將止歸於知？又以《中庸》按之，果其本歸未發，抑將本歸於發？知先知後，同一用知；適楚適齊，同一用足。以其均爲用足也，而謂燕粤無二趨；以其同爲用知也，而謂儒釋無二界。恐所謂辨體明宗者，理不如是也。又不但此也，即管、商之功利，與蘇、張之辨説，何者而非用知？憑其常覺常照者以爲之運用。又不但此，即曲藝之甘苦，與工賈之籌量，亦何者而非用知，憑其常覺常照者以爲之運用。特其知有照，不知有止；知有覺，不知有善。形既生矣，神發知矣，直落根在覺照上，往而不知反耳。此孔子所以必管歸於止，且歷數進學之階梯，謂「必自於知止始」也。非止，則如人之未有家；非止，則如種之未得地。乃日憧憧盤錯於家國天下，以從事於齊治均平之事，務以致知而格物也。以視管商工賈，其地分誠有間，而其取足於知用，其常覺常照者，以爲之加減稱量，則一而已矣，恐所謂至命盡性者，理不如是也。

知本兩言，爲何而設？正有慮於經世之人，錯綜於人倫事物之交，牽掣於聲色貨利之取，如奔馬之轡，不可爲收勒也。就于其中爲之討出欛柄消息，使之有所把握持循，而究其主意，則直是教人以知止，此予所以謂「本者，止之地也」。翁既信知本，乃不用之以收拾靈明，俾歸於止，而直憑之以覺照運用，謂轉見其活潑也，恐所謂入竅歸根者，理不如是也。此誠杪忽毫分之差，而寔遥庭霄壤之判。以其均爲用知，則鄙人誠固陋不能與先儒異。若必究其所以用，則一脉歸根，一止落實。《大學》之案例章程具在也，鄙人雖固陋，不敢與先儒同矣。

窮棲海畔，孤陋彌深，醜拙備呈，恃者知己，伏惟覽而正之。外，稿既承刻布，復荷刷頒，克棟汗牛，❶無

❶「克」，疑爲「充」之訛。

往而非教惠所及，并謝。

答何若虚書名湛，鎮海人。

格物一書，不可漫看，寔是判千古以來，聚訟之庭未了的公案。契既知之矣，即歸宿流行，兩皆應有據，而尚此盤桓，作汗漫支離之解。大率至善兩字，認得不明白故耳。《詩》云「邦畿千里，惟民所止」，要以證止必有所。曰「緡蠻黄鳥，止于丘隅」，要以見止所當知。若曰至善不可爲方所，是直於流行之際看，而不知有歸宿也。往所以謂「執中之中，不是專主流行，而隨時處中之中，自備其内」。故止善之善亦不專主流行，而隨感而應之善，自存其中，必以無方所者當之。故欲收斂，既慮其無可安頓，而當應感。又若於兩費敲推，至見以爲精神全向止上，於太公順應之體，反添了一箇意思也，則舛矣。蓋有不知而作之者，我無是也。聖人所以只愁不止，有不善未嘗不知，知之未嘗復行也。昔賢所以不愁，不知從本立宗，從止發慮，真有事事物物處之各當其所。而太虚之中，湛然其常寂也，亦何二二三三，如簡所云爲患之有，察之。

答池明洲書

來教云：頃以鄙見質正左右，旋辱台教，分别儒、釋之路，直點性命之原，俾愚心有所依執，不至迷謬，命之矣！命之矣！但自家體驗，喜怒之發多不中節。今日則思前日之過，今時則思前時之過。

雖悔悟不遠，而當其過則爲已成之愆，不可復返，乃静而求之未發之初，先用功夫。又讀伊川，有云：「不當於喜怒未發時求中。」延平卻教人看未發時氣象，陽明謂此「全體廓然，純是天理，方可謂未發之中」。由此觀之，此情未發，即當用克己之功，何伊川謂此時不當求中？或別有説，非愚之所能喻者。愚性資魯鈍，堅守所學，不敢壞其大本，而覺悟常遲，故差失甚多。每閲古聖賢行事，媿無一節可與爲伍，不知老先生何以教之。語云：「臨饑而惠食者如飴。」愚苦索横思，未有所得，倘於此日受誘掖之方，其爲惠不啻饐殆鮓也。

海陬淪落，疾疢淹迴。既不克展摳趨，時就正於左右；又末由肅竿牘，勤款布其心期。顧屢厪翰貺之辱，諄諄焉皆理性之微言，懇然見肝膈之情面。領益宏多，豈繄蒙愛。

僭每謂學必以孔子爲宗，以《大學》爲案。《大學》之喫緊歸宿，果在知乎？揭三綱倒歸一止，且謂之必先知止矣，而後能静、能定、能安、能慮，以能有得也。故止於至善者，始事也、命脉也。止歸於善，而或有所滲漏疎虞，則從而察之。知其爲心不正也，則從而用正心之功；知其爲意不誠也，則從而用誠意之功；知其爲知不致、物不格也，則從而用致知格物之功。非若是也，真有心意知物，各止其所，而格致誠正總付之無所事事的光景矣。若不從本地討明而第從末上較量，不向止上落脉而直從格致上推敲，至於事局之有拘持，酬酢之或牴牾。然後從而維之，電光石火，奄忽斯須，如轉轆轤，眉睫少營，事緒又引而他適矣。而欲以迴既倒之瀾，障而東之，其將能乎？延平未發之觀，正有惕此，與翁見恰有符者，只不合著箇時字，爲未中窾綮耳。

夫未發果時乎？儼若有思，默而識之，是將何處下工？蓋直下就性命關膈落手。亦臨亦保，如見如承，無往而非返本還源的地面也。若必執謂未發爲萬感俱寂之境界也，將静則有中而動則無中矣，而可乎？晦翁所謂「自有天地來，此氣常運，自有人生來，此心常發」者，其語殊可味，惟翁試一體之。一日之間，自子以至亥；一月之間，自朔以至晦；一年之間，自元旦以至歲除：果以何地、何時爲槁性灰心之所，可當未發乎？故必認得本地明白，而後學可操持；必討得未發明白，而後止有依據。不復作二二三三、或前或後支離之解矣。鄙所謂從本立宗、從止發慮者，蓋實實落落孔傳之心旨也，敢妄言之乎？至於翁之邃養精識，深懲實創，又自是迥然非世所及，直進而與古爲徒者。吾何人斯，而敢復贅一語乎？

惠儀過疊矣，不敢當，然不敢辭也。敬此，附申感謝。會歲之杪，諸方之諮叩者紛如，故不能詳款也，惟心亮。

與王澹生書

僭嘗説《易》，謂无妄本無災，如行人得牛，邑人之災，則所謂无妄之災也。畏於匡，圍於陳、蔡，夫孔子何修得此？道大莫容，姑置勿論。大率非創不懲，非跌不智，非疾疢則德慧不生，非空乏拂亂則動忍不至。賢君不困不王，哲士不憂不聖，消息乘除，理固如是，此孔子所以謂陳、蔡之阨，爲丘之幸也，凡從於丘與難於陳、蔡者，皆幸人也。

兹丈所遭值，奚翅陳、蔡耶？丈固哲人也，得無亦有尼父之思乎？果然，則由前言之，其所當誠爲天下之大窘；由後言之，其所創又爲古今之大幸矣。故夫遇何常之有哉！富貴固能養人，亦能豢人；貧賤固能挫人，亦能激人。憂患變故，最非人所願者、所堪者，亦能助人、成人，在有志者自善所處而已。若必以逆境故，日滲滲爲悼屈悲窮之歎，則所謂「愁人莫對愁人説」，吾與丈兩人者，直可相尋作楚囚對泣而已。惟另開眼，諒其心之無他，保其道之終直，則真所謂「天空海闊，世界儘寬。立命立心，具將在我」。此孔子所以諒斯文之未喪，而封人達者，亦諄諄焉慰勉二三子，謂「何患於喪」也。不識丈亦有志乎斯焉否也？

僕於丈不識面而知深，故不同常衆之情而愛切。自聞變來，其欲通一簡，致予關戚之耿耿者數矣。而成邦迂左，鱗翼絶稀，故偃蹇而及於此也。羅汝存惠過之便，幸其得有託也，故强病之筆而作此，惟丈其留意焉。

答曾舜徵書

嗚洪之學，藉公信而有徵；嗚洪之節，藉公表章益顯。生三事一，盡瘁鞠躬，有光斯文，無忝忠孝。吾於斯文，豈獨爲嗚洪頌哉！隨以出示多友，咸有激且有悟，所藉以闡明開發者，多矣多矣！因屬同門友蔡叔理刻傳之。

公前簡偶不在篋中，略記其意。大率謂學貴得力，不必取同。果其學禪而有得，即不講止修無害者，而怪予之斤斤於毫釐之辨也？今觀狀述，乃爾粹然，曾無片語隻詞涉入于空寂之款，與簡意又何寥絶耶？行持則宗密諦，敷教則述孔、曾，此誠自宋以來，擅他宗而冒孔學者之通弊，而公可蹈之耶？寸莛蔭百尺之條，若針通九譯之竅。毫髮舛訛，當地千里；兼收並蓄，適長支離。此入門而悦，出見而悦，子夏之所以二三三，爲有愧於顔、曾也。故學佛者必純乎佛，乃有裨佛；學儒者必純乎儒，乃無忝儒。家人之象曰「風自火出」，家人君子，以言有物而行有恒。談者如斯，行者如斯，又烏覩其爲言之有物耶？古稱「剃頭未必知心法，要且閑於名利人」，自是棄短取長之説。就所稱量，果不若棄，而君臣去而父子削髮披緇，以趨修於寂寞，其根蔕猶稍清楚矣。兩乘參修，妄意非少；涅槃度脱，曾幾何人？恐舍龐蘊外，無別有不愧斯言者矣，惟公更一味之。

僕居此無不安，只苦多病，而中州還返，又杳然未卜也，臨風太息而已。

答黄景德書名顯，莆田人。

司中堪慟，不獨在年。生死見交，如契敦情。想見不負思不出位，蓋是孔學宗傳。故孔子以繫《易》，而曾子尊所聞。「人不知而不愠」，僭每謂六箇字括盡知本竅妙，一部《論語》，只如此看。契不見之乎，「上好禮」云云，正是此消息。好禮則莫不敬，好義則莫不服，好信則民莫不用情。一切不須向人分上著半點精神也，而契反見以爲異，何也？稼圃之問，雖出樊遲，大率周末横議，有爲神農之言如許行者，豈真欲作於陵仲子之業，而乃以諮問於孔子乎？爲笑爲笑。予于《論語大意》中已言之，或者契未之見。

見羅李先生正學堂稿卷之十一

答顧涇陽書

景逸頃過漳，屬歲晏倉卒言歸，草具短函，漫付謄寫。要以致不忘之情，及兹尚抱歉。謙齋來，乃荷敦念之殷，領之感感。

儼思艮背，古揭之，大率日用之常，由後言乃當入静之竅。觀《易》「時行則行，時止則止」之云，直合動静一之。明道之説《禮》，亦曰敬則自然「儼若思，安定辭」，其德可以安民。分動分静，大率依境之見，故指「喜怒哀樂之未發」爲時，而以「不覩不聞」屬静，中爲天命，人知之矣。果其靠静一邊，將静則有中而動則無中矣，此鄙人之所以敢斷謂「知性者少，而識心者多」也，蓋直以心爲性也。故欲從動邊覔，既自朝至暮，無有未發之期；欲向静邊覔，乃直以簡事斷緣，指作天命之體。宗趣一訛，當地千里；本心爲主，直混禪宗。且冒然自以爲性之見也，此其所以舛也。

檢承手教，乃亦以杜門屏囂，焚香兀坐，彷彿於儼思艮背爲有會者，得無亦有旨于斯耶？《通考》一編，具見博涉，半多未聞之人，不但生所未見之書。至所駁，又皆平氣虚心，絶無彼己異同之角。「學公學公」言之，誰實覿面？孔、曾無非按依簡牘，只如此從實商量，平鋪放著，雖盈庭聚訟，亦衹以相益而非以相病也，亦何介嫌之有？惟是據所訂，似尚有未楷者。端居之暇，幸一檢詳，得無於經大略而於傳大詳，喫緊爲傳謀而於經乃致疎脱乎？

方今斯文擔子，在丈二三知己，惟一切平氣虚心，如上所質，則所當進而請益者，尚不止此。區區亦何心，無非所以爲孔、曾謀，爲世道謀，爲天地生民之立命立心謀也。景丈書亦云，丈自抵家後向在病，豈真病耶？更俾繫心焉。惟姑省事甯心，慎起居，節飲食，自愛。

答管東溟書

來教云：往歲不知道駕從吴入越，失於追候，嗣後凡三致書，而門下亦有兩劄之辱，更無一言及之，竊疑三書之俱被人浮沉也。頃得閱翁《書要》一編，中間喫緊爲人處，真是良工心獨苦。而微詞奥旨，實多先得我同，而復開所未逮，恨不得縮地而趨左右也。方今海内不乏賢豪，然篤信好學、仁爲己任者，指不數屈，而得少爲足。入浮入僞，則已濫觴而不可遏矣，當仁不讓之君子，何以拯之？僕乃質天臺耿先生曰：「今日之道樞，不屬見而屬惕；今日之教體，不重悟而重脩。」倘亦與翁所揭脩身爲本之宗合否？而近世諸公，每執見龍爲首，而其尾遂入於浮僞。吾懼《中庸》遯世之學脉漸湮，而大易群龍无首之義日晦也。知微知彰，能發能收，於宋得周元公一人，而程、朱有遺慮矣。微翁，吾誰與望焉？翟從先南趨之便，附布臆悰。《六龍解》一帙侑緘。

入漳四載，蓋兩寄書，而辱翁之手札僅一。天涯枯寂，魚雁浮沉，理自如此，不足訝。每見世人於最不幸中尚有一幸，如弟經勘後，功狀昭矣，乃尚不免於戍且邊且永也。而其地又最爲窮僻幽渺，自非生漳宦漳者，無自而入漳矣。是以守株之局，而又當四塞之局也，吾其如訪道求友之心何哉！是於最不幸中，又甚不幸也，則所處地爲之拘持也。

六龍妙義，讀已三年，惕之一言，佩持良固。地既僻矣，又去之東山居焉。敬菴年兄，九度走相招，不一赴。三載處漳矣，暫一往武夷，旋即返棹，百皆洞洞焉、屬屬焉，如臨如履類此，誠惕之也。即此便是脩，豈可云脩身爲本，旨乃有合於惕？而弟與翁提挈，乃可作兩家見耶？舊語不云乎，「乾以三爲成卦之主」。故於三發體乾之義曰「終日乾乾，與時偕行」，言無時而不惕也；「終日乾乾，行事也」，言無事而不惕也。所以能居上位而不驕，在下位而不憂。初則潛，二則見，四則躍，五則飛，一切以時措之，各當其則而不過，而不蹈於亢之晦矣，其何善如之？故惕外無脩也。翁此揭可爲就學者頂門上一針矣。然畢竟惕何事乎？堯兢兢，蓋執中；舜業業，蓋敕命。禹安止，湯顧諟，文昭事，孔默識，皆凜凜若有所畏，寔翼翼如有所持，故惕非恐懼之謂也。「昊天曰明，及爾出王。昊天曰旦，及爾游衍。」有若或維之而不可解者矣。舊每謂「己所不欲，勿施於人」，所謂「能近取譬，可謂仁之方也已」，盡矣。乃必曰「出門如見賓，使民如承祭」，果何爲乎？「言忠信，行篤敬，雖蠻貊之邦行矣」，盡矣。乃復曰「立則見其參於前，在輿則見其倚於衡」，又何爲乎？此真所謂乾之命脉而惕之皈依也。必如是而言惕，乃真有徹於「无首之旨」而「動罔不臧」，一切管歸於天則矣，其何善如之？《中庸》旨要，恰與此符。故一則曰「不覩聞」，一則曰「至微隱」，一則曰「獨」，一則曰「未發而汲汲乎戒懼」，於此歸宗焉。所謂「遯世無悶，不見是而無悶，確乎其不可拔」者，特以名其一切，斂而歸己，以自至厥命，自盡厥性，而不以纖毫氣味涉向人邊。而非謂於惕若之外，又別有遯世之宗竅也，惟丈幸有以教。

有宋諸儒，周、程尚矣，誠不容於軒輊。然區區之意，竊有深契于大程也。尊簡乃盛推元公，於程若尚有未慊者。《太極圖説》及《通書》，果皆自讀《易》得矣。無極兩言，誠爲贅剩，有如象山所駁。動極而静，静極而動，是何等待？且既分静以屬陰，而又欲主静以立極，無可柰何，則自註之曰「無欲故静」，不無稍費分疏。至其圖畫之飣餖鈎連，更多未楷，兹且未敢贅。要之天載有何形聲？如大程則真是不犯了這般的做手也。此又似與翁見稍異，然亦何害於同？

天日庶有開，海陬淪落，還返在期。矢將一棹沿流，踵庭候教。半生心期，縷縷此衷，非得一面對決，無由而盡傾倒也。臨緘祗切馳神，伏惟照在。

答郭青螺書

來教云：寒暑之運，一歲且周。門下居九龍，自他人視之，謂境與歲寂；自某視之，謂德與年高。孔子曰：「七十而從心所欲，不踰矩。」孟子曰：「中道而立，能者從之。」顔子曰：「雖欲從之，末由也已。」顔子三十猶未能從，孟子七十畢竟從之，則一年之得，一年之幸也。敬以此爲門下賀，而孔、顔、孟之所云三從者，其旨同乎？并以爲門下請，惟長者教之。某居省會，錢穀紛紜，俗務旁午。徐匡嶽以行縣去門下，以地鬲獨學亡朋，良用慨歎。因思爲仁由己，夫子不以語他人，而以語顔子，蓋惟顔子乃能由己耳。如曾子則必「以友輔仁」，子貢則必「友仁事賢」，而況于今之學者乎？何時一侍函丈，慰我卷卷。

燈宵前夕，落寞空山，忽海澄縣吏齎閼齎到手書，諄諄焉進之以學，勗之以年，而又副以隆儀，感幸何極？

歷觀古人於心字體勘，大抵不疎，故於心上功夫，率皆喫緊。從心兩字，僅一見於孔子之言，似有横拈倒用之意。蓋有深諒于德性之已純熟，故縱其心之所欲，無一而非天理之流行也，此非以爲訓也。「人心惟危，道心惟微，惟精惟一」者，非舜語乎？「兢兢業業，一日二日萬幾」者，非臯陶語乎？他日孔子亦曰：「操則存，舍則亡。出入無時，莫知其鄉，惟心之謂與。」豈有心而可縱者乎？至於雖欲從之，與能者從之，顔、孟云云，又各自有指，似未可以合看。所謂「言豈一端而已」乎？「夫各有攸當也」，蓋孔子業道之矣。區區妄意，每謂吾輩慕學者，要緊在辨宗，不在辨造。顔子以年促未滿量，然其學自是孔子學也。孟子七十未有徵，學亦同孔子地分之所詣者，與顔子適等耳。輔仁之益，不但曾子師讓臣鄰，蓋古之君臣猶爾也。「德不孤，必有鄰」，世衹知三千、七十，不可一日無孔子，一日而無三千、七十，亦烏取以成孔子乎？「爲仁由己」，敢謂之直以宗論，而非以學之淺深論也？

孤陋寡聞，荷教及，不敢不盡誠。頃所論天之一字者，尚爲未了的公案。山房邂逅，獲晤長公，藻思不待言，而獨察其一段志意，直將進而與古爲徒，真國士中希有也。

答池明洲書

來教云：辱注念，遺之好音，焚香捧讀，深荷誘掖之仁。自念何脩可以得此？惟孜孜淬勵，以無負期待至意而已。

嘗謂夫子論學，首章必曰「人不知而不愠」，不審何説。潛思之，乃知此聖賢有得處，蓋視之甚易，處之甚難。今人稍受欺侮，即許多怒氣，皆由窮理不明故也。理不明，故逐逐于人欲之場。如居官，便要結持禄；居鄉，便役心名利。反視人不知而不愠的意思，差有千里之遠，如何是爲學？善乎薛文清有言曰：「人千病萬痛，只是有己，惟窮理可以克之。」但所謂窮理者，必看本末表裏，透徹明盡，真見得是，如此決不可易始得。若一念姑息，可東可西，便是糊塗。此不但謂之不明理，即窮字工夫，亦未嘗用。欲識身心之理，必先察事物之理；欲識事物之理，必先察事物中苦難之理。能廣大自能寬平；能忍耐備嘗自能作爲施設。此治心之至要，爲學之首務，勉然而未能者，敬請教于左右。萬望矜其背迷，指而示之，幸甚。

「人不知而不愠」六箇字，括盡知本竅妙，一部《論語》，只如此看。僕往有是語矣，翁不見之乎？達此則孔堂不階，鍥勘可合矣。只一點念頭，隱隱地涉向人邊，即是思出其位，即是怨天尤人的張本矣，而明德親民，總無有田地安立矣，故全經專教知止。後儒不明，以爲全經專教致知，以致認格致作窮理，若將直就事物上加減而稱量之，以是爲義之精、仁之至也，恐古所謂窮理者不如是也。明道先生曰：「窮理盡性，以至於命，一物也。」又曰：「窮理盡性至命三句，一時了。」又曰：「只窮得理，即性命亦可了。」若如世所説，理則窮矣，而所謂至命盡性者，果安在乎？《中庸》所謂「知遠之近，知風之自，知微之顯，可與入德」者，正是此消息。直是一步步提就身來，反歸本上，而不以半點精神俾之流向末去。故聞譽不喜，惟省其善之在於己者；聞謗不戚，惟檢其咎之所自來者。所謂不易乎世，不成乎名，遯世無悶，不見是而無悶者，若爲贊龍之德，而寔則學之宗趣本來如是也。此僕之所以敢斷謂六箇字括盡知本竅妙，謂一部《論語》只如此看也。必達此而後理可言窮，而所謂至命盡性有一以貫之者矣。

枉承手教，懇惻周詳，想見暮暮朝朝，日勤檢勒。幸以此體諸身，即以此公諸里。嘉禾故多茂異，必有涣然能得翁意之同然於望外者。誰謂海濱窮絶，不可鄒魯？而翁葛巾杖屨，雍容林壑間，乃有忝金紫耶？傳國毗居此久，日逐逼之進功，歸面當有助。僕旅窘，愧不能事人，而獨頻歲中荷粟肉衣被之惠，不一而足，感念深矣！其將何以爲報？使旋，謹此附謝。

與龍溪友書

期月而可，三年有成，蓋孔子道行自刻之效。孤踪浪漫，耆彦彬彬，委質嚮風，曾無匝月敏矣。兹奄忽三期矣，日煅月磨，耳提面命，家孔、曾而户脩止，亦幾希一變至道之光景矣。顧成字頗難寫，而在孔子分上，成處尤難知，姑就予學言之。

明於師不明於友，非成也；明于一二人，不明于衆人，非成也。世傳佛法盛于馬祖，以有入室之弟子一百二十九人，各爲一方宗主，轉化無窮，此佛法之所以盛於馬祖也。舊每謂三千者可以廣化，七十者乃藉傳宗，假無有身通六藝之多賢，則雖六經删述，粲然明著，誰與傳教外之心旨乎？故只一士未入陶鎔，固爲學不滿量；而只一友未堪寄荷，亦爲學未觀成。此在諸友者善自驗之、自究之而已，要以無負所期而已矣。

行問遠涉，備悉戀忱，孟收之留，尤爲中節。必盡漳之士，人人如孟收，可以當分猷闡教之任，乃庶其可以語成，而予亦不爲孤負兹行也。萍踪不繫，萃止有期，問業考成，覿面斯在，惟勉之。衆友三日前合會龍光矣，而學淳、宇徵、達甫、懋仁輩又復遠爲追趨，俾予念不能置。叔理募役之回，草草附此申勗，不能一一。

與同安友書

同龍界接，與多朋期在三載前，乃卒從塵鞅馳驅中，合并在三載之後。蓋道誼之盟，緣凑之難，於締合如此。海潮萃止，際值沉陰，雨聲滂沱，氣味阻暢。已覿面矣，而機括之融通，又適艱難如此，惟多朋勉之。

優鉢曇花，原是曠五百年而一呈瑞，正學昭揭，夫豈偶然？知本者今以謂千聖秘密，而向漫謂之贅言剩語，不復收矣。知止者今以謂直下之立根至命宗竅，而向漫謂之造極作末梢事矣。所以粘枝著節，直就事上著工；反已參求，衹以知爲性命。而學問之宗傳，蔽而不講也久矣。衣帶有珠，忘其萬貫；徬徨反顧，悦不自禁。方愧從前取供糊口於實際，理地乃茫然未有當也。諸友皆明者，必奮肩爲洙泗宗臣，毋守株爲支離孝子，使孔、曾正學暫明而復蝕，湮淪簡牘，以終蔽斯人也，則鄙心幸甚。

海潮再厘跋履，而汝穆、德卿輩又復過于鄭重，心切銘之。然後必望節之，恐非所謂蔬食菜羹，儒生之矩矱也。盧生數日外且一遣到，温陵大輪會果否克合？還當適與協期。書必以遍致諸門友，俾無一遺。蓋抵漳即病泄，不能多作簡也。

答傅國毗書名鑰，同安人。

往菘吴阜，嘗以豫章、延平、康齋、心齋四集置舘中，屬友朋公閲。有問者曰：「何不取先生所編四大儒書與讀，而專事此乎？」予曰：「世人望聖太高，自處太卑。若直揀上智高才者與讀，則彼資地稍稍鈍滯者，遂退然不敢當矣。」今此四儒者，則何博學高才之有？而巍然爲世表的。其所從填實受享，不問可知。而來簡乃諄諄以頑鄙爲歉，以不能熟誦了解爲愧。是直舍其所長者不學，而較其所短；棄其所兢者不師，而引其所不屑者以爲耻矣。

兹到漳又見一集，其才與博，似又出四儒下者。而獨其篤行純脩，步步無慙俯仰，可以列之四先生之班無愧。其人爲誰？則陳布衣是也。故於紫芝精舍，又欲添此一集，要俾有志者人共奮興，不以末妨本、質摧志、技退學。游、夏何以不居德行之科？端木賜何以不承聖道之統？卒之頂針續脉，爲世宗仰者，乃在於魯鈍之參也乎？惟勉之。允能如簡所述，將四字符貼在心頭，靡忘記憶，以定學宗。而又摘出拙稿要者，時切警覺提撕，日勤研覈，則何處更得非辟之心敢露頭面？何處更得不檢之操忍爲措足？月將日就，姑以十載爲期，亦蔚然大乘之景光地分矣。彼四子者，且將斂而讓德，而况其騷壇墨苑，又自是契夙所攘臂而稱雄，爲諸儒所未有者乎？

家釀淡泊，頗愜鄙情。蓋自八月初停食病脾，勺酒不入口，而獨宜於此也。後有使者過，只此一物可以見情，他無用佐。

答周伯脩書名國祥，連江人。

問：國祥汩没塵埃，幾三十年，日者幸徼天遇，得拜夫子門下，獲聞止脩之教。始悟從前知解，俱屬影響。近蒙許老師作養提撕，無非夫子教澤所及，此中格物之説，奉撫臺旨，皆主格其非心。雖直截簡易，不爲無力，但以物有本末推之，竊恐於《大學》宗旨似未盡合。浦城曾兄六德頗相契，而研究亦入微云云。

學問之講，有當急辨宗者，有當姑致力者。章句士口説事學問，何嘗一用其力於學，而乃急辨宗乎？二十載前，亦肯接方士，見所傳者一二，最下的口訣信而奉之、寶而持之，亦稍見積氣累精之效。而吾輩章縫士，多參博訪，玄關一竅，指點身上，如灼艾瘢，只爲徒益多聞，不能佩持之，故曾不得毫毛氣力。今果有上根大智人，直將爲天地萬物立命立心，爲堯舜周孔頂針頂脉，則真是毫釐差不得也。蓋毫釐之差，而千里之謬，即其在乎此也。惟契其圖之，併以示諸曾友。全稿已寄在曾友處，姑共觀之，蓋此中之刷印者無多也。

答吴肇先書名東震，龍溪人。

未入門者何以觀發心？古稱不因欣取，何以轉凡？不有厭舍，何由成聖？所謂「有求爲聖人之心，然後可與共學」者，此也。此未入門者所以看發心也，既入門者如何要開眼？南轅北軌，判不同方；岐路萬千，轉相熒惑。澤虞燕賈，疑議空多；毫髮舛訛，當地千里。未有種桃李而得松柏之實者，此既發心者所以又要開眼也。人皆曰：「予智驅而納之罟擭陷穽之中而莫之知辟也。」此孔子所以謂「學之不講，是吾憂也」。孔子且須講學，况吾人乎？學果明，如居有堂，如種得地，真拿定一箇脩身爲本。自頂至踵，自心志達皮毛，自州閭至蠻貊，自有生至蓋棺，點點滴滴，無容絲毫走透，蓋斷知脩身爲本外，無別有工夫做。出門如賓，承事如祭，翼翼小心，昭事上帝。直下便是允執厥中，至命盡性之機括也，亦何滲漏爲患之有？

察契自鎮海歸，氣味胸襟長一格，而來問意亦樸實，故輒强病答此，不盡者更細繹之。

答黄啓佑書名休烈，興化人。

楚山之泣，泣者伊何？悲夫寶玉而題之以石，貞士而名之以誑也。予於司中信之深，故不惑之至。頃語伊侄曰：「使人言而無實，予固信之不差。假令萬有一實，自是司中負我，我不負司中也。」得契簡，可爲極關情，能不以死生二其心者矣。故及之止脩之講，喫緊歸宗，離本而談，總皆末上。伯夷遜國，豈復憂貧；顔子求仁，不緣綿壽。凡皆以自盡己分耳，又何暇與齊景、盗跖相較量耶？分情報應自力者，不問可知踈矣，勉之，幸甚。司中家仍不時過顧，以慰懸耿。

見羅李先生正學堂稿卷之十二

答陳抑之書

簡云：向奉老師手簡，度西甌非栖游之所。復承徐道尊轉發教函，且辱會記之頒，知九曲之間，頗足怡神，而從游斌斌，多足以發。計俛仰千古之思，差不落莫，以此稍慰馳想。又知老師不忘弟子，即千里之外，且拳拳引掖不寘。自顧頑鈍，何以仰副師懷耶？感而愧，愧而奮，尚當竭才請事，倘無孤生成之造，是所期也。日來自家體認，更與同志者互相印訂。大約見除卻天下國家，無復有身。除卻身，無復有善。除卻脩，無復有止。除卻脩止，無復有本天命。落根率性，敷葉儘向吾身求之，分量更無窮盡。支離者析爲一腋一肘，玄虛者蕩作鏡花水月。惜乎其不講於本之説也。老師以爲何如？

論學有意病，有語病。意病者急在明宗，語果病，宗亦病，亦宜隨時檢點。來書論者若爲徹地通天，洞有悟於一本，故一口打抹，破除諸名法。而渾然會歸一脩，謂之非悟不可，而致詞處乃不免帶了病。此亦可謂喫緊於明宗，而文不能無害者也。舊語不云乎，「知家國天下是推不去的，則知其通爲一身；知齊治均平是擺不脱的，則知其爲吾分内事」。又曰：「家國天下身心意知物，其體也，有何内外之可分；格致誠正脩齊治平，其用也，又何動静之有間。」只以此意推之，則所云「除卻家國天下無復有身」者，病可知矣。又曰：

「止，其入竅也；脩，其工夫也。身，其歸宿；善，其命脉。」又曰：「止於至善者，脩身爲本之命脉也；脩身爲本者，止於至善之竅門也。」則所云「除卻身無復有善」者，理可概見矣。又曰：「止爲主意，脩爲工夫，立命歸根，全在一止。格致誠正，不過就其中缺漏處檢點提撕，使之常歸於止耳。」則所云「除卻脩無復有止」者，義可互勘矣。又每斷以知本兩言，爲千古經綸秘密，而謂除此兩言，孔子雖大聖人，亦何所執據，以握性命之樞，以立經世之極？故曰：「知止誠要矣，知本更急焉。」蓋非知本，則雖有欲止之心，支離眩瞀，亦將無地之可據者矣。則所云「除卻脩止，無復有本」者，其較量稱停，又不待解矣。故本之一字，似實而卻虚，似虚而卻實。往所以謂「以點化此身，操柄此善，使止之入竅，不倚爲守寂沉空脩之工夫，不衹爲補偏救弊」者，其機括端有在於此也。

李汝潛，同門得力友也，從學六年矣。日夕謹參研後乃悟。晨起披衣走而就質曰：「門生至今日乃不孤爲先生弟子也。信知天壤間攘攘紛紛中，有如此經綸秘竅。」故又嘗曰：「乃若知本，則存乎心悟，知本焉至矣者，正謂此也。」然公之意，則不病也，此予所以謂公又全然是悟也。比於「雖曰未學，吾必謂之學矣」，子夏之意，亦何嘗不善？只其語意間，將學與厚倫不免析作兩事，致流弊便多端也，此亦所謂不可不加檢點者也。

武夷自名勝，山水亦非奇，地望雖頗重，境亦太寥寂。非意冷心灰，甘分斷棄者，誰能久處此？頃所謂入山惟恐不深，入林惟恐不密，且惟恐其影響之不幽者，真僕今日謂矣。惟公無以爲念。

答盧任甫書名志伊，羅田人。六條❶

哲甫行，會有遷移冗，故于諸方諮叩者，一切置不答，而獨淩遽口占，爲契酬此。以契問者非無情，且察之寔有志乎斯者也，故不容己於答也。

隘與不恭，世每爲之解説。謂是學之流弊，而其實不然。蓋直從立教開宗處，便犯著的病，此《易》所以謂「差若毫釐，則謬以千里」也。若依著《大學》止歸於善，本歸於身，直將血脉準繩打成一片，豈有兹弊？所謂「非弘不足以勝，非毅不足以致」，若曾子者，豈徒言之？蓋實體《大學》而有得，謂不如是，則無以滿足其分量也。惟契更味之，於鄙期待意乃不負。

又

問：得止之學，《書》言之矣，曰「安厥止」；《詩》言之矣，曰「敬止」。似只説箇止的手勢，而頭面未露也。艮之辭曰：「艮其背不獲其身，行其庭不見其人，无咎。」則艮爲手勢，背爲主歸，此敬止秘訣也，學者庶知下落矣，第背之義不能無疑焉。説者以爲人之有背，猶天之有極，即《中庸》之所謂「誠」。《大學》之「至善」，周子之「太極」，是直以背爲善，一説矣。然由彖傳止其所之言，味之則又似不直指善。

❶「六條」，以下共七條，當係計數之誤。

人之五臟，皆係於背，而心性在焉，似只于背之處而指棲性立命之所，一説也。一以爲善，一以爲善之處，此正毫釐而千里者。指歸既異，手勢亦差，必辨得分曉，方好下手。此正可與止至善之義相發明，願析示。

僭每謂六經不提宗，只有脩身爲本一句；六經無口訣，只有艮其背一句。又曰「艮其背」一句，則脩身爲本之旨訣也。大率有生以後，人即發靈，無刻無時，不是向外馳走。止之一字，雖間見於經書，其寔亦臨亦保，如見如承，儼若有思，默而識之，無不是此門法，不必定拈出止字，而後爲知所歸宿也。艮背云云，不可過于執著。思不出位，宛然畫出方所，此孔子所以揭要歸止，宛宛曲曲，到落手處，必教以脩身爲本也。來簡雖以《易》疑起問，而棲性立命之云，不無亦兼帶了方士意，不知其乃直下是「允執厥中」的消息也。往答羅惟信，謂：「脩身爲本之學，不但外不騖於家國天下，亦且內不狃於心意知物。」夫外不騖於家國天下，契必知之矣。如何是內不狃於心意知物，須味須味。

又

問：坤六二曰「直方大」。夫其德之大，從直方中出，是性根有無限受用也。乃究其培植工夫，曰「敬以直，內也」，曰「義以方，外也」，是聖賢真正學問，必不能舍此二者，爲交養互發之功矣。今敬義之學，類能言之，而直方大之德，乃久不著於天下，何也？豈聖賢以生理爲直，而今人以槁寂爲直；聖賢以天則爲方，而今人以氣魄爲方：歸根謬與？又豈「如尸如齋」之敬，非「戒慎恐懼」之敬？襲取之義非精研之義？用工差與後世主敬而不及義，不幾言體而遺用乎？抑體可以該用乎？茲欲性靈不馳逐，而萬事又了了，於敬地步，如何著腳耶？

剛健中正純粹精，是以七箇字寫乾之德；直方大，是以三箇字寫坤之德。舊每謂「乾以三爲成卦之主」，故於三發體乾之義曰「君子終日乾乾，夕惕若」。「坤以二爲成卦之主」，故於二發體坤之義曰「直方大，不習無不利」。而乃謂大由直方出，謬矣。日乾夕惕，即包敬義兩用，蓋必如此，而後德乃不孤，乃不疑其所行也。乾坤兩卦，亦屬後天，契不聞予語乎，「『直方大』三字，亦是就用而説，不是指體也」？枯寂爲直，氣魄爲方，不審是誰犯著，果有之粗淺甚矣，又何勞於契之苦爲辨析。只要緊玩不孤兩字，爲有味。程伯子又曰：「敬以直内，所以義以方外也。」「所以」兩字，又煞有味。

又

問：大畜是有源頭學問者，文王曰「利貞」，言似只以本領爲畜，篤實輝光，日新其德已矣。乃夫子之象曰：「君子多識前言往行，以畜其德。」夫前言往行，謂之非德不可，然而亦已陳之芻狗矣。舍去廣大不致，高明不極，故不溫厚不敦，惟務多取言行，收拾于胸中以爲富，斯亦記憶之學，末學而已。則夫子之所謂識、所謂德，果別有旨，而不區區於言行見義與？乃今世之學，不鋭意詞章則昵情典籍，亦必曰「多識」，果得乎？畜德之義否，是必文王大畜象之旨明；夫子大畜象之旨明，而後此習可解脱也。願聞其旨。

予每謂卦者時也，爻者事也。六十四箇卦頭，即是六十四箇時局；三百八十四爻，即是三百八十四件事局。豈可逢著一卦，便謂之有源頭的學問？只其教人趨吉避凶，加減乘除，一切管而歸於天，則乃無適而非太極之流行，總而謂之曰：有源頭的學問則可耳。抱道者理無自了，養盛者義當濟時，此大畜所以「不家食吉」也。多才多藝，思兼三王，以施四事者，非周公乎？三絶韋編，好古敏求者，非孔子乎？前言往行，畜之何害。學有源頭，辨不在此，象山所謂「若我則不識一箇字，亦堂堂然做天地間一箇丈夫」者，蓋是有激而發。他日不云乎，「人都説我不讀書，我何嘗不讀書，只是讀得與人不同些子耳」。明道之駁上蔡也亦然，及自讀《唐鑑》，卻又循行數墨，故其言曰：「學者識得仁體，只要義理栽培，如求經義皆栽培之意。」此其言果有源頭的學問乎？抑無源頭的學問乎？察之。

又

問：夫困德之辨也，乃識禹、稷、顔子之真者，以爲異地皆然也。吾以爲識聖賢根本之大，則無如處困矣。乃以觀於文、孔，其遭時遇主，商之末、周之季，時同矣；羑里之囚，絶糧伐樹，困同矣；文明柔順，絃歌無愠，適同矣。不異地皆然乎？乃其義則有甚不倫者。迺文王之繫困詞曰亨、曰貞，其身困道亨，無入而不得之意，何如也？夫子之繫困象，遂以致命遂志當之，據若辭，辨若德。似乎亨貞之心泰，而致命之心戚。亨貞之氣和，而致命之氣激。亨貞之處暇豫，而致命之處決絶。亨貞似變不失常，致命若不能以終日者，何以然也？豈文王所論亨貞，時當暇豫而暇豫；夫子所謂致命，當決絶而決絶。義固各有當而不倍與？此固學問大關頭，願審問之。

時不常亨，故局不常順。卦之所值，蓋有三焉：一曰否，二曰蹇，三曰困。聖人相其時而定其則，於否則曰「儉德避難，不可榮以禄」；於蹇則曰「反身脩德」；於困則曰「致命遂志」。賢試按此三箇象詞，其所當時局，所以處心用意者，同乎不同乎？以予觀致命遂志者，何嘗不亨？有言不信者，亦安在不戚？若必執其詞而議其道，則「作易者其有憂患乎」？吾見文王憂矣。講道誦《詩》不輟，子路曰「何夫子之娱也」，吾見孔子樂矣。以此測聖心，無以異於生而不識月，特聽人之述其圓明體相，宛轉執著，得其似者，而以爲月也。去之遠矣。

又

問：「親爲不善而不入」，其訓正矣，而威庶頑、遠孔壬之戒，《書》不少徐徐焉？是惡人宜遠，聖聖同詞也，何獨周公之繫睽爻曰「見惡人无咎」？夫壬人得志，讒夫高張，似巽避者爲无咎，而公反以見之爲无咎，何也？豈以時處其睽，遇合爲宜，而無擇于惡人與？抑亦巽避不及，而姑爲見之，不忤權貴與？然後世若上美新而咎，入叔文而咎，秖不忤中人而無咎，是惡人之見咎爲什九，不過爲什一矣。乃夫子于陽貨則見，于南子則見，于佛肸則欲往，于公山又欲往，不與比者，僅彌子一人而已。是見者什九，不見者又什一矣。善學孔子而號稱體《易》之熟者，毋如孟子，何子敖同朝不與交一言乎？與陽貨之見辟，咎之義不相戾乎？而卒無咎，何也？此其義固後學接物之準衡，何從而可？願究之。

「鳥獸不可與同群，吾非斯人之徒與而誰與？」此九夷所以可居，而謂「君子居之，則何陋之有」也。能哲而惠，何憂乎驩兜？何遷乎有苗？何畏乎巧言令色孔壬？蓋衆正萃於朝矣。故要緊在就正氣上培植，而不可倚就邪氣上作驅除也。陽貨之見，南子之見，予《答李惟寅》及《論語大意》論之詳矣。佛肸、公山，孔子何嘗往？號稱往而卒不往，蓋有微意存焉，真所謂「吾豈匏瓜也哉！焉能繫而不食」也，而非有周公之權衡者，疇能識之？孟子之事，固有同孔子者，亦有異孔子者；固有時而守正者，亦有時而行權者。此昔賢所以謂之善用《易》也。「三宿而後出晝，是何濡滯也」，與接淅、不脱冕，據蹤跡，夫豈可以合看？要之義無定在，緣時地人情而爲之低昂損益，予蓋論之稔矣，不可以一端求矣，察之。

又

問：夫《易》，古帝王相傳心法也。乃《繫辭》敘伏羲、神農、黄帝、堯、舜之相傳，不見别有妙論，而僅於制器、尚象惓惓也。及究觀其器，不過網罟舟車之末，兵戎弧矢之粗，衣裳宫室棺槨之瑣者，何豈其生人之大本大端，的在于是？爲生民立命，爲萬世開太平者，必不能外也。及觀《魯論》食喪祭之説，《孟子》井田樹畜之陳，《豳風·七月》之詩，似與此不殊旨，而知天知人，端不出此，而《易》理相傳，亦可窺其微矣。乃世輒以爲鄙俗棄去不講，而希冀性命談説玄微，果足以裨世用否？假令周孔大儒而在，知不爲若學問矣，此外更何所事事矣。

予每謂《易》以道陰陽，又曰：「説天莫辨乎《易》。」然三百八十四爻，爻爻盡是人事，可見人事之外無天也。彼高談性命者，誠疎脱矣。因而執謂網罟、耒耜、弧矢、杵臼、棟宇、棺槨、門柝、舟楫，爲足以盡經世之大用也，末矣。不知《繫辭》本緣贊易，故歷數聖人有作一切體象而來，要以證其仰觀俯察，括綜包含，靡有頗漏，真足以類萬物之情也。故曰如此而作者，則有取於離；如此而作者，則有取於益。如此者取乎噬嗑，取乎乾、坤，取乎涣，取乎隨，取乎豫，取乎小過，取乎睽，取乎大壯，取乎夬，而非謂畫前便無作。而所叙伏羲、神農、黄帝、堯、舜相傳之心法，乃直盡於此也。舊語不云乎，「以稼穡頌后稷，未盡后稷之大；以耒耜網罟頌黄、炎、堯、舜，未盡黄、炎、堯、舜之功」。經世之人，直以家國天下爲一身，故亦直以均平齊治爲一事。大而綱常倫理，小而事物細微，精而禮樂詩書，粗而甲兵錢穀，誠無有一事可以遺知，一物可爲厭舍，而遂執以爲參贊位育，至命盡性之宗竅也，則非所以論象外之圓旨矣。

答詹世烈書名武，樂安人。三條

惓惓務學，逮老彌勤，若將有日昃之嗟、夕惕之懼，勇矣。楊、墨塞路，世每多孟子辭闢之功，而獨以太和元氣歸德孔氏，謂詞旨之靡有峻切也。舊作《論語大意》，契不見之乎？謂孔子雖最渾厚，卻最激烈；其言語雖最和平，亦最峻厲。加答王孫賈媚竈之問曰：❶「獲罪於天，無所禱也。」答季子然由求之問曰：「弑父與君，亦不從也。」皆凛然斧鉞冰霜，剗根折萌，震動肝膽。其判道理處，若「自古皆有死，民無信不立」，亦截然斷蛟剸兕，刃不濡血。他如論季氏之佾舞曰：「是可忍也，孰不可忍。」聞三家之雍徹曰：「相維辟公，天

❶「加」，疑爲「如」之誤。

子穆穆，奚取於三家之堂。」譏泰山之旅祭，刺冉有之晏朝，評衛靈之無道，誚諸夏之無君，契試檢而觀之，後來儒者有一敢如此下語者乎？ 昔人謂：「魚相忘於江湖，人相忘於道術。」無言不説，即孔子何取峻詞相説以解，則子期真堪目擊。 故辨者，聖人之不得已也；不得已而辨者，爲義理之不明也：故雖辨，猶不辨也。賢但習孔子之書熟，而不加察耳。

《大學》一經，原是坦立章程，子輿諸傳，亦爾守轍循塗，不可爲無辨證。《尊聞》一録，蓋永甯自所著，予時日卧疾，非合坐所嘗聞，書成付梓，覽厥成耳。 見趣稍訛，或當有之，要其意在明宗，非以立異。 駁語寄到，備悉諄懇，詞句稍繁，更覺支蔓。俾予覽之，翻爲茫然，姑答其二，蓋以老友之懇，志願不可孤也。

又

學必明宗，蓋予常語。 何以必明宗？ 如觀《論語》，不知其以求仁爲宗，則諸所稱學習，眼目紛紜，何處取討歸宿？ 觀《孟子》，不知其以性善爲宗，則諸所稱惻隱、羞惡、辭讓、是非，以及良知、良能與不忍人之心，指點錯出，亦何處取討歸宿？ 孩提之愛敬，不可以追維；乍見之怵惕惻隱，不可以充擴。往簡道之矣。譬如流必有源，源深則流自長；植必有本，本腴則末自茂。欲流之長者，將從流處下功乎？ 抑直濬其源乎？ 欲植之茂者，將從末上下功乎？ 抑直培其本乎？ 味契簡意，先認不得箇人皆有不忍人之心，又安能得知擴充之用？ 不知《孟子》之意，正有見於惟性皆善。 故斷謂皆有不忍人之心，不但惻隱、羞惡、辭讓、是非爲就用邊點也，火燃泉達，機最可玩。 正如簡意所謂「達其性之所本有者而順之，而非益其性之所本無者而强之」也。遺擴與充，予無是語，豈《尊聞録》有之乎？則非予所知也。

又

舊有語：「心性本無辨，辨之者以歸宗也；心性本不可析，析之者以正混也。」至善與明德，果無有界段之可分別矣。惟以善對德，則孰爲之體？以明較止，則孰爲落根？《大學》性宗也，開口便説性，允有如來簡所云。然眼目卻多端也，喻如九竅百骸，無一重互。一居體，必一居用，不然，三綱領便須疊卻一綱矣。又善之一字，原從天命得來，故曰：「繼之者善，成之者性。」非指體乎？明之一字卻從覺後有。故曰：「形既生矣，神發智矣，非指用乎？」德之一字，固有指體言者，然亦必自感通後見。如因其有惻隱，乃名仁之德；因其有羞惡，乃名義之德；因其順於親，而後名孝；因其鞠乎子，而後名慈。非若是也，真渾渾乎只有一箇善而已。永甯之言，大率述予語，只不合抑揚太過，將善與德截然析作兩段，則誠是其病也，察之。

答郭友書名世宣，惠安人。

學問之弊，弊在不能行。而不明之弊，弊在不能悟。能行則片語守之足矣，果不在多；能悟又所謂「道火不能燒口」，不病其多。舊每喻悟如决戰破賊，守如對壘防危，故要緊在能守。果其業已守失，又何暇及戰，則悟又從守中出也。力行一砭，最是最是，幸勉之，毋虚托。如簡所囑者，試味之，於此兩字亦有合否？吾學無他長，惟是一守兢兢業業，卻是一步地不肯少出位，負愧于古人也，亮之。

見羅李先生正學堂稿卷之十三

答俞養弘書

來教云：日東山一謁，春風輸和，僊陵振響，此時此情，真覺頓消鄙吝。歸而佩門下大教，鈍根駑質，不盡洞然，謹請正。

如知止，舊説「只曉得當止之處耳」，今門下云：「知其所止而止之，即止於至善。」夫止於至善，即「穆穆文王」一節，若以此作知止，則文王之止仁、止敬、止慈、止孝、止信，亦起手工夫歟？知止則起手工夫也。又如門下以誠正脩齊治平，俱是致知格物。夫格物二字，其説正多，乃《中庸》之學問思辨，分明寫出致知光景，是致知別有一段工夫。謂之與誠正脩齊治平一聯可也，謂之即是誠正脩齊治平，愚竊未解。又如貴門生柯春元説：「至善自有在，而仁敬孝慈信，皆此中當幾而應者也。」門下教云：「夫體用一原，本末無間，學者常道之。」今門下云云，豈所謂至善者即文王之不識不知，即孔子之何思何慮，即孟子之不學不慮，指未發之中而言耶？倘以此爲至善，謂仁敬孝慈信就中發出可也，謂五件即是至善亦可也。譬之陰陽之散氣，而爲五行，而五行一陰陽也。總祈明示，以開茅塞。外，吴安節年伯書覔得之矣，奉覽。公務倥偬，不得躬詣台座，有罪。

恭承雅教，焕若發蒙。酣睡山椒，如夢斯覺。無徵不信，矢口空言，弄斧班門，更慙醜拙。然既承教，敢無以酬。

僭每謂學問要緊明宗，而世懇懇諄諄，專去辨目。三綱並挈，灼然倒歸止善，以爲始事，故曰知止而後有定，而後能静，而後能安，而後能慮，而後能得。非止則如人之未有家，只成狂走；非止則如種之未得地，先不落根。乃日憧憧於應感，以從事於致知而格物也，而欲以希止仁、止敬、止孝、止慈、止信之順則也，其將能乎？舊語不云乎，「執中之中，不是專主流行，而隨時處中之中，自備其内」。故至善之善，亦不專主流行，而隨感而應之，善自存其中。故仁敬孝慈信者，流行也；止於至善者，歸宿也：此不可以不辨也。致知格物，疑義夙多。講格者固至千般，辨物者亦幾百種，總爲不以脩身爲本之故。當幾覿體，日見之行，口説空騰，俱爲贅剩。且家國天下身心意知者，所謂物也，除此之外，復何有物？格致誠正脩齊治平者，知也，除此之外，别何有知？故格致無傳，昭然明甚，惟翁試從公暇，端拱諦觀，釋此多般，别尋知物，即補傳之贅疣，固不辨自晰，而窺覷之蠡管，亦不證自明矣。至體用雖一原，然歸宿者必於體不於用；顯微誠無間，然落根者必自微不自顯。「小心翼翼，昭事上帝」，果何爲乎？「不顯亦臨，無斁亦保」，又何事乎？「出門如見賓」，何曾爲著賓？「使民如承祭」，何嘗有箇祭？「儼若有思」，「默而識之」，此不識不知，文王所以順帝之則也。陰陽兩字，原屬後天妙合，真精必本太極。濂溪之著《圖説》，雖小有疵，而考亭之解無極而太極，卻甚中理。其言曰：「上天之載，無聲無臭，而寔所以爲造化之樞紐，品彙之根底也。」故敢斷以孔子贊易之功，只在「易有太極」一句，而論《大學》開宗立教，只在「止於至善」一言。必悟此而後學有歸宿，學有歸宿而後均平齊治之用誠正。格致之功，若綱在綱，一切有條而不紊矣。鄙忱縷縷，十不一宣。秦鏡朗懸，照心徹骨，亦無俟於瑣爲煩聒。外，承致到安節丈書，知其已從中補而未下也，此又事理之不可知者也。回簡容另納。

答陳允鳴書名鶴臯，同安人。

脩身爲本之學，最妙者在徹底性命之宗，而最巧者在落實倫常之際，所以最不至耽悞了人。兢兢業業，在聖人固是做不了，而守轍循塗，在初學即可見之行。故只知以脩身爲本，念在口頭，如阿彌陀佛；佩在身上，如四柱遮攔。即如簡所云：「齋心静攝，與隨事體當，何往不是功夫？」曾之唯，顔之樂，請姑一邊放著。至於虞廷之中，《大學》之善，只此勉勉循循，又自是徹上徹下，一脉之宗竅也，體之。

與陳爾馥書名士蘭，同安人。

止脩非孔子創説，蓋從虞廷體勘而來；弘毅非曾子漫言，蓋從承當《大學》而得。故一箇是作法，一箇是做手。無作法則脉路不徹根，無做手則擔當不滿量。此吾所以既挈止脩，又挈弘毅，謂一以括學之體，一以盡學之用也。又曰：「弘毅兩字，亦不是曾子創説，爲之不厭，誨人不倦，則可謂云爾已矣。」人己共成處，可以觀弘；不厭不倦處，可以觀毅：蓋孔子實體之矣。而非有鉅眼宏襟，實志實力，如吾爾馥者，其疇足以負荷孔、曾之承傳乎？惟勉之。

師曰親，友曰取，夫何故乎？蓋非其人不可師，非其學不可師。既已信其人矣，信其學矣，乃不與之日相涵濡，以探討其旨趣，則何其視師之淺乎？昔有學書者，從其師經年，歸，自謂盡技矣。瀕發際，師授以一囊，曰：「行抵前山下，乃觀之。」則皆磨穿之石硯也。其人悟，返而卒業焉，故師不可不親也。林林總總，人皆友也，合志同方，千百寡一。孔子最廣大，其教弟子也，一則曰「汎愛衆而親仁」，一則曰「事其大夫之賢者，友其士之仁者」，故友必在於取也。取者何？有所取者有所去也，則擇之謂也。然「不如」兩字要善看，世每爲悦不若己、好友勝己者兩言所悞，至以不如兩字作造詣之科别也。審如是，則三千、七十何可同門？明睿如子淵，將踽踽然孤立而無朋助矣。故凡如己者，同志之謂也；不如己者，特以指夫志之不同者也。不然，則參也之魯，柴也之愚，當其德未成時，將誰與之爲友乎？惟爾馥更體此。梵天士志方鋭，士氣方翕，按期而嚴赴之，必無存一日之懈，此非以爲人也，以爲己也。

答盧貞甫書名弘進，衡陽人。六條

問：會中因論朝聞夕死可矣，次及弘進，僭答曰：「死生之際大矣，只取可於聞道，談何容易？但此章書正是孔子提醒人了生死處。合下要得清楚，畢竟如何是道？如何是聞？如何聞道便夕可死？子貢曰：『夫子之文章可得而聞也，夫子之言性與天道不可得而聞也。』孔子答子路問死曰：『未知生，焉知死。』贊《易》曰：『原始要終，❶故知死生之説。』吾輩幸聞脩身爲本之學，果能全副精神直下點滴，歸根復命，小心昭事，亦臨亦保，徹地通天，毫無障礙，即宇宙在吾手，造化生乎身，此謂知本，此謂知至，外此甯復有道之可聞者乎？今姑無論生死，且當下判決箇夭壽不貳的志氣，將名利得喪之根斷除盡净，無容絲毫係吝潛伏。由此而當名利得喪之境，洒然超脱，庶有主張。不然，聞毁譽而欣戚，見紛華而悦心；些小利害當前，渾身動了，何論生死乎？諦觀孔子曳杖逍遥，曾子易簀全歸，平日是如何用功，而吾輩可知所從事矣。」敢請正。

昔夫子稱：「君子哉！蘧伯玉，邦無道，則可卷而懷之。」恪情留去，只爲無可卷懷；曳杖逍遥，喻如行者赴家，熙然撒手。此真所謂「朝聞道夕可死也」。十五志學，積工累級，越三十五年，乃信知命。考次階梯，殊不草草。不然，何以死乎？簡中所論脩身爲本一段，矢將全副精神倒歸一脉，庶幾有望徹關，頗爲近理。然觀《孟子》立命論，乃曰：「夭壽不貳，脩身以俟之。」又若與孔異者。此予《答王尹卿》所以謂「了生死自是學問之終，而拚生死直是斬關的第一義」也。又説「季路鬼神」章，謂「生事不知，卻愁無常到速」，正有慨此。孔子平生則何嘗有一語之憂及於死，而獨汲汲皇皇，恐一日之有負於生。要之，無負於生即無怍於死，而全歸道在我矣。體之。

❶ 「要」，《易·繫辭》作「反」。

又

問：先生既以知本爲《大學》立教之宗，知止爲《大學》至命之竅，若復異於以致知格物爲宗者。乃復以物有一條爲教人知止之法，謂本末始終四字，把定入道之樞，括盡經世之竅也，似又未嘗不在經事宰物上著手者。其所以異於格致爲宗者，將安在耶？故淮南直謂「格物者格其物，有本末之物；致知者致其知，所先後之知」。若直以物有一條爲致知格物之法者，而先生以爲教人知止之法也，抑又何也？敢請教。

學問有宗趣，有條貫；譬生人有心志，有百體。舉一體而謂之非人，固不可；執一體而即以之概全人，亦未可。故明宗要矣，若不識宗趣所歸，而第從條貫上摸索，真無以異於覩一山一水之有情，而忘其會歸者也。《大學》不明喫緊在此。故敢斷以從前所揭爲綱者，而今以之屬目；從前所見爲地分者，而今以之歸宗。使人堂堂然由於大道，而時謹其綏銜，隱隱乎直握其中樞而咸歸其指使。夐開一眼，特見一天，所以異乎多賢之撰。無謂止爲始事，固即所以成終；無謂本末始終，特以討止，固即所以使物各止所。此吾所以謂全經專教知止，然亦豈徒歸宿止，而於均平齊治、擾擾紛紛，有一非其所括綜包含、靡有頗漏者乎？故執泥於一節，而致忘主腦者有之矣。未有知從命脈上皈宿，而九竅百骸乃有一不從其命令者也。此可無問解也。至所云「格物者格其物，有本末之物；致知者致其知，所先後之知」。既有病於帖括，而又知有用不知有體，不知其喫緊意，乃正教人以歸止，而非專爲應務設也，此其所以舛也。

又

問：《易》曰：「艮其背，不獲其身；行其庭，不見其人。」只一步艮背，便内外兩忘。歸宿處則所謂從本立宗，應用處則所謂從止發慮。而大象發之曰：「君子以思不出其位。」蓋渾然是箇止的消息，但位字之義似有定在。如昔儒所云腔子箇中之謂也。若静時精神點點滴滴止歸本内，即所謂時止則止，固是思不出位。乃若動時或臨事停審，相機籌畫，蓋經世學所不廢，又似不免在事物上調劑。如此若謂是思不出位，卻在事物上調劑；若謂在事物上調劑，便謂之出位。似又非經世之旨，必不然矣。或者停審籌畫，各當其則，亦可謂之不出位乎？抑必止得深脩之手勢，微有從止發慮之意，始可謂之不出位乎？敢請教。

艮背一揭，語最入微；思不出位，又似平淺。艮其止，止其所也，其亦何奇之有？故究到落手處，所管攝皈依，真只一箇思不出位而已。在上位而不陵下，在下位而不援上，一點精神統向己躬收攝，則何處別討艮背的消息？内不獲身，外不見人，亦何處別討怨尤的根祟？經綸籌畫，以時措之，當幾則與止協，暌情則與止違。又惟人之自爲檢勒，俾動静各協於則，道乃光也。體之。

又

問：《大學》一書，論主意只是教人止於至善，論功夫只是教以脩身爲本。朋友顓頊者，只漫説止、説脩，不知至善爲何物；敏捷者知求至善，卻又忘了脩身爲本。不肖每思，若不得孔子千方百計説出一箇脩身爲本，卻於何處撈摸至善？先生云：「自天子以至於庶人，壹是皆以脩身爲本，性學也。」又曰：「知脩身爲本，而不知脩身爲本即是止於至善者，猶爲見之次也。」皆可謂洩露太盡矣，奈何學者尚不悟也？伏惟裁正。

舊每謂六經不提宗，只有脩身爲本一句，蓋直將性命經綸一手提挈，以交付天下與萬世也。家此齊，國此治，天下此平，人則知之；至心此正，意此誠，知此致，物此格，則人或未之知也；更進而至於德此明，民此親，善此止，則知者益鮮矣。所以兩邊著眼，交互參提，從身外别求善，從本外别求止。分離乖隔，道所以舛，不急辨體，要在明宗，蓋已懇切言之。而友朋輩卒不免於蔽此，夫何故乎？則隱隱尚是襲著辨體的家風，看得脩身爲本尚淺也。此謂知本，此謂知至，曾不思孔子出言吐氣，已如扛鼎拔山般，舉全力以道之矣。

又

問：弘進因朋輩讀《約言》少有舉問者，乃歎此學難明易昧。老師言語雖平，讀之似易曉，問之卒難言。因舉《約言》中「孔子平鋪八目，只就中輕輕拈出脩身爲本，而八者一時俱到」，請質諸友。有言身在此即止在此，脩在此者，有言本在此、止在此，便八者一時俱到者。盧弘進曰：「須味老師此條，見得孔子提宗之意。萬兩千斤，要在做手上體勘始見。非孔子透性之極，豈敢如此提揭？非老師透性之極，豈敢如此發揮？此雖是明宗，卻最嚴最斷，即有辨宗之意，見得一毫不敢亂者。今學脩身爲本，信得渾然是箇止至善，有一段無爲而治、恭己而理的氣象。正誠致格，總付之無所事事，即僻處深山，獨坐一室，而齊治均平，有不言而喻之妙，此其所以爲一貫也。如此而言脩身爲本，始可謂之知本，始可謂之知至。若不於此信得，只恐我的做手與孔子尚相去遠也。」敢請正。

看經者要得言外之旨，逆志者必識句裏所藏。提出脩身爲本，而八者一時俱到，此誠自然之理，其亦何疑？須思孔子上面，未嘗不説心，未嘗不説意，未嘗不説知，乃一切撥置而獨挈，而本歸此也，此其中卻可著一思量也。舊語不云乎，「不本心，不本知，謂孔子果無見哉？性宗也」。若於此不能明得，而第如簡所云，提出脩身爲本，而八者一時俱到，則彼本心者，亦何嘗不説八者一時俱到？彼本知者，亦何嘗不説八者一時俱到？察之。

又

問：同安會友問：「師言全經二百一十五字，總是教人止於至善乃提宗處。何故獨揭脩身爲本？聖人必有微意存焉。」弘進答曰：「性本至善而凝成之，後論歸宿，固必本諸身。而形生神發，質有淳漓，習有邪正，感物而動氣，習乘焉。老師云，發竅之後，後天之分數居多矣。至於知誘物化，天理滅矣。故提脩身爲本，即從後天了先天。經世之宗，徹性命之宗也，此聖人所以必提脩身爲本，正所以止於至善也。」

止於至善，與脩身爲本是一句話頭乎？是兩句話頭乎？聖人提出脩身爲本，是專教人脩乎？抑正教人止乎？全經專教知止，友朋間亦既聞之矣。而尚此遲徊，作二二三三之解也。先天後天之説，於此何關？是尚看得善與身爲兩物也，故將止與脩作兩事。不知經文提挈三綱，倒歸一止，而又委委曲曲，討出脩身爲本，正以爲之歸宿。故只脩身爲本，便是止於至善，而可二言之乎？友朋間未徹者，大率病滯此，往往交互推原，自謂之見有及，而不知其乃適所以爲病也，體之。

與翟從先書名繩祖，東莞人。

守株之局，不克遂求友之思，鼓邁往之勇，爲環轍之周流。而頻歲中屢厪飛鳧，枉爲顧盼，此固僕所宜施于從先者，而從先乃以施于僕。然吾於從先則何所較計於往來酬酢？所謂有不得之鄒者，有得之平陸者，彼與此共亮之矣。

常不輕的菩薩也不易做，見人無少長賢愚貴賤，輒望而拜之曰：「我不敢輕於汝，汝當作佛。」人共笑之，已而詈罵之，以磚石抛擊之，渠走避數步，復拜曰：「我不敢輕於汝，汝當作佛。」從先以爲此果誰其人乎？即釋迦牟尼佛之前身是也。成佛作祖，無他長技，只是辦得箇愛人成人的肚腸，如是而已。少涉護私，便來秦越，一膜外否臧休戚，於己不相關矣。孔子與佛菩薩自是不同道，然其心腸卻不異。故往者不追，來者不拒，拔出身子，日與世界共其周旋，若甚無謂。故於其時有指而議之者，曰：「何爲是栖栖者與？無乃爲佞乎？」又或曰：「顙類堯也，項類臯陶也，肩類子産也。自腰以下，不及禹三寸，纍纍然如喪家之狗。」試觀孔子如何對答：於前則曰：「非敢爲佞也，疾固也。」於後則曰：「諸可云也，至喪家之狗，丘何德以當之？」嗟乎！斯義也誰則知之乎？蓋直以天下爲一家，中國爲一人也。無意中道出孔子長處，又無意中揭出孔子歉處，此所以敢當多賢之似，而不敢當喪家之狗也。以從先頃有意做道學的媒人，故及此。然以予觀從先，亦特漫言之耳，未察其心也。試觀世之做媒人者，有一點念頭、一句説話，不是欲成就兩家的親姻者乎？推其極，必舉世中凡有男女者，皆爲之説合，而後其意願乃滿矣。然則道學的媒人，亦豈易承當？以孔子大聖不敢當喪家之狗，而吾從先乃一口氣承擔了道學的媒人，幾勇過孟賁矣。吾以此甚爲服，而又竊有慮於分量之未易滿，力量之未易勝也，惟從先勉之。

贈言自予意，乃辱投卷，欣然操筆，介然成緒，要以揭道誼之情，且以致期待，而非直爲游與交情飾也。面純顯暨進之，希出此云。病冗，且不及顓簡也。

答林學博書名叢，福甯人。

三年期待，幸有邂逅之緣，乃竟睽晤言之合。面令郎如面公，蓋意勤至矣。脩身爲本之學，自天子達明德而不本此，即涉虚玄；親民而不本此，即流功利。此孔子所以謂「天下國家可均也，爵禄可辭也，白刃可蹈也，中庸不可能也」。一切氣魄之承當，知見之揣摩，辨説之塗澤，規格之摹擬，到此毫釐用不得矣。非用不得，蓋到實處，杜撰粧點不得也。布衣韋帶士，於此無玷缺，即爲聖爲賢；衣繡横金者，於此少點纇，即爲愚爲不肖。堯兢兢，舜業業，豈緊始學，蓋直至耄期倦勤，百有十歲時其兢業猶是也，此其所以難也。願與公共勉之，并出與令郎暨合庠友互稽之，毋俾負。

見羅李先生正學堂稿卷之十四

與薛欽宇書

理無二是，故學無二宗。鄙人雖淺陋，豈有獲私之心，即數墨循行，亦灼見得孔學宗傳，不容於有二三之雜，所以持之頗固，而信之頗深。

蓋孔學以止善爲宗，而後儒卻主致知；孔學以知本握樞，而後儒卻先格物。其差毫釐，其別千里。二百一十五字經文，昭布簡牘，有如星日，謂《大學》宗傳，果在知乎？此不待智者而後知也。挈三綱倒歸一止，布八目管歸一脩，直將止善本身合歸一脉，此灼然可按而覆者，而可二言之乎？介菴於此諒之雖深，尚覺底裏究之未徹。頃讀其刻稿，裒然六帙，著作富矣。而十篇之中，五及賤名，非軫其流落，爲憤不平，則遡及宗傳，爲學褒表。謙虛之意，略與翁同，而負荷擔當之勇，比翁加一等矣。兹雖於世少忤，於遇爲塞，得併精洙泗之宗，直躡孔、曾之矩，以上遡濂洛關閩諸賢，且未知其孰先而孰後也。天意深遠，固有抑之而愈揚者。眼前一資半級，於介菴分上，亦何所較軒輊乎？僕誠感之深、望之厚，而又幸翁之歲裏尚在於家食也。及時之暇，慶友之良，相與殫力而磨礪之，以紹續陳、黃之風，俾士習民風，幡然一變於道，真此學之幸也。

盧生荷道愛，特屬之代申請益。匏繫之身，愧不能往，而戀又不能恝也，惟照亮。

答許子遜書名獬，同安人。

問：竊意天命之性，渾然至善。止者，止此者也；脩者，脩此者也。顧由有壞而後有脩，至善之理。一壞於氣質，再壞於習染，以至種種欲根悉爲心蠹，本體愈漓。今且省平日的愆尤，收見在的放心。躁者，矯之使静；亢者，矯之使抑；忿者，矯之使平。諸如此類，處處覺發，處處抑制，不知亦有當於止脩法否？抑止脩工夫自有大源頭、大欛柄？如此似覺碎冗煩難否？願賜指教。

往語不云乎，「天生蒸民，有物有則」。聖人教人，只是各付本物，各還本則。故止者善之則也，脩者身之則也。非漏無補，非壞無脩，至善者性之淵源也，所謂未發之中是也，亦何壞漏之有，而可著脩乎？只爲形生神發之後，清濁殊資，淳漓駁習，朋從爾思，往而不知返也。故虞廷喫緊執中，而《大學》首先止善，如魚潛海，如子在胎，息息相依，靡容間隔。而後歸性復初，反本還源，爲有地步，而或有所滲漏，乃嚴用格致誠正以隄防之。如簡所云：「躁者，矯之静；亢者，矯之抑；忿者，矯之平。」一切皆合用之功。然所以必取其静且平者伊何？只爲絲毫涉向躁忿，即動不軌於天則，而底裏之歸宿，因之有滲漏耳。「小心翼翼，昭事上帝」，「不顯亦臨，無斁亦保」，此不識不知，文王所以順帝之則也。生始就予學輒深言，蓋徹上徹下，聖人之教人，本無有二門法也，體之。

答袁志翀書名一鶚，建陽人。四條

問：脩身爲本，性學也，未嘗不是無聲無臭，無方無體，而又實實落落，有可操持地分。此在我師握到手後，覺得無形聲、無限量者，爲吾轉運囊括，面承教者，若得一班。至今初學云似説夢一般，愈明而愈昧也。間有自以爲知者，亦似述夢者然，亦覺了無所得也。三五十年來，爲辨體家風，熒惑學者視聽，耽悮光陰。如隔函射覆，相似金珠瓦礫，揣量多端，是否有無，卒無憑據。知本兩言，樸實頭經綸秘密。於此入手，如柄任操；於此落根，如種得地。此無聲臭者，所以爲所操持，而無方體者，所以爲所囊括也。而賢尚謂之如説夢耶？大率學在做不在説。學鎗者手不拈鎗，身不著痛；走馬者身不搭鞍，足不履險。而第從口頭漫爲説，即講説時已如夢，順途而詠其事，總之皆夢境矣。請試循孔子教法，挈出脩身爲本，就經事宰物中作實體勘，乃庶幾不作夢語，而吾亦可以從實爲契作商量矣，體之。

又

問：與諸友講學間，一時默坐整肅，便覺形骸之身，稍稍約束，誰非脩者，此時可云止爲入竅否乎？縱未能止，而人人端拱，宛然孔庭家法，誠如《約言》所云：「精神凝聚，意端融結，一毫熒惑，不及其他。」此便是下手用功處，入門最喫緊地，不知然否。

會中有兩段光景：初入會時，人皆以赴會爲心，講學爲事，未有中無一點敬謹意者。衆集歛窄，端拱相對，即此亦可准脩。然脩一邊，止一邊，止脩遞互，宛轉依違，總未覿體。到得坐深，講暢於中，又或遇有明者，究徹師門宗旨，善發孔、曾心蘊，自性發現，他心普通，一時狂情習氣，不覺消融。彼我勝忿，都爲浹洽，忘其爲止而止，未嘗不存若無意脩而脩，自不須費力。然如此一段光景，何可容易得乎？至所舉「精神凝聚，意端融結，一毫熒惑，不及其他」者，又自是有主之操持，積漸之造詣，而非可於坐中一時得也，體之。

又

問：不明乎善，不誠乎身。所謂明善者，明吾本來之善也，此《大學》必先知止也。然謂真止即是脩，真脩即是止，何耶？子路在聖門何等人品，當其結纓之際，善果未明與？曾子易簀，何待將斃？何待童子提醒後悟？則善果未易明矣。

真止即是脩，何須更説脩；真脩只是止，遺止别無脩。不明乎善，不誠乎身，恰是不知止於善，則不能脩乎身也。原是孔子一口氣道出，不但爲曾子、子思一脈所承傳也，而契亦疑之，何也？子路雖曾子所畏，其看道理處，容有未精，故曰：「柴也其來乎？由也其死矣？」以較剖心飯蕨，自當殊科。至曾子之易簀，意屬寢疾之辰，門人所誤施，驚唤得醒，絲毫容住不得。至反席未安而没，正其善明之盡，而誠身之至勇者也。而契乃見爲善之未易明也，左矣。

又

問：致中和是脩事，位育亦非身外事，何也？天地萬物，皆吾一體，况賤臣叩心而霜飛，庶女告天而風擊。匹夫匹婦，感應且有然者，獨怪春秋時有夫子在，而多紀災異，何歟？豈其尼山一布衣，雖致中和，畢竟位育不可見乎？聞之我師曰：「堯舜病諸，亦是己分上著功，人分上不能。」必而《中庸》所云位育，或者只據理論之耳，未必實有是事，不知然否？

《中庸》一書，直以天命起宗，一脉管歸，毫無滲漏。故凡所談功化，一切皆天命實體之量，爲盡性各足之能。一語非誇，毫無假待，所謂「能盡其性，則能盡人之性；能盡物之性，可以贊天地之化育」者。豈直據理言之，蓋實體也，實功也。舊有語：「堯舜達而在上，化被萬國非多；孔子窮而在下，化止三千非少。」是尚以時地言之，而非所以極性之體量，極盡性之力量之所轉移也，故性學真難言哉！體之。

答塤孫問四條

問：脩身爲本，不但孔子揭之，老祖述之，雖孟子亦曰「君子之守，脩其身而天下平」，其爲經世之宗何疑？而老祖乃曰：「自天子以至於庶人，壹是皆以脩身爲本，性學也。」夫非虛不可以言性，非寂不可以言性，非無聲臭不可覩聞不可以言性。脩身爲本，豈所謂無聲臭不可覩聞者耶？有聲臭即非虛，有覩聞即非寂，又烏在其爲性？而老祖乃必以爲性學耶？夫謂之曰非性學，又別無有做手；謂之曰即性學，卻又無竅歸宗。故令學者到此茫然，不免仍尋靈明覺知的路徑。明知其涉著於覩聞聲臭，而以爲有近虛玄活潑，可容玩弄揣摩，而莫之能舍也。伏乞老祖何以開發矇聵？

有物混成，先天地生。寂兮寥兮，獨立而不改，周行而不殆，可以爲天下母，誰謂老氏竊弄闔闢者而不知性乎？而吾儒見反不及之，乃直以知爲之體也。取其靈明活潑，而莫知求其原。脩身爲本，樸實頭性宗也，不觀我答羅惟信語乎？謂：「外不鶩於家國天下，内不狃於心意知物。」又答朱鳴洪，謂：「非破盡心意知物之慳，誰能辨此？」而世之學者率向熟路，走高虛慕，甘弄精魂，往而不知反也，有如問所云也。汝既知「謂之非性學，則别無做手」，而又云「謂之即性學，乃無竅歸宗」，不幾于自相爲矛盾耶？此謂知本，此謂知至，蓋直以爲盡性至命之極則矣，無他有岐徑矣，體之。

又

問：頃蒙按院觀風，以「吾有知乎哉？無知也」命題，衆皆沿舊見。塤思世學大都以知爲宗，不爾者又或以心爲本。心即知也，安得有無知之時？惟祖父反躬獨悟，參徹性源，歸本脩身，歸止至善，乃於孔子玄解有契。彼時敬守承傳，直靠性上體會發揮，而主司者亦偶不訝其説之奇，而過取之也。敢以證於老祖，謂爲是否。

堯執中，《語》求仁，《大學》止至善，大率皆復性之宗，與挈知爲體敻然一科曰。故戒懼也，要於不覩不聞；慎獨也，必於至微至隱。更就人身之中，指出天命之體，亦惟曰「喜怒哀樂之未發，謂之中」也。夫未發，果知乎？此孔子所以謂：「吾有知乎哉？無知也。」蓋直將全副精神，斂而歸宿此也。有鄙夫問於我，直從空中瀉出，扣兩端而畢竭，所謂不識知而順則，寂然不動，感而遂通天下之故者，正是此消息也。汝能會之，允矣。第所云「靠性發揮」者，又若以無知爲性者，是祇知揭知爲宗之非是，而又未知即此是入止之用神也。予説「無知」章，汝不見之乎？謂：「空者，止之景狀；止者，空之工夫。」正謂此也。必悟此而後學有得力，而所謂靠性體會者，乃不爲徒托空文矣，察之。

又

問：《説命》曰：「人求多聞，時惟建事。學于古訓乃有獲。」《周官》亦曰：「學古入官，議事以制，政乃不迷。」子產亦曰：「聞學而後入政，未聞以政學者也。」則讀書考古，爲自昔聖賢所不廢，明矣。而輓近世號稱講學者，輒以書爲諱，何也？不謂之玩物喪志，則謂之聞見牿心，將孔子之所謂一貫者，乃都無有所事事耶？則所謂好古敏求，韋編三絶，又何也？兹欲從事於多學，既恐其累心；欲束書不觀，專求性命，則游談無根。不學墻面之弊，必將不免矣，敢請老祖惠教。

予每謂經世之人，錯綜於人倫事物之交，牽掣於聲色貨利之取，其爲蠹心蟊賊非一。然即欲厭舍一事，又決不可得。最可惡者，莫如聲色矣，未見有一人之能棄而絶之者也，而獨厭書乎？直指人心，見性成佛，無如釋者，亦未嘗不説「道火不能燒口」。終日著衣，不挂一縷絲；終日吃飯，不觸一粒米：而吾經世者乃病之乎？好古敏求，幸是孔子自説；韋編三絶，亦是孔子自做。卻又曰「非也，予一以貫之」，得無爲自相矛盾耶？明道先生曰：「學者識得仁體，只要義理栽培，如求經義，皆栽培之意。」《周易》亦曰：「脩辭立其誠，所以居業也。」「君子以多識前言往行，以畜其德。」果其立誠以脩辭，多識以畜德，則凡所爲求經義者，皆以栽培此也，灌溉此也，其亦何嫌之有？試觀輓近學有不諳經義，而漫憑臆决者，以之經世則疎，以之論學則誕。「不學墻面，莅事惟煩」，信有如古人所戒者矣。察之。

又

問：經以載道，史以載事。故欲探性命之源者，必讀經；而有志經世之務者，必觀史。堉愧經義未能通，而癖性躭閱史。每觀古人濟事處，徒知悦其奇而不知其意所注錯，當幾者安在？至僨事處，亦徒咎其左，而不能察見其時局所罣誤者何由？所以窮年搜覽，無由而會得古人用意深處。如老祖諸所論著，真洞開經綸之眼，視千古事一切如在目前也。不審何以臻此？敢請教。

晦翁謂學者宜先看經，後看史。吕伯恭平生從史上入手，看道理畢竟心粗，此名言也。予往受先公戒矣，而汝亦躭嗜之乎？又往有語：「論古事必以身處于利害得失之中，處今事必以身處於利害得失之外。」亦特就大體言之。須知事有幾，人有情，情雖一至，局變則情亦變矣。理不二至，情殊則用亦殊矣。故非有囊括之胸襟，洞開之眼孔，即身處世局中，尚不能以無膠柱，而况其據空文以遡觀古人之用意也，不已難乎？書不盡言，從來如此，莫大經綸，亦止存其梗概耳。故必有以照知言外之旨，而後讀經讀史，兩皆可參其閫奥，直將與古人共堂而處，如親歷其行事，聆其謦欬者矣。察之。

答陳抑之書

簡至，亹亹焕若發蒙。滯俗逃禪，居然兩弊，譬同謫伏，有類照心。往曾感友問答之，謂儒者之學久湮，故使脩身爲本之旨不著。説寂談空者，定求之人倫事物之外，而狥生執有者，又不免錮於形骸度數之中。然則知脩身爲本，而不知知脩身爲本即是止於至善，猶爲見之次也，與公見若合符節。

經世之學，有何奇特？只直下透性命之根，不墮在兩邊之解。所以不識知而順則，無畔援而誕登，屹然成位，爲天地生民立命、立心也。安止幾康，止脩精一，語不同學同，此孔子所以謂「敬義立而德不孤也」。一直內，一方外，與鄙所謂定命嚴防者，豈有二物乎？來簡發義雖繁，幸姑抹撥之。且循此做此，卻是老孔子不二的章程，可據依的門法也。至於心性之辨，更望細加之意。知本兩言，又千古經綸之竅妙也，爲孔子一生悟門，亦有未易領者，悟此則直可措身於盤錯之中，執樞以定事物程準，不復作一二三之解矣。所幸者拙稿具在也，公暇俯紬繹，計必有昭然若發蒙，不復煩詞説解矣。

答張子環書名維樞，晉江人。

親善知識，無有厭足；見善知識，無有疲怠。此文殊法語，普賢上願，善財童子之所以五十三參而未已，爲禪家學道之公案也。所舉義存、善昭兩人，其勤懇亦類此。然此不但禪家也，儒學精專，更有過者。言、偃踰河蹈海，接跡洙泗；顔、曾、冉閔間關跋履，環輸周流。忘其身家之恤，今安得有這般人？至所云一番參尋，一番精進，愈精進則愈參尋，卻是至到之語。世祇知顔子明睿，若將謂目擊道存，而孔子翻與多言。至於終日不厭，譬同覽勝，經到者指點，乃有情未到者，恍惚如説夢。故每謂終日與言，豈是偶然事？蓋凡與回言皆終日也，正謂此也。所以者何？以回之精進無已，故參尋亦無已，而與言者亦日見其津津有情味，不容已於詞説之多也。賜也且欲無言，况餘子乎？

豚孫之變，常理不堪，矧茲淪墮，孤伶一身，而是孫之才與志，又誠有可念者。頃答陳德卿，謂不但爲照常祖孫，十年培植，即可以當得宗弟子，非虚語也。此予之所以悼痛深切，而不能自已也。感承關戚，遠致慰言，而又遄出郊關，爲之臨哭，何其勤也！何其勤也！伻來尚苦病，附答極草草。

答袁元閣書名文紹，建陽人。

簡詞莊雅，備悉虔衷。武夷寶山，兩屢跋履。諸友惠儀，一果無所納，而獨於元閤乃覺取數之多。求仁旨趣，《語》、《學》不殊，脩身爲本，寔其的脉。强恕而行，尚屬用邊，反身而誠，要歸止地。潛雖伏矣，亦孔之昭，待動而敬，已失先手。敬信兩字，因用得名，凑底收凝，管歸一息。教脩乎道，體性立防，儼若有思，如臨如履。刑政禮樂，果屬文爲，戒慎恐懼，要歸宗趣。誠之一字，頗亦難言，天之道也，要須善看。實理兩字，安頓何方，止善本身，可容異義。大率學未到手者，不得已須向經文求；學既有入者，樸實頭只合就自身勘。隨時提點，眼目多端；萬緒千條，轉滋熒惑。後若有疑，幸萬就身上體，不徹處疑；後若有問，幸萬就身上行，不去處問。蓋身即是經，學與之俱，此處明即萬論千經，不復煩文字解矣。圓融令叔，何以久無聞問？面間出此。

答羅惟信書名京綬，樂安人。三條

乃若其情，可以爲善，蓋《孟子》透性之巧機；仁義禮智，非由外鑠，則《孟子》歸宗之確主。後來直於知見上立家，以致知有流行，不知有歸宿。亦臨亦保，如見如承，儼若有思，默而識之，何嘗昧卻流行？而一脉所皈依，則真是徹忙徹逸，無容有間歇時也。如簡所云者，雖未嘗不是，亦未嘗是也，察之。

又

象山云：「若我則不識一箇字，亦堂堂然做天壤間一箇丈夫。」「言忠信，行篤敬，雖蠻貊之邦，行矣。」豈有可行於蠻貊，乃不可以徵信於州里者乎？可徵信於州里，有不可以稱爲端人善士者乎？故爲聖賢，果不專在讀書，然非讀書的人，卻不可以主教。陽明先生所說精金，喻最有理。後之學者，衹知做人之不在讀書，而不知三墳五典八索九丘，萬緒千條，繭絲銖兩，非宗旨洞朗而又博綜今古，乃直以其意見妄肆雌黄，以非聖侮經，則其爲斯文之蠹害，亦非淺小也。

又

性上不可等差一語，理殊到。學以變化氣質，靈丹一粒，要將點鐵成金。固不可以化，不盡者安處質？

亦不可以化，不盡者咎誘學？畢竟到純是德性用事，乃真可云「説不得等差」，乃真見學之力也。察之。

答洪君諧書名邦夔，惠安人。

「静中養出端倪」，蓋白沙先生語，不無亦兼帶了玄的意，與孟子之所指點者不同。所謂人皆有不忍人之心，直於乍見入井而指其怵惕惻隱；所謂皆有羞惡之心，直於嘑蹴勿受者而指其不屑。又從而申之曰：「是惻隱之心何自來乎？則仁之端也；是羞惡之心何自來乎？則義之端也。」性善之端倪，有觸即見，隨感輒發，如此但要在察而識之、擴而充之耳。而非必有待於静中養出，有如來簡之所疑也。擴充兩字，更要善看。往所謂孩提之愛敬，不可以追惟；乍見之怵惕惻隱，不可以充擴。孟子明明説凡有四端，於我者知皆擴而充之，而予乃曰「不可充擴」，是何其旨義相睽拂耶？必於此明得，而後所露之端倪，乃真知所察識。而所指爲擴充者，乃確然其有據依，不致爲漫説矣，體之。

學在做不在講，在就身上體，不在就字上較。契既能諒止修之爲學司南矣，千聖一心，印之豈不歷有合？但要識止歸至善，必本歸修身。蓋有深旨，與他隨事提點者不同。至善自是當人必有，然能明之者，誰其人乎？只如《大學》朗然揭出明德至善，而世汗漫，竟莫識所辨別歸宗，而謂善可無擇乎？所謂誠之者，擇善而固執之者也。真徹上徹下無二做手，如簡所云「即可見以求所不可見，即可聞以會所不可聞」者，隱隱氣脈，不免襲向外邊，與得善服膺湊關入膈者，尚爲有間，察之。

見羅李先生正學堂稿卷之十五

答史玉池書

來教云：乙未之春，高存之歸自揭陽，奉翰教，具見先生與人爲善之心，惓惓不忘之念。屬有先君之變，憒憒不知所爲，遂爾缺焉聞問，私心如有所失。頃俞使回，復承新刻三册。伏讀《哲範鞭後》一書，殊令人有乾乾惕惕、戒謹恐懼之心。昔云談虎色變，真知自是不同，信然矣。而《大學約言》以止脩立教，學者信真止而真脩也，其受先生之教多矣。竊觀今之講學者幾遍海内，而求真學者萬不得一。先生視海内有其人不耶？有則願執鞭焉。苫塊中草率布悃，不能多及。

海陬淪落，懸隔中邦。景行行止，如在天杪。未論笑語之合，即欲一乘鱗翼，便通襟企於左右而末由也。偶緣俞使往返報傳，得承教益，而又因以知有尊甫翁之變也，慘何如也。顯親爲終，送死當大，念丈於此兩無負矣，可少爲慰。

《巵言》、《哲範》，原是一局所收，以作脩身爲本條件。故爾析出，委皆經創之言，可當座右之砭，有如來教所云。《約言》之摘，竊有苦心，若爲愛成之深，故開方便之法。人滿天下，法周沙界，談道者多，行道者少。微獨釋氏，雖在儒者，敝亦爾矣，有如來簡之所痛矣。然聖賢得已哉？以世學之不能止也，不復道止；以世學之不能脩也，不復道脩。必世人之允能止，然後教止；必世人之允能脩，然後教脩。是有天成的鄒魯，而孔孟直坐而受享之耳，無是理矣。有楊朱之學義而差也，所以言義；有墨翟之學仁而差也，所以言仁。楊、墨之道不熄，則孔子之道不著。汲汲皇皇，猶恐夫瀾倒綱頹，而莫爲之救挽也。故曰：「我亦欲正人心，熄邪説，距詖行，放淫詞，豈好辨哉！不得已也。」能言距楊墨者，聖人之徒也。夫以言距楊墨，爲功幾何？然道之是否於此焉分，即心之邪正於此焉判。人宗曾、孔，户法止脩，即不必頓返洙泗家風，驟登黄虞上理，亦庶於孔子門庭，少效勤劬，無玷章甫。舊每謂「人分上稱無功夫」，又曰：「人不知而不愠六箇字，括盡知本竅妙。一部《論語》，只如此看。」就令有不能止者、有不能脩者，亦只有盡吾心、盡吾分而已。丈但當責僕之口説止未能止也，口説脩未能脩也，而可以此爲世道慨作人分上解乎？

踵庭之謁，知在何時？不腆瓣香，藉將關戚。伏惟轉而上之太翁靈几，以旌遠念。

答林庭桂書名叢，福甯人。

簡至，備悉皈嚮之誠，磨礪之篤。羹墻寤寐，將靡日夕不依依于左右矣，豈須面乎？頃來答語，殫洩奥宗，毋視淺庸，直躋閫域。此孔子所以謂「此謂知本，此謂知之至」也。誰能收拾得散越的精神全體落肚？誰能掃除得支離的意見一併歸根？又誰能直將二百一十五字管歸一息？此所以愈騖而愈遠也。自以爲神奇而不知，乃適以爲道疚也。友朋見者，希只挈此四字靈符，與共提策，蓋最爲用功之要也，勉之。

與郭青螺書

學非深體固不究，儒者之學，經世之學也。又爲家常茶飯，喻如止水平衡，纖毫昂抑不得。彼楊墨老莊佛，豈不致心皈命於斯？卒其所以失之者，則用意之不平也。又每謂聖人之學，不爲病後立方。因病立方，未有不因藥發病者。譬如寒病投之熱，熱病投之寒，總皆救弊補偏之方，未免矯枉過正之失。如介甫之所評三聖人，要以自建鼓旗，以聳駭視聽，亦烏覩其爲中道諦乎？何者？則因病立方之故也。支離訓詁，誠爲學蠹；知本兩言，卻是靈丹。因其訓知爲識，而輒矯知歸良。若謂德性與聞見果異體，因而就身翻案挈爲宗，翁試以爲此其病何自來乎？則真是用意之不平也。故今必以孔子爲宗，以《大學》爲案，删除句讀，合併章分，而平氣虛心以涵濡之，則學之宗趣不索而獲，條貫不煩，自各止其所矣。

荷蒙許以從事，而又督之，愈益究研，孤踪獨倡，尚爾勉旃！仗鉞指蹤，敢忘驅策，此真是孔、曾在天有靈也，豈緊區區一人之幸？夷山小結，感刻勤心。顧此枸株，動存維谷。要之適當其可即出谷遷喬，固常情所共願者，而鄙意乃獨不然乎？虞尉以入夏二日至，丁丞次日即言去，喜乘其便也。復此布感衷焉，而又以訂願言之期。伏惟亮督。

答劉淳寰書

來教云：伏承寄示正學堂新刻，捧讀再四，宛然如坐春風。某之於道，若醯鷄然，賴門下有以發吾覆，庶幾少知從入之門乎？憶昔服膺先輩之訓，居常嘿澄，以求所止。而謬悠歲月，茫然無得，念此倍切悚汗。夫人必知所以脩身，而後能得其所止。然必嘿坐澄心，乃知身之所爲脩者，此工夫不可須臾離，乃吾人學問真著力處。竊意入道之門，舍此别無可尋求者。先輩之艮止其所，即門下所示止脩，與濂溪主静同。此密藏工夫，非有動静對待云者。視主致良知之學，下手更覺精實。世固有悟而不脩，未有脩而不悟者，則其所爲知止者定也。門下何以終教之？幸甚。謹布此謝，并以求益。摳侍有願，不知何日竟之，春明能移玉武夷乎。尚祈嗣承云云。

十八日巳刻，學道舍人至，齎到手書。甫勒還答，乃朱參差人續致前函，教誘諄悉，感銘不啻口。學必以孔子爲宗，以《大學》爲案，蓋《大學》者章程也。後來學術多岐，只緣體悮於此，致將始事作爲終事，條貫作爲歸宿。間有求止者，又直求之虚閑静闃，而不遵善誘之循循，於擾擾紛紛中，取討入路也。故令可以静者不可動，倚於動者不可静，身心離隔，内外判然，而性命經綸，竟成兩截。噫！此其蔽所從來遠矣。天牖鄙愚，蓋實經勘經磨，五折肱而後悟及於此。每有病昔賢看喜怒哀樂未發時，作何氣象？以爲剩卻一時字。又有病昔賢缺卻平日一段涵養工夫，至於臨事擾擾，以爲贅卻平日兩字。將動與静作兩箇境界，而將涵養與省察作兩項工夫，是静則有中而動則無中矣，而可乎？而最有取於程伯子「敬以直内，所以義以方外」之説，謂「所以」二字最有味，爲徹有悟于孔、曾之做手也。中間微細肯綮，取次難裁。

《約言》一集，蓋專爲《大學》發，且爲始學者討入手的捷徑也，非所呈於大方。然採葑菲而不遺其下體，固古人集長之成訓也。故敢附以備所未發，伏惟覽而正之。臨楮無任惓惓。

答陳抑之書

頃傳諸令尹並就大府閲卷，謂公必與焉。不謂僕方病痢，而公亦以病痢故阻，未至漳也，悵悵。

别紙所質者具悉，體悟之深，且非沿襲之解。而末復懇懇諄諄，欲深究於心性之辨，此誠學之斬關第一義也，可忽乎？簡中發論雖詳，括其體要，只在真覺兩字。謂真即心也，覺即性也，所謂賦與之明德也，似也。真覺兩字，祖自何書？認覺爲性，佛有是説。文公不云乎，「仁者必覺，而覺不可以名仁」。覺不可以名仁，其可以名性乎？横渠亦曰：「合性與知覺有心之名。」此果指覺爲之體乎？性爲之體乎？子思子尤喫緊，乃直曰「天命之謂性」也爾已。故其戒懼也，要於不覩不聞；慎獨也，必於至微至隱。卒就人身之中，指出天命之體，亦惟曰「喜怒哀樂之未發，謂之中」也。夫喜怒哀樂，覺者也，未發者可以覺名之乎？至隱矣，至微矣，而寔則莫見莫顯也。以一切覩聞者皆從是出也，此其所以爲大本也。後來只不明此，以故認獨作知，認未發作時，認不覩不聞作静。夫未發果時乎？不覩不聞果静乎？有一喫緊語，果若云云，是静則有中，而動則無中矣，而可乎？既以覺爲之體，自然無處討未發；無往非覩聞，自然無適非顯見。往答陳永寧，謂：「文公訓知爲識，陽明先生闢之，以知爲良。」僕淺陋謬，曾謂之知體，謂之覺性。兄復易號靈明，總是知之别稱，真所謂鼠遷穴中，非所謂出幽谷而遷喬木者也。來簡云云，得無類此？《大學》合下指善作體，而教學者以止歸宗，將知列在目中，而直以效疏附奔走，其學之淵源，信有自也。

稿中發此非一度，公不暇看，即看亦未徹，特屬友朋標而出之，以便公之檢閲，知必有日就平實之解，可以作商量者矣。

與洪用章書

清風粹德，朗識宏猷，豈緊吏職之良，真爲士德之冠。吾此番見公，殊爲喜。生平愛友，直欲舉斯世斯人，俾其咸入于道，而於其中賢傑之足負荷乎斯文者，則尤厚有期，若將有所寄荷也。故覩公之益不覺其愛幸深也。

詞訟錢穀，事使交承，自是當官者必了之務。然堯舜禹臯，以此了卻職業，即以此盡卻性分。後來了職業者，則敝精疲神，皇皇焉如不及，而於性命爲無當。而欲盡性分者，又嗜寂躭幽，矯矯然避俗離群，視職業若將浼。故俾經世之旨不明，而吏職與儒宗竟分兩路也。昔有友問晦翁：「自昔儒者，大率是背處做的多。」晦翁曰：「卻又不然。明道一生做官，一生進學，公試看明道何以如此？則學旨之明徹，視性命與經綸不作二乘解也。」

外，承欲舉疑見質者，意尤善。往涖粵，會端溪書院，有廣寧尹葉壽春者，傑士也，舉二典三謨爲問。僭答之曰：「謨典要善看，有曆象授時，封山濬川，命官敷教一派的實事。有師讓臣鄰，都俞吁咈，臣主相與問答一派的空言。賢試將此兩者析出，謂何者可當二典三謨乎？」葉爲踴躍起，謝曰：「某雖專業此，向止數墨循聲，今而後知謨典之所以爲謨典，乃翻在於空言而不專在於實事也。」廢業而學，非予嘗聞。外學而業業者何事此？其機括真只在於杪忽毫分，而岐以千里者也，惟公更察之。

與葉學博書

明學淑人，自是士責，况受君之命，以一方之士子屬之，煅煉陶鎔，以作人爲職者乎？同士彬彬，嚮風者幾半，庠校察之，且有實志者在，而非祇爲虛托也。勞來匡直，輔翼振德，蓋古人教誘成法。體此七種施爲而曲造之，豈獨已向學者無自畫之人，即未向學者，亦無復有門外之漢矣。雖愚必明，雖柔必强，又烏有半途而廢，出門而他有所慕悅者乎？惟契勉之。每謂與其行得一件好事，莫如生得一箇好人。蓋一人之善有限，而生人之功德，化化無窮也。無其人，且有望於爲師長者之生之也，而况其彬彬然已向於道，而忍不樂而育之、玉而成之者乎？厚貺感勤惓，必欲盡以道相承之分量，則必於愛人成人乎加之意焉，可也。

答夏銘乾書

昔蘇穎濱謂：「士生天地間，不可一日無一段不可磨滅的議論。」語意若近名，大率有志士不肯虛度之故。此孔子所以疾没世而無稱，而歎「飽食終日，無所用心」者之爲可痛也。「勑天之命，惟時惟幾。」「終日乾乾，夕猶惕若。」❶自昔聖賢處心用意，雖不盡於議論文字之間，然亦豈有寸陰之肯虛擲，食息之肯爲宴安者哉？《瑣言》惠示，驟覽之若爲創新之談，細閱之大率平實之解。世學非過用慧、鶩高虛，則必忽事理、流

---

❶「夕猶惕若」，《易・乾》作「夕惕若厲」。

汗漫，致俾眼前事理，都不能明，而君子之道鮮也。如公真可謂上智之根，無忝於古之不愧素餐者矣。佳辰旅邸，幸無悼屈之悲，然竊有懷賢之想。瑶函遄及，轉激懦衷；厚幣寵將，祇增維鵜。外，介菴何以久無聞問？渠有尊人在，雖當失意，決不應久濡跡于途間也。抵家即以聞此，蓋僕最爲知厚友也。

答周敬伯書名守貴，東莞人。二首

唐虞者，洙泗淵源；精一者，止脩訣法。千聖宗傳，總不易此。《曲禮》雖條貫之詳，至章首灼然歸宗之竅。「毋不敬」，儼乎上帝之鑒；觀「儼若思」，又宛然勿忘勿助之景象。明道先生有一語道得好，謂：「敬則自然儼若思，安定辭，其德可以安民。」蓋原是一本之所流行，一止之所貫徹，而家國天下備此矣。瑣瑣帖括，大率末上之見，似不足挂之牙齒間，體之。

二

身即是經，簡牘非經；體認者學，講說非學。孔子於回何以終日言，對子貢卻欲無言？子貢晚而有悟，何以曰「文章可聞，性與天道不可聞」？今卒歲窮年，孜孜締合切磋者，何止萬語？只爲實在體當者少。人所以尚托空詮，契能省此，善矣。允能佩此，併與同心者共勗，此又善矣。則此學之明，於人人庶有冀矣，勉之。

答晉江二友書洪晉、楊萬廉。三條

漳泉非遠，境有慕學之志者，豈憚擔簦？書至，知爲館事絆，不了之，於分爲未愜。館事之分願無缺，而身命之分量以此拘矣。此予所以每爲有志者惜，謂必拔得身子出，乃於孔孟門墻有立站分也。簞食瓢飲，七日不火食，窶貧者莫過顔、曾矣。只不省環轍周流，戀戀依依，何以處此？試思之，試思之。兩問語答在左方，并照悉。

又

仁義兩字，同爲性德，語意間卻有自然的分別。所以看經書須得款項明白，只如孟子説：「惻隱之心，仁之端也；羞惡之心，義之端也。」曰：「親親，仁也；敬長，義也。」自指體。至説：「未有仁而遺其親者也，未有義而後其君者也。」「君仁莫不仁，君義莫不義。」因事指點，又就用説。惟立人之道曰「仁與義」，譬立天之道曰「陰與陽」，操行處心，舍是則無以爲之田地根本。故必居仁由義，乃爲大人；不仁非義，即爲小人。至反躬歸復，必欲取討歸宿，則雖行仁義者，尚不免襲。而必由仁義行者，乃可以言知本也，乃無往而非德性用事也。來簡曲證旁援，大率汗漫，故不暇一一答。肯就予《論語大意》及《道性善編》檢之，亦自見，無俟瑣瑣。

又

有生以後，人即發靈。發靈即屬後天，雖赤子之心，亦後天也，但不曾斲喪其先天的本色耳。故古人有貴赤子之心，謂雖大人，亦不過不失乎此而已，誰人不自赤子生來？是人人有大人之體段分量也。要以喚醒天下，俾知生來本善，直返其所固有者，以不失其初而已。而非謂直任赤子之用情，爲足以滿足大人之分量也，則非所謂言外之經旨矣。

與梁幼寧書名元禎，南海人。

東山言别，悵然於懷。覆雨翻雲，心險江河，蒼素無憑，乃至於是，幸公之見有定也。

古稱：「人知之，亦囂囂；人不知，亦囂囂。」説者以爲無求自得。夫惟無求，所以自得；夫惟自得，所以無求。然此兩語者説之甚易，行之甚難。由求與赤，非聖門之徒乎？一則必有待於千乘之寄荷，一則必有倚於民社禮樂之攸司。舊謂之是從未遇之前，丘壑之際，直空閑過了一段光景也。如公之見，趣庶不滯此矣。然學非身有之，則負荷必不能勇；而非深體之，則研究必不能精。脩身爲本四箇字，每謂之最淺近，亦最深奥；最易知，亦最未易入。此孔子所以雖以天縱之資，直待六十後經勘半生，乃始拈掇得出。而又窮其來歷，極其歸趣，大其包含，密其線索，將二百一十五字，委委曲曲，摹寫得靡有絲毫滲漏，手授曾子，以遺天下與來世也。

五羊幸有良益可商確，此敲彼推，左提右挈，月將日就，緝熙光明，所謂本立則身尊，道明則品貴。區區世路裏，升沉人面上，增減如夢如幻，如梗如萍，一切無有定執，亦烏足挂之齒牙間乎？

佳文小引，別之次日即已書之。謂公之續，有差至於守道也，停候久之。度公之必已稅駕於僊里也，故輒作此屬之陳抑之，計必有定省之良鴻也，惟覽入。

答韋純顯書

周敬伯將到手書，副以佳惠，惓惓道誼之盼，可謂遠而彌勤、久而罔替者矣。

止脩兩字，勘之尤精，悟之殊徹。精一即止脩，敬義即精一，克復博約，猶之敬義。總之，但換卻字面耳，而其爲精一、止脩，一也。凑體磨礱，渾融洞徹，未見有力到功深如吾純顯者矣。吾復可辭之有？舊語不云乎，「堯執中，孔止善」。孔子談本體，豈能異於堯舜？舜精一，孔止脩，説工夫亦豈能異於堯舜？獨有知本兩言，若爲鑿空拈出，以握性命之樞，以立經世之極，真孔子之所以度越百王、師表百世而統一聖真者也。而向顧指爲衍文，何也何也？不知除卻兩言，孔子無學，而《大學》亦可無作矣。故於他章曰：「本之一字，所以點化此身，操柄此善。使止之入竅，不倚爲守寂沉空；脩之功夫，不袛爲補偏救弊。」然則止脩兩字，尚是聖聖相承；知本兩言，卻爲孔子悟後拈出。故曰：「此謂知本，此謂知至。」真孔子之敻開慧眼，而有功於經世者也。故由此而出者，則所謂止脩者一切盡性命之經綸；不由此而出者，則所謂止脩者尚不免爲硜硜之執著。其差毫釐，其別千里，不可以不深長思者也。曩所云「既欲無聲臭，又欲有操持；既欲無方體，又欲有地分」者，蓋足以盡此妙，此其中真可著一思量也，惟體之。

梁幼寧既家食，翟從先復寧里，相應相求，亦學問興起一機。東莞既有張損之，順德復有蘇汝載，皆有根器的人。純顯既以學爲重知，以得朋爲道之大務之要也。萃止切磋，按《書要》、《約言》及《正學堂稿》而次第勘磨之，其有不豁然悟，涣然興起者乎？周敬伯雖非大敏質，久此磨礱，亦殊有契。薰陶漸染，往謂之靡不自淺抵深。鞭長不及馬腹，無鄰而能成德，我未之前聞也，奈何哉！旋間草此，附申勗念，欲語者不盡百一。

答林興邦書名一言，莆田人。

興邦非他比，固曩所爲皈嚮於孔宗，馳情於憇止，而苦於形局之拘持，願莫之遂者。茲且枉而比鄰於袵席間矣。而顧落落，音踪不克諧萃止熏脩願，何其與往者之意相暌拂耶？

脩身爲本，揭得何等緊切伶俐，真令身到學俱，罔容空缺。自頂至踵，自晨暨昏，自少迨老，自州閭達蠻貊，自綱常底顰笑，自暗室暨廣庭，自行住至坐卧，自笑貌及心情，自誕生至屬纊，無刻無時，不是盡心盡分的地面，而乃有創於講説既明矣。而及門之德士，尚爾寥寥也。而謂求之不得，其故欲别爲之開啓方便，以曲爲成造也。豈將謂孔子定勘章程，以貽天下來世，乃尚有漏旨耶？故往有欲帮一覺字者，又有欲添一敬字者，又有欲貼一遷善改過者，又有欲增一緝熙敬止者，總之皆是看脩身爲本之旨。義不徹，而於全學悟門，猶然在藩之外也。不知自天子至庶人，一兜囊包盡了天下人品，壹是皆以脩身爲本；一提撕管盡了天下學術，心此正、意此誠、知此致、物此格、天下家國此均平齊治。不但此也，德此明、民此親、善此止，真一以貫之，無復有餘藴矣。故敢斷以經世有四局，會歸於孔子之一學；作者有四書，兼總於《大學》之一經。而謂脩身爲本，一部《大學》又其註脚者，其言良有旨也。

以契有慕學之誠心，而又有任學之實力，故不覺吐誠言之，不復護惜。惟佩信而致行之，不復作二二三三之解也，則孔、曾幸甚！倘其匪躬之責，而惟學之咎，則非鄙所樂聞也。令侄亦篤實士，堪琢，但當勉之實，發念無踵蹉跎，草草。

答朱汝恒書名萬元，楚雄人。

別承款款，屢幅連章，指數管窺，若將謂聖經淵懿之有待而開也，而曾不思其所以晦蝕乖離之故，豈是聰明知解有過於前人？直以端緒少訛，竟底於千里。譬同種樹，先不循根；又喻理棼，業已乖緒。《敎學録》不云乎，「後來學術之訛，只爲看至善兩字不明，所以都錯」。蓋既以明德爲本，體勢不得不以至善爲極功；既以至善爲極功，勢不得不以知止爲終事。故雖灼然分別本末始終，又烏知其爲教人知止之法，雖曉然平鋪八目，倒入脩身，又烏覩其爲歸復之竅？故明宗要矣，知止急焉。契姑無頌鄙人之功，行持體勘，喫緊歸宗，庶幾紀紀綱綱，不致紊亂。不然，適恐其著節粘枝，不旋踵又將轉而蹈於往轍之支離也，此吾蓋有創而云也。至所舉諸當塗之幣聘殷殷，而詫鄙蹤之落落固窮甘寂，果爲非人意所堪，然亦何敢不以義命自守。古稱上天下地曰宇，往古來今曰宙。江山有隔，戴履何殊？子婦夫妻，夫豈不戀，蓋所重者有在也。

頃答鄒南臯書，謂：「士君子立身行己，自有法度。」夫所爲法度者，豈在外哉？自律之而已。脩身爲本之學，只一步地，少有乖於中。道諦即全體，無處討徵信也。此聖人所以止歸至善，本歸脩身，直於仕止久速之間，做出秋陽江漢。此誠萬世有志斯文者，所當刻意準繩，而可容少狥情竇，以自干於矩矱？此又所願與汝恒共勉之者。庶幾哉俯仰人天，兩無愧負，即未到得孔子地分，庶可進得孔子門墻。而所鐫示大編，懇懇諄諄，日勤宣布者，乃不徒托空文矣。

李惟和亦鐵漢，與汝恒俱可稱吾門砥石。第渠透學處，尚當讓汝恒，故闡發處，尚未覩宣暢，此又有仗於二契之交相勗，而非予一力所能多爲贊也，草草。

見羅李先生正學堂稿卷之十六

答郭青螺書

來教云：某年五十五矣，日月冉冉將老矣，不以此時究竟，更待何時？山斗在上，河漢非遥，不以此地求正，更待何地？荷翁教，卷卷謬爲引掖，署中獨處，凛若師保。時方訓知爲識，而矯知歸良，如脱迷途而未有歸著。衆方認知爲體，而歸體至善便入悟門，而始有根宗。門下之功，於是爲偉。第至善之體，雖人人可語，雖人人可尋，即尋而得之，未有湊合，即幸而湊合，不無放失。豈來教所云「纖毫昂抑不得」者，正此物乎？所云「味淡音希，無他奇特」者，即此物乎？則某所願與翁究竟者，惟此一段耳。

東山一晤，覺翁神閒氣足，如衛武公。即日者亦言翁造百年眉壽無有害，惟翁爲道加愛。此斯文之幸，非某一人之私願也。夷山舍館已定，四方來學者地稍適中，鄙意直是如此。不然，漳與建何擇焉云云。

東山枉厘道駕，幸緣瞻睇，滿慰襟期。蓋二十餘年所夢想依依者，一旦察識于牝牡驪黄外，庶將觀其深矣，此其所以爲慰。更荷虚襟，一切破除彼己之障，誕布公誠，直將道理平鋪放著，與凡有志者作實共一商量。渾渾淪淪，惟信夫理之一是；熙熙皞皞，不計其發之自誰。沛若决河，與人爲善，此固大舜之所以爲大也，吾何幸於翁丈見之乎？譬同五穀，自是生人所需；因病立方，則非常用之法。生即有知，誰能不用？以知作體，蓋不其然。必欲執知爲體，不復察其宗趣之所歸宿也，則彼灰心槁性者固用知，而恣情狗慾者，夫獨非知乎？此瀾倒綱頽，源源本本之所自來也。其禍之流漫，信莫知所底也。

辱諭，謂：「矯知歸良者，如脱迷途，未有歸著；歸體至善者，乃漸入悟門，爲有根宗。」信善矣，可謂一簇破三關，不復煩詞説解矣。乃尚致疑于至善之體，未易尋索也。豈以此無聲臭者，爲可著言詞耶？此不覩聞者，爲可容描畫耶？卻又曰：「即尋得亦未易湊合，幸湊合亦不無放失。」又豈以此無聲臭者爲可容執捉耶？此不覩聞者爲可作安排耶？此雖以孔孟之明，到此無所開其喙，而况若吾儕耶？故在孟子，只是道得一箇「乃若其情，則可以爲善矣」，乃所謂善也，教以體悟之方。在孔子，只委委曲曲討出一箇「修身爲本」，示以至止歸宿之竅。如此而體當，自然坦坦平平，如鑑空衡平，纖毫無所容其昂抑。如此而安泊，自然油油于于，如大羹玄酒無他奇，特味淡音希。大率佛學之難，難在高虚，而儒學之難，乃難在平實。只一箇修身爲本，最爲至近至淺，然卻即爾至靈至聖。不但均平、齊治、正誠、致格于此管歸，即至善妙入，聲臭俱無，最不容於擬議，亦於此乎落脈。往有語：「止於至善，則修身爲本之命脈也；修身爲本，則止於至善之竅門也。」又曰：「修身爲本之學，不但外不騖于家國天下，亦且内不狃於心意知物，惟體之。」并以此兩語者俯紬繹之，乃斷知歸性攝知無他妙巧，而此修身爲本者，斷然其爲經世之樞，而又徹底透性命之竅矣。故曰：「此謂知本，此謂知至。」管窺蠡測，見者如斯，星日章程，可沿可按。要以仰體翁虚究理之一是，而非有異同之角，彼己之私也。伏惟覽而亮之，更垂教焉。

武夷地既協中，且不越于閩境，而又屏息遊踪，入於九曲深處。以此安負譴之跡，固可無嫌；以此卜幽人之栖，尤爲允稱。翁之愛我深矣，惠我至矣，僕亦何心忍而不戀顧？此遲速時宜，乃尚有未楷者。期頤之祝，感眷殊深。加年補過，聖訓亦爾，矧伊尤悔蝟矗如生。頃每妄意召公，謂計數而往，尚可百年三十。夫豈貪多，歷以爲不如是，不足以創彼往愆，全歸于末路耳。惟翁大德，必得其壽，尚祈不倦。愛成時切，警覺提撕，俾無怠棄。

答陳爾馥書名士蘭，同安人。

東山僻壤，時廑睠懷；勤僕不辭，枉爲言別。孔、曾重擔，知滿載一腔矣。經世之學，一事不捨，獨於舉業，動來妨礙，自是人意不平，非事之過。均平齊治，直將家國天下至繁至難者斂歸一緒，而獨厭科舉乎？往所謂「處今事必以身處於利害得失之外」。果其以身處於利害得失之外，則雖決排疏鑿，莫大之經綸，固沛然行其所無事也。「善游者數能，忘水也。若乃夫没人，則未嘗見舟而便操之也。」彼亦何長之有？則以其身在利害之外也。意愈閑則神愈定，神愈定則力愈專。即以之工技業，道莫徑於此矣。從本立宗，從止發慮，契袛知爲性命之宗竅也，抑孰知其睿知聰明，乃一切從兹出乎？幸體之。

都門多賢傑，如往所諭者，善交之。「出自幽谷，遷於喬木」，將何爲乎？「嚶其鳴矣，求其友聲」，固無非所以爲取善計也。同一觀上國之光，折肱者於斯焉，得朋者於斯焉。寶山徒手，固非無人之過。溽暑涉長途，更惟百加玉慎。

答鄒南皋書

啞子苦瓜之喻，丈聞之稔。不但聞之稔，而又嘗之熟，故能知予苦心。外此者徒見其久客不懷歸，妄謂之處得所；意態偶然適，輒謂之樂得朋。丘壟田園，夫妻子婦之顧瞻完聚，固愚不肖之夫婦所共知能者也。而僕獨不知之乎？顧此迂愚之稟，守轍循塗，一步地少有乖於中道諦，即不能以靦顔置足。故甘嗜百苦，忍而待天之定，不得已而久處此也。

辱諭，謂知予特深者，蓋其信然。談虎色變，亦真所謂難概與夫人言之也。古稱士君子立身行己，自有法度。夫所謂法度者，豈在外哉？自律之而已矣。修身爲本之説，丈蓋身有之者，但不肯道之耳。其實則孔子之親手挈也，非後來以意揣摩抉摘經文者之比。頃有語：「修身爲本，人知其爲經世之宗，誰知其爲性宗？止於至善，人知其爲末後之事，誰知其爲始事？止善本身，人知其爲兩句話頭，孰知其爲一條脈線？允能作如是觀，方信知此經之不爲輕作，而靈符四字之不爲輕提揭也，蓋徹底性命之奥也。」此本三十年夙見，而閲此多艱，愈益明徹。辱諭，謂年來所得必深者，誠望之耳，僕亦何心忍爲自棄行持？習慣手勢，輕微增益，容或有之。要之理無二是，到致一處，其見地真是毫髮不可爲加損也。此非丈莫爲道，而非丈亦莫爲信也。

匡湖丈卓乎豪傑之倫，而又過篤友朋之義，不遠數千里，枉顧存于寥落。旬中萃止，領益弘多。顧此衰頹，愧何以稱？旋問謹此附謝，并以拙刻侑緘請益，伏惟覽而亮之。臨楮無任惓惓。

答楊復所書

頃以有感虚中之故，率爾請裁，百未盡一。方以疎略爲慙，唐突爲懼，吴使至，乃辱不鄙夷而惠教示之，閣下真仁人哉！爲感爲服。

門門可以適國，路路可以通京，古誠有是語矣。彼是此非，執著良固，摩尼寶珠之喻，翁不聞之乎？赤白青黄，人私所見，豈不是珠？畢竟孰是全提，孰當本色？平鋪八目，就中揭出，謂孔子果無見哉？本色也。此謂知本，此謂知至，蓋直以爲盡性至命之極則矣，全提也。此又數墨循行、尋章摘句之見，適重爲達者羞。然既承教，敢不卒請外亭之建。際在拂衣，而其山又西湖最高處，子瞻之所舊遊也，故借其所以名臺者名之，今揭在旁行者，實事也。費損於篋，工藉於兵，故䇲得不糜，而民不聞役。念僕雖三寄方戎，嶺西金騰，號爲小有立，而弟最所得意者，乃在于惠州也。以承大征後，民心願息，一切撫順，與之更始。而專以正本清源，嚴肅吏職爲要，妄有希於恭己垂裳之理，而惜乎其治之不克終也。承問及，敢并言之，惟心照。

答曾恒愛書名維僑，樂安人。八條

福堂每遇佳辰，必厪入侍。别後又兩寄書，併以茶果之惠，已復。欲披忱叩閽爲鳴頌，雖旋荷恩義未究，而於師弟分已灼然足表，著見肝膽矣。漳南遠地，盤鬱千程。予處此，粗能遣，不必煩跋履。頃每感令兄於解官日，背時趨顧予寥落。同氣誰無？志同如昆玉，稀覯矣。别紙語不繁而義要，故不容已爲轉一語。

又

問：不肖嘗思古人論性，各有異同。有自本體上説者，有自發用上説者，有自源頭上説者，有自流弊上説者，不知何者乃爲定論。

性無二，論性者二之也。故凡言性者，無不是體也。即就用邊説，如所舉惻隱、羞惡、辭讓、是非者，其意之所存者，亦是指體也。源頭即本體，不必又作一項看。流弊云云，自屬人所爲，所謂習之相遠者，豈性則爾乎？知其有定體，則斷其無二論，而可直遡於天命之本色，不復作二乘解矣。

又

問：不肖嘗思，人心與物同體，吾身自頂至踵，固是血氣流通的，謂之同體可也。若他人便隔，形骸不同矣。草木禽獸，益又不同矣，如何同得體？

同體者以性言，異體者以形言。以形言，雖父母兄弟，亦未嘗不與我異體也。即以心言，亦有對，未覩夫天地萬物之於我，渾然一也。而來簡謂「人心與物同體，相戕相賊者，是果誰爲之乎」云然者，第覩其意想之靡不到，而冒謂之同，未究其根柢之靡有限隔，而渾然一也。以此語同體，去之尚遠。《大學》喫緊教人知本，而要以止歸至善，有以哉！有以哉！體之。

又

問：先生教不肖修身爲本，《大學》之所謂身即耳目口鼻四肢是也。欲修其身，便要非禮勿視聽言動。不肖致力修身，一日之間，能非禮勿視聽處。若謂心意知物，未嘗正誠致格乎？如何又有修了耳目之身時？若謂心意知物，蓋嘗正誠致格乎？如何又有未修言動之身時？身未全修，又安望家國天下齊且治、治且平耶？修身爲本，有大消息，先生屢言之，不肖尚有未知。

學急明宗，道當歸本，往答蓉山丈，契不見之乎？謂：「前此所以誤，只爲不知知本爲《大學》立教之宗，知止爲《大學》入手之竅，修身爲《大學》歸止之的。格致誠正，不過就其中缺漏處檢點提撕，使之常歸於止耳。」視聽言動，一漏則四者俱漏；格致誠正，一踈則四者俱踈。謂視聽能無非禮，而言動乃不免非禮。言動幸無非禮，而視聽乃不免非禮者，似未察。至指其偶無非禮者，即謂之已能盡格致誠正之功，而又因偶有不修者，即謂之不能盡格致誠正之功，皆所謂不揣其本而齊其末也，舛矣。故學問要緊知本，本之不知，即將誠正格致如數數珠般，時刻拈弄，亦衹成念慮之紛馳矣，察之。

又

問：不肖讀「中人以下不可語上」，嘗思愚人終日與之語上，尚不可化而進，况不與之語，可乎？

夫子曰：「吾道一以貫之。」參曰：「唯。」而門人乃曰：「何謂也？」即是一座之間，其見地已夐然殊矣。所謂「可以語上」者，正以其地分言，而非謂施教者乃故靳之不與言也。「民可使由之，不可使知之」，豈是塗民之耳目，不令入而直以禁防繩約之乎？則民自不知之過也，體之。

又

問：不肖嘗思私意之萌，分明曉得，只是不能使之去，又不能使之即去，何如？

世界喻若煅爐，身處世間，無以異於將身倒入煅爐，此僊家所以謂聖人傳藥不傳火也。既肯傳丹法，何以不肯傳火候？蓋火候在臨爐自爲，酌傳不得也。來簡謂私意之萌，分明曉得，不能使之去，而欲取討方法，是欲向予分上討火候也，殆難乎？其爲言也，大率温養者例用文烹，煉者例用武。如契證，似用武火爲佳，别無法也，察之。

又

問：不肖嘗思遭際不好，少失怙恃，及壯，兄弟異火，子又稚弱，常欲丟棄家事，一意隨先生之側，聞《大學》之道，無負生平。如俯畜之累何？如多負之債何？此心常常縈繫，終覺向道學好之意多，事家人生産之意少，惟先生曲爲不肖之所，庶免縈繫。

飯疏飲水，豈是後人故設此爲孔子告貧？簞瓢陋巷，亦豈後人故設此爲顔子訴苦？蓋實履也，實况也。只爲斯文擔重，致俾世累，牽拽意輕。所以卒歲窮年，聚頭劘切，至棄井離鄉而不顧也。此其光所以竟千古也。豪傑在人自做，必以世累牽纏，欲向人求討擺脱法，恐生斯世也，自天子至庶人，無一可熙然撒手者矣。且實無其時也，察之。

又

問：不肖静坐看書，便精神昏倦。若與人譚議道學，解理桑梓紛争，精神更覺明爽。又家本清約，間行振恤之心。人不爲善，每見惡惡之嚴，以故鄉邑知不肖者過半，不知不肖者亦過半，惟先生大批教之。

往簡契謂：「有擔荷，又怕激昂之虚氣稍多；有悟解，又恐涉獵之精魂稍薄。」正以就契質偏處藥之。昏惰於静坐看書，而爽發於談論勸解，正是契宿病。學以變化，此如所言，似都不曾於此等處著力矣。至於秉義疾邪稍過者，雖亦兼帶了質用，又自是質之善用之不害者也，不足病也，亦不必計人之知與不知也。

與韋純顯書

漳南孤陋，幸其界鄰於東粤，於知契尚可爲招呼也。故雖愧不往，而念年之運，憂學之塞，頂針頂脈者之難其人也。時引雙眸，有幾萃止，豈徒以了滇南未竟之鑽研，而又以勘十載漸磨之近益。無徵不信，有倡必興，藉公大力，又以薰炙漳之士友，俾人人陟於聖、躋於賢，復見海邦鄒魯之盛，亦庶將千載一時。此吾所以雖愧不能往，而竊有望于公之來也。

公於鄒學悟雖徹，而頃覽井天，學測指揭，宗傳尚欠明著。孔、曾正印，實在晦之千有餘年。而予冒昧攻苦，創爲剖發，及此星日炳然，蓋有天幸。而頃傳士友見謂好奇，謂一切意見議論，皆與前儒不合也。其實何奇之有？其實何奇之有？特於三千門户，揀出正宗，芒雜岐塗，指歸的向，於世見解趨操，分了途逕，致光景各別耳。揚振甫蓋老於學，於此信之深、悟之徹者。遊學五羊，計圖踵叩，無非欲以爲此學光顯謀也，惟公引而進之。周生頃遠役，極感其勤懇，歸耗乃杳如，殊爲念，知必不虚負此行也。

答倪汝中書名士和，建安人。

城西一别，到今顔面音踪，靡存記憶。而契精志苦操，時有承聞，謂可進於道者，每惜之。謂只欠了一處，而及此願尚未之遂也，奈何？

破心意知物之慳者爲何？蓋爲世之學者有執心意知物之病，而忘其旨趣之所歸宿也。其流之弊，必至于知有知，不知有善；知有致，不知有止。差毫釐而謬千里，此予所以謂復命歸根，全在一止，格致誠正，不過就其中缺漏處檢照提撕，使之常歸於止耳。來簡舉真修只是止者，正是此意。所以徹閑徹劇，無始無終，儼然有赫鑒觀直，與上下同流，心意知物，一切無所事事，自然各止其所，而非深體而有得者，疇能諒之。外，所諭多友淺深誠異致，大率親就密者即涵濡氣味厚，其故亦無他也，此古人所以貴親炙之益也。

答陳哲甫書名天惠，羅田人。

羅田之去漳南，吾不知其幾千里，而獨記豫章之南來者，約用二十日。江楚界鄰，羅田之到敝邑，不過十日，則距地之近遠，不問可知矣。至於飡風宿露，航水梯山，行路之難，又自是爲客者常事，不獨漳南也。家事累絆，有何了期，擺脱由人，靡有定局。士之貧者，有過陋巷簞瓢；食之蔍者，無如疏食水飲。窮年卒歲，環轍周流，彼獨何心忍而不顧？吾以此知古聖賢之用意，加人一等矣。

頃哲甫之走京師也，親知者共訝之曰：「得無躭閣了功名。」而哲甫毅然應之，謂：「吾此來正以幹功名也。」若直效世情，以利禄之失得爲功名也，則孔孟終窮，皇皇汲汲，真同狂浪矣，亦何功名之有？故必撿得眼前下者，乃幹得萬世的功名；❶歇得貪兢的心者，乃可保身心的受享。所謂饑寒常在身前，功名常在身後，蓋真實語也。此士之所以甘處窮也。簡中苦訴一切，知之。幸豁睁睛，將僕易地而處，其所當分數，不問可知艱矣。無論往，即今所處地，以較哲甫爲何如耶？頃書已入刻，并清漳答述、南中問辨，録往一部，惟覽入。

答夏台卿書

景逸兄過訪寥落，得詢動定，備悉公憂苦之劇，處家之難，愛而莫爲助也。念公自癸巳夏聞憂，兹入秋，

❶「幹」，或當作「干」。

可即吉赴部。在期處舘事，自不得已訓解。暇必望以經世留心，蕞爾邑亦有民人社稷之寄。經常權變，鉅細精粗，出之要有本處之必當情。五六十年間，講學士類墮空疎，正爲不屑心於此。以爲良知，無有於不知也。饑食渴飲，夏葛冬裘，最爲易曉之事。稱停裁制，曲折低昂，亦自有合中之節，而況其等而上焉者乎？本末始終四字，每謂把定入道之樞，而又括盡經世之竅。蓋合家國天下而歸於一本，固是止；析家國天下之事務而使之各協所止，亦是止。惟各協所止，此本所以常立，而中無有滲漏也。設施者特以臨事言其實，即是講求；講求者特以未事言其實，即是設施。予《答汝潛書》，論格物，謂：「分之有盡不盡者，實足以破千古疑義。」幸檢之。大率經世之人，無有時刻離得事物者，何鉅何細，何精何粗，昔之有智士直於屐履間使得其當，便足以占莫大之經綸矣。

劉子誠才不先人，志不後人，半生堅樹，爲予折節。武林之會，屬司領袖，二載間無音響矣，不謂其乃竟不負。秋中幸莫爽期，知到彼必添一番精彩矣。王司理幸在此，不妨時以相聞。《兵政》抄一部，蓋往經事案有可採入官者，而并以近刻二册侑之，惟覽入。

見羅李先生正學堂稿卷之十七

答王漢治書名鍔，晉江人。四條

問：自古主教明學者，莫不持有欛柄。老師獨得第一著，蓋老師從先後著算來，得先著也。止於至善，則修身爲本，直遡到先天命脈尋出第一著來。世之説心、説意、説知者，皆把第二三著錯認做第一著。失卻第一著，則算去著著皆差；得卻第一著，則算去著著皆是。此老師之學，其局面所以爲大，而條理所以爲精也。老師數千萬言，無非闡明《大學》。鍔竊謂大旨在止於至善即修身爲本二語，而其機括在知所先後一句，不知是否？

學問只有一宗，無二宗，以理只有一是，無二是，而非若事機之容有變態，如智謀之士之所揣度云爾也。多門旁指，六百三千，只緣不明於一是之故，此昔人所以謂「差若毫釐，則謬以千里」也。若曰「從先後著算來，而得其先」者，又曰「失卻第一著，得卻第一著」，是尚有二二三三之可爲揣量摹畫也，則非所論於宗也。《教學録》不云乎，「後來學術之訛，只爲看至善兩字不明，所以都錯」。然則舍至善外，無別可歸宗矣，而尚可二二三三作商量解乎？契意不坐此，而語氣間則良似之矣。至所云「大旨在止善即修身二語，而其機括在知所先後一語」卻是。

又

問：陽明先生揭良知説，天下宗之久矣。老師揭出修身爲本，似將良知之説一切塗抹。鍔竊告友人曰：「老師非不致良知也，但不在良知上致耳。良知靈也，虚實生之，知之所以良也。靈從虚出，其神之精爽，赫奕照暸，無所不徹。而其力之磅礴廣大，運量無所不至。然使其離乎虚而自爲，則爲旁出横溢，不可控制。反以乘其本然之虚，而塞其自然之靈，甚至以其用之善者，而用之於惡，有之矣。故知止之法，收攝此靈返歸於虚，所以養其生靈之原，使昭昭靈靈者，不至於頑冥壅塞，而後放出許大光明，以至被四表、格上下。善致良知者，孰有如老師乎？」知止而後有定節，鍔竊爲之説曰：「人之所以不止者，知也；而其所以知者，止也。知止而後有定，定而後能静，静而後能安，正是知之止；安而後能慮，慮而後能得，正是止之知。」不知是否。

舊答友，謂良知自不慮中討出。拿着良知，認不得古人，透此卻有箇消息。按着良知，致不得終其身致良知，乃直以慮後作良知也，此其所以舛也。《中庸》曰：「喜怒哀樂之未發，謂之中；發而皆中節，謂之和。」試問其功夫，曰「戒慎乎其所不覩，恐懼乎其所不聞」而已。問何以從此戒懼，曰：是不覩不聞，雖至隱矣，莫見於此；雖至微矣，莫顯於此。此君子之所以戒慎恐懼，必致謹於斯也。從本立宗，從止發慮，正是此消息。乃隨緣起，沛然流溢，無一而非良知之顯現流行矣。故謂予之喫緊止善，而知自能，良可也。謂善致良知者，莫如我也，彷佛乎尚以知爲宗，而特其手勢之稱停不等耳，則非所敢承也。至所云：「人之所以不止者知，而其所以知者止。知止而後有定、有静、有安，是知之止；安而後能慮，慮而後能得，是止之知。」理雖是，語稍刻。講道理不但意要平，語亦要平，此亦須察。

又

問：宋儒未有辨心性者，心性之辨自老師始。鍔初聞而疑，乃今信焉。鍔所以信心性之辨者，竊以先後揆之。性，先天也；心，後天也。先者非形氣，後則涉形氣矣。先者不覩聞，後則落覩聞矣。先者無去來，後則有去來矣。先天者生後天，而主宰之，而範圍之。而後天者生於先天，而爲其所主宰，爲其所範圍也。故心性不可以截然分而爲二，亦不可以混然合而爲一也。欲辨性善者，必辨心性，心性混則性之善不可見。《孟子》原自有辨心性之言在，曰「惻隱之心，仁之端也；羞惡之心，義之端也；辭讓之心，禮之端也；是非之心，智之端也」是也。復以「故者以利爲本」之言觀之，所謂故之利者，惻隱、羞惡、辭讓、是非之心也，容亦有不惻隱羞惡辭讓是非之心矣。而豈有不仁義禮智之性乎？人祇知孟子之辨性善，不知孟子之辨心性。愚見如此，敢以請正。

孔子則何嘗道性善，以其時無二二三三之解也。有性善，有性不善。或曰：「性可以爲善，可以爲不善。」《告子》則又曰：「性無善，無不善也。」此孟子之所以道性善也。心性之辨，果然創自予説，然予豈得已哉！以世儒既已揭知爲體矣，以致知爲宗矣，截自後天爲之歸宿，取其靈明動變而莫知窮其源，此予之所以不得已而爲言也。「回也其心三月不違仁，其餘則日月至焉而已矣。」此孔子喫緊明心性之辨也。「喜怒哀樂之未發，謂之中；發而皆中節，謂之和。」此子思喫緊明心性之辨也。特以其時無昧者，故其氣渾，其詞平，至孟子則不渾矣，曰：「惻隱之心，仁之端也；羞惡之心，義之端也；辭讓之心，禮之端也；是非之心，智之端也。」端者何？則緒之隱於中而見於外者也。又曰：「仁義禮智，非由外鑠我也，我固有之也。」則其語益峻，其判别益大，苦懇矣。賢謂人知孟子之辨性善也，而不知其辨心性，蓋其誠然。又曰：「心性固不可截然分爲二，亦不可混然合爲一。」尤近理。此昔人所以有偏言心，而性未嘗不在其中者。有專言性，而心未嘗不在其中者。然味之款項卻不差，此其所以爲知言也，察之。

又

問：有友以「本」字問鍔者，鍔曰：「至哉，本之一言乎！《大學》之道，只是竪起這箇柱子在宇宙間，爲天地立心，爲生民立命，爲往聖繼絶學，爲萬世開太平。更無遺物，更無遺事。」先生曰：「乃若知本，則存乎心，悟知本焉，至矣，未易知也，未易言也。」老師摽出本字以示人，其於本詳哉言矣！如徒誦老師之言，而言之曰「本如是，本如是」，夫人能之。然此老師之知本，而非吾之知本也，此老師之言本而非吾之言本也。「邦畿」章釋知止，由切磋琢磨而至於恂慄威儀，大有事在矣。必如此而後能知本、能言本，豈易易哉！鍔方從事於切磋琢磨，求一善之得焉，未之能也。竊思子淵以如愚之資，不惰之勤，猶待夫子終日與言，以得宗傳，况如鍔之不敏乎？伏祈老師大開示之。知本兩言，千聖秘密，經綸性命，一手提衡。《大學》書成，止於二百一十五字。眼目多端，一一就身，可爲指點。惟此兩言,最爲起教之宗,乃最無安立之處。故欲就善上覓善,亦何嘗不是本?然不可指本即是善。欲就身上覓身,亦何嘗不是本,然不可將本指作身。故往謂求之吾身,固無所謂本者;求之家國天下,亦無有所謂本者。蓋孔子之半生磨勘,老後經綸挈出,以定學者之命。止於至善,尚是往學所皈依;修身云云,亦爾往行所稽據。惟此兩言,前古未道,真不煩辨析。自爾與老、佛不同塗,直握中樞,無往而非天德之作用,而盡性至命,有一以貫之者矣。往作知本義,尚有誚其以剩語作提綱,以衍文爲正印者。僭答之曰:「此孔學宗傳也,除此兩言,孔子無學,《大學》亦可以無作矣。」賢所説者,誠最諄切,有意於知本者。而影影響響,似猶在藩之外也,幸體之。有信有疑,另以見質。

答劉友書名翔鴻,漳浦人。

頃盧瑞峰翁簡至,乃大有取於攝知歸止之一言,謂有協於鄒魯之旨。兹承簡述,乃爾敻然何其與彼見者異乎?

大率聖門之學,只愁不止,不愁不知。故必定、必静、必安,而後貴其能慮。後世之學卻與古異,似是先從慮上下手,知上充拓,故全經專教知止。後儒不明,以爲全經專教致知,其差毫釐,其别千里,此孔傳正印,所以竟千載不明也。吾有知乎,隨感而應。不識不知,順帝之則。若非出自經文,其可駭聽尤甚。蓋攝知歸止尚用知,而彼二説者,則直是廢知不用矣。其實何曾廢知?是乃善用知者,與後來之從慮上下手、知上充拓者異款耳。此正古學世學之大界頭,而有志斯文者,斬關當究之第一義也,幸契只就此看。此處明，即諸所爲瑣瑣稱引者，俱可不煩詞説解矣。

答周敬伯書名守貴，東莞人。二首

知止一節，要緊悟者，在知其爲學問之始事。歷點定静安慮，所重者不在一事之修爲，而亦不專爲發明終身之造就，特以爲必自知止始也。以見至善之爲學根柢，而明德親民之落手處，必於此歸宗也。如簡云云，雖稍近理，亦幾希乎不揣其本而齊其末矣，體之。

二

止修互發，喻如精一交修。然孰爲體？孰爲用？孰爲主腦？孰爲流行？本末始終，自爲求止之方，而格致誠正，無非所以爲收止之法。故止修兩字雖並揭，宗趣厥有歸；有志學問者雖互用，毫釐之差，不免兩地著眼。此孔子所以雖曰「敬義立而德不孤」，而明道先生乃曰「敬以直内，所以義以方外也」。此予所以謂「真止即是修」，而謂「全經專教知止也」，察之。

答姚國初書名虞，南安人。四條

方生齎到手書，倒廩披肝，灼然有不忘溝壑之志。修身爲本之學，有何奇特？只就富貴場中，能不陷溺，做出人來；就貧賤患難場中，能不陷溺，做出人來。乃真可云「不爲境奪，而直從身心性命上落定了根脚，障迴瀾倒也」。苦境界固是眼前厄塞，順境界亦只暫時受享，惟道爲尊，惟學爲大。往所謂「餓死不屑千乘，遺臭不如流芳」，人知之，人固昧之，可不慎哉！同門中切用得幾輩，如簡所云斬釘截鐵的丈夫，故覽之大爲喜，而并前簡之未答者答之。

又

學問工夫夥矣，要緊在歸宿。知所歸宿，而後日邁月征，有緝熙光明之理。如百卉之發榮滋長，苗而秀，秀而實，日改月化，以合下之落根深也。契既有感於《約言》，知至善爲聖經第一義矣，直下就此取討歸宿，復何疑義？繼善、得善、明善與乃所謂善，四善字自就體言。至伐善之善與可以爲善之善，又就用說。「可欲之謂善」一句，獨當別看，蓋就品第言。若爲指造詣而自發心趨向言，又似指體也。真所謂言豈一端而已乎？夫各有攸當也，不可以一端求也，察之。

又

《大學》，性宗也。故欲盡性術之條理，則必備疏心意知物；欲盡性分之體量，則必備列家國天下。先後兩字，要在善看，正如往語：「所謂就事就物，莫不各有先後之序。」蓋析言之也。又曰：「不析之，無以見性術之條理；必執之，適以恣本體之支離決裂矣。」審能如是著眼，則雖著先後字，亦何病其贅乎？既已會得此意，即斷知身外無有家國天下，修外無有格致誠正，又何必瑣瑣敲推，欲一切混而一之。其流之弊，直將謂無復有均平齊治之事緒也，豈不謬哉？察之。

又

修身爲本之學，節節要透關，而當困窮拂鬱，則尤其注睛定脚之際。富貴幸不淫矣，而或移於貧賤，或屈於威武。即所謂不淫者，祇空托，故前輩以此爲勘大丈夫的三關。素富貴幸能行此學矣，而或窘於貧，或罹於難，或擯於夷狄，而學即不行焉，則所謂行乎富貴者，亦空言，故僭每以此爲考君子的四案。飯疏水飲不能樂，烏覩其爲孔？陋巷簞瓢少不堪，烏在其爲顔？由今觀，誰不識其爲賢與聖？彼其時未必不詆之爲愚爲癡。此昔賢所以謂饑寒常在身前，而功名常在身後也。又曰：「不賴固窮節，後世誰當傳。」其實孔、顔意豈屑此，亦聊以慰中下士之耿耿未能絶豔於名塗，俾灑然直趨於熙皥冲夷，倒身歸宿於性命之宗竅，兩兩三三，與堯舜同其氣象也。勉之，并出與興偉共之。

答王興偉書名瑛，晉江人。二條

問：昨因夜會，有一友曰「《大學》之道，只在止至善，但止非著空，即在吾身之作用處下手」云。瑛意《大學》止法，原無間於動静，此友所言是有見於動之止，而無見於静之止也。蓋物有一條，雖爲即事物中分別本末，始終先後，使人知所至，止歸宿，然不過教人即此事物中，討箇止之消息耳。未嘗教人於事物中，始下手也。有事物時固好下手，無事物時獨不可下手乎？老師嘗曰：「修身爲本之學，固無有離去事爲之理。」然亦必離去事爲，而嘗有見於修身爲本之妙，則安可專只在作用處下手也？ 愚見若兹，未知是否。

知止一法，蓋孔門定性之樞，亦括綜經世之竅。故直從擾擾紛紛中，討出欛柄消息。若爲即事即物，而實則從中悟入於動静云，爲又了無有牽撘挂搭也。此其所以爲至命之學，而又不離於人倫日用之常。靠動一邊者，是有見於即事，而弊將流爲著相；靠静一邊者，是有見於避事，而弊將不免著空。本末始終四字，每謂孔子平生只有這箇悟門，故曰：「知所先後則近道矣。」又曰：「此謂知本，此謂知至。」此中全是一箇悟機，而豈容依境依識作邊見解乎？ 體之。

又

問：瑛不甘自棄，第僻處寡儔，於道茫然。迨獲與門墻之列，始恍然醒曰：「吾身之分量，有如此大；吾身之責任，有如此重。」則信乎安可不學？ 矧斯學自吾師提倡來，其用功易簡又若兹，則亦何難於學哉！ 誠能收拾其一切馳騖之精神，點點滴滴，反本還源，毫無滲漏。自朝至暮，自閑徹忙，自日積月，刻刻休放過，步步挨將去，如此者莫懈，安知不馴臻能立地位？ 然瑛蓋深憂其未能，請以立志爲主，使其志向之堅。會友次之，使其獲朋之助，而勵以自强。如不然，更當作何商量？ 顒望憫示。

昔人謂：「有求爲聖人之志者，然後可與共學。」又曰：「千佛出世，只怕人不發信心，應無所住而生其心。」人誰不聞？而慧能於此喟而發志，形體比量，豈無一類聖賢？而曹交以此慨然憂其食粟。此吾所以謂「未入門者看發心」也。蓋發了心而後，其中乃有間可入。有間可入，而後名言發論不爲虛投。雖然，眼卻要開也，試即修身爲本一句話頭觀之，不知者直以爲形骸邊幅，其知者又直以爲守轍循塗，又其知者則以爲心意知物皆此統攝，又其知者則以爲家國天下皆此管歸，以爲不可小看了吾身，不可輕視了吾身。以是爲義之精、仁之至也，以視孔子提挈，總皆在藩之外也，故曰：「此謂知本，此謂知至。」契蓋已發心者，矢將以堅志爲主，取友爲輔，而自强以要其成，吾復何辭之有？顧於開眼徹關一步，必得一大發憤思，恍然如置身於洙泗，而游泳於《大學》之深廣也，乃庶幾其無負矣，體之。

答黄毅菴書

小兒漢煃遊成均，荷教育，得出大賢門下。歸捧華緘，乃復過屢勤惓，垂情寂寞，而又鑒觀多學，特有取於蠡管之窺，感甚。

僭每謂難同者志，而世尚有同者；不可易者理，而見乃多異者。此無他，則孔宗之不著，而意見之支離，有以亂之也。志同學同，洞然惟理之觀察，其是者從之，吾惟見翁一人而已矣。問藥者期療病，作丹者取成僊。老馬可以識途，蒭蕘爲之必採。到是處真是毫釐意見著不得也。孔宗具在也，布在簡牘，如日如星，紀紀綱綱，次第可按。增之一言即贅，減之一言則疎，互易之一言即紊。即全經，即全學，如大造之育物，一氣渾成，條貫畢備，無容補贅。故每僭謂：「必將二百一十五字，看得如盤走珠，字字不相粘帶，不相妨背，而渾融流轉又不出於盤中，乃真可謂知義之至者也。」《書要》往入覽矣，近掇《約言》一集，括其旨要，以便學者之讀。而又成《正學堂稿》一編，因問酬答，少以豁旨義之未備者，并附呈，伏惟覽而正之。臨楮殊切瞻戀。

答蔡肖謙書

來教云：《大學》，聖人經世完書。絜矩二字，廼明明德於天下國家符印，一要也。修身爲本，則親民爲末。本末齊到，修身乃見致知致此者也，格物格此者也，修身之義大矣哉！李見羅單提修身爲本，王陽明單提致良知，皆此意也。此《大學》大眼目所在，一要也。「毋自欺」三字，分明指出下手功夫，明德親民，不離目前，便脚踏實地，真《大學》止至善關津，一要也。然要雖有三，其致則一悟。欲其一，又當明辨其三。自讀《觀我堂集》，愛之信之，不復有疑。蓋大旨既同，其條目自然不遠，一字一句之間，在乎以意逆志焉耳。近見大略如此云云。

《大學》蓋孔子垂世之章程，亦孔子印心之符券。要緊看二百一十五字，其他則皆曾子之文，所以傳此者也。經文歸宗止善，落脈修身，直將性命經綸一手提撕，管宿於此。正誠致格，總之就條理言，故無自欺。與絜矩雖甚喫緊，總之就用邊説，隨方指點，往簡可徵矣，亦未嘗不以「無自欺」同「求放心」之别。自絜矩兩字爲一貫之異名，必若按依《大學》而考尋之，則誠有毫髮不容，以僭差紊越者矣。所謂入手一箇知止，合頭一箇知本，真可謂不傳之秘也。無怪乎曠二千年淪晦，以至於斯也，則真所謂學之綮要，而經之宗竅也，惟翁更一揆之。蠡管之測，既荷不鄙夷，一字一言，何妨同異？然寥寥宇宙，志同學契如翁，更有何人？又不敢不盡其愚，伏惟亮察。

與涂及甫書

世外之身，業已竄栖海畔，猶恐其入山之不深，入林之不密，影響之昧昧，尚有聞於人也。故居漳不入漳城，徙莆不入莆城，而越居於蓁叢茀草之隈，直以世外之身，處於世外之局。此豈有一毫避世之心？蓋道固當爾也。市廛冠蓋，何與吾事？顧身所究者，一體之宗；而迹所持者，獨養之道。公方肩荷世道，以生民之休戚否臧關其念慮，得無笑此耶？爲愧爲愧！

淄澠混合，易牙嘗之；宮角乖疎，嗣真辨之。故學問最謹者，在毫釐之間。三聖人之所與孔子不同者，豈繄千里之遠？金銀銅鐵，攪亂已及百年；油麪水鹽，混合一團，罔知攸擇。出見紛華，殆非歆豔之奪心；談天雕龍，直是榮華之可玩。晚成《大學》，洞燭千年；砥潰障瀾，默如有待。一是百是，可容別作幫添；千差一差，直是無方救藥。陽明先生所云「學公學公」言之，又曰：「求之於心而不得，雖其言之出於孔子，未敢信也。」予舊亦曰：「學之所在，天命之所在也，誰敢私之？」是曰是，非曰非，予豈好辨？予不得已，蓋奉天之命也。此汾陽禪師所以謂「杖下無生忍，臨機不見師」，而吾老孔子曰「當仁不讓於師」也，蓋到學上無師之可讓也。舊《答獻和書》又曰：「豈獨不讓師？到學上雖君與親，亦不得而讓也。」惟其是而已矣。以公高卓，而又加以沉邃之養踐，更中外往復參研，其於洙泗之宗，必有覿面孔、曾而聆其指授者。儒衣儒冠，人皆孔氏之徒也，亦共究孔氏之學而已，有何私焉？舊復有語陳永寧公，必聞之矣，謂楊曾著眼後，豈可謂更無遺穴造化？容亦有秘藏之，以待明眼之採擇者，吾有望矣！吾有望矣！

拙刻數種侑納，輒以當邊海一芹，必取次讀之，而摘其疵瑕以質。

答廖純初書

手書遠辱，副以清儀，滿幅皆志學濃情。悵悵於守官羈束，似不免將仕與學作兩樣看。舊曾感一友人争會堂者，偶詰之曰：「吾不知夫子之杏壇安在？」其友曰：「在兗州。」予曰：「非也。」其友曰：「夫子魯人也，杏壇不在魯而何在？」僭答之曰：「夫杏壇何常之有？師弟子相與講學於洙泗，洙泗固杏壇也。講學於宋、衛、齊、楚，宋、衛、齊、楚即杏壇也。被難於陳、蔡而絃歌講頌不輟，陳、蔡亦杏壇也。又不但此也，宰中都而未嘗廢學，中都非杏壇乎？官司寇而攝相事，未聞廢學，公府非杏壇乎？知杏壇之無有常所，而學尚可以時地分乎？」以公之純心古誼，惟毋以此意介情，即迥然開一眼，豁然見一天，視眼前之丞尉，即朋徒，胥史、黔黎皆子弟，案牘文移，即同典籍，詞訟、錢穀、甲兵即同和鑾琴瑟。而一切日用起處，乃步步可以考成課績，不爲空閒度矣。

榮陞假節視里居，固無以異於當官，而兹視當官亦無以異於居里也。乃真可云經世實學，直於擾擾紛紛中，透關性命，而不復作二乘解矣。恃愛敢以質，復并以爲謝。拙刻三種侑緘，希覽入。

答陳永甯書名致和，欒安人。

身到學俱，罔容空缺，旨明義暢，人各有良，其有不焕然興起者乎？永甯雅飭端嚴，衾影無怍，積五十載密修，蓋非一日，而又以稀齡邁往，併精一志於孔、曾之宗。卒歲窮年，兢兢然煅煉渣滓無餘，吾固快玉溪之有此舉，而知永寧之必不爲徒然也。

泉士意氣，屬爾蒸蒸，且多儁異之稟，固宜其相悦以解。諸友書至者，亦共頌歎，若爲慶有遺除，却明學淑人，挈出身子在天壤間，他尚何事？即再爲之淹留十許日，何往而非實課？玉溪倘能來，真可稱嗜學，不獨爲寥落，幸此中已潔舘俟之矣。敦稷雖在病，國初雖在鄉，必一招之使出。皮國範，吾愛其氣骨，留泉一日必緊。予行未確期，即未可以定報。要之建州非莆比，則雖不得面於南臺，固可面於建也。閩中烈丈夫，予必以君佐爲稱首，乃志趣之不克諧合如此，此真是宿生之緣數淺也。所謂君佐豈欲外，見羅不得不外，亦只得任之聽之而已，可奈何哉！

見羅李先生正學堂稿卷之十八

答夏台卿書六條

頃以武夷界近，謂公有可過之理。兹復還寄海陬，間關道路，真昔人所謂「雁來猶不度，人去若爲情」也，吾於公豈復爲望？質齋、謙齋、點蒼及令表各寄書俱到，大率此學只捉定修身爲本，而將視聽言動於此管歸，最爲要訣。只揭出「自天子以至於庶人，壹是皆以修身爲本，性學也」之句，朝夕玩味參詳，最有情趣。諸凡異趣之學，雜駁之説，幸姑不以湮耳慆心，庶幾哉精神不致散越，學旨有可入頭。儒學之難，難在平，而世之學者，率以不平之見求之，所以愈騖而愈遠也。揭修身爲本，已視不足，更説性學也，益復茫然，不知所解，此學所以真難言也。諸簡未答者，并檢答之。惟肯就此數言者信而佩之，如執玉捧盈相似，落實就日用間檢勒體勘，將有不煩詞而義足者。而諸所云云者，皆剩語矣。

又

從上經書，固無一字不是説工夫，然未有如《大學》之詳且盡。從上多賢説《大學》，固隨見所及各有得，然未有如鄙説之詳且盡。挈知本爲立教之宗，指至善爲至命之脈，而又本歸修身爲之落地，和盤托現，復何過此？頃答陳哲甫，引「子之燕居，申申如也，夭夭如也」，謂予嘗最愛此，不但畫出夫子一箇太和體段，而又照出夫子一箇入静端倪，真夐然與禪家别様也。味來簡所云静坐一段，似合下與孔宗别了塗徑也。試將申申夭夭一段氣象味之，看是如何作法，即可以照知其受病之所由來矣。

又

聖學肇自虞廷，演於洙泗，精一止修，如符如券。敬義兩字，即其異名，但要識宗趣所歸，而後落根有地。明道先生所云「敬以直内，所以義以方外也」。又曰「若以敬直内，便不是」，可謂得其髓矣。「立則見其參於前也，在輿則見其倚於衡也，夫然後行」，則真所謂敬之訣法，而義之樞機也。謝安之汎越溪也，契不聞之乎？風高浪湧，人共危之，而彼吟嘯自如，舟人以渠爲悦之也，進而不止。安徐語曰：「如此竟安歸耶？」舟人乃返棹。姑以此意推之，如簡所譬行路云云者，似敬與義兩失之矣。

又

療病者有對治有扶元，果其從本立宗，無有滲漏，自能從止發慮，不至參差。予説「顔子不遷怒，謂是不遷於怒也」，正是此意。所謂扶元之劑，不待其病之至，而自得先手也。然世情類可笑，往往當大庭能不怒，而處燕居則怒；對賓朋官長不怒，而處妻子童僕則怒。如契所云：「多怒者得無類此乎？」先襄敏曾答一友人最好，曰：「以予觀公，大率是就好發性處，便無有了禁制也。」善體之，亦可以照知其對治之一方矣。

又

往答李汝潛，謂物有本末之本，其本亂而末治之本，尚是將本與末對説。修身爲本之本，此謂知本之本，直是只有一本，無别有末。故曰格致誠正其功，齊治均平其事，家國天下其所處之方，真合心意、知物、國家、天下通爲一身也，亦何本末分别之有？世之用格致者多矣，疾徐甘苦，加減稱量，問之曾有一爲修身爲本而設者乎？所謂「天下國家可均也，爵禄可辭也，白刃可蹈也，中庸不可能也」，正謂此也。而非謂析心意知物如外物，然而將身與之對看也。諸所問者，似多不必問；諸所疑者，度契簡發後必已悟，不復待解矣。

又

若綱在綱，乃有條不紊，孔子千方百計，就攘攘紛紛地爲人指出宗竅，如振領提綱相似，格致有何難明？只爲不以修身爲本之故，懸空講之，所以多來辨説。講格者固至千般，談致者亦幾百種，而賢尚有歉於區區之未曾下語耶？知無障蔽之謂致，物各止所之謂格，此亦有何難訓？惟不以修身爲本。總之就字面上解釋，意識邊擬議，而無所裨於實事也，其亦何益之有？「己所不欲，勿施於人」，一面在酬物上著功，卻又一面要如見如承，忠信篤敬。一面要行乎州里蠻貊，卻又一面要參前倚衡，未聞其兩相爲悖，而何疑於知止。頃所謂「止此於內，致此於外」者，特以學之弊端在此、關鍵在此，不得不激切言之耳。而賢乃見以爲礙乎？體之。

答羅汝存書名懋忠，豐城人。

簡至，悉惓惓惟師與友打併一家，豈伊休戚之關，樸實頭否臧一體？未有弟子之不檢而能有光師門者，未有師範之不端而可委身寄命者。公山佛肸之往，則子路必正言其非。昭公知禮之譏，則巫馬期必指實以對。此其義蓋有二焉：一則恐師之陷於匪彝，學將爲之不光；一則恐言之無端，情或有所壅而不達。必八字打開，朗然洗滌，俾心跡如日中天，而萋斐毫無點纇，乃無忝於生三事一，相勸相成，以共躋於大道也。聞謗不戚，即是路人相看；有過不規，即同秦越之視。此末俗滔滔，不逼真學爲聖人，苟以相媚説者，而吾輩可蹈之乎？外述動静兩幾，體會殊見深密。顧乾坤二體，作實就身上指點，作何辨別；專翕直闢，作實就身上照瞭，作何端倪？心性情才，最爲細微矣，吾尚能爲契分剖。如簡云云，則吾於静時，固不暇爲專翕揀擇頭面，而於動中，尤不能爲直闢指點鋒芒。分得來已覺多了一事，若分不得，不無枉添縈絆。喫緊知本，如此云云，乃直爲傳註所縈纏，可以當光景之描畫，而無裨於實事也。不意吾汝存乃尚作此解？

予境苦甚矣，邇復益以孫變。人世遭逢，復何過於此？易窮則變，否極泰生，念自丙子患目後，閲此二十年間，何曾有半步好光景耶？稍稍慰心者，惟是父母啟攢一事，得免於水蟻之患。欽賜之山，禮當奏請，因而乞假歸送。天王明聖，庶幾其有俞允之理。外所説者，比于横逆，道蓋不同。蓋所宜奮然申義，不可概喑默，引以自反者。同室鬪且有披髮纓冠之情，而况其等而上焉者乎？

答梁幼甯書

別去戀戀不忘懷，業已具簡，託之陳抑之轉致於僊里也。書逗遛而使者至，啟緘把玩，高志遠期，披吐肝鬲。宛然如謦咳之相接也，飄然若千仞之翔鴻不可藪澤視也，毅然欲直闖洙泗之門庭，而與三千、七十同其揖讓也，何快如之！瀕行款語，灼然佩紳，次第施爲，中倫中理。如此歸里，真不爲徒歸。如此罷官，真不啻有官矣。如此而返，山谷之間，不爲空寂。如此而樂林泉之勝，不爲漫遊。吾於契真有望矣！

孔、曾《大學》，未易承擔。知本宗傳，千聖秘密，經綸性命，一手提衡。洙泗唐虞，應時展措。此堯舜之所以達而在上，化被萬國，功不爲多；孔、曾之所以窮而在下，化止三千，量不爲隘也。惟公卒勉之。純顯較精神氣力，似當讓公。而較學旨鑽研，契當諮純顯。壎篪協奏，敲唱相資，十載之間，知海邦鄒魯，不獨在於古，而又將見於今矣。王槐亭書檢不見，豈瀕發偶遺忘耶？附數字見情，希轉致。

答張文石書

來教云：往者碌碌，每恨日侍左右，竟不請叩一二要語，以燭行途。邇來雖竊有志，終爲習見所障，不能遊于大道。不識老先生肯惠一言，砭其愚昧否？止修之義，明白了當，更無可疑。但真止真修，卻恐世間人忽忽混過，未有當下承當，以副老先生提宗挈奥，開示後學之意。邇聞來學者多，其間領悟心印者有人否？老先生爲千古學脈，固宜廣其法門，而亂德無忌，容亦有竄入其中，老先生必有以別白之，使無滋蔓可耳。俞使行促，所惠教言未及遍讀，不敢條請，尚容再啟。

頃乘俞使便，幸海陬之枯寂，乃亦有翔鴻也。迫不作書，輒以刻代。端承惠報款款，然謙己之意，愛友之情，衛道之念，交至而互發也，幾滿幅春温矣，感何如也。

念僕於丈，雖幸有交締之緣，而形局孤睽，乃適當沉墮之際。無徵不信，矢口何當？方日凛凛焉，痛砭深懲，以學爲諱，而可爲口説空騰耶？修身爲本之揭，必實在，可信於家邦，可徵於蠻貊。彼其時所處者何地何時也，此其所以爲愧。昔人謂千年一聖，五百年一賢，猶比肩隨踵而至。止修揭出，直下承當躡跡孔庭，希踪曾矩，誠爲不多其人。然自昔聖賢，懇懇諄諄，夫豈得已哉！所謂「勞之來之，匡之直之，輔之翼之，使自得之又從而振德之」，豈有一箇字不是愛成之心？然亦豈有一箇字不是勉强之法？大率皆是爲未悟者設，而非直爲已悟者作奬掖褒許也。皇皇汲汲，總不爲私；廣生大生，曾無寧軌。天成鄒魯，未之嘗聞；爲佞栖栖，夫豈得已。此孔子之心所以見譏於當時，而有開於後世也，惟丈更體此。文章節義，士尚所歆。欲立欲達，分量未滿。與其潔也，歸斯受之。自道自成，不逆不億。又自是無類之盛心，曲造之門法，無可奈何之苦念也。

辱教及，更有愴於予情。《正學堂稿》，蓋居漳三載敝業，業已屬友人致諸左右，知必俯賜覽裁，惠示砭箴，不我遐棄。

答鄖陽兩學諸友書宋甲東等。

萍梗西東，枯榮失得，十載之間，經涉多狀。一過不復留，總視之如夢中事，不復記胸臆間矣。惟此憂學愛友一念，百窘千摧，卒無變革，况僊鄉士，又往所日勤切琢，嘉惠之至者乎？廖生來，傳致手書，自宋友下，合凡五十餘人，孜孜問學，款款關情，吾固有以諒多士之念之不我殊也。

修身爲本之旨，往揭之如日中天，諸士友聽之亦亹亹忘疲，如飲醇嗜炙。學宫一會，班序説經，言人人殊，如出一轍。旨融義洽，心曠神怡，充堂鼓舞，不復知太和之氣，乃獨在唐虞洙泗間也。假令天玉其成，磨以歲月，則鄖襄士子，其有不彷彿鄒魯者乎？往矣無可恨，每謂身到學俱，若以當塗之去來爲此學之廢興，是全副當精神，總在人分上著眼，於學宗傳，去之遠矣。書到傳觀，幸共奮拔。會事之曠廢者，即刻興舉之。友朋之涣散者，即刻聯屬之。志意之頹靡者，即刻振刷之。檢修之疎闊者，即刻懲創之。開口只以四字爲提，毋作他説；斂襟惟以四字爲念，毋俾他馳。以此行乎家，以此通於里，庶幾哉雖在千里外如覿面言，如侍師側，而往所爲諄諄日勤諮叩者，乃不爲徒托空文矣。勉之，幸甚。

兩庠友各寄《正學堂稿》一部，《大學約言》五部，《哲範》一部，幸轉致互觀之，并按籍循次講之會中。有得有疑，乘翼之良，另以見質。時在戊戌新正之初九日。

答施艮菴書

「千佛出世，只怕人不發信心。」古有是語矣。只信根不立，即四環周孔，洋洋焉日爲之騰道義之言，説得耳聾舌敝，亦秖以成鳥獸好音之過耳，何者？則植根之無其地也。雖然，此特自聽受者言之耳。至於傳法救迷之人，則豈容緣此少生倦厭，即不信之愆尤，當兩分其任矣。此自昔聖賢所以只信得自己，滿足得自己的分量也。試觀衰周之際，以孔子如許大聖，爲一大事因緣出現，上説下教，轍環周流，乃從遊者數止三千，速肖者僅爾七十，卒之頂針頂脈得宗者，僅一顏、曾也。然在孔子分上，則何嘗敢存半點厭心？亦何曾肯餘半點歉分？假令其時少存倦厭，有如來簡所云，則彼其時詆排譏貶者，信可鄙於無人，將令百世下何所賴，而爲孔子者亦直以貢高自了，真所謂「果哉！末之難矣」。

浮生百歲，數止區區，越歷無聞，及時勉學。旬中歧望，正有訝於杖屨之疎；因病致稽，又自是勢不得已。而非丈之果於忘世薄時趨而爲之，少存倦厭也。近刻一部，蓋居漳三載敝業也，輒附呈，惟覽入。

答楊惟謙書名大有，建寧人。

轍環周流，世每錯看了夫子，以爲干主之用。果若云云，不幾爲夤緣奔兢之尤者乎？而又何以詆未習之滔滔也。致將莫知之歎，亦同此解。不意吾惟謙乃能知之也，謂歎人之莫知此學也。不然，則所云「不怨天，不尤人，下學而上達」者，於莫知之歎，果何當也？此誠學者喫緊所當分別的路徑，就爲學者致心立命之根源。舊每謂人分上再無工夫，故敢斷以「人不知而不愠」六箇字括盡知本竅妙。謂一部《論語》只如此看，豈有孔子而乃肯存半點出位之思，作人分上解耶？

區區所處地，誠爲窘苦萬分，六年匏繫矣。謂於夫妻子婦，一切無情，自非人理。必欲以此少摧折、事扳援，即没齒蠖墮，亦終不能破觚。以此易彼，所謂士君子立身行己，自有法度。所謂法度者，豈在外哉？自律之而已矣。此亦所謂可與天知，難概與夫人言之者也，因問一及之耳。鄙事既如斯，契事可知矣。所以處己者如此，即所以爲契處者，道可概見矣。大率守道之君子，不得不拙；已拙矣，不得不困；已困矣，只合堅守道之初衷。豈宜易困衡之拙操，嚴分路徑，定落脚根，蓋是吾人要緊事也。故曰即此便是致心立命之宗竅也，惟體之。

山房初建，屬當事始，匡嶽此舉，亦云盛心。友朋赴者，所宜展拓胸襟，濯新志氣，爲此學大有闡明，是即所以爲山靈助發光彩也。惟謙能往，則面勗之；如不能往，必簡致勗之。

答劉肇稷書名夢斗，同安人。

周士貴，非獨上貴之，士亦自貴焉；秦士賤，非獨上賤之，士亦自賤焉。彼其時夫豈無遯逶迤之深谷，採芝實以療饑，超然於物外，如黄綺者乎？彼烏得而賤之？信哉是士之自賤也，咎不在人也。

簡至，知能同衆赴考，而不同衆哀籲，少存品地，而不甘群于墊溺也，爲可取也。大率流俗拔得一步出，即本立；脚跟站得一步定，即身修。引而伸之，觸類而長之，無細不檢，無微不察，一切站定了脚跟，而不淪胥於汙染，即蔚然道誼之風規，超然狂狷之選矣。嘐嘐慕古，踽踽卑今，夫豈有他長，而聖人取之乎？則以能不同乎流俗，不合乎汙世，而可誘進以堯舜之道也，惟勉之。勞進數定，果其可以卑賤而得，雖執鞭之士，吾亦爲之矣。如不可求，祇以喪己。此孔子所以甘疏水之供，而鄙不義之富貴，謂於我如浮雲也。

敦稷不知何時至，計不出此月。肇稷果有心，書到，言行山中。見有興化黄友在，蓋卓然以學爲志，而不雜他腸者也。共一煅磨，亦何必取定魏友，乃爲進止。

答吴學親書名道楫，龍溪人。

每謂仁聖非難，不厭倦難；聖人君子非難，有恒難。有恒者其心，不厭倦者其用也。果其無倦厭，即仁與聖自其分内事矣。肩當氣力，一見賞心；日見之行，請事斯語。直以授受之親承，轉爲里黨之化導，不復作顧瞻遲回。蓋面埋頭之態，此學親之傑志，所以夐異於人群也。修身爲本四箇字，言之甚易，行之維艱；語之甚平，究之無底。孔子將二百一十五字，遡源徂委，羅絡性命經綸，管宿于此，斷以崇品編氓等級，千層一手提撕，共爲肩荷。堯、舜、禹、皋，則學之明于上者；孔、孟、思、曾，則學之明于下者。由今觀，豈有一不滿其量者哉？在學者善自取則而已。上蒼不孤負孔、曾，孔、曾不孤負吾徒也。

紫泥、東山地雖遠，尚非遠高堂，雖景邁有方之遊，亦不病遠。進而與師友共涵濡於一堂，退而與子姓親朋互磨砥于室，而又按會之期，合里友于會，所以共切磋磨礪也。無間暑寒，無替終始，本之以有恒，要之以無倦，則聖人君子，固吾學親之分内事也。鄒魯之盛，且將復見于今，而諸賢不得專美於前矣。

虞生尚在此，此其身行檢飭，無玷學宗，而負荷肩當氣力，以視學親略等。至其地尚賢崇德之風，倡興率作，又似易爲力也。其來也意非徒，其去也必不苟矣。浙、閩非遠境，學親試耳而炙之，可容怠廢。

答丘士元書名調鼎，莆田人。

居同里閈，未必相知；韻味果諧，千里如面。顧予涼德，其何以堪？乃儼然正弟子分于千里外乎？播種者所貴食實，然灌漑培植功力在初矣，此仁者所以先難後獲也。九仞不及泉，誠爲棄井，然未有不勤事於始，而取穫於終者也。只步步守定四字符，如履繩蹈矩相似，日就月將，自漸見緝熙光明之益。脚未踏門，汲汲焉以悟爲講，則過矣。初冬果能來，甚善。《約言》一册侑覽。

答長子慎書名維機，晉江人。

黄汝潔將到昆季手書，矢不失足于鄉愿，迷心於空寂，期共鞭勉底成，以爲報酬之大也，偉矣！吾復何云。顧此蹊徑之差殊，乃僅在于杪忽毫分，潛伏根裏，未易識别。有終日玄言，而片詞隻語忽不覺其涉入于佛，即此便是釋之本色發露也。有終日禪語，而一知半解忽不覺其涉入于老，即此便是老之本色發露也。吴人之仕楚也，十載不一歸，化于楚矣，及病而吴音見。當其未病，不但人以爲楚也，而彼亦自忘其爲吴也；不但人不知其爲吴也，而彼亦自以爲真楚也。及病而吴音見，乃知向之爲楚者膚革也、皮毛也，其腠裏骨血則猶然是吴也。故辨學之端也，必究到蒼素的本色，而後染净；伐學之病者，必刻到吴音盡絶，而後楚純。世之攻文者亦類此矣，所以不能名家。往往踵他人之步驟，而襲其詞句。即不襲其詞句，亦必倣其氣韻聲響，宛宛轉轉亟涵濡，以爲吾乃善學《史》、《漢》者也。譬之至死終不改吴音也，則猶然是吴也。故學儒者必純乎儒，學釋者必純乎釋。不純乎釋而效顰儒語者，非高禪也；不純乎儒而拾唾禪譚者，非正學也。

檢來章所以辨析宗竅者，亦既苦懇矣。所以詆排攘斥，痛自抹撥，爬搔必期净盡，以誕登彼岸者，亦既奮拔矣。而强半皆禪語也，猶之志楚終不免爲吴音也。洙泗簪紳，葱嶺血脈，往固笑之矣，而契昆玉可蹈之乎？惟子慎察之，并以抄寄子環。蓋予例不通京書，守株瘴海，固窮甘寂，直以身處于世外。雖以令兄最知契，亦不欲爲多發也。

答管東溟書

岵雲丈將到手書及大集，并以《孝經疏義序言》展誦紬惟，不勝感服。宇宙廣矣，撑柱者要須有人。斯文擔重，負荷良艱，此所以從來代不乏人，而亦不容多有。僭每以弘毅兩字爲曾子悟門，直從承當《大學》而得喻，同扛鼎般一頭軟脚不得，如翁真其選矣。

《疏義》之集，自謂之少有效於孔、曾，俾仁人孝子，有所據依循習。頃荷慎丈序，已足表章。翁復深探孔作之懿沛，發言外之旨，以開啟下學，上達宗傳，俾不僅僅守轍循塗，而直緣聞入悟，以誕登於覺岸也。其有功於是經甚大，豈獨爲《疏義》光寵云哉？此弟所以既有感而又愧且服也。弟每笑夙生於曾子，不省是何緣法。既於《大學》爲之婉轉發明，而又於《孝經》委曲爲之疏解。自昔開口説孔、顔，或曰孔、孟，而予獨諄諄説孔、曾。然由尊聞行知一脈考之，則從遊者雖滿足三千，速肖者已踰七十，卒之頂脈承宗，由曾而思，由思而孟。俾洙泗之學，如日中天，而六籍之垂，有如符券，則信哉是曾氏之功不可誣也，蓋自守教始也。餘並寂寞，誰其詞者？孟氏最善體會，故宗孔尤篤，衛學尤嚴，所折衷者乃僅在於杪忽毫分之差，而所判決，乃直底於無父無君之甚。夫楊氏豈無君者乎？墨氏豈無父者乎？此不待智者而後知也。伯夷，聖之清者也；伊尹，聖之任者也；柳下惠，聖之和者也。人至聖品高矣，乃尚曰與我不同道也，則何其辨之嚴也。非辨之嚴，蓋閑之不得不力也。惟如此，故得一脈頂針，如祖父子孫嗣續承傳，自開闢以到今日，罔有續絶。不然，生心害政，發政害事，將禽獸偪人，人將相食，幾何其不胥而爲夷也。夫孟子何能爾？則自曾子之守教始也。故於今世如欲明學問，則必以孔子爲宗，《大學》爲案，曾子爲法。翁誠具有洞視千古之眼孔，羅絡宇宙之胸襟，而於《大學》一章經，乃獨有漫視之者。僭每謂儒學的有宗，舍《大學》則孔學尚無傳，六經删述，功至矣，非《大學》則孔宗尚未著。習傳循誦者，大率見一班，只不覩學之全局，不透學之命脈，畢竟尚是門外漢。此子貢所以謂「得門或寡」，則不見宗廟之美，百官之富也。此答許敬菴語也。不繫「子曰」，正可驗得是孔子親筆。明德親民，止至善，顯然模範一箇大字，豈得謂以國之所以名學者名其書？孔子尚矣！著作不啻富矣！曾子亦非少，只《大戴禮》所載《立事》，至《天員》滿足十篇，合以《大學》、《語》、《孟》、《禮記》、《孝經》、《説苑》，頃抄之，哀然一大集。謂孔子惡文勝，贊易外不自撰一語；曾子以守約，故生平不筆一言。或者未深考，因而斷之曰「孔子不作經，曾子不立傳」，得無張主太過？十翼垂文，半繫「子曰」，又豈得謂半爲孔子筆，而半爲記者言乎？孔穎達蓋最爲博涉之人，其去曹魏尤非遠。唐初諸儒，與有聞於龍門旨者，其見地率非賈逵輩所及。石經「嗅」作「戞」，蓋文公語，何所憑謂石木非所見？陽明於此尤注心，安知其不參校諸本？乃畢竟以註疏本爲正。然此尚是末上解。

僭每謂理可憑者，吾惟斷之以理；學可印者，吾當印之以學。焚坑後，簡牘大率支離，石刻何時？豈必孔子自勘？要之義順文從，較自多者勝耳。此諸賢之所以屢經校勘，畢竟以註疏本爲宗也。區區誠淺陋，豈有護私之心？而於翁尤不樂爲異同之角云然者，真有悵於宗盟如老丈，固所謂輕重之權衡，曲直之繩墨，將斯文之標準於斯在也。即天下信之不爲多，一人病之不爲少矣。翁豈得僅有取於修身爲本一言乎？僭每謂二百一十五字經文，喻如造物生人，一字不可增，一字不可減，亦一字不可移易互換。明得此，則《語》、《孟》、六經皆其註脚。明得修身爲本，則一部《大學》又其註脚；蓋必如是而後謂之全人，故亦必如是而後謂之全學。世所傳石本，未論多謬，只經文中缺却知本兩言，於學宗傳去之遠矣。故緣此自謂知孔子最深，而緣此服孔子亦自以爲最至。夫孔子何如人？乃有待於鄙生知，亦何屑於鄙生服？則以爲不透其宗，則雖名曰知孔子，猶然在藩之外也。凡此皆一切已見刻中，語不爲翁發，惟感承獎掖，謂有關於學問興替之機，不得已一誦言之，以備翁採擇，諒翁不罪其愚。至於世學流弊，蓋從古之所不無。談天雕龍，假仁借義，淫名僭號，賊世誣民，爲天討之所宜加，聖世之所不宥，允有如來教所評。然學術之《春秋》，則豈易作乎？「我亦欲正人心，熄邪説，放淫辭，距詖行。」最有擔當者無如孟氏矣，亦不能離身一步外別有科法，亦惟曰「君子反經而已矣」。經正則庶民興，庶民興斯無邪慝矣。故楊雄欲不觀非聖之書，而董仲舒謂諸不在六藝之科、孔子之術者，當一切禁斷。蓋必如是，而後道術可一，風教可同，斯民靡有眩瞀遷惑。人宗鄒魯,户法孔、曾,而邪慝可永無作也,不知翁丈謂爲信否。

太素丈所寄書竟未到,兹幸見大刻,并領序言,爲慰矣。素丈非他比,固翁里戚而弟知己也。迂左之邦,魚雁浮沉,一至於此,是可嘆也。弟己亥秋已徙莆,以莆縉紳先生合凡五十餘位,以書院新成,走友敦延,司其教事。故昔居漳,今居莆,總之世外之身,固窮甘寂,斷絶市廛冠蓋,惸惸然敬守四字靈符,以無辜有道之眷,無忝於儒者家法,以苟免尤悔而已,不足道也! 不足道也! 風便,謹此附申感謝,不盡欲言之忱,惟心照。

見羅李先生正學堂稿卷之十九

答金我玄書

來教云：某蚤歲從學，浮沉仕路，蹉跎歲月，義理出入，有負平生。晚得老先生獨揭修身知止之論，然後知獨見本源，非懸空水底撈月者。今之講學有二：有主悟，有主修，愚生謂學以悟爲入門。悟者，悟其所修，以修爲實踐；修者，正修其所悟。非兩而歧之，以悟而證修，以修而證悟，此合内外之道也。又有分頓漸爲兩門者，老先生所重知止者，莫不是悟否？所揭修身爲本者，莫不是修否？方馳瞀于迷途，未知究竟，惟正法眼教之。某沉溷簿書，即道學宗主，咫尺在望，未能一造廬而考德問業，況尚友千百世之上，而與聖賢爲徒乎？益愧其「曲士不可以語於道」，局于量也云云。

古稱「民可使由之，不可使知之」。如何謂之可使由？則梓匠輪輿之能與人規矩也。如何不可使之知？即能與人規矩，不能使人巧也。悟者何？巧是也。止修兩法，則聖人之所與人以規矩也。一步止而能定，則見一步的光景。再步止而能静，又見一步的光景。三步止而安，四步止而慮。一步進一步，一節悟一節。進無窮則悟亦無窮，故悟亦與此學相爲終始也。非所謂一悟了便無復有事幹，如世所説云爾也。故要緊在明學，學果明，則所由者皆正塗，所見者皆實境。寸累銖積，水漸木升，計歲考功，如持左券。此孔子所以由十五志學，積而至于耳順從心，塗轍不殊，而光景日別也。

諸事可以憑意見，惟學不可憑意見，譬如靈丹一粒，直將點鐵成金，徑竇旁開，致有三千六百。所謂學僊，須是學天僊，惟有金丹最的端，而可二言之乎？往語不云乎，「不知後之學者，何故欲明孔子之學，卻不肯循孔子之教」。濫觴於始，以致瀾倒於終。若依著《大學》揭出修身爲本，而以知本爲歸宗，知止爲入竅，格致誠正爲修之之功，齊治均平爲修之之事，家國天下爲所處之方，則人有依據，學有準繩，將令舞文弄智者，到此無所容；奸說妙談玄者，到此無所開喙。又語不云乎，「前此所以誤，只爲不知知本爲《大學》立教之宗，知止爲《大學》入手之竅，修身爲《大學》歸止之的」。所以訓詁辭章敝于宋者，固以格致爲宗，而喚起天下曉得求心；振於明者，亦祇以致知爲奧。故由舊說，則要緊全在格致，而知止甚輕；由今說，則立命歸宗全在一止。格致誠正，不過就其中缺漏處檢照提撕，使之常歸於止耳。此似豁然爲《大學》另開一眼，另見一天，而實則按依孔學之頒布章程，而非敢爲臆説也。允能作如是觀，則如教之所稱，或主修，或主悟，或分頓漸，總之皆不免以意揣摩，離本而談，無所當於實事也。不知我翁謂爲信否？

孤踪流落，已將身世升沉颺之度外。蓋一語涉窮亨，即有疑于出位；片言及理亂，即病不能固窮。而我翁乃尚軫其夙昔驅馳，過爲推輓，欲引而爲艱大之投，勗勷之戡定也乎？頃來既以守株，故阻迓前茅，即辰復以懸隔，無因展謁。歲徂冉冉，徒有旌搖，遄辱記存，祇深銘刻。臨緘惘惘，伏惟照在不宣。

答張龍江書名曉，茂名人。

嶺以西雖均爲往者經略地，而茂、電、石、化之間，則尤其戰争攻奪之所。全副當精神，曾於此竭盡。故得蠢爾爲讎者，無所逞其噬嚙，而沿邊蒼赤，按堵保寧宇，以無增罪戾。至「天命」一章，則又爲貴庠友而講。「好仁」、「仕學」兩章，則爲電、化兩庠友而講。彼其時何時乎？縱横充斥，而吾尚不忘情於道義，孜孜焉爲士友開發也。則又不但投戈息馬，而直於對壘交鋒之際，爲友生談性命之竅矣，亦迂矣。

公見尤卓者，閲兹二十餘年，不忘舊故。專書將幣，賁之寂寥，其氣誼誠有以過乎人者，領之感感。苦病之劇，處地之拘，所以一向杜門，邇暫一出，旋復返扃。蓋積苦傷心中氣之虧怯者，甚果不堪也。

答吴學淳書名道濂，龍溪人。

藥以治病，病即是藥。蓋交遊簡則馳騁意消，氣體虧則經營念息。是最失意之中，即最得意之日。此昔賢所以謂「吾覽此病非病，乃教誨我也」。

所舉《南中問辨》，蓋王玉溪語也。正其涖政守官之日，就攘攘紛紛中體勘，而見非避事離群得也。此其所以爲至命之學，而又不離於人倫日用之常。修法何以非粗？蓋真修只是止也；止法何以非寂，蓋真止即是修也。古所稱「不識不知，順帝之則」者，最足以盡此妙。然非覿體涵濡而有得，亦祇爲光景之描畫，口説之空騰而已。要俾守之静者參之動，證之病者徹之愈，根元命脈之皈依者，日錯綜於人倫事物之紛拏，而罔有支離畔援也。乃爲不負斯語，而即病是藥，乃信鄙言之非妄矣。往玉溪方鋭進，郵筒中日遞發，縷析條分，動盈數帙，彼其時何時乎？詞訟錢穀，其小者也；兵務夷情，如麻似粟。而彼直以信向之專，而磨礪之篤也。故日邁月征，而罔容頹惰底止也。故往以刻之鄖臺，須示彼中，學者今安得有這般人，惟學淳勉之。果其志存於明學，則兹所處地難易，又不待較而可知矣。

答龔子典書名文衡，莆田人。

世間未有無事之人，三千、七十，環轍周流，夫豈無家而學？則所重者有在也。最難堪者，莫如飯疏飲水；最不可支持者，莫如陋巷簞瓢。振襟肘見，七日不火食，窘貧者莫有過於斯矣。然且歌聲若出金石，傲然自足，而俾結駟連騎者爲之斂襟而氣沮也，則何其意度之不群如此也？只爲後儒偶然道出句「生理不足，則於爲學之道有妨」，而後之學者少未忘溫飽之情者，輒依以安身立命。不謂之俯仰無資，則以爲饔飧不足，直將全副精神，斂而歸之斗室内，以狗蒙求之數子，爲斗升勺合之謀。假有孔、顏出焉，其窘貧有過今人，明矣。道或不出於此，微獨孔、顏已也？

慧能何等人，固採樵之輩而負販之夫也。一聞經言，喟然憤發，感客資金，遺之養母，間關問瀍，大啟南宗。至於今萬古日星，爲禪赤幟。而今學者號稱有志，乃直以區區農圃規圖，爲學較量，亦見其計之左矣。假令孔、顏而作此解，即一人之頹墮，不足惜也。將令萬古如長夜，豈不痛哉！以子典非庸者比，故感來書而肆及此，惟毋怪。

答曾惇吾書十一條❶

一緘開拆，累牘連章；披腎瀝肝，字字親切。非念友真、慕學篤者，疇能及此？展誦紬惟，既感且服，而又重以愧也。

學必以孔子爲宗，《大學》爲案，譬如萬國殊軌，必宗於京，庶幾展轉驅馳，無眩塗轍。丈試觀洙泗後，以學鳴者夥矣，其爲旨果一乎二乎？所以者何？則以不靠定孔子作主人，尚其私家爲之學。甚至抉摘經文之一目，而和會己見，以緣飾之，曰：「孔道固如是也。」此所以竟千載不明也。故敢斷以二百一十五字，喻如造物生人，一字不可增，一字不可減，亦一字不可移易互換。知一肢不可以概全體，則知一目不可以概全經。知本者定性之樞也，知止者至命之奥也，修身者歸止之的也。格致誠正，則所以修之者也，所以止之者也，丈意以謂然耶否耶？允能作如是觀，乃斷知性命經綸，合爲一轍，虚無寂滅，無復他岐。而瑣瑣支離訓詁，與刑名駁雜，又烏足挂之齒牙間乎？

諸承教者，一切依傍孔宗，毫髮差殊，次當融渾乘暇，各訂數語。其下疏見副封，取聽裁擇，更祈將經按依鄙人考次，往復千迴，必有豁然能得於意言象數之外，超然若神遊於洙泗之門庭，而聆其謦欬者矣。尊目誠未安而以玩，考次蓋甚簡，他文字悉屏去，而併精游泳。此亦甚易，到得機豁旨融，即所以養性靈而廓全

❶「十一條」，以下共十條，當係計數之誤。

明者，道不越此矣。漳地雖遥，何日非覿面？亦不必悵悵於縮地之無方，千里之難於命駕也。

又

《録》云：時止止，時行止，而後謂之知止；動亦定，静亦定，而後謂之有定。《敎學録》不云乎，「説知止，便是止歸於善」。果其止歸於善，信哉無往非止。離善以求止，非空寂即把捉，烏在其爲知止？定性兩字最要善看，蓋是就體上看而非就境界地分上作分别也。所謂「人生而静，天之性也」，正謂此也，與「定而後能静」字義蓋不同。

又

《録》云：曾子得夫子知止之學，故能自反而縮；孟子得曾子自反之學，故能養氣知言。總謂之不動心，故曰：知止而後有定，而後能静，而後能安。定静安非心之不動之謂乎？止者至命之極，故孔學以此爲斬關第一義。如種必落土，築必固基，而後定静安之妙，以次而相生，而慮從此出矣。成就來果然只是箇不動，然合下的入手卻就要有分曉矣。故聖人以此爲經世之樞，入竅之祖。微獨曾、孟，即凡在洙泗者淺深若殊，詣其宗趣，不越此矣。此載在《論語》，可考而見。

又

《録》云：一日走趨書房，問學於汝欽朱丈。朱丈曰：「李老師常命某將《大學》、《中庸》兩首篇合作一書説來，某未有以復也。子其爲我言之得當，俟持以復老師乞衷焉。」余於是退而思，思而請畢其説云。

舊有語：「聖賢論學，喻如造物生人。」片語隻詞，無有不元氣具足者。豈有《大學》不明，待於《中庸》爲緯之理？蓋《大學》與《中庸》義原備，不得互相闡發明也。故往有激於汝欽疑《學》、《庸》之旨異，故屬之必看得《學》、《庸》之旨一，而後學可與有明也。而非謂必將來逐字句配合如尊教所云也。如此看學問，豈獨誤學，又將誤經。只一節過關不得者，疑情横發矣；只一語配合不得者，意見横生矣。此在高明處，似亦所宜戒。經緯之説，原出賈逵，謂是子思一手所作。果令如其所云，亦當如昔儒所云「讀《易》者如無《書》，讀《詩》者如無《春秋》，不可」，云兩相爲經緯也，察之。

又

天之明命爲性，已贅一明字，《中庸》無此也。「惟天之命，於穆不已」，蓋曰天之所以爲天也，丈試味其旨趣如何？「上天之載，無聲無臭」，丈又試察其機緘如何？下文點此尤明白，不覩聞曰至，微隱曰未發。僭嘗以此爲萬古未發也，豈時乎？察之。論學最要得款項明白，工夫本體，著在經書者，信口道來，一一皆有下落，豈可混言之？舊每謂：「止字是工夫，善字是本體；不覩不聞是本體，戒慎恐懼是工夫。慎獨兩言亦同此義。」今曰「止字即獨字」，恐未必然。至所云「知之則不覩而覩、不聞而聞，猶戒懼以慎吾獨也」，則尤非鄙意之所解也，更詳之。

又

晦翁云：「自有天地來，此氣常運，須知有不運者在。自有人生來，此心常發，須知有不發者存。」故未發者天命也，萬古未發者也，此其所以爲大本也。於此歸宗，於此立極，此《大學》之所以必以止爲斬關第一義也。定静安三字，又以地分言之，非所以論於體也。而乃曰：「猶此性之未發而位於中也。」語殊未瑩，更詳之。

又

《録》云：知之一字，衆妙之門，故王先生欲致乎其良；知之一字，衆禍之門，故李先生欲攝之歸止。有生以後，人即發靈，水陸飛行，用者屬此，知其可廢乎？但不合以之提宗耳。攝知歸止，原是不得已而爲言。蓋以世學誤將止歸于知，故刻意言之，教以攝歸于止，與致字作法夐不同塗轍。譬之雙眼光明，一持之外燭，一斂之内向。外燭者則容有不燭矣，内觀者乃靡有遺觀矣。所謂從本立宗，從止發慮，真孔學之正法眼藏也，而可云鄙淺臆乎？幸詳之。至所云「知之一字，衆妙之門」，卻又云「知之一字，衆禍之門」，語亦稍激。

又

《録》云：《大學》止至善三字，即《中庸》盡性二字。其至善至字，即《中庸》其至與至德、至道、至誠、至聖、至矣之至。蓋善雖不出於性之外，而至卻渾涵於善之中。夫善人所同也，至善大人所獨也。加一止字，非學大人者之道乎？

往有語：「《易》以天地雷風水火山澤羅天地之法象，聖人以家國天下身心意知物括人世之經綸。」《易》本太極，《大學》本至善。故至善與太極，總之天命之異名也。天命之性，人所同也，安得謂至善爲大人所獨？但人不能止之耳。此聖狂之所以異，學之所由興也。至字即同太義，特以表其不群於善惡之雜出，爲本體之至精而至粹，爲學者所當歸宿耳，故曰「在止於至善」。知止而後能有定也，而必剔出至字，謂渾涵於善之中，則刻之過矣。

又

《録》云：無善而亦無乎不善，無不善而亦無乎善者，至善也。故《孟子》道性善，言必稱堯舜，稱其至也。

自昔善言性者，只是道得箇善字。此蓋洙泗宗傳，直從悟《易》而得。若曰「無善而亦無乎不善，無不善而亦無乎善」，是將善與惡對説矣，往語有之矣。今有水焉，本無污也，只合道得一箇清字，不可云有清而無濁也；有玉焉，本無瑕也，只合道得一箇白字，不可云有白而無黑也。至欲贊其至極，又曰「無清而亦無乎不清，無不清而亦無乎清」，則舛矣。頃覽世儒書，有謂無善無不善是乃真善，蔽正坐此也。五性感通，善惡分而萬事出，滌之猶恐其不免雜也，而可二言之乎？察之。

又

《録》云：知止而后有定，而后能静，而后能安，而后能慮，而后能得，一貫之全學也。後世皆不知而作，而欲求定、静、安、慮，不可得矣。

往語不云乎，「『孔子無不知而作』，常止也；『顔子有不善未嘗不知』，知止也」。故喫緊在一止，必止而後能定、能静、能安、能慮，蓋慮從止出也。所以能無不知而作，顔子地分尚隔毫釐，故有不善未嘗不知，然絲毫瞞他不得矣。古所稱「水静則明燭鬚眉」，乃不歸功止而歸功知，去學之宗趣遠矣，察之。

答鄭星宇書名燿，閩縣人。

武夷覽簡，致庶將有合併之期，蓋建與榕地尚近，而漳則加遠矣。服闋計偕，竟睽晤對。士登至，將到手書，副之鞋襪，敦念於治裝之辰，殊爲勤懇。

世人一子舉即慶有後，而爲之子者亦汲汲然，圖所以爲之嗣續承傳，以無後爲憂之大也。故父而子，子而孫，自開闢以到今日，一脈踵承，靡有續絶。師之于友義何不然？頃所謂爲師者必有可傳之學，而後不愧所尊。爲弟子者必有傳學之心，而後不愧所受，亦名言也。果其無學之可傳也，則不傳之責當委之師；苟其有學之可傳也，則不傳之咎當屬之友。公非真慕學，何取于獄中求師？凜然高誼，末法中希覩矣。至四字頂傳，又如符如券，靡有玷闕。顧所以闡揚而光大之者，道尚不盡此也。遺經二百一十五字，覽之可以見聖心，而况其累牘連章，不勝其宣闡之至者乎？舊語友，謂：「二十載受徒，及此七載之間，于學少有次第。每進一徒，如舉一子。蓋破家囊，即且盡情交付也。」如公則尤其傑然者矣，能忘念乎！能忘念乎！諸制義更喜不詭時，竚聽捷音，助新道力，旅邸中愧無可用報也。拙刻數種侑緘，希覽入。

答劉質菴書名禮。豐城人。

來書云：蒙不鄙愚，屢賜開示，敢不信好。顧惟質魯，難以語上。諭入門下手功夫，實覺稍有異同，未能妙契，亦何敢粉飾，以欺門下。僭謂《大學》之道，固以至善爲歸宗，然以修身爲實地，以格物爲入門，亦確乎不可易也。此似非無據而談。蓋「萬物皆備於我」，自《孟子》言之，可見離物言身，則身爲軀殼矣。「有物有則，民之秉彝」，亦自《孟子》言之，可見離物則而言性則，性爲空體矣。以此見得身物至善，合併渾成，真體用一原者，二之則不是。故首揭止至善，此爲體上歸宗也；分條必先格物，此爲用處下手也。不肖之所自悟、自證、自修者以此。蓋於老先生之學，實自信其有殊塗而同歸者，豈自絶於日月者比哉？但其始學成德之地分不同，而淺深生熟之功序自别耳。不肖所以敢謂止至善必先格物者，意蓋如此。若欲舍物則而别求至善，則所謂善者似覺墮於玄虚；舍格物而徑求止至善，則所謂止者似覺終無着落。故聖經條分八目，而獨揭格物爲先，未必無意也，學者安得忽焉，而不以此爲先務哉？伏乞崇照矜其愚，勿罪其妄而終教之，幸甚！

守株瘴海，縣隔鄉關。夫妻子婦，戀之小者；父母分上，届兹大事。乃亦不克展扶服之哀，酬罔極之報，其將何以爲情？而獨仰仗親知，使没者得以妥靈，生者不致廢禮，門下之爲造鄙生德罔涯涘矣，感甚！

學問患不歸宗，不患離物經世；患不知本，不患落空。《孟子》所云「萬物皆備於我」，正恐誤者不知求備於外。所云「有物有則」，正恐誤者不察，逐事緣情。門下既知首揭止善爲從體上歸宗矣，卻又云：「敢謂止善必先格物。」則自格物下是有多般次第，豈能遽到止善？舊有語，略言之：「須用三年格了物，方纔去致知；三年致了知，方好去誠意。《大學》乃以止爲始事。」如此云云，不知不覺，又將以爲終事。蓋既欲先格物了，得正誠致格如許層節，雖欲不以止爲終事，不可得矣。手勢熟處，察見丈用意自不草草，顧此宗趣毫分，乃有概於學問綱紀之大，不得不一漫言之，以待來學之採，而非敢必門下於道岸誕登之後，乃更爲旋轅也。

答徐時舉書名鏊，豐城人。

手書沓至，具悉睠念之殷。所舉會中友，有欲從致知格物入手者，此何足怪？頃所謂有生以後，人即發靈，與事綢繆，如油入麵。知與物兩相結合，雖在夢寐中，亦祇緣舊於習心，反覆牿亡，無由止息，不復知性命之爲何物，身心之將安所寄止矣！

《大學》一經，專爲此作，若將維巨浪之扁舟，而端其舵柄把握；防峻阪之奔馬，而謹其銜勒操持。故喫緊教知止一步，謂必有此一步，而後身命可以安立，靈魂不致散越。如種得地，如居有堂，而均平齊治之用，格致誠正之功，乃可應時展措，隨漏提點。故格物致知，自是酬務必用之功。遡其意所從立，則實是要爲至善作隄防，爲止法效疏附奔走也。若無這一步，而直倚就格致上，以之爲立命安身之歸宿也，則彼曲藝者，何嘗不有疾徐甘苦調停？彼商賈者，何嘗不有盈縮轉化加減？以至於百家衆流，紛紜酬酢，亦誰不云從事格致？夫既皆從事格致，誰不可謂之明於學問？而乃有待於吾老孔子之諄諄懇懇，經勘經磨，障瀾砥潰，振領提綱，使各反其本乎？頃所以謂：「全經專教知止，後儒不明，以爲全經專教致知，其病之根祟，正惟在於此也。」

《大學》不明此其底奧，故因問憂之，强病之筆而作此。然此豈徒以答時舉，固所以備請教於在堂諸丈，與凡及門之衆友也。到必反復參研，蓋必悟此而後可以頂脈承宗，必體此而後可以障瀾砥潰。不爾者，雖過承諒信，日相從事於講切觀磨，而揣其意所落處，不無仍見舊解，猶然在藩之外也。伯衎不另裁，面間出此。

答王惟淳書名汝翰，尤溪人。

能自得師的豪傑，果然不易見，三千、七十，大率非常儔。間關閱歷，依依夫子之座，蓋觀摩感勵、不言而躬化者，取數更多也。公明宣蓋善學曾子者，今安得有這般人，往往直以口語承接，以意見窺覷，而反之身上，湊根落脈，彪中炳外，則茫然未有當也。此所以人滿天下，法遍沙界，畢竟談道者多，悟道者少也。如來簡之所慨者，允矣。莆陽果非遠，又以稱生企向意，知晤對之期爲非遠矣。草草。

見羅李先生正學堂稿卷之二十

答李榕崖書

來教云：不肖某苦處六年，離索日甚，獨恃有我翁《正學全編答問》，時時如對提誨。細讀多士反覆窮究，語病在識止字不真，若修義，彼蓋了了也。然既不識止，曷從言修乎？就中亦有以時行時止窺知止者，時字卻是止修，究竟正吾夫子從心不踰之妙。而我翁以境界言，非淺淺者可道矣。今時艱孔亟，惟命世之手方能勷濟，而具在我翁就止以運時，非海寓蒼生之望歟？終不使海濱之士得私我斯文，而屢屢托語空言矣。不肖近方即吉，雖無復用世妄想，竊有志登幔亭以就法乳，且知我翁不遐遺之也云云。

瘴海僑栖，足音空谷，教言遄及，驚唤得醒。蓋一切皆質言，俾生領之不覺其意，喻而心銘也，感甚。蕪編浪漫，過辱青垂，反覆參研，透肝徹骨，世之悟學之敏，復有如丈者乎？

舊有語：「全經專教知止，不知者乃以爲全經專教致知。」故又曰：「由舊説則要緊全在格致，而知止甚輕。由今説則立命歸宗全在一止，格致誠正，不過就其中缺漏處檢照提撕，使之常歸於止耳。」故格致誠正尚有時用有時不用，而止則無間可容息也。止修雙揭，誠爲不可頗廢之功。復命歸根，從何栖泊？此雖謬妄，講之三十年來，鮮有能探其綮窾，把握其樞機，以不作二乘解者。如教所云：「既不識止，曷從言修。」可謂一簇破三關，覿面孔、曾語矣。譬同種樹，必先立根；又喻崇臺，須實做脚。此孔子之所以歷數進學階梯，指陳定静安慮，謂必自於知止始也。已復詳數事物，各分先後，要以本歸於身，使人直下知所歸宿。知止乎此，則不必作家想，不必作國想，不必作天下想。而或有所滲漏，乃嚴用修。知其爲心不正也，則從而用正之之功；知其爲意不誠也，則從而用誠之之功；知其爲知不致、物不格也，則從而用致之格之之功。非若是也，真有心意知物各止其所，而格致誠正，總付之無所事事的光景矣。所謂不識知而順則者，蓋是實理實事。故修要從止出，允有如來教所云也。時止則止自是止，時行則行亦何嘗非止？歸止於善者歸止於性。「出門如見賓，使民如承祭」，豈真須棄人倫、遺事物，而求之冥漠之間乎？故能動静不失其時，其道光明，蓋皆以工夫言，而非就地分上看也。如何如何？

時事良艱，淪墮苦甚。湛恩汪濊，湯網未疎。若或尼之，非人所能。甘苦困窮，以待天定。人才輩出，霧湧雲蒸。命世廓清，厥有攸屬。恐非伏櫪虚襟可堪負荷，辱丈引而譽之過矣。頃傳即吉，跂竢促裝，移孝爲忠，報酬罔極，此真丈盛德事。幔亭寥落，萃止其情，未之敢卜。人旋，草此附謝。

答余伯明書名望陽，順昌人。

來書略云：數奉手教，啟陽以所不逮，勗陽以所深求，豈不知愛深，故言切。陽往走豫章，謁凈明君求教，志在求僊，猶冒冒然取儒者之道談之，是以尸祝代庖也。「舍曰欲之必爲之辭」，取疾於君子者也。惟念夙佩明德，今敢負教，儒者之中，最爲大罪。然罪則罪矣，伏惟不深督過，少寬誅責，縱莊子之逍遥，任玉蟾之快活，俾得以伏練元神，怡精葆靈，少得報效於旌陽君萬一，誠所大幸。陽從此往矣，見有《三山遊草》一册，粗見鄙懷，得爲陽題一二語於簡端，雖數以見棄，名教之罪，亦所不敢辭也云云。

簡至，讀之，適門友盧貞甫侍，甚爲戚，而予乃甚爲喜也。如此真正明宗，真正上路，則學僊者伶伶俐俐一尊僊；學佛者伶伶俐俐一尊佛。不如彼蒙頭蓋面，掩耳盜鈴，竊老佛之緒餘以自娱，而又假洙泗之章縫以媚世。金銀銅鐵，攪亂一器；油麵水鹽，混雜三教。卒之儒不純儒，佛不純佛。從儒，則儒者曰「吾家無此血脈」；從佛，則佛者曰「吾家無此門風」。始之以欺人，卒之以喪己，是欲以務學而反以壞之，欲以盜名而反以失之也。此孔子之所以惡鄉原，謂其似是而非，足以亂德也。

頃來既有羡於友朋中有一李卓吾，欲學佛而徑從披緇削髮。兹來又有羡於吾門友有一余伯明，欲學仙而徑從浪蕩天涯，心迹雙清，兩無有淄磷也，豈不壯哉！吾孔子門中，不患少了人，只患雜了人。人數雖多，中懷異趣，即所謂有億萬夷人，惟億萬心也，其亦何益之有？惟是概宇宙觀之，則統分三教；析三教户列之，則門有三百六千。明師不遇聰慧徒，云踏破草鞋，到底還從家覓，則誤之又誤矣。

區區蚤歲亦嘗究心兹事，博綜玄經，多參善識，幸其有意外之傳也。度其無裨於成事，而有妨於大道也，故敬矢諸天，謝而罷之，而併精一路於孔、曾之宗。月將日就，緝熙光明，淵淵浩浩，祇見其摶之不可量，而測之靡有涯涘也，足以安身立命也。故日與友朋共之，亦屢簡瑣瑣爲伯明言之。而孰意夫伯明乃有雄遠不群之氣，不可羈勒如此哉！道欽禪師之語崔趙公曰：「出家乃大丈夫事，非將相之所能爲。」玆吾雖未究伯明學之終始，可保任此生以無負也。而要之其所舉動，亦自是出於尋常萬萬矣。覿面不逢，距將千里，遥遥雲水，晤語何時，願言努力。

答高進之書名科，侯官人。

孔子蓋天縱之資，而又悟學之蚤，經煅半生，湊底立局。斷以修身爲本，故玄解非所矜，必期履實；愛成雖所志，徵信在玆。試觀禪者一榻，空山灰心，燕坐三年五載，而衆共風靡之矣。即化人成俗，亦斷不自身外得也。吾於進之所以有取者，不獨取其明，而切有取其檢，以爲有近於修身爲本之矩矱也。於學進修，爲有地步也，惟勉之。

《正學堂稿》旨義不改初，然淵泉溥博，學問本來如是，亦自是非一口氣所能道之盡也，更究之，與同志者共之。外一部以寄陳友溓，蓋偶見其寫題莆陽答問序，故及之。幸囑之，必徧以公之人人，不爲私也。

答姪文煒書

孔、曾正學，要緊在家庭之間，出身加民，發邇行遠，其家不可教而能教人者，無之。年來頗有幸熲兒之能謹節，無忝世風。而又有喜于侄暨良八，每一書來，能孜孜以學爲念也。孔、曾教人，豈有他繆巧，惟是將一副當精神，管攝歸己。人關防人心，賢者關防自心。「愛人不親反其仁，禮人不答反其敬」，一切向己分上搜求打點，如是而已。不善學者反是。真只一開口便向人邊，有如予説；一開眼便向人邊，有如來簡所云也。《約言》必要讀之萬遍千迴，俾其詞順於口，理洽於心，不待誦之，滿空中一覽皆是，乃爲實有諸己。昔有僧誦《華嚴》精專，現一景象，見上天下地更無他物，惟一部《華嚴》布滿，字大盈數尺許，遂以發悟。審能作如是佩受，一志皈依，則兹《約言》者，豈復在簡牘間乎？勉之，幸甚。

答惟陽宗叔書名萬春。

工夫不待坷坎乃力，地分必須經勘乃徵。往在滇，有苟尹者，于垂死日志心皈命此，致來起死迴生之效。兹老叔復云爾，豈真有九轉之靈丹？直是全副當之精神，靡有透漏，一陽復以見天地之心，三陽回遂成地天之泰，宇宙在乎手，造化生乎身矣。鄙所謂返本一步，則日聖日靈，離本一步，則日蔽日愚者，豈真草草言之乎？老叔既已信得及，必思植之深；既已試有徵，必期任之勇。無徒善一身，必以生天下之人，使宗之子姓，里之朋儕，咸共切磋薰炙，以躋於大道也。區區七尺，時至數窮，終歸於盡，果其能從本立宗，收拾得毫分靡有滲漏，則此淵淵浩浩者，直將與元氣共其周旋，直能執天之權，而爲造化作宗主也，豈徒爲一時救病之良劑乎？

頃覽立四、良八書，已爲喜，謂親支中尚有潛心士。兹復詳來簡，其體勘之精，乃至死不渝如此也，此真是斯文慶也。

答黄來復書名應暘，連江人。

三千、七十，大率韋布之倫，孔孟終窮，何况吾輩？然分不可不自盡也。故能中天地而一人，徹萬世以爲土。❶世祇知兢榮肥、躐科第，而吾意所珍者，乃不在此。不但我也，有問漳士之賢者，必首布衣以對。是所兢者雖榮名，而所珍者亦畢竟是道義矣，惟勉之。靈符四字，炳若丹青，無玷無渝，確然滿量。所謂自天子至庶人，有異等無異學，任重而道遠，生而具有之，不可以不弘毅者，夫非盡人之子歟？

師禮遥申，照知勤款，更覽序述，具悉體驗之深。至云初嚼之如淡羹素飯，又嚼之如膏粱美味，再嚼之如靈丹，不覺咽下，爲長生不老之藥。吐出與妻子，妻子亦甘之，知其有正味也。庶幾哉真實不誑語，敬佩之無俾絲毫玷負，與簡不符，則此學幸甚。

與李實菴書

龍溪縣丁丞去，已附書。大率致感激之深情，兼勸勉之至意。謂豪傑如丈，必出肩爲世界挑第一等的擔子。揮霍自是長才，功名卻須際會。惟此性命經綸，反躬可以體取，卻是無間歇的工夫，無等待的課業。所以進亦然，退亦然，皇皇汲汲，總不爲私。然卻不必向風塵中走，劻勷處討事幹也。

❶「土」，疑爲「士」之誤。

武夷毋謂岑寂，固自昔高賢所萃止，講道論德之所。而星村又僻在九曲深處，不但不與塵境冠蓋相交，即放浪之遊踪，亦所罕到矣。歲寒之約，幸萬留心，意氣所期，兹爲上事。偶張少川，人便復附此，計當與前簡先後達也。面錢青甫、陸以建，希并出此勉之；如不面，希寄聲勉之。

答熊益中書

自公通籍後，僅於榮差便一寄簡，致喜并勗，兹荏苒四閲朞矣。洛閩之地分彌懸，鱗翼之音踪寡便，悵悵此衷，衹勤夢憶。書至，具悉戀忱，且諄諄然有歉於學旨之未大明也，致宣布闡明之未大滿量也，感甚。孔傳正學，昭揭如星，著在簡篇，幾同舌敝。然非倒身歸宿，則何自涉其津涯；非盡瘁砥磨，何由歷其閫奥？宣尼大聖，尚爾憤思；顔氏睿明，亦苦孔卓。蓋甚哉學之未易明也。然以子貢之達，不免於晚聞，而參也之魯，乃竟以魯得。功虧一簣，不克爲山；九仞不泉，猶爲棄井。則尊聞行知，日省此身，緝熙光明之明效也。此中士友嚮風者誠衆，深造自得者殊鮮，惟獻和吾見其日益，而貞甫久侍，亦力殫其鑽研，皆蔚然可語於中行，無忝於上乘。其他資禀，豈是不及兩君，大率用意不免歧雜，所以成章而達者之難其人也，惟公善體此。楊晉菴蓋古臯夔之倫，而於予又辱曠異之盼，往年孟收曾道之。其造詣地分良深，心更虚而溥也，此誠可以作商量者。而惜乎形勢之拘持，進往之無其幸也。附緘，希轉致。

答涂淳甫書名宗灝，南昌人。

學必本身，道存經世，豈有無徵於家，可當盡分之理？此孔子所以謂「人而不爲《周南》、《召南》，其猶正墻面而立也與」？真一步地便斷了墻壁，而欲以横於四海，其將能乎？淳甫能省此，善矣！所謂「威如之吉」，反身之謂也。意外之參差，信難。必言有物、行有恒，固道之在我，所可自盡也。惟勉之，并出與同會友共之。

答王惟淳書名汝翰，尤溪人。

尤溪蓋大儒生身之地，不但爲過化之邦。人不在書在，世不同道同。有待則凡，無待則傑。生於道義之鄉而又際會昌明，不能奮然興起，是真凡民之不若矣！

遠承簡至，具悉皈向之端。至三反，尤見體勘之實。所云步步提向身來，事事止在本上，庶幾哉語約旨盡。只這一步言之甚易，踐之頗難。聞聲隨聲，見色逐色，不知不覺，全副當精神便撦向外邊去也。所謂「人病舍其田而芸人之田」，只一絲毫罅縫便走了。無爲而治，夫何爲哉？恭己正南面而已矣。將天下之能事畢矣，而又何羨乎？惟勉之，無虚托。蕭舜儀，篤實士，可依歸。又所謂「歸求有餘」，何厘遠涉？

答袁圓融書名中道，建陽人。

簡至，具悉悟證之深，并述與幼溪翁究竟之語，而附以偈言圖刻。縱横合散，信手拈出，非染指禪立語斯須者所可爲杜撰也。顧儒學要透關，佛學亦要透關。文憑半幅，四訖流行，徒手經商，動來盤詰，只一關度脱不得，即文引爲無憑，而長途不免爲滯沮矣。此洞山所以謂坐脱立亡，即不無不如，當時道得一轉語好也。善侍者亦曰：「竚思停機，情識未透，何曾夢見？」此禪家解也。富貴淫，貧賤移，威武屈，試問之還有大丈夫否？仕止久速不當可，江漢秋陽安在？此儒家解也。賢雖日講於虛寂之宗，自謂之證有深，然行藏啟處，畢竟是遊方以内之人，非所謂棄而君臣，去而父子，削髮披緇，以趨脩於寂寞者比也。日用間事，使之交承，攻取之陵奪，嗜欲之牽引，形勢之眩騖，有一於斯，即是關譏不能度越，而文引爲無憑藉矣。區區口語之尖新，機鋒之伶俐，總之皆意識之窺窬，光景之描畫，可以當清燕之敲推，而不可以當險阻之磨勘。《心經》所謂「無罣礙故乃無恐怖」，「遠離顛倒夢想，究竟涅槃」。此又似儒禪兩宗轍之一者，惟契終察之。

答洪子禹書名啟哲，晉江人。二條

問：哲小子讀《禮》時，走侍函丈，下蒙老師提命惓惓。嗣從詔安沈繼揚楚遊，亦惟是奉至教，罔敢失墜。顧千古學脈，修身爲本四字無遺旨矣，廼中間如何？下手如何？究竟未易參透。夫孔門修身爲本之教，顔、曾稱得其宗。顔之非禮勿視聽言動，曾之三省吾身，豈修身下手功夫，只在視聽言動、忠信傳習間耶？抑別有要訣耶？顔、曾，孔門高弟，其所謂非禮不忠不信，寧詎至聲色欺僞也乎？念頭稍差，即屬非幾；一加提醒，便爲本來。故顔之四勿，即顔之卓爾；曾之三省，即曾之一貫：下手處即爲究竟。夫子論天下國家有九經，必揭修身先之。子輿氏亦曰：「君子之守修其身，而天下平可就。」此下手究竟打併歸一否？萬乞指示。

嬰兒學步，不踰床笫之間，卒之九譯旁通，無改於轍。往所以謂：「合下的工夫，即是到底的學問；到底的學問，只了當得合下的工夫。修身爲本之外，豈別有他途之可以架空凌躐者乎？」賢所質者，若爲滿幅皆疑，實則隱隱見悟，意要在實體之而已。有慕顔之心，請姑放著卓爾，而從四勿切實下功。有學曾之心，請姑放著一貫，而將三省按日落脚。即宗自此明，本自此立，日就月將，有緝熙於光明，而至命造玄，皆其分内事矣。徒言之，不行之，畫餅談泉，豈能禦饑止渴？賢自不坐此，以賢問目，非斑見管窺，未入門内者比也。故特以此致勗，惟勿懈。

又

問：聞之曰「進學在致知，聖經首揭知止」。繼之曰「知所先後，此謂知本」。夫所謂知豈空空知耶？所知先後，豈果有節級等次耶？竊意知止工夫，即知本工夫。本者身也，止者亦身也，「艮其背，止其所也」。知止工夫，徹首徹尾，完完全全，非是了此一件方及彼件，亦非是先僅知得繼方行得。《易》曰：「乾知大始，乾以易知。」曾何滲漏？曾何等級？知行合一，斷可無疑矣。乃《魯論》又曰：

「知之者不如好之者，好之者不如樂之者。」又曰「知及之仁不能守之」云云，此何以説也？豈知本工夫，尚未爲盡頭地位，而知之與行，原自有分别耶？顔子謂：「夫子博我以文，約我以禮。」夫謂先博文，然後約禮，世儒支繆之見無足辨，廼以博文屬知，約禮屬行，當否？抑文禮原非二理，博約亦無二功，不必有所屬乎？於文會禮，即於文章會性道，二之而分先後者固非。即脱離而高談玄妙，亦豈得爲是知止知本？蓋必有兼好樂仁、守莊蒞動、禮而一之者。乞賜批示。

學問有工夫，有地分。工夫譬之渴飲饑飡，由壯齒至耆耄，自始學至成德，宛轉遲迴，無二作法。地分則不然，累資積級，從微逮著，善信美大，爰及聖神。如登九級之崇臺，每進一階，光景各别。故所點次名相，有不可以合看，豈得以「知之者不如好之者，好之者不如樂之者」而遽疑？知行之不可合一，謂知止工夫非徹首徹尾，一了百當的做手耶？知爲分别，故所知有在，即通乎晝夜之道，而知語最深拗矣。亦豈歸宿於知？其所知者固有在也。先後之分，獨非等級。始終本末，實其悟門。智仁莊禮，因用得名。檢醒提撕，渾歸一脉。博文約禮，换卻話頭。脗合止修，無二矩矱。舊每取俞玉吾語，謂「文公豈不聰明，只欠卻教外别傳」一句，致將嬰兒姹女、白虎青龍、戊己夫婦、鉛汞芽雪等名，轉爲熒惑。儒者之學，自是正正堂堂，無所謂别傳秘密。然如此等頭巾字樣，隨時提點，亦豈容定執耶？故要緊在會宗趣。

答楊伯和書 名遇春，大埔人。

薰陶漸染，每謂之無一字不從漸入。勝水佳山，奇花異卉，可以一賞而足。至取友親師，道豈如是？

此三千、七十所以聚頭磨切，卒歲窮年，至患難周旋而不舍也。世衹知禪學有教外別傳，謂儒學盡在册子内。玄學須口授，至儒學直須苦讀而已。果然，則顏子最睿善、最明讀，何取終日與言，出見紛華而悦？又豈無書可讀，而何其志意之頓爲遷惑如此耶？經一番煅煉者，即定得一番脚跟；解一番障蔽者，即開得一分眼孔。此親師取友之功力，所以爲大也，不專在册子上討也。以來簡有「兩會中聞教，如夢方覺，如醉方醒」，又曰「闕疑甚多，不敢狀述，終當負篋再造門下，庶幾乎知學之要」，故云爾也。

僊鄉友大率稟實，只苦求應者尚少，人恐離索之久，不無怠廢。而契乃能檢省闊疏，矢彼昊蒼，踵爲就質，庶初志願爲不孤矣。

北京大學《儒藏》編纂與研究中心 編

《儒藏》精華編選刊

正學堂稿（下）

〔明〕李材 撰

劉經富 校點

北京大學出版社
PEKING UNIVERSITY PRESS

見羅李先生正學堂稿卷之二十一

答李致吾書名中，金谿人。

孔、曾正學，星日炳然；一語挈綱，止脩合轍。原不爲高虚防病證，乃落實於倫常；亦不爲顢頇昧指蹤，乃歸根於性命。蓋非止善，則脩者緊何？蓋脩者修其所止者也。非本身，則止者緊何？蓋止者止其所脩者也。有二語非二事：一語涉防範，即屬救弊之談；一語互提撕，即墮兩邊之解。

浣承手教，庶將徹此矣。更辱虚襟，尤深感戢，已復。有軫於世學之磋跎，期共講救時之良劑。若將舉斯世斯人，咸共奮興，以登於覺路也，則尤爲惻怛之至，道之公而溥矣。自昔聖賢處心用意，大抵如是。所以汲汲皇皇，環轍周流，曾無甯軌。然卒不能起沉痾錮證，牖暴棄懦。庸不得中行，則思及於狂與狷焉。夫狂狷何取乎？一則嘐嘐然慕古，志尚可裁；一則踽踽然卑今，自好可誘。閹然媚世，合污同流，絕斷梯航，不生慕悅，雖聖人亦且奈之何哉？所謂佛化有緣，孔傳有志，蓋自昔如此矣。必欲貶道以狥人，謂中下別有門法，則非鄙之所敢與知也。《約言》、《哲範》、《巵言》、《日鑒》篇各一册侑緘，希覽入。

答佘孟張書名克維，海陽人。

《約言》之集，竊有愛成之心，故開方便之法。蓋明學者，明孔子之學也。《大學》則孔、曾宗傳也，故欲明學者，必以《大學》爲案。《大學》明，即身心乃有安立。而《語》、《孟》六籍，有一以貫之者矣。舊不揭其綱乎？謂：「前此所以誤，只爲不知知本爲《大學》立教之宗，知止爲《大學》入手之竅，脩身爲《大學》歸止之的。」又曰：脩身爲本，人知其爲經世之宗，誰知其爲性宗？止於至善，人知其爲末後之事，誰知其爲始事？止善本身，人知其爲兩句話頭，孰知其爲一條脉線？審能如是著眼，直截向本地立根命上作極，以此行乎家國天下，遊乎齊治均平，其得手處，真有心意知物各止其所，而格致誠正總付之無所事事的光景。而又何暇爲八目離披，瑣瑣討安頓耶？惟體之。若不知宗趣之所歸，而第從條貫上摸索，此經文所以雖秩然綱紀，而浪漫卜測。或揭正心，曰此身之主也；或揭誠意，曰此人鬼之關；或揭致知，或揭格物，由今觀，豈其然耶？故行款不明者不可以析理，綱紀不辨者不可以定宗。而契復欲擾擾焉、紛紛焉，從而爲之安排布置，亦衹見其勞矣。幸姑平氣虚心，將《約言》往返熟服萬遍千遍，神明將或告人，有不加思而得之者矣。紬帕領念矣，風便，草此附復。

答彭孟狂書名宗聖，甌甯人。

學問之道，有可以言傳者，有不可以言傳者。六經、《語》、《孟》，昭布如星，聖聖相承，無二門法。大率皆是傳其所可言者，而不能傳其所不可言者；言其所可傳者，而不能言其所不可傳者。比如「吾道一以貫之」，本是忠恕異名，有何奇詭而參也？唯門人疑性與天道，洙泗彬彬，朝夕挂在唇齒間，豈故不言？此子貢之所以晚而有悟，作而曰：「夫子之言性與天道，不可得而聞也。」「中人以上，可以語上」，「民可使由，不可使知」，則到悟的一步，信惟學者之力到功深，火然泉達，不自知其機括之涣然融釋也。學之不力，乃謬揣摩，以爲别有一般不傳之秘也，雖聖人其將如之何哉？

《約言》一輯，久已致在契邊，熟服紬繹，頃已再三申囑「千遇燦彬彬兮，萬遍將可靚」，不知曾如是下工夫否？而乃諉於有不傳之秘，不載在書策間也。而欲向予求討方法，此固梓匠輪輿之所不能與也，而吾獨且奈何哉？

答袁伯益書

頃感興化縉紳士友招，計須一遄赴。距建千程，倏減其半，孟狂果有明學志，其能來乎？其能來乎？

猷爲踔絶，治譽綦隆，不必到花封，聆盈耳之絃誦。而民言士論，已洋溢於巖扉，不啻親炙矣。爲快爲快！

孔、曾之學，經世之學也。其入路也，直從轇轕紛紜中，而不亢棲岑寂。其致用也，直將均平齊治，而不祇托空言。蕞爾邑亦有民人社稷之寄，誰能無事？堯兢兢，舜業業，正在萬幾中，入手落脉，而非直從事外覓也。經世之人，但有繁簡之殊。居仕者固不能離得君臣父子，守山者亦何曾離卻君臣父子？同此經綸，同此注錯，同此歸宿，即無往而非實學；異此經綸，異此注錯，異此歸宿，即無往而非虚文。語經綸必以堯舜爲宗，身荷天下之寄，百責在躬；語學問必以孔子爲宗，身荷綱常之寄，轍環周流，皇皇汲汲。孰謂堯舜忙而孔子逸，又孰謂孔子有學而堯舜則無學耶？體之，幸甚。餽儀感勤念，新舊刻二種侑緘，惟覽入。

答涂及甫書

學必以孔子爲宗，《大學》爲案。非悟，則雖日講於《大學》，固爲空文。藉令有悟，只一語不契於《大學》，終爲意見。區區半生體會，誠不專在於書册上著功。然既透學一班，則必於《大學》悟增一乘，卒於《大學》之旨，靡有遺明，而吾意亦恰合符節，靡有遺憒。故緣此服孔子爲最深，而緣此知孔子亦自以爲最至。公天慧既爾絶人，鑽研尤懇，月將日就，緝熙光明，必有豁然能獨得於意言象數外者，惜地遠無從覿正之耳。然必將二百一十五字按定作譜，如意可以作方圓，而必取衷規矩；手可以摶平直，而必歸則準繩。如頃所云：「看得如盤走珠，字字不相粘帶，不相妨背，而渾融流轉，又不出於盤中，乃真不依倚經文一字，而又若覿面孔、曾，親承其付囑者，乃爲不墮於邊見也。」稿多去，力不能將。《大學約言》、《孝經疏義》各一册，略可見一班。謂非自有悟，不可要指其中。半箇字不允協於經文，則所未有淵淵浩浩。只此二百一十五字，真有探之無其涯，測之難爲量，而又準平繩直，毫髮不容於僭差踰越者矣。

孤蹤浪漫，忽此七年。甘苦固窮，以待天定。然日復一日，鄉園之還返，竟何時乎，竟何時乎？病體殊草草。

答黄君正書名正誼，順昌人。

昔明道每見人静坐，輒稱其善學，然未嘗以此立課。區區《教學録》，亦未嘗不以會友、打坐、看書爲學大方。居常無事，端拱一榻之上，寂然熙然，亦何嘗不是打坐？不必進龕中而後可志心皈命，如禪者云云也。往答陳哲甫，舉「子之燕居，申申如也，夭夭如也」，謂予嘗最愛此。不但畫出夫子一箇太和體段，而又照出夫子一箇入静端倪，真渾然一團和氣，融然一座春風，不知趺坐禪扃者，有此氣味否？了此學，欲究竟，固不專在入圍懲發散；欲收斂，亦不專在一坐。至善者定命之樞，一止落定，湊根入脉，而又嚴脩格致誠正以隄防之，俾其無有絲毫滲漏。直將涵養省察工夫一道做了，則真是窮理奥功，至命徑訣，而非可倚就病上作邊見解也。

念君正自甲午甫回，向丙申復萃止，所造宜益深。兹簡所述，聞止脩有悟，鑿鑿中窾綮。且云今而後於所謂鎖之鑰、盤之針、舟之柁者，庶將一併在手攬之無難，而又何至尋著舊時的路徑，以槁性灰心爲歸結之計乎？「小心翼翼，昭事上帝」，「不顯亦臨，無射亦保」，幸毋錯看了將做静裏的工夫也。

聞將有武夷往，山房初闢，賢傑烝烝，乃彭從老以大耋高齡，亦振衣爲鼓倡，何其幸與？僕雖會病，不能赴，然願言意何已。簡必寄到山中，希即出共觀之，蓋所以告衆友者，亦無別有他説也。

答余伯明書名望陽，順昌人。

書至，知覽鄙緘而汗浹，鎩羽翮而歸宗。機若轉圜，轍無停軌，庶將得鄙意于言詞外矣，殊以爲喜。更承傑志，奮肩負荷；聯屬朋儕，日新會事。只如此日征月邁，無勤於始，無墮於終，經歲之間，釣龍臺畔，彷彿見洙泗之光景矣，其何暢如之？

楊朱、墨翟，大率皆具眼之人，立教開宗，持之有故。異端兩字，謹在毫分；瞻睇少乖，距將千里。豈獨兼玄與釋者，不可以定宗？即兼任與和者，亦有乖於中諦。芒針徑寸，取定廟堂，汎彼重溟，誕登覺岸，則不雜之明效也。集成兩字，世每看之不明，若將組織多門，餖飣鈎連，渾爲一體。舊有語：「淄澠之水合，易牙嘗而知之，貴察也。鍾子期死，伯牙終身不復鼓琴，感知也。楊泣歧，墨悲染，痛失真也。子貢不免於晚聞，參也乃竟以魯得。」「吾與爾事夫子於洙泗之間，退而老於西河之上，使西河之人，疑爾於夫子」，夫何故乎？則入門而悦，出見而悦，一二二三三之明效也，惟伯明尚察之。兼愛之墨翟，與爲我之楊朱、執中之子莫，其爲賊道，一也。此又學者之所共知也。

稿敘偶無情，且不及作扁，如揭似未安，特爲作脩身爲本四字，而旁題曰「爲釣龍臺止脩會友作」，即義可見矣。衆友雖不面，然亦何異面，附去《大學約言》四册，希轉致之示勗。

答吴學淳書名道濂，龍溪人。

問：春仲望會東山，黄汝顒揭問脩身爲本何以透性？老師命諸友各呈所解相證。濂具對，老師未以爲然，命諸友再研，候下次陳之。濂退而思：《易》曰「繼之者善，成之者性」，《大學》曰「止於至善」，又曰「先脩其身」，則欲盡性者，求之於止善焉可矣，求之脩身焉可矣，何必以脩身爲本？殊不知止而不知本，則止爲沉空守寂；脩而不知本，則脩爲補偏救弊。惟知以脩身爲本，精神一歸本内。時有滲漏，點檢脩爲；終日乾乾，務求本立。不墜於寂而又不離于寂，不外於感而又不著於感。故曰：「自天子以至於庶人，壹是皆以脩身爲本，性學也。」未知是否，萬乞裁教。

脩身爲本之揭，誠爲至淡至平，卻也至玄至奥。故説言之甚易，行之維艱；又説行之固難，悟之尤難。悟得者直下透性命之根，悟不得者不免執著爲敦行之守。果其能敦行，則亦無忝於家邦，可稱爲善士矣。此所以中下皆可率由，而高明士窮齒不能究深。養士窮劫，道之不能盡也。

乙未年居東山，蓋嘗專揭此以勘學者，然卒未有一人下語契者，是何其語之至近而旨之難明如此也。兹簡所述亦同昔友之見，理路豈有不是，只是尚屬文字解。譬同作論，宛轉發明，謂之非是不可，而即許以爲透性，則未有當也。試觀「四子言志」章：三子者正應本色，而夫子哂之；曾點者漫説起居之常，而夫子乃喟然曰「吾與點也」。抑孰知冠者童子五七，其人已滿足家國天下之量，而浴沂風雩，對時嘉與，即滿襟太和皞皞熙熙，物各止其所哉！

簡至，希更以此反躬，密密體取，謂是經世之宗可也。而必謂之性學也，何故忽爾揭翻箕底，覿面相呈，一語不煩，和盤托現？方信從前宛轉推敲，祇增蓋覆，而透性一步，果不可以文字解也，亮之。

答袁元闇書名文紹，建陽人。

友朋問目，屢牘連章，大率離本之談，不無汗漫。至爲歸本之説，亦祇就册子上鑽研，所以發之無情，語之少力。兹來簡意宛轉參尋，庶幾哉有味其言。然指本爲性，尚是以虚機作實體，謂見性非也，得無以體認作空言？止也，脩也，謂所以止善可也，而直謂之止於至善，尚冀一敲推。止深一步而定，再步而静，三步而安，愈深則愈固，愈止則愈凝。震撼不能爲之驚，盤錯不能爲之眩，而慮從中出矣。謂一時止有一時止的光景，時時止有時時止的境界，語亦稍欠渾妥，尚宜體察。餘並款詳，有概於理。三省只是一省，省者省其所止者也。鄙稿義不云爾耶？要以見三省之不病於析，而曾學之果得宗也。若又以省字爲止法門，不無多了層節？「無不敬，儼若思」，宛然畫出一箇止的光景，點出一箇止的模樣。故舊謂之有指氣象言者，而又戒以不得虚擬，擬之恐不落根。果其能不作氣象之虚擬，儼然「有赫其臨」「亦臨亦保」「如見如承」，則此止字法門，尚復有餘藴耶？體之體之，并出與同會友共之。

答友書

書來款款，實勘實磨；宛轉岐途，竟窺宗要。契於此學，亦可爲盡心焉耳矣。《南中問辨録》有《答韋純顯》一書，契曾見之否？以渠駁唐曙台聖門無心學之教句，謂「最恐悮後生，最爲誣聖學」。因接而斷之曰：「然則聖門教獨身學耶？」後之勘脩身爲本，而往往致失宗，大率病滯。此劉子所謂人受天地之中以生。仲虺之誥曰：「維皇上帝，降衷於下民，若有恒性。」此全體一仁也，更何待指數百體，以及爪甲皮毛，以爲吾身非血肉也，非軀殼也。欲以點化此身，翻爲著相，與知有身，斷謂聖門無心學之教者，翕豈異耶？以此參「自天子至庶人，壹是皆以脩身爲本，性學也」之句，似猶在藩之外也。至「不脩則善非我有」以下，卻是説得妥帖，有可取者。故謂全體皆善可也，謂此身非形骸血肉則不可也。惟契其更味之，必於此悟得而後學有入頭，止可安固，而所謂從本立宗，從止發慮者，乃不爲徒托空文矣。令弟及高徒面間出此。

答陳侯光書名殷薦，侯官人。

《約言》之輯，要以省學者蒐括之煩。既刻之成，因與定一背誦之課，謂必萬遍千週，詞順於口，理洽之心，而後爲實有諸己也。

簡至，知能莊誦而默勘矣，不知曾如此下工夫否。審其能如此下工，將六經、《語》、《孟》有不加思而得之者矣，又何有於「學而」首章乃尚存疑義耶？舊答李汝潛專論此，載在《書要》中，度契不曾看，即看之亦未曾入心。謂只就「時習」兩字玩味，便可討真學；必就「人不知而不愠」六箇字玩味，乃可保時習。故舊又謂：「人不知而不愠六箇字，括盡知本竅妙，一部《論語》，只如此看。」故「人不知而不愠」，不可看作難事，而尤不宜看作終事。「君子求諸己」，蓋孔子語也。「素其位而行，不願乎其外」，蓋子思語也。「人分上再無工夫」，則區區語也。「人不知而不愠」，只是一味反諸己，而不以半點精神流向末去，即所謂「知遠之近，知風之自，知微之顯，可以入德」者。而來簡乃謂：「豈易言哉！豈易言哉！無愠斯君子矣。」是直以爲造詣之極致也！其然豈其然乎！

外，從伯明簡悉高誼，若將痛貞甫之淪亡，爲寥落之依恃，何其懃也，何其懃也！語不必行，凜凜然志節，自是加於人一等矣。

與郭學立書名孔建，泰和人。

武夷一見賞心，暨河口書傳，繭絲銖兩，較若懸衡，蓋灼然具眼之人也。於道爲有當，不獨爲一時之士，而直可定千古之品也。

明學淑人，僭每引爲士責。故爲學求人，皇皇汲汲，世祇知轍環周流，爲干主之用，抑就知其乃爲傳道之計？又祇知顔、曾、冉、閔，患難周旋，閲歲彌年，爲戀德之殷，而又孰知其爲盡學之謀。淵淵浩浩，真有探之無其涯，而測之難爲量者。自非得門而入，墻高宫廣，亦誰識其中乃有宗廟之美、百官之富，如斯之盛者乎？惟體之。學問不是小事，要爲天地立心，生民立命；不是小擔子，恐不得以遷延志氣、偃蹇功夫，可滿足其分量也。陳繹曾歸，便草草附此道訊，欲語者不盡百一。

答何友書名應期，順昌人。

書來，款款具見探討有倫，疑信不謬。果其信之克真，即十載回頭，亦何嫌其晚乎？《大學》一書，每謂《語》、《孟》、六經，皆其註脚。脩身爲本四字，一部《大學》，又其註脚。真所謂罄南山之竹，寫脩身爲本之條件不能盡也。《易》六十四卦，錯而爲三百八十四爻，夫何故乎？則以爲脩身爲本寫條件也。《春秋》歷年二百四十，盟會征伐，有萬其條，括綜包含，總皆宿此。故往謂之《易》與《春秋》最合，但《易》以天道言，所假者象也，蓋義文之視象猶事。《春秋》以人事言，所假者事也，蓋宣尼之視事猶象，正謂此也。他如《書》之道政事，《詩》之理性情，《禮》之謹節文，夫豈有他説？其歸宿總不越此矣。不必將善貼仁，將無邪貼止，而歸脩齊治平於《書》，列格致誠正於《春秋》，如簡所云，而後爲一網打盡也。只此便可見得看脩身爲本之旨，義不徹矣。舊語不云乎，「自天子以至於庶人，該盡了天下人品；壹是皆以脩身爲本，管盡了天下學術」。真凑底揭出，無復餘藴，此孔子所以謂「此謂知本，此謂知之至」也。必於此悟得，而後所稱爲在春風化育中久者不虚濡，而所砥復性求仁者，乃慥慥乎篤實不虚托矣。而儒先之芳軌，允可紹續無愧矣。冗不一一。

答黄良貴書名希爵，樂安人。

千聖一心，何必覿面？見知者孟，初不及門。遺經悟學，自昔有云，况累牘連章，不勝其宣闡之至者乎？契能斂襟而莊誦之，更許其爲鼎開混沌，而又佩信於學先。知止一語，有如蓍蔡，吾復何云？惟功利之中人，譬膏肓之鴆毒，藥石不可攻，淘汰不可净，所幸者畢竟是從習染後有，非性中本有也。真志一騰，喻同振稿；提衡二比，欲作稱量。則吾誠不知其果孰爲重，而孰爲輕也？體之，幸甚。

答黄光兆書名一鰲，莆田人。

書至，具見體勘之精，庶幾有物之語。境界不動，尚易支撑；學術不動，有難勉强。此聖人所以三十能立，直至四十乃保不惑也。何者？天下惟理惑爲未易解也。文殊之説偈贊佛也，曰「希更審除微細惑」，此豈指貨利聲色，升沉得喪言哉？三千六百，門法紛然，未有持之無其故，言之不成理者。此入門而悦，出見而悦，子夏之所以二二三三，爲有愧於顔、曾也。一事止，信有一事受用；一時止，信有一時受用。「邦畿千里，惟民所止。」吾學邦畿果安在乎？「綿蠻黄鳥，止于丘隅。」鳥尚識此，人胡不然？如簡云云者，彷佛近之矣。必欲凑體皈依，尚須一勘。至辨知字，不可以挈宗語，尤警切可誦。畢竟要認得知字明白，而後宗趣乃保不差。止法得無汗漫，則如《正學堂稿》所載答江山朱友暨陳蘭臺諸書，所宜檢詳而深繹也。

見羅李先生正學堂稿卷之二十二

答王欽在書名璣，龍溪人。

陳子泰將到手書，并述提倡之勤，俾士友蒸蒸然向於道，殊爲喜。隨從漳學續致兩函：一以爲僚友介紹，一以爲疑義徵詰。及門士審皆用念如此，真令已發心者無非開眼之人，而未發心者亦無復有門外之漢矣。何幸何幸！

學問要緊明宗，至造詣之地分，則有淺深。「不識不知，順帝之則」者，自屬到家境界，未易及。若翼翼之小心，以昭事上帝者，自是歸止功夫，所謂夫人而能之者也，可亦諉讓不居，而直頌文王爲獨步耶？則所爲日講於止脩者，於何用之止得深一分，則脩之手勢輕一分。脩之手勢輕一分，則遇之境界熟一分。富貴貧賤，夷狄患難，似是有順逆而無難易，未有能不克詘於富貴，而乃隕穫於貧賤者也，此易知也。果其能正己勿求，半點精神不以流向末去，枯榮利鈍，一切如旦暮之代乎前，無入而不自得矣。所謂「永言配命，自求多福」者，豈有他謬巧，真只一脩身而能事畢。而人顧玩而不察也，奈何哉？

吴有恒既夙砥操，而此番眼孔胸襟，開廓更無量。此僕所以每謂明學要矣！明學要矣！蓋非明學，則雖日講於知本，猶然在藩之外也。

答池明洲書

孤蹤淪墮，引伏空山，直將鹿豕爲群，不但樵釣之侶。長扃外户，高枕羲皇；孤陋寡交，於斯而極。大率好學者從來少人，不但僊里中。承教爾爾，而又困於守株之局；有嚶鳴之心，而出谷遷喬之無其幸也。而翁乃以得朋之多，爲鄙踪慶也，何其與此中之光景異乎？往在家雖簡倨，然亦時有宗戚往還，酒食徵逐，田疇交錯，釁隙時生，邸第頹零，修葺間有。厭繁樂寂，自是素衷。然事在眼前，亦有不容已於應者，乃日在忙冗中度也。今所處地則何如耶？漳泉非遠境，士習不大相懸，正苦其無以廣愛成之心，而收得朋之益也。倘其如簡所云，則雖顧慙淺陋，無餘善以及人，而世外之身，蕭條之景況，亦庶幾其可用莞矣。海觀之赴，日有懸情，口説徒勤，摳趨未易。然非所謂無其誠，而祇寄其興者也。繼粟感懃拳，周急義難諉，然領之何以答乎？拙刻數編，謹以附之從者引謝，惟覽入。

與韋純顯書

楊振甫去，曾附簡略道忱。振甫蓋老於學、參訪多門者。晚而歸宿此，故其證頗深，其守殊確。以公爲同門赤幟也，故就謁焉。若將以究杪忽毫分之訛，以廣愛人成人之意，俾海邦鄒魯，不獨見於漳，而且見於廣也，其志亦壯矣。

去後僅越月，而公順德之蘇友，復不遠數千里，自廣而來漳也。依炙朝昏，日勤研覈，斂退馳騖，刊落聲華，確然奮然，若將載道而與之俱往也。吾於廣既夙有慶千，得公嗣復有望于翟，而今乃復見蘇也。世道亦大矣，生人亦夥矣，脩身爲本之學，豈繄自淑？蓋合家國天下而成其身也。非言偃則魯道何由至吳？非龜山則洛學何由入越？皇皇汲汲，總不爲私；廣生大生，曾無甯軌。蓋除邵孕靈毓秀，爲世生傑，雖天地亦無別，有幹當以維持世界也。所謂「爲天地立心，爲生民立命，爲往聖繼絶學，爲來世開太平」者，蓋是實理實事，真所謂「言大而不爲誇」也。而豈一手一足之所能濟乎？惟公念之。漳南幸近界，鱗翼未絶蹤，而閱歲之久，曾無聞問？古人所貴日新又新者，豈獨貴志行之專磨礪切磋，正有須於啟迪之助。孔子且憂不講，顏子尚須終日與言，而況其等而下焉者乎？頃答友，謂兢兢業業，可云始學事，直至地平天成，百有十歲時，猶然一兢業也。「毋以老耄而舍我，必朝夕以交戒我」，此抑抑武公之所以稱睿聖也，公其可無慕？滇南竿牘，可按可憑，敲唱相資，如叩如響。所以及此，光昭尚存徵信。

僕於家政世故罔攖情，而獨此耿耿一緒，誠旦暮念之，恐其暫明而旋蝕，以終蔽斯人也。故於蘇生之造謁也，草率復布此。其謁也，亦猶振甫之志有在，不爲徒然也，幸無虚負。

答吳有恒書名自誠，臨川人。四條

心意知物，四者條分，總屬用邊説；故格致誠正，四者條分，即就用邊藥。經書中凡言知字者，不論乾知良知與通乎晝夜之道。而知皆因分别得名，故頃答江陽朱友，謂「所知有在，安得不屬之用者」，爲此也。道心人心之别，往者論之詳矣。謂循中而發者即道，違中而發者即人，然決不容有二者雜於方寸之間。至於止法，湊根立命，比于靈丹一粒，直將點鐵成金。若不於此悟入，不但違中而發者，勢將滅天理而窮人欲，即循中而發者，亦如電光石火，時見時隱，無處討收拾矣。知上不可盤桓，語最有力。總之，就用邊覓、流上擇，恐明得知來遺卻了止，而將至善飏之九霄外也，弊最深切也。

又

看經書，喫緊要明宗。隨方指點，譬同療疾，寒則投之熱，滯則導以通。間亦有就邪氣邊驅逐者，所謂急則治其標是也。然卻不可執爲定法，寡慾養心之説，正有惕此。試檢《孟子》全書，考其學所得力，直是一味就性地上歸宗，善端上察識。所舉「惟天生民，有欲無主乃亂」者，最足以盡此妙。游氣紛擾，合而成質，誰能無欲？惟無以主之則亂，有以主之則不亂矣。畢竟主安在乎？須思而得其故。

又

學必以知本爲宗，知止入彀。會友、打坐、看書，誠爲學之大方，不可一缺。然亦特就條貫言之，未覩歸宿。就中品節，雖以會友爲上，打坐次之，讀書又次之，有如來簡意，謂不可定執者，大都世學。希高者先打坐，而務博者急讀書。至濶略於砥脩，誇詡其意氣，以躐爲名高者，又類托之乎會友，以爲是萬物一體，人己共成之道也。而其意則不爾也，總爲病矣。

又

往在蓮槎，曾爲謝時從手寫「知及」章，謂聖門論學不怕碎，蓋學已得歸宗。後之論學者只欲渾，所以漫入高虛，都無密緻。試觀「知及」一章，查了知及，又查仁守，又查莊涖，又查動善，只一關透脱不得，即并與其所及所守者，總虛擲矣。何等緊切，何等好做工夫。四驗之揭，正有祖此，人苦不自知，往往未少有得而遽以爲足也。而又無好良益爲之峻詞指切，故特款列言之，俾其按條逐件，自爲查考。明于心矣，未能達之于口，未明也。果明于心，有不能達之於口者乎？一驗也。達於口未能書之于紙，未明也，二驗也。書之紙未能措之於事，未明也，三驗也。動之或罔悖而未能喻諸人，未明也，四驗也。若得他心通，即是自性現，故雖宣明學旨，指點甘辛，而不能豁然使人了解，即是自明之未至也。只以此四者作實查考，毫髮豈容瞞隱，真如臨師保，無地可逃閃矣。而賢乃欲揭之壁間，以爲左右箴銘，意善矣。更祈出而與同志者共之，尤爲善也。

答林丹山書

匡嶽屢簡頌，并抄到書院緣題及記文，備見翁之勇於倡義，純於任學。若將聯屬朋儔，永矢一心，直躡孔庭，以登於覺路也，壯矣！

古稱豪傑而不聖賢者有之，未有聖賢而不豪傑。嘐嘐慕古，踽踽卑今，大率皆有特異之胸襟，而不甘群翼鱗之飛走。此聖人所以不得中行輒思及之，而不樂于苟避笑呰，混俗和光，以取歡於世者也，如翁真其人哉！頃嘗簡致實菴，謂：「豪傑如丈，必出肩爲世界挑第一等的擔子。揮霍自是長才，功名卻須際會。惟此性命經綸，反躬可以體取，卻是無間歇的工夫，無等待的事業。所以進亦然，退亦然，皇皇汲汲，總不爲私。然卻不必向風塵中走，劻勷處討事幹也。」今於翁亦云爾矣。故敢述爲翁頌，直以翁間生豪傑之才，向孔、曾門下作宗臣，爲洙泗門庭展翊贊。砥定頹波，障迴瀾倒，合諸氣類，倒宿煉塲。毋勤於始，毋替厥終，即蔚然弘毅，風規超然，大乘之冠冕矣。又嘗簡致友，謂：「仁聖非難，不厭倦難；聖人君子非難，有恒難。有何奇功？有何捷效？天地之道，恒久而不已者也。只一箇有恒，即神聖工巧，總皆吾分内事矣。」又敢述爲翁勗，所謂「未有聖賢而不豪傑」者，謂此也。

僕辱翁知愛厚，聳傳高誼，不覺其眼之深悦之至。故乘翰甫之歸也，勒此布款衷焉，伏惟覽而亮之。

《孝經疏義》二册，侑緘。

答余伯明書名望陽，順昌人。

金屑雖貴，落眼成翳；纖瑕爲纇，全璧不珍。岐路遲迴，終無至止；讀書博塞，總歸亡羊。此吾所以頃承札到，特躍然高所志，而姑不暇駁及於學旨之是與非也。

兹傳覆轍，尚挂絲頭。命脉精魂，可容牽掣。是欲以植嘉穀之良苗，而故雜以稊稗之種子，兩大並芳，決無是理。往答顧桂巖，謂堯舜周孔做不得的也須放下，不可更求出頭。天下豈有僊人？毋謂武帝之語，古稱壽聖人，曾不留至今。宗元云云，亦自有理之到處，而不可忽視。吾於丹經讀之最爲詳且密，而於方士訪之亦非少，且幸其業有傳。然度非經世之士，可兼收而並蓄也。故矢諸天，謝不洩而斷諸念，斥不爲有生必有死。蚤終非命促，不但孔子之年爲可紀，即佛菩薩，最有神通妙用者，其住世説法，亦略與孔子等耳，不能越籙也。吾方凛凛焉恐住世之有負於生，而何暇憂及於無常之到來速乎？世每謂一日居位，一日業官；僕卻謂一日有生，一日盡分。堯兢兢，舜業業，孔汲汲，孟皇皇，豈憂死哉？伯明欲等儒者，必欲挾兩可之疑端，以揆度不二之宗旨，恐無以徹堯舜周孔之心，而適以貽之誚也。

徐宗孔及廖、黄兩友所寄書俱到，且亦幸會兩友。知伯明之意旨，尚存二三也，故不避覼縷言之云然者。亦非必挽伯明之回向，而特惜其有一縷之縈纏，乃卒羈於進往，爲可念也。《孝經疏義》一册，侑覽。

答鄔實甫書名允華，豐城人。

頃傳簡到，攝置篋笥，取暇覆觀，焕然心目。不意吾里中後輩，乃有載道器如君。再三把玩，殊爲之慰，就以爲勗而不必更爲之辭也。

何以急明宗？蓋宗從體立也，然體無形宗有據。聖經二百一十五字，若爲急明宗，實則一摹體，故明宗者所以辨體也。宗明而體著，信有如來簡所云矣。隨止淺深，漸見光景，蓋是自然之理。故乙未居東山，專揭「自天子至庶人，壹是皆以脩身爲本，性學也」之句，以勘學者。若爲專勘宗，其實正勘體。紛然下語，影響似之水月霧花，尚挂羅縠。如契云云，乃超然在二累上矣。雖然，外不騖於家國天下，易知也；内不狃於心意知物，卻難説。試將心還心，意還意，知還知，物還物，四狃俱祛，中復何事，乃真可云歸根之至，而復命之深竅也，惟體之。言語文字中，無容畫足，且不須輕以示人，旦夕徼天幸。吴臯圖萃止即未然，已屬匡嶽載契及宗孔于屬車中，且以酬未見之願。

與李甯宇書

世局如棋，升沉轉轂；人情風雨，蒼素無憑。得時則行，失時則蟠，此君子之所以素位而行，無入而不自得也。行之一字，要須善看，蓋素富貴，則行此學於富貴之中；素貧賤，則行此學於貧賤之中。公既夙有學，可卷懷，即進與退兩有事，所謂「君用之，安富尊榮」，與「子弟從之，孝弟忠信」，兩皆無不慊之分矣，而又何羡乎？惟是理無兩是，故學無二宗，孔傳曾習，昭揭如星，比於造物生人，一毫紊亂不得。若曰「萬徑千蹊，皆可以適國」，「甘辛酸苦，取足于充腸」，則所謂二之不是矣。此又在公善自悟之、究之而已。頃已兩寄簡，感誼之深，際時岐别，戀不能已也。故承翰甫續發，再此致惓惓，願言珍重！願言珍重！

答張啟紳書名獻琛，晉江人。

舌耕，貧士之常，且亦本分之生理也。孔、顔疏水簞瓢，環轍周流，終歲切磋，尚矣！下此若胡敬齋、陳布衣，亦何嘗不是舌耕？然未聞其以狗蒙求數子，并廢遠業者也，惟省之。文章灼然可聞，性與天道，灼然不可聞。子貢之言不謬，而契乃疑焉。果若云云，則「吾道一以貫之」，何於一坐間乃有聞不聞之殊科乎？

至於立命之學，直將反異歸同，湊根作主。所以斷將死生第一義諦，斬釘截鐵，豈區區趨利趨名，滿襟牽掣者所可卜測？而契乃欲以世情忖量高悰，且并以疑學也，豈不謬哉？更省之。

答謝惟敬書名迎，崇仁人。

經世之學，必本脩身。一語提撕，炳然星日。真所謂愚不肖之夫歸，可與知能者也。然夫婦之愚不肖，可與知能，而及其至也，聖人天地有所不能盡。故最易知者，莫如脩身爲本；而最難知者，亦莫如脩身爲本矣。最易能者，莫如脩身爲本；而最未易盡者，亦莫如脩身爲本矣。此所以中下皆可率由，而穎敏士窮齒不能究深。養士窮劫，道之不能盡也。公何憂其知之難乎？但恐其體之難，滿足其分量難耳。惟勉之，并出與諸士友共之。

答張允价書名維藩，平和人。

�姑射，窅然六合之外，未嘗無人居。「高山仰止，景行行止」，同衆之視息，而不同其趨蹈。此所以倐然遐舉，不汩没效鱗翼之飛走也。

覽書，殊慰跂踕擔簦。❶堯舜世不妨下有巢由，洙泗門可無絶影高節。此真孔聖之所慰心，豈獨區區

❶「踕」，疑爲「踆」之誤。

所爲擊節？ 文字亦大奇，所謂有如是之胸襟，自有如是之抒寫。 延平之論豫章看《春秋》也，謂後居羅浮，不知意見又如何？ 如契胸襟，而又以之托息於方壺勝概，其所助益於文詞道力，又不知其爲何如也？ 吾行驗之矣，區區亦浪漫，旦夕儌天幸，且與契共寄傲於煙霞風月，非仗契爲予前茅，則留契爲予後殿。 池鮮之惠，尤感分甘。 人還，草此附謝。 新曆六册侑覽。

答劉子誠書名大勳，餘杭人。

六年爲别矣，孔章至，乃始將到一緘，亦可謂金玉爾音矣。 而又以孔章之非望爲囑，良愧良愧，而又竊有感也。

功利中人，如油入麪，滌之且不能清，而又可從而輔翼之乎？ 不意吾子誠自守士，乃亦作此等解也。且僕今所處何時乎？ 煢然闃壤，名跡俱幽，絶遠氛祲，以身爲寄。 而尚可昂首出位，爲友朋作干謁耶？ 故就予問學者，則義不得辭，而向予求請者，則赧不加答。 非矯也，蓋道當爾也。 頃所謂義無定在，緣時地人情而爲之低昂損益者，契不聞之乎？

簡至，幸將拙稿寄到者，字研而句覈之，卻句句是説學，不空説理。 庶幾哉於出處進退，辭受取與，所以處己處人者，一切爲有劑量，而不至作世情解矣。

答魏徵甫書

良心有倡即興，學旨非磨不徹，且非實有。契於孔、曾宗者，又所謂尺度權衡，未定於我，其何以決似是之慝，而破紛拏之解乎？如曰「知者靈明之體」，曰「意爲人鬼之關」，又或曰「心者身之主也」，今勘之，是耶非耶？故乙未居東山，專揭此以勘學者，俾其人各下語，然卒未有契者。世祇知家國天下之於此取衷，孰知夫至命盡性之於茲落脉。直將聲臭俱無者，於我而提衡之；錯綜紛紜者，於我而把握之乎？真所謂經世不二宗，老後垂世筆，而彼播揚鼓舞，虛無寂滅之簧鼓，到此無所聞其喙矣，惟公其味之。以此佩諸躬，以此施諸政，以此淑諸己，以此喻諸人。鳴絃座上，垂拱雍容，百里花封，真可坐而理矣。

山房既荷建樹，而又爲之刻集倡興，撥務之忙，遠爲導諭。若增而高，室匪虛作矣。懷鄉自是人情，念友尤其宿好，顧此拘株之跡，乃有一步不可先，一步不可後者。頃所謂閨門之內，閫閾之間，一出一入慎之，則天下之大本立矣，外此復何學？辱念及，祇有愴於予情。

答李勉叔書名允懋，莆田人。

守株巖邃，徒棘嚶鳴。有願言之心，而萃止之無其幸也。忽傳手札，滿幅春温，情見乎詞，譽溢其分。若將委身寄命於脩止之宗，而不徒爲口耳之慕悦者，其何慰如之？惟學貴傳，惟人難得，此孔聖之所以寤寐傍徨，轍環而不已者也。而吾直以端拱坐而收其彦儁，何其幸與？

楮不能詳，稿若可按，附具兩種，幸細繹之。有得有疑，乘驛之良，而次第惠訂參之，必無孤於期向。至心以允臻於大道也，則鄙心幸甚。貴寅多達者，庠士更彬彬，此又公淬礪之資也。

答黄翰甫書名崇翰，莆田人。

書不盡言，學貴親炙。三千、七十，依依孔子之門，自非兒女之私，然亦豈伊戀德之故？蓋真有無窮之意，不盡之傳，卒歲窮年，衹見其商量之無底也，蓋道固如是也。釋氏既將師友打併一家，而其中之傑然悟入者，復執侍至十載、十五六載，乃敢離去，則甚哉學之未易明，而親師取友之功力之爲大也。

東山萃止，僅爾匝月，識趣精神，迥一長格。此不但僕知之，匡嶽賛之，友朋輩亦共頌之矣。兹傳札至，乃云抵家後，遽汩没塵埃。若存若滅，未能脱然大有立，豈謙謙語耶？將實有是事耶？昔游定夫語尹彦明，謂：「吾輩侍先生，如人服烏頭般容色華好，恐一旦烏頭力去，光景便别矣。」頃特以爲相勗勵語耳，乃真有是事耶？惟勉之。温故知新，乃堪爲師。僕亦何德何脩，而可以當僊里衆賢之寵召。然鼓篋擔簦，緇衣之好，又其意之所夙植也，其能已乎！其能已乎！

採薪微恙，行李尚羈，取暇攜笻，百儲面語。諸不盡簡中，一一説向光兆腹笥之矣。蓋必如是，而後於拘謭之蹤，乃爲無玷負也。

答余元卿書名景，莆田人。

天理兩字，頗未易言。程伯子何如人？至厪半生苦勘。來簡既首揭之，而後直漫言之。只此兩箇字未能明得，即難與語性命之宗傳，經綸之極致矣。乃復遡從唐虞，牽連後代，欲將三千六百滚作一門，直以淄澠合流，不復辨味。如是而論學，即楊朱、墨翟，何可請之？無父無君，夷、尹、下惠，已逼聖真，何所殊？而必欲學孔，差若毫釐，繆以千里。大率後之學者，知謹於千里，而不知毫釐；直欲混合於毫釐，而不知其乃竟抵於千里爲可痛也。察之察之，毋輕説，毋漫視。

見羅李先生正學堂稿卷之二十三

與蔣蘭居書

孤蹤浮寄，幸同邦域之中；山斗瞻依，越五載乃酬覯止之願。巖扉闃處，再枉高軒；促膝聯鋪，披吐肝膈。若將探幽選勝，訂千載之心期；不獨過從往還，爲一時之締合。公之爲誼高矣，用情篤矣。顧如僕者，則何以承之？萬徑千蹊，雖云皆可適國；理惟一是，卻也無容二三。故謂老佛之無裨世用，是不知老佛者也；謂老佛之即同吾儒，是不知吾儒者也。楊朱、墨翟，去儒較近，推其弊極，尚至無父無君。夷、惠、伊尹，造詣已逼聖真，尚斷以爲君子不由，而曰：「乃所願，則學孔子也。」此昔人所以謂差若毫釐，則謬以千里也，不但吾儒爾也。「惟傳見性法，出世破邪宗」，六祖言之矣。師既收六宗，於是「聲馳五印，化被南天」，達磨任之矣。蓋除卻學術之辨無辨，除卻毫釐之差無差。

頃承至善指詰，率牖其端，過辱虚襟，許之契合，此真是孔、曾在天有靈也。舊每説微生之乞醯，自緣非直，然亦以家本無醯，故從外覓。孔子則夫豈無醯之家？真所謂歸求有餘，懷萬寶而燕息，取之左右逢其源矣，而又何羨乎？

莆陽之往，尚未確期。期誓不渝，尚堪往返，宜招知静勝。第恐夫朋侶之太稀，無以副出谷遷喬，嚶鳴之遐想也。不勝感念之深，謹勒此屬之，令親轉致，惟照亮。

答林丹山書

頃乘翰甫之去，附報台端，輒宣窾綮。蓋以僊里雖道義之藪，自昔號鄒魯之域，而倡興率作，必自人豪。洙泗泰嶧，豈繄自爲高深，則以孔孟者爲之樹風標軌，而士霧湧雲蒸，爲之兢勸也。丈既虔其始，必思厚其終，以誕登于覺岸，爲光千古也。

乃光兆至，捧到續緘，鄭重情詞，煇煌嘉幣，不惟其鄙陋，而謬委以師資之任焉。此豈遷客之所宜蒙，尤非幽人之可出位，是欲以愛成其子弟，過而托之於矇瞶也，左矣。雖然，緇衣夙好也，捧雉素衷也。空山蠖屈，閱此七年；負篋擔簦，不遠秦楚。矧界在七閩之内，去漳地不數百里。中國授室，養士萬鍾，亦可云極盛之典，而一時耆髦雲翔，菁莪連茹，道誼之風，又絶代之所希有者乎？則少未忘大耋之嗟，忍甘爲迴谿之墮，局守拘株，而忘澠池之奮翼乎？

浣承命召，漫卷詩書，意若欲狂，駕言于邁。然進止遲速之期，尚未可定也。諸欲語者，大率拘謭之癖，實亦狂奴故態。惟一切體而亮之，并以轉致當塗，俾其若獨來獨往于八壺九鯉之間，於行藏之計乃爲無玷負也。臨楮不任惓惓。

答石子衎書名維磬，永甯人。

「世界喻以江湖，同心有如維楫」，蓋往答揭友語。都俞吁咈，何取下交；相掖相扶，誕登于岸。蓋古人於此揆之審矣，良爲之慰。

誠之一字，自就人言；天之道也，要須善看。大率率性而行者即思勉，不涉所以爲天。譬順性而動，即不識不知，皆爲帝則。惟不思勉，所以爲誠，即不學慮，所以爲知能之良也。後來直將誠字指歸于體，正爲誤認了天之道也一句，有如來簡之所疑矣。止歸至善，直透命根；從本立宗，沛然流溢。誠之地分，誠未易臻，而學之體勘，則合下便要清楚矣。賢謂不思不勉是贊語，蓋已深得其旨，而又謂由勉以學，不勉由思。以學不思，則於宗趣處尚須一勘。克伐怨欲不行，何以謂之難？又何以謂之仁？則吾不知也。試取吾大意一檢而揆之，當可以得其款矣。

答黃定宇書

明學淑人，僭每謂爲士責。無論在仕在山，兩皆有必慊之分，不容自諉，此曾子所以謂「士不可以不弘毅」也。夫豈指三千，專推及於身通六藝之七十二子乎？問何以要弘？曰「仁以爲己任」。問何以要毅？曰「死而後已」。仁爲己任，故不得不與世關情；死而後已，故不容有一步歇脚。而覽承手教，何其諉讓之過深耶？敢僭謂聰明知解士之如丈者固少比，氣力精神如丈者亦少比。而又以方盛之年，償遂私之計，則除卻明學淑人，將此一副當大才料，何處施設？將此半生中好歲月，何忍辜負？

僕既夙荷知，而又感承頃者越數千里，勤劬爲寥落顧盼。嗣復捧悃忱金玉，如帶礪心盟，故敢忘其固陋，一申勗之，且不避其辭之不遜也。臨楮無任惓惓，跡羈神往。

答高鳳岡書名杏，豐城人。

瘴海迢遥，半載中兩接手書，并抄到勗學舊章，覽之殊爲喜。此誠百行之宗，生人之本。故孔子以比於《春秋》，謂：「吾志在《春秋》，而行在孝經也。」大率一以正性，一以嚴防。允能致誠惻，力行之，豈有一步地不向矩度中走，一念頭不從天理上發見者乎？惟是經僅揭其綱，疏乃詳其目。由生養以訖葬祭，始立身而終事君，一一可以按次檢脩，不煩尋索。自謂之少有效於孔、曾，此又其一端矣。然又一切按依經傳舊章，不敢自出一字。如晬盤之示兒，隨賞而足；如立竿之取影，有試輒徵。天經地義，庶將藉以維持，而人極於兹立也。將人人親其親，長其長，而天下平，本立而道生，易簡而能事畢矣。

答羅汝存書名懋忠，豐城人。

半載中屢接手書，隨身所到，學與之俱。宛轉吴浙間，聯屬朋儕，自利利他，薰炙切磋，蔚然道誼，無歉於夙期矣，爲慰爲慰！翩翩多著作，更足衛學翊經。間涉穿鑿，無妨大旨。如汝存斯遊，亦真可云不浪漫矣。

學問明之難，行之尤難；行之難，任之尤難。非頂天立地，出肩爲學負荷者，不可言任；非併精壹志，倒身以學爲歸宿者，不可言任。獻和所以日益者，只緣有得於此。春融道氣，渣滓無餘，頃嘗爲之像贊，許以不雜，茲汝存又進於是矣。至伯衎茲來，意見胸襟，亦敻長格。後生中復有鄔實甫，所造殊深密，至令姪春元，亦傑然見志意。覽書詞，若久在吾求應中者，可喜！吾輩欲爲孔子報恩者無他，只有爲之廣學計。將爲之廣學無他，只有求人三千、七十林立。尚汲汲皇皇，環轍周流而不已也，其規範可徵矣，故頃與貞甫每有嘆於遇窮。夫豈嗟流落，真有悵於處地之拘，無以遂朋來之樂，廣出谷遷喬之願，以是爲歉耳。

邇感興化郡邑暨鄉紳端書走友，遠爲相招，蓋以彼中書院新成，欲藉爲弟子勗，愧不能當，而又不容卻也。果然比漳郡路適減半，距榕省不過兩日，於鄙私衷，又有愜者。秋初果能來，何必限境上憣然解縶，攜手同歸。莆士多賢，更增麗澤，亦何不美之有？諸面言之。

答翟從先書名繩祖，東莞人。

梁幼甯致到章貢手書，知從先甫北去，乃純顯書來，復及之。若將爲半途廢也，吾不能知其由。純顯之涵養日益深，幼甯之肩荷亦殊鋭。並時家食，合併精神，而吾從先又歸爲翊贊，此真是僊里學問興起一機。媒人熱心腸，舍此將何用？要令舉粵之衆正朋興，日煅月磨，以允臻於大道也，則吾從先之功德，直與廣生大生，不厭不倦等。而頃從先乃退然不敢當，若直以媒人自處也，不幾爲謙謙語乎？

脩身爲本之學，原非私有之身，蓋合家國天下而成其身也。故非有天大的度量，不足以包含；非有火熱的心腸，不足以負荷。區區小乘安樂，作井蛙醯雞之見者，胡足以臻此？而吾從先乃無意中一口道著，可謂見其大矣。未有與人子言孜孜孝，而已躬乃甘處不孝者；未有與人臣言孜孜忠，而已躬乃甘坐不忠者。立必俱立，成不獨成，此常不輕的菩薩，所以逢人輒勸之作佛，而彼亦竟成佛，不爲虛擲也。世之以自檢自脩，與立人達人作兩路看者，只爲不達于此，惟從先勉之。

蘇進之方有遠大期，遽淪化，殊可悼。頃接其令姪汝載書，述其自漳歸所秉執志義，殊有可感者。汝載亦奇士，覽書詞，不面可知其人，必引而致諸會中，與純顯、幼甯互切磋。此卻是學問中可倚靠的人也。

答杜希登書名泮，南昌人。

師友打併一家，蓋是洙泗成規，而實祖於唐虞。上理豈緊爲中下士未底成造者設哉？每謂明睿莫如子淵，而孔子翻與多言，至于終日不厭；篤信謹守無如子夏，而離群析處，即不免於病生。是可以想見其戀戀依依不舍之意矣。各會友交互之約，尤爲提策夾持之要。向以負荷無人，衹成空説；朋來之樂，孔子歆之；麗澤之益，《易》象繫之。要以新耳目，起精神，增火力，而非直爲鼓舞張皇、虛意氣設也。一鄉之內同志已無多，質力者尤少，久久習熟，無以異於家人婦子。所以嚴憚切磋益少，即不能以來遠友，亦宜鼓篋從之，而又守株幽谷間，曾嚶鳴小鳥之不若也，其將如學何哉？匡嶽書已致之，貞甫暨小孫承念矣。

答族弟孟諤書名謇。

旅居粗遣，幸無俯仰怨尤，然歲久矣，得無寥落已甚。所以自入春來，書札往還，未能廢得。至文字請求，一切並廢閣堆疊在案，未爲一捉筆。如孟收、貞甫，又其所最關情者，能忘念乎！能忘念乎！外，簡所述，大率世學共有之。然吾以爲與其救病，不若扶元；與其治標，不若植本。近接榕崖書，乃大有可感者。知脩之要，從止出也。果其必脩之從止出，而直於止地乎歸宗也，則於植本扶元之命脉消息，庶幾到手矣。體之，幸甚。

答周學博書名紹文，貴州人。

有求僊之實志者，然後可以講丹方；有成僊之真方，然後可以入煉室。書來款款，矢質神明，砥詣實脩，無玷衾影，尚矣！至復有懷永感，務殫報酬，保此全歸，罔遺虧辱，所謂有學聖之真志者，若君非耶？頃《日鑒》一録，要以飭輿衛之閑，補箴警之缺，庶幾哉有赫其臨，罔遺息忽，然能體而行之者鮮矣。亦有十數友，欲以此立課者，後竟不省所詣云。何必如簡意，不飾善，不掩疵，儼然如臨如履，甘受鬼神震霆之陰殛，而後可保其無有玷負，無忝於實録也。末後課罰意尤見逼真，期共勉旃，底臻高大，則此學幸甚。

答余叔廉書名世威，豐城人。

迢遞千程，艱關道路，伯衎兹來，亦可云極高之誼矣。而又喜其氣味胸襟之迥然長一格也。并接吾叔廉書，意懇識精，功深力到，鑿鑿乎皆透本之談。至心不染雜，事不役紛，念念歸身，恐恐離善，又鑿鑿砥歸本之功。不意吾二三老友，懋勉進脩，乃率如是。同輩中既有羅汝存、李敬甫、徐時舉，後輩中又有鄔實甫，皆皈命志心，可保成一路者。而最當首坐，爲師門領袖，無如吾叔廉者矣。善信美大，積資累級，月將日就，緝熙光明，七十老翁，更何所求？知必有日新而不已者矣。殊以爲望，令郎令孫，侍間致勉意。

答袁開美書名懋麒，豐城人。

簡至，翩翩若翔若舞，若驟若馳，豈繄悉慕尚之誠心，兼以覽趨操之遐致，爲之喜溢於顔，譽不啻口。萍踪邂逅有若，而人猶將進而加諸膝，而况其在骨肉之親，有撫摩鞠育之愛者乎？顧此幾微之緒，非穎不徹，而稍躐高虚，又類墮空解。非傑莫任，而少激意氣。又每病外馳，此顔氏之所以如愚，參也之所以魯得，孔子之所以不貴穎敏，乃以忠信爲入道之基本也。惟契其體此，更詳簡意。若將如饑寒之需於衣食，矢欲從髫暨耋，爲命脉之皈依也，則憤悱啟發，又豈需於先生之力，爲不翊助？

拙稿不便攜持，《約言》刻家有之，書雖之甚多，旨要略具焉。若將爲梓匠輪輿之授人以規矩也，故業與定一背誦之課，惟契撥餘閑而熟服此，庶幾哉歸求有餘，不覿面而可以悉其款矣。

答朱用韶書名有光，崇德人。

知本兩言，千聖秘密。宗風誕布，如日如星。不省是何見解詆作衍文，以致面委蓁蕪，兹來千載。往癸酉承乏粤，特挈出作兩義，以昭示學的，而覽之者尚不免於二二三三，若謂其以剩語作提綱，支言爲正印者。不知除此兩言，孔子何學，而《大學》亦惡用作乎？以來簡懇懇諄諄，知喫緊止，而不知止者伊何？知喫緊脩，而不知脩者伊何？故及之。此可按予稿與以建熟究之。至獨學難成一語，又似偶有中者。堯舜大聖，尚爾望助臣隣，三千、七十，何等人品，卒歲窮年，依依師座，無隣而能成德，我未之前聞也。

以建肩雖硬，樹立者止一人，百皆汩没縈纏道義之焰，幾如灰冷。吾誠無幸，日憫憫焉以海陬孤僻爲憂，而吾用韶、以建乃日處于五達之衢，忘良益之多儔，而莫知所爲倡興聯屬也。「嚶其鳴矣，求其友聲。」「矧伊人矣，不求友生。」詩人之刺，幾先得我心之同然矣。

答郭道憲書名良翰，莆田人。二條

淡之一字，在世學誠爲對證之良。裘馬衾簟，食息啟處，一切保此方餌，又安有過中失正之事？簡至款款，知於此着鞭，殊爲喜。只就尚絅意觀之，尚屬救敝之方，未湊底裏。闇然的然，判若殊科；爲己爲人，兩分歧逕。所謂「知遠之近，知風之自，知微之顯」，蓋一切要從根蒂上斂宿，而不向外面求討也，故自爾其淡也。察之。

又

昔賢謂「名節者，衛道之藩籬」。藩籬不固，其中未有能存者，要亦激切言之耳。其實捨名節外，甯别有學？「視其所以，觀其所由，察其所安。」果其所由所安者，一切以完吾性命，而不緣贊毁也。即此便是至命盡性之極則矣。孔甘蔬水，顔樂簞瓢，尅勵操脩，有過於是，試問之，外此復何學？

答莊君秀書名以蒞，惠安人。

舊有語：「未入門者看發心，已入門者看開眼。」大率已發心人，自不容有不理之行矣。然必信必果，有適有莫。知謹躬脩，未透關膈。一膜所蓋，霄壤懸殊。此孔子所以謂「女爲君子儒，毋爲小人儒」，豈有子夏之賢而尚憂其爲小人者乎？則硜硜之固滯，其所僻者猶在也。禪者亦有貴子眼正，不責子行履之説。顔氏尚矣，參也何以魯得？則以其禀資雖稍窒，而尊聞行知直出弘毅之頂肩，以爲學擔荷。雙眼光明，乃有夐邁於群賢，而超出於三千、七十者。孔子探源止善，落脉脩身，正是貫徹性命經綸，一手提撕，何取更著兩邊攔護，作二乘之解。故吾於契來簡，雖甚感其誠切，而尚有覘其旨趣之未大瑩徹也。體之體之。

慈親届誕，子道依依，進止維時，有何遲速。蒼巖悟證，莆士欽之，定省難違，略同君秀。雖近在百里內，乃無以酬同心之仰也。草草。

答柯宇徵書名方榮，龍溪人。二條

問：《孟子》謂：「規矩，方圓之至；聖人，人倫之至。」是規矩屬之聖人也。它日又曰：「大匠誨人，必以規矩。」學者亦必以規矩，不知更指何者爲規矩乎？舊説知行，夫知有索隱，行有行怪，似未足當此？竊謂老師提止脩二字，正學者規矩處。知行難該得止脩，説止脩而知行在其中矣。榮山中小築，見諸匠石斵削，卒無有能舍規矩者。規矩誠定，唯所闔闢尺寸不爽，益悟止法在我，隨日用事物應酬處之自然妥當，從止發慮，非虛語也。顧一規矩也，有用之而精，有用之而不精，毋亦孟氏所謂「梓匠輪輿，能與人規矩，不能使人巧」乎？是巧尤運于規矩之中者，則止猶之規矩，至善爲止之地，猶之巧耳。聖人巧力兼全，安止敬止，所以爲人倫之至。愚見未知然否？敢具請正。

聖人有可以授人者，有不可以授人者。可以授人者則法是也，猶大匠之誨人，必以規矩也。不可以授人者則悟是也，猶大匠之能與人規矩，不能使人巧也。行怪索隱，是外規矩而求巧，聖人不貴矣，故巧要從規矩中出也。雖至于縱心所欲，亦一切率循于此不踰，則真所謂人倫之至者也。後之教者，何其異是乎？往往無學以授人，而直望人以悟是，直廢規矩而責人以巧也，其將能乎！其將能乎！至於至善兩字，原以指言學之命根，故止者於此，脩者於此。區區之有功聖學，固在揭出脩身爲本，而妙契孔、曾宗傳，卻在悟破知止兩節。所謂脩身爲本，則是止於至善之竅門也。止於至善，則是脩身爲本之命脉也。又曰：「止於至善，人知其爲末後之事，誰知其爲始事？」而來簡乃謂猶之巧也，是復蹈向來造詣之極致者云爾也，其然乎其不然乎？必於此體當得及，而後學可落根，而悟可從中發矣。

又

問：孔子不云乎，「文王有四友，自吾得回，門人加親，非疏附耶？得賜，四方之士至，非奔走耶？得師，前有輝，後有光，非先後耶？得由，惡言不入於耳，非禦侮耶」？以孔子之聖，江漢秋陽，三千、七十，罔不心悦誠服，奚待此四子爲之助，且所稱疏附、後先、奔走、禦侮云者，恐别有在，不僅僅門人加親等已也。第令如斯而止，聚樂足矣，何事復憂此學？惓惓焉誨人無已哉？觀孔子它日又稱「回三月不違仁」，謂諸子僅日月一至，不復概與之。蓋誨人本以續道統，與文王得四友脩和有夏不同，是在學者緣所已至，益勉所未至，其爲疏附、後先、奔走、禦侮也大矣。敢質所聞，伏賜裁教。

「濟濟多士，文王以甯。」求賢以自輔，舉賢以自佐，蓋昔之聖君賢宰，恒必由之矣。學問亦不是小事，將以舉四海而甄陶，豈伊一人之喙所能家喻户曉？此孔孟之所以汲汲皇皇，環轍周流，若求亡子於道路，而不容自已者也。輝光前後，匪爲沽名；惡聲不聞，豈伊杜謗？墻高宫廣，不得其門而入，則不見宗廟之美，百官之富，而非藉四友之宣明翊贊，其誰諒之？故凡從遊于洙泗之門者，淺深若殊詣，要之皆能明乎聖人之心者也。心明故其學有徵，羽衆故其傳益廣，此吾所以謂：「世祇知三千、七十，不可一日無孔子；一日而無三千、七十，亦烏取以成孔子乎？」契能體此，善矣。更如簡意，直截向已躬上勉所未至，而不俾爲虚托，則善之善者也，盡矣。

見羅李先生正學堂稿卷之二十四

與曾舜徵書

親闈依戀，藹然孝子之心；世路紛華，業已泊然颺之身外。而人情風雨，乃於最平處生出險巇，最無瞽處撰出機穽。此雖以孺子淵明之趣蹈，其能免於吏議？雖有樂天知命之胸懷，其能以忘莫我知也之嘆惋乎？爲慨爲慨！然因是得以遂公雅素，終養嚴幃，不復懷靡盬之牽、陟岵之戀，於人子之心，亦大有愉快也。娱親之暇，淑友明宗。歸併孔、曾，底於一是，又是此學之幸。

區區年已越稀，假令當安富之日，且宜懸車，矧伊淪墮，而又重以冢孫良益相繼喪亡。化日光天，皆堪寂寞，而鄉園還返，又杳然未卜也。公最知我者，其能忘情耶？閩海雖遥，不在天外；武夷飛錫，往厪注情。兹倘能取色養暇，一踵古負笈擔簦誼乎？望之望之。

盧貞甫《貞德録》刻未完，誌狀傳表，蓋不可一缺。狀必以屬伍學甫，誌當以託公，傳與表則予與南皋各任其一，惟公留意焉。此友終事一段，灼然希有，言笑甫完，溘爾化去。此在禪家，必闋然頌坐脱，風痰諸證，一切俱無，容色怡愉，肢體軟美。在僊家又灼然稱尸解。即就儒門論，亦允矣全歸，無忝正命。頃小孫喪，予尚有厭經其室之意。兹與貞甫共房而處也，既没後，乃爾晏然。雖日爲之揮淚痛心，而曾無有生死之異路爲介於懷也。此其地分所陟，真有以大異於尋常者。公誌中必發此，要以見儒者之學，亦自有涅槃之受享，而逍遥曳杖，從容易簀，不獨一孔子曾子然也。緣渠自弱冠即棄科舉之學，雖嘗出入於二氏，而皈命志心，無非爲性命身心之計。閱兹十載，兩地相依，絶斷岐塗，管於一是。迨于丁酉受聘同安，教焉知困，益爾瘁精。届入秋中，全體渾融，霈然流溢，恣心衝口，動罔非天，以談知本之學，真技經肯綮之，未嘗超然有得於意言象數之外矣。地分所詣，直逼中行，不數狂狷，而遽來推殞。不使其久住于人間，利生説法，以爲斯文光顯，良可慨也。此皆宜見于公文，故詳及之。至其凝峻之操，甘死饑寒，不濡一芥，狥師之義，捐軀犯難，直與日月争光。親喪過毁，底於骨立。弟未完娶，義不圖嗣。憂學愛友，推賢讓善，然諾守持，千金不易，又自是貴鄉友所共頌，而公所熟悉者，又無俟於予言。惟毋俾一美有不揚，使賢人君子，賫憾九原，則予爲師者與公爲友者，不得辭其責矣。予文必待公文到乃作，以公既桑梓而又爲垂髫友，故誼當委重公，而非如他諛墓之請，可别存退託也。望之望之。

答徐時舉堂名鏊，豐城人。

師友合坐同堂，併精壹志其上也。時傳尺素，就質勤劬，雖在千里外，不殊面語其次也。自予流辟入閩陬，如契雖不面，庶不愧此矣。止脩雙揭，譬若提衡；宗趣所歸，厥有攸在。吾有知乎？隨感而應，何曾一及脩字。不識不知，順帝之則，直以包入止中。往所以謂：「立命歸宗，全在一止，格致誠正，不過就其中缺漏處檢照提撕，使之常歸於止耳。」業已灼然道出，雖决不容於頗廢，而宗趣之歸宿，厥有分矣，其亦何疑之有？

頃風便，已寄書，兹復乘伯衍還而附此。伯衍兹歸也，切欲與諸友定一會稿課，此誠良法。滇闔諸友，一切試有徵矣。且俾未會前不空閑，有可尋繹，届會期就所疑悟，可作商量。其爲益者，非止一端也。

與傅君髦書名來譽，鄞縣人。

湯之所以日躋聖敬者，不在苟日新，而在又日能新。孔之所以優入聖域者，非是仁聖不可及，而在不厭不倦爲難及。惟不厭倦，此所以卒爲仁與聖也。聯屬友朋，無謂人分上事，正以了己鞭策倦厭，奮起日新，無云衹以自淑，即以淑人親民。所以明德不倦乃真不厭，惟君髦勉之。理決無有兩是，學最病於多岐。未是則當徬徨，求真既是所宜，服膺勿失。此尊聞行知，子輿氏之所以超出於三千，而統承乎聖學也。夫豈有過人之資，特以能守其是者敬承之耳？

陸以建兹來，日研覈，庶幾就一脉，然尚未保其去師之側，不復爲二三也。茫洋瀚海，覺岸誕登，豈繄用力之殊，直以指蹤無雜？此吾所以謂學不歸宗而能有成者，無是理也。令郎倘在侍，希并以此語之。

答王寰羽書

武夷一别，撚指光陰，倏焉四載。良朋日遠，孤陋彌深，衹增悵惘。惟丈既蓄真憤之心，有必明此學之志，而又居於五達之衢，才俊之淵藪也，知所切磋，受益甯有量哉？世途遭值，從古無憑。福善禍淫，往往而戾。此佛氏所以一切舉而歸之宿生的緣業，亦無可奈何也。「行或使之，止或尼之，行止非人所能也。」此以言乎命也。「愛人不親反其仁，治人不治反其智，禮人不答反其敬，行有不得者皆反求諸己。」此以言乎守也。故人分上再無有工夫可做也，只得任之而已。

區區半生事學，險阻艱難，可謂備嘗。惟此一句，執之似稍約，而驗之頗有徵。古人未嘗不說求諸己，未嘗不說不知而不愠，畢竟不若區區人分上再無工夫之言，爲簡明而斷決也。計時即吉，大事必襄，罔極報酬，願言移孝。然只一日居林之下，亦自有一日居林的職事，幸無爲漫過也。

僻居寡便，懸耿徒勤。以建惠來，得詢動定，而其踵叩意又甚殷殷也。謹勒此附之，敬候起居，并申請益，伏惟台亮。

與何匪莪書

頃緣假道，幸有晉接之良，庶將披吐襟期，浣承教益。而届在行間，又以一城爲限。匆匆言别，兩地相睽，須意徒殷，遇緣殊淺，良以爲悵。

孔、曾正學，昭布如星，蠡管雖蕪，庶覘百一。謂至善兩字，果指造之極耶？謂知本兩言，果屬文之衍耶？知至善不可爲造極，即可以探性命之宗；知知本不屬於衍文，即可以握經綸之極。而孔、曾心事，已可照知其十之八九矣。「脩辭立其誠」，所以居業也。自是聖門教所不廢，然所以出之者有本矣，惟丈其圖之。

莆晉幸非遥，晤語雖無幸，氣求聲應，固時可相聞也。頃面金鳳池，似亦有志乎斯者。别去俾懸情，蓋除卻明學淑人，他無可用念也。

答陳堯勳書名光，莆田人。二條。

問：光從霞村會所歸，遇兩友詢光從何來？答曰：「侍老師講明性學。」問：「學旨何居？」光曰：「學貴知本。」一友詰其所以，一友曰：「孝弟盡堯舜之道矣，豈非本與？」光答曰：「孝弟只是流行，非性學之本體。論本體則家國天下之柄在我，均平齊治之用咸宜。本立道生，充滿分量，如堯舜之峻德克明，至於親睦，平章協和於變合天下，以成其孝弟。惟堯舜精一執中，纔能光四表，格上下。這至善之止，即厥中之執，止其一也，脩其精也。止者何？止於本也，所謂知脩身爲本而止之也。有物有則，皆性之流行也。一本渾成，則性之體統也。此身之所以爲本，而脩身所以爲知本也。止字本字，要緊關頭，孔子透性之宗，祖述之學，故《大學》結之曰『此謂知之至也』。」兩生唯唯，光敢述以請教。

孝弟者五倫之一，以其爲百行之先。始於家邦，終於四海，推而放諸東海而準，推而放諸西海而準，推而放諸南海而準，推而放諸北海而準。故曰：「堯舜之道，孝弟而已矣。」舊有語：「孩提之愛敬，不可以追惟。乍見之怵惕惻隱，不可以充擴。」

故先儒謂孝弟是仁之一事，謂行仁自孝弟始則可，謂是仁之本則不可。其説亦既昭昭矣。止歸至善，允宿命根；本歸脩身，落實矩矱。所謂「穆穆文王，於緝熙敬止」，隨感流行，不識不知，而仁敬孝慈信之善，則皆舉之矣。如簡之所答者，是矣。

又

問：光有友梅生，從宣城來。梅生文學博雅，品題古先著作，欣慕止脩之學。問光曰：「二氏學未嘗不止不脩，人性皆同，何可岐而二也？」光答曰：「天命之性，何嘗不同二氏？所不同吾儒者，有經世出世之别。此頭路一分，而做手頓殊耳。譬如學于古訓，有得之以養心性者，有得之以資文字者。書非不同，而所讀者異。且勿論此，即聖人若夷、尹、下惠，孟子曰『不同道』，此何謂也？惟吾夫子教人，從本末始終處討出止的消息來。又詳數事物，揭出脩身爲本于此，經事宰物即于此，盡性至命，所謂止脩合法也。老師嘗曰：『精神一步離身，固是不止，亦斷不能有脩；工夫一毫滲漏，固是不脩，亦便不能有止。奈何今之學者，有執滯身字，又有偏滯止字，此兩頭所以都病，去《大學》聖經遠矣。』何怪二氏之不爭衡於吾儒中哉？惟曾得之爲三省，顔得之爲四勿，蓋脩處無非止，止之所以脩之也。此顔、曾獨傳其宗，知本故也。彼子貢之方人，冉求之畫地，夫子只自責自脩之不暇，又何暇攻二氏爲？」光不敏，尊所聞而爲友朋告，未知果有合乎明宗旨否？

繩樞甕牖，斗室三間，天際遊遨，意念精神，必止於是，只爲有家之故。子貢所謂「不得其門而入，則不見宗廟之美，百官之富」，至得門或寡云，不亦宜語意尤可味。世之躭嗜禪寂、縈意玄虛者，予每不深怪。眼前不住脚之遊僧，釋氏所指喻之窮子，彼豈無戀於室家之安？則宗趣之未明了，本地之風光不知所歸宿故也。所謂「肫肫其仁，淵淵其淵，浩浩其天」，苟知其有如是之受享也，而又何他有羨乎？如簡之所論者允矣，吾復何云。

答許友書名敬，閩縣人。

陳、黄兩友至，接手書，確然有信於脩身爲本之宗，直透止於至善命脉，允若斯即洙泗淵源，爲契一語道之盡矣，吾復何云。小心昭事，亦臨亦保，大率守之爲難，所以悟之難也。如簡淬礪，人十己千，則何憂于不到彼岸，惟勉之。友朋者卻是濟川舟航，會事者即爲振興鈴鐸。無厭於友者，乃能無墮己志；不倦於誨者，乃能不歉得朋。孰止就脩？合之一事。沙合義風甫爾，惟毋以當塗去來爲學作止，則鄙心之幸也。面會友，希統出此。

答林邦介書名諧，莆田人。二條

問：「躬自厚而薄責於人，則遠怨矣。」解説甚多，中未了了。夫責己厚則責人必薄，厚者固厚，薄者正所以成其厚也。然君子在世，負荷擔當，不可妄自菲薄。至於當大利害，處大榮辱，爲人所不肯爲。蹈危難，履險巇，獨任不疑，一毫不委，諸人何等自厚？然反以此任怨招尤，詆諆交集，即古大聖大賢，亦不免焉。德厚謗興，道高毀來，安在其遠怨哉？鄙意此章，即《中庸》所謂「正己而不求於人則無怨」，怨者自我言也。以此處世，坦坦蕩蕩，無入不自得焉，更何怨尤之有？孔夫子不怨天，不尤人，下學上達，正此學問，未識是否。

聖人之學，經世之學也，故合下將家國天下通爲一身，合下將齊治均平通爲一事。家邦無怨，天下歸仁，蓋是自致之理，所謂：「言忠信，行篤敬，雖蠻貊之邦行矣；言不忠信，行不篤敬，雖州里行乎哉！」豈有不通於家國天下，而可以語脩身者乎？遠怨兩字，即不必執，就己説未嘗不是。至於毀出求全，謗生意外，又自屬横至之遭，不可合一而斷，所謂「仁且有禮」，「其横逆猶是也」。君子曰「我必不忠也」，蓋到底人分上無有工夫可做也。不怨天，不尤人，正己而勿求於人，則無怨，豈徒以了自己，直以位天地，育萬物，而所以遠怨者，道即具乎此也？試味之。

又

問：政學一理，所講者果經世之學，則所學即所以爲政。老師歘歷中外，策勳樹伐，所謂俎豆軍旅，文武爲憲，乃身有之，非徒言也。諧見有一等人，抵掌空談，脩姱無據，浮慕展采，莫措一籌，此其本來原無實學，勿論已。亦有實落砥行立名士，博覽群書，究心學問者，宜於處家，而當官則闇；長於説理，而遇事則疎。至或身值震撼，而左右牽制，時際倥偬，而進退維谷。名理固多，附麗注厝，迄無指歸。人稱這樣人只會讀書，不會做官，致詆儒者爲無實用，而處士徒竊虚聲，不知何脩而可裨於萬一也。諧至不才，思爲世用，不欲作汶汶無所短長之夫，惟老師教之。

往同魏敬吾遊廬山，經瀧山，謁魯岡裘丈，承問：「良知無有於不知也，乃有講學士，往往授之以政不達者，此其故何哉？」僭答之曰：「此義不明，其來已久。試舉得百里之地，而君之皆能以朝諸侯，有天下，語經綸莫大於此矣。請問其所以得天下者，是遵何道？兵乎將乎？略地乎攻城乎？」魯岡丈爲默然。予因曰：「果其所恃者惟在智，力何取？」更説以德行仁，乃不待大乎？此正所謂「至誠而不動者，未之有也」。到誠的一步，真有宇宙在乎手，造化生乎身，直以其渺渺之身，參位三才，爲造物宗主。其感乎運轉之機括，有不疾而速，不行而自至者，豈區區智數規爲所可揣量？故吾輩有志聖人者，要緊在積誠。若不從誠上積累，而第從幹辦經營上較量，求可求成，毫忽舛訛，直將流而入於管商之功利，其爲敝可勝言哉？察之。

與王尹卿書

孔子無他長，惟是仕止久速，各當其可。仕止久速，一切當其可，此所以外無攀援，内無榮羨，炳炳烺烺，獨往獨來于宇宙間，乃徹底秋陽江漢也。

頃於知厚中，獨有羨于史玉池之爲人。三仕三去，皭然泥而不滓，爲有概於古人之風，無忝於孔、曾之矩矱也。而今又見公矣，古稱「賓之初筵，其儀秩秩」，「亦既醉止，屢舞僊僊」，故既立之監，又佐之史。此豈憂其始事之不虔，正有慮其終事之難爲戢也。此儒者之法門，所以謹於筮仕，而尤兢兢然慎於終事，期于保末路之全歸也。如公之斯舉，信足以醒世途之寐眼，而挽末習之滔滔矣。惟是一日居位，固必一日業官；一日有生，亦必一日盡分。仁爲己任，豈是挽攬仁來佩之己躬，直是家國天下隨身所到，罔容擺脱。不厭不倦，固是孔子純亦不已之心，亦即孔子配天行健之學。皇皇汲汲，總不爲私；一毅一弘，喻同扛鼎。惟公其力任之。

僊鄉屬當興起，士友斌斌，兢向於道。而師與牧又俱良，而公於此際適有高翔千仞之舉，真天之有意于名邦，不俾爲文字冠，而又將俾之陟聖躋賢，爲道義之淵藪也。念間喜得黄友去，便附此，致惓惓。少須報奪，遂公高雅，矢將黽力走將，致予勤款，蓋世祇知以進爲榮，而吾乃以公之退爲高也。

答施二華書

淺陋謬有窺，蓋宛轉三十年餘，牖其端又十年餘，乃闖其闥。持以語諸人，人倏是倏非，大率信者半，疑者半。信之者特有取其實，疑之者則直玩其平。不知惟平惟實，乃所以爲洙泗之正宗，孔、曾之心旨也。而獨過有愜於高明之採，直於平實之中，底歸性命之奥。古所稱不識面而心知、千里猶同室者，若公非耶？

東山一晤，備悉懇衷。手教惠來，倍增感怍。有何未竟之忱，忍不披吐貢芹。顧此淵源之緒，非勘不明，非磨不徹。按圖雖不可以得駿，對鏡亦自可以整容。芻蕘必採，則茲蕪穢之蠡管，未必不是遊洙泗之梯航，覯孔、曾之媒妁也，願言注心焉。留都既正士淵藪，而清議又最勝。理學講明，時時不輟，眼前廷評，陳省堂亦宿注心此者，吾又爲公慶矣。寥落地愧不能將虔，乃厪敦念，於治裝之辰，不憚勤劬，良以爲感。

答王寰羽書

來書款款，屢牘連章。歸宗處既爾過於謙抑，非鄙所當。疑議處乃尚不免牿舊見聞，未大擺脱。

二百一十五字，喻如造物生人，自頂至踵，九竅百骸，賅而存焉。然豈容一節之可删除，一字之可存疑議者乎？僕於他經未必徹，而獨於此敢謂之覿面孔、曾，聆其謦欬。故敢按依綱紀，指數敷宣，以校儒先所見。雖若時有背違，而以證聖經，實則毫髮無敢踰越。如以至善兩字，爲直揭性命之宗；物有一條，爲教人知止之法。不以明德親民分本末，而云謂德與民一物也，即下文之所謂家國天下身心意知物是也，然而有本末焉。不以知止能得分終始，而云明與親一事也，即下文之所謂格致誠正脩齊治平是也，然而有終始焉。從古論學，必以格致爲先，而區區獨先知止。自昔儒先懇懇諄諄，憂格致之無傳，而區區獨謂格致無傳。揭出止脩，將明親倒歸一止，而將均平、齊治、格致、誠正管束一脩。又揭止慮，謂定静安總是止，但漸入佳境耳。故止於至善，往謂之終事者，而今以爲始事；致知格物，往謂之主腦者，而今以爲條貫；此謂知本，往謂之衍文者，而今以爲孔聖悟門、全學樞紐。反躬體取，誠不敢倚就册子上鑽研，而每透一分，則於經必悟增一乘。暨於二百一十五字，靡有遺明，而吾意亦皡皡熙熙，靡有遺憤矣。著在簡篇者，若爲有萬其言，實則無一字句不是爲聖經寫備具的宗傳，爲孔子宣夙含的旨趣，而曾不敢出絲毫之意見以亂之也。

荷蒙不鄙，感極虚衷。所宜按依款件，披吐報酬。念其淵淵浩浩，業已備載於刻中也。古稱：「千週燦彬彬兮，萬遍將可覩；神明或告人兮，靈魂忽自悟。」果其爲學之故，不遺葑菲，直將八册週迴，俯爲紬繹，則兹周環駁教者，俱可不煩詞説解矣。恃愛之過，不耻僭踰，無非仰體至心，效呈芹曝，伏惟覽而諒之。臨楮無任惓惓。

與王漢治書名鍔，晉江人。

頃者有嘉漢治能喫緊於心性之辨，至所云欲明性善者，必辨心性。心性混則性之善不可得而見，則尤爲千古未有之談。何者？以從古無人作如此解也。不意吾門友乃復有陸以建者，於争名角技之秋，直守其師之説而不變。且明言其授受之所自，而未聞忤於時也。直以回主司之盼睞而策名也，斯亦奇矣。文字亦大磊落可頌，而又一氣呵成，了無有斧鑿痕迹。大率身有之，故言之親切有味，繩削不費，而自不窘於辭也。以契同聲者，特摘覽之，希將大字刻之，而弁數語于簡端，以昭示軌則。俾凡遊吾門者，知身心性命之講於科舉之利鈍，果不爲妨背也。不患妨功，惟患奪志，允有如昔賢所云於覺悟提撕，亦殊有少補哉！策附抄，希檢入。

第三問陸以建墨卷，名典，崇德人。

論心者不根極于心所自來，則欲與理雜出而難據；攝心者不培養於心所自來，則遏欲與存理，勤苦而難成。心所自來者何也，性也；性所自來者何也，天也。天性在人不離於喜怒哀樂，而實不着於喜怒哀樂，渾然不覩不聞之體，所謂人生而靜者是也。何道？何人？何危？何微？自靜者不能不感，感者不能不動。於是有欲之名焉，則所性自然之用也心也，非即爲私欲也。顧有從性而出者，有不從性而出者。從性而出曰道心，即蔽錮之極，而終有不可泯滅者在，故曰微。不從性而出曰人心，即禁制之密，而常有逐物而流者在，故曰危。危者雖爲微者敵，而微者常爲危者主。感者雖爲靜者淆，而靜者常爲感者命。此堯之命舜執中之外無他辭，而舜益以精一，總之求至乎中也，非就危微間爲歸宿地也。自是尼父集成，而曾、孟繼統。其曰正曰盡，雖均之心上用功，而《大學》之歸宗在善，則舍止善而求正心，心未有能正者也；孟學之得力在性，則舍養性而求盡心，心未有能盡者也。

故君子誠志于學，不必辨何者爲道、何者爲人；不必謂心外無道、道外無人；亦不必謂率性即道心，則人心更何所著？當知感物動念之時，兩者似乎相對而反之。天性本然之體，豈惟無人，即所謂道者，亦渾淪而不可窺；豈惟不危，即所謂微者，亦渺茫而不可執。是誠生天、生地、生人、生物之大，原而爲人聖之真竅也。於是虛以觀之，靜以養之。密其功于戒慎恐懼，而不涉矜持；適其趣于魚躍鳶飛，而不涉放曠。終日皆天命凝會，而隨心所發自然。道而非人，微而非危，此所謂慮從止生，心從性攝。而其正也不必從事於矯，就性之無偏倚處即正也；其盡也不必從事於擴，就性之無虧欠處即盡也。

向令性學不講，而徒就念上着功，則當其培植道心也，不能使人心之不發。當其禁制人心也，不能必道心之常存。終身在危微二念旋轉而已矣。豈所以語動靜皆定，内外兩忘之學也哉！故嘗爲之說曰：「天地無心而成化，蓋純是性也。聖人有心而無爲，亦惟性是率也。」吾人有心而有爲，去性日遠，而去天地聖人亦甚矣。故必有復性之功，而後可以宰心，可以希聖，可以合天。師傳如此，未必當近儒見解。執事詢人，爲天地之心，而即曰性爲貴，殆深於性者，愚故不憚支離之誚，而直剖其臆云。

見羅李先生正學堂稿卷之二十五

答柯章伯書名萬選，莆田人。

簡至，知有感周生之論，知立命立心之信有歸宿，而氣節勳名之非所論於此也。往在鎮海，合會於郭氏宗祠，曾有友漫謂之，「即此是學」者。予曰：「此易知，假令孔庭從祀，議擬房、杜、姚、宋，契謂允否？」衆口群然，咸謂未協。「韓、范、富、歐何如？」曰：「亦未敢許。」「然則三聖人又何如？」曰：「孟子已説定不同道了。」予因笑曰：「賢又何其將人品學問，分别得若是其嚴耶？」故品高者只合還他品，必學正者方可許其學。管、晏誠能以其君霸，以道律之，孟子不爲。韓、范、富、歐勳業，程伯子所未有，而敢病其不學。所謂「天下國家可均也，爵禄可辭也，白刃可蹈也，中庸不可能也」，蓋是灼然的公案，而謂學可不務乎？五尺童子羞稱五霸，夫豈有他長，只是就孔子門下探得這些子消息，開得箇眼孔而已。此可與伯脩細講之，期於透脱。

僊鄉士子，氣味率堪裁。至縉紳先生之平氣坦衷，惟學之依，而不以爲忤也，則尤爲世所希有。然則兹遷也，可直謂貴鄉幸，固此學之幸，鄙衷之慶也。君器日夕侍旅館，意氣精神迥長格，親師取友，益灼然可徵。吾契既宿事此，而又適當司訓之任，以明學淑人爲職之要也，舍此更何事。

答蔡元履書

承教，中途思之，疑而悟，悟而復疑，誠不敢以所未安而自謂已信也，謹剖以請質。

夫《大學》一經，喫緊止至善，下皆教人以止也。提出脩身爲本示人，此身即是善體止之地也。格致誠正，正脩之事；事其不止，以歸於止者也。夫聖學一止盡之矣，又言脩者何？蓋有生以後，情識日向外馳走，自非澄治，不克甯一。故止脩互用，即脩而止，此惟精惟一，所以允執厥中也。然所云格致誠正者，豈致知之外復有誠意？誠意之外復有正心？姑先此而後彼哉？天下無無意之心，亦無無知之意。好惡意也，忿懥好樂亦意也，親愛賤惡亦意也，意之了然即知也。知致則意自誠矣，意誠則心自正矣，格物致知亦然。故曰：「致知在格物，物格而後知至。」夫自正心而推至格物，則格物乃脩身之始事，而可以不講乎？教云：「格物者以物付物也。」有物有則，身心意知家國天下之謂物，誠正脩齊治平適還其則之爲格，其義深矣。然格物者始事也，今曰誠正脩齊治平即是格物。然則《大學》之功，至誠意而已盡矣，何必更生枝節，强分先後而安頭上之頭耶？愚意格者正也，式也，如印印泥，物皆於我乎取式，我自作主，而不爲物所役也。物不格則知不致，故曰：「好而知其惡，惡而知其美，天下鮮矣。」物以知應，知隨物轉，所謂格物者，正以心意知而格家國天下。勘破萬物，收斂精神，自作主宰，常湛常瑩，涉而不亂，轉物而不爲物轉者也。因省舊八條目之説，亦未是聖經之意，豈真有八柱對立並用哉？反覆推明，不過見脩身之爲本耳。物有本末，事有終始，明明德於天下者，非必求之國家天下也。格物以致知，誠意正心脩其身，而天下平矣。故斷之曰「自天子以至庶人，壹是皆以脩身爲本」，至簡易，至精實，一以貫之之道也。

愚嘗謂學貴能悟，而未悟又貴能疑。聖門疑夫子者，莫如子路，而夫子之道至今愈尊，豈非以疑耶故能成其信？顔、曾吾不得而見矣，得見子路者斯可矣。愚生井蛙之見，隙中窺天，竊覩一班，將以就正，而非敢自爲也云云。

有生以後，人即發靈，與事綢繆，如油入麵。故以格物爲始事，爲千古不解之結。雖經聖訓昭揭如星，紀紀綱綱，罔容紊越。而學之者尚不免於守株先後，謂必物格而後知可致，知致而後意可誠。節節離析，步步等待，必三四轉手而後及於身也。約略分之，須用三年格了物，方纔去致知；三年致了知，方好去誠意。將有終其身盤桓於始事，而齊治均平之事業，無時而措手也。來簡既已諒鄙之説，謂格致誠正其功，齊治均平其事，家國天下其所處之方矣。而尚未能徹及於此，何也？

頃感一友人問，謂：「止於至善，自昔以爲終事，不識公何所憑裁，斷以爲學始事。」僭答之曰：「予姑不敢高論，只定静安慮，賢試以爲是進學階梯否？」曰：「是也。」予曰：「如此則昭然止爲始事矣。」而公來簡，乃必以格物爲始事，又何也？大率復性酬務，就學問論之，自是一路工夫，而就世學岐之，乃不免作兩路見解。主於復性者，必汲汲於止善，而格致特其用神；主於酬務者，惟皇皇於格致，而知止竟屬推排。以公高明，得無亦少滯此？故學問要緊從大旨提，而不當專就節目上較量；當從宗趣講，而不當倚就字面上敲推。至於就物而言自有格，就知而言自有致，而謂致外無誠，誠外無正，似亦有見於渾無見於析，尚須一勘。

又頃答夏台卿，謂知無障蔽之謂致，物各止所之謂格。以物付物，僕稿中無此語，惟因物付物，則昔儒成説也，與物各止所義協，理不可易。即如來簡，雖宛轉多所發明，而印泥取式，轉物不役等語，亦何嘗不是物各付物之意。且只物各止所一言，其中是有多少作用。往所以謂經常權變，曲折低昂，體事當情，推移任運，乃直斷以謂置格物於不講，又何也？象山所云：「我何嘗不讀書，只是讀得與人不同些子耳。」今於公駁格物也，亦云爾矣。至若格致無傳，又是事理之所甚明，然實千古之所未解，而公亦疑之。請公試將家國天下身心意知爲我除卻，能另立一格物傳否？試將脩齊治平正誠致格爲我除卻，能另立一致知傳否？則如來簡之所駁者，説俱可通矣。如其釋此之外無别有知、無别有物也，則格致之無傳也昭昭矣。果其釋此之外無别有知、無别有物也，則傳誠意之即以傳格致，傳脩齊治平即以傳格致也又不昭昭矣乎？

公最熟於拙稿者，且最深於旨趣者。頃特有慮於知本兩言之或未洞晰於古聖賢經綸之秘也，故屬公更一研覈，不謂條貫節目間，乃尚有害礙多端如此其夥也！得無以覯上國之光爲才俊之淵藪也，聞見亦稍病雜乎？若截自《大學》一經，喫緊止至善，至所以允執厥中也一段，則其説當矣。守此，覯面孔、曾無爽矣。更詳簡末疑悟云云，又大有可感者。大率衛正意切，故不得不假辨説以決疑；任學志堅，故必欲破癥瘕而發蘊。古所稱：「能言距楊、墨者，聖人之徒也。」而况其矢肩孔擔，痛苦鑽研，不憚勤劬，諄諄闡發，有如吾元履者乎？居閑更一揆之，必有豁然憣然能得於意言象數之外者。不妨另以見質，少有效於孔、曾，豈緊一人之幸，真斯世斯文之慶也。多儀愧疊矣，然又不能卻也。使旋，草此附謝，尊公書希轉致。

答陸汝晉書名悌，豐城人。

生即是苦，況經多創，有如來簡所云，則真難堪矣。延平先生曾作一解法，謂每到窘束處，輒思古人遭值更有難於此者，以此少得自寬。此雖去知命樂天地分尚遠，急則治標，障瀾砥潰，不得已亦有時乎用之。吾契既夙有聞於知本之宗，更望於此著眼，求一進步，動忍增能，疢疾生慧。可但一味愁歎咨嗟，以自益摧折，辜負了好光陰也。

答洪伯舒書名晉，晉江人。二條

恥之一言，似麁而實細，似淺而實深。就迹較，若僅與機械變詐、飾僞釣名者相反；推自言，乃直從天命之性一脉生來。所謂「民秉之彝，好是懿德」者也。古之人不但恥其身不爲堯舜，且恥及於君不堯舜與民之不爲堯舜也。必至於無有不堯舜，而後恥爲滿量，可無用恥。口説顔、曾，行僅同於游、賜，尚不免恥，而況於鄙薄之世情，直以口語冒忠孝，以著善掩惡者，又烏足多較於學者之前？故要緊從性善的本色上作比對，就堯舜周孔的心腸作較量，以滿慊用恥之量。有如簡末所云剖心自矢，神明實鑒，則又烏有行不逮言、言不顧行之失哉？惟勉之，毋虚托，并出在會友共勉之。

又

人皆可以爲堯舜，人但口説耳，何曾信得人皆可以爲堯舜？故特揭出成王、曾子始終造就之階梯，以爲證驗，教學者之自勉也。大率見聖不由，有聞不尊，此最學者深患。此雖起周公、孔子於九原，端綏而臨之，諄諄然爲之啟迪導諭，彼非退然而不敢當，則玩慢而不加察耳。又或偶觸於一時意氣，旋染世情，輒就湮没若鳥獸好音之過耳爾。此所以有志者鮮，成德者之難其人也。乃直以堯舜爲不可學，甘自暴棄諉於不能也，豈不悖哉？覽來簡，知能勗，良以爲慰。

答朱汝欽書名家相，樂安人。

曩簡至，述念初丈於此學不無疑。兹簡至，又述省菴、塘南、蒙山、南皐諸丈於此學乃過相信，兩皆爲人面上的説話也。精金美玉，市且有定價，要緊辨者在脚跟下一步，而不在人之贊與不贊也。雲山迢遞，念初兄特苦未面耳，似可立語決。諸丈之見信者，諒有取，然亦苦未面，轉相授，恐未逼真。

僭每謂《大學》爲垂教章程，其成書當在宣尼迨老，綱維括綜，闔散始終，縷析條分，渾歸一脉。故其明之果爲難，信之亦未易。乃門士自非倒身歸宿，而又將拙稿往復鑽研，貫通融浹，鮮有能破其癥瘕而參其閫域者。故要緊在自信，而後可以必人之我信；自不疑，而後可以破人之我疑。所謂不從人分上作解也。

頃見羅汝存與契書，已近徹然尚未徹。續覽陳永甯所答念初書，則真爲破的矣，故要緊在門下有人。

一言游入魯，而孔道至吴；一中立南來，而洛學入越。永甯居此已越載，暮暮朝朝，尚未忍去。夫豈有他牽？只爲此箇意思，日見其商量無底耳。汝欽知羡永甯之得依，而不能效之，即鼓篋里居，知自不懈進，功以較親師取友得孰多？如簡之所云本何在者？蓋最所當定勘者。知本之所在，即知止之所在，而所以爲永甯謀者，是即可以爲自謀矣。

答余伯明書名望陽，順昌人。

陳、黄兩友至，將到手書，覽之若將有洞開慧視之意，而實未能判兩地顧瞻之情。從佛之學者，則必奉佛之矩。釋迦牟尼佛，蓋所謂振古之人豪也。就於王宫之中，超倏出世之業，亦何不可？駕車綵女，已是五百嬪嬙妾媵，滿足三千。而又上有慈親，下有嗣子，乃必悉屏棄以趨倏於寂寞，此其中必有大不得已者。蓋灼見其道之必如是，而後可庶幾也。故頃見伯明之毅然謝去，欲歸一於仙宗，乃爲喜。而兹覽伯明之尚牽兩頭，直漫爲大言以玩世也，乃翻以爲戚也。

吾平生則何嘗專闢二氏，然敢謂闢二氏之深且至者，莫如吾也。歧路之訛，只緣正途未啟。隨方見色，妄肆雌黄，則以本色未經昭布。當空顯赫，魍魎潛消，徑寸指蹤，九譯如見，謂吾於二氏之學，不粗涉其源流可乎？涉彼愈深，守此彌固，淫聲美色，何能眩人？大率理無兩是，人則知之，至學無二宗，人或未之知也。此所以二二三三，不免牽兩頭之縈繫也。孔子所謂「三人行，必損一人；一人行，則得其友」，言致一也。蓋最足以盡此妙，幸體之，真所謂二之則不是矣。

外，承教者可無疑，義不受私，何所投間云然者，誠纖介未之有聞也。即有之，吾於伯明何等知，乃不能於筋骨形容外，另着眼乎？侯光、元善，兩皆篤實士，將來閫地，道學斷不能少此兩人。渠亦十分皈向伯明，惟共勉旃，以允躋于覺岸也，則鄙心幸甚。予輙近徙莆，無意中若爲伯明減路一半，能取暇一擔簦，慰此契濶乎？

與胡友泉書名湜，南昌人。

古稱九級崇臺，須實做脚。士君子處世，無論在仕在山，講學不講學，總之要就脚跟下一步站得穩實，世學騖高虛，往往忽略此。取信於方寸不虧，而濶略於動履，或滲無罣礙。故乃無恐怖遠離，顛倒夢想，究竟涅槃，雖在出世者猶爾，況經世者乎？此僕所以敢斷謂：「仕止久速外，無別有秋陽江漢也。」茂齡共學，白首相看，保此桑榆，俾無玷負，庶幾哉飛甍豐棟，負戴克勝；鈐鐸罘愚，不妨粧點。不然，吾恐其仆壓之遄及也，惟兄念之勉之。七十古稱稀，兩皆幸進此，然在僕爲忝生，而在兄則當稱賀也。而又愧旅邸之無以將虔也。薄具，聊引意耳。

答徐斗文書名一龍，南昌人。

學問必體當乃明，分量必擔荷乃大。止誠主意，即是功夫；脩爲功夫，要以了止。孰重孰輕，兩何昂抑？但立極定命，畢竟以止爲之樞紐。此聖人所以喫緊教知止，謂必於此悟入，而後能定、能靜、能安。而慮從中出，有能得之理也。此肯仔細閱予稿自見，即不能徧閱，第將《大學約言》往返熟讀之，即旨趣可以融，而疑關可以闢矣。區區誠未面斗文，覽書詞而察其胸襟意氣，有迴出人群者。然必於學究之透明，乃於高志願爲不負。弘毅兩停，可滿足其分量也。

答蔣德夫書

莆陽驛傳致手書，知不五日而抵江東。意度詳閑，注思深遠，直揭知本宗傳，串合止脩妙用，幾希乎有打鳳擒龍之妙解矣，浣慰何可言？

大率學問各有宗，故入手各有竅。以出世爲宗，則必就避事物以求之；以經世爲宗，則必就宰事物以求之。此誠孔子半生磨勘，老後經綸。知家國天下是推不去的，故直於此握樞；知齊治均平是擺不脱的，故就於擾擾紛紛中思爲立極，而知欛柄歸宿之必止乎是也。揭出以定學者之命，故曰：「此謂知本，此謂知至。」蓋直以爲盡性至命之極則矣。淵源一緒，確與衆殊，直將性命經綸打成一片，而非有特異之胸襟，夐開之眼孔，疇能識之？蠡管雖蕪，原非泛濫，循環往復，所望竭思。程伯子所云：「學者識得仁體，只要義理栽培，如求經義，皆栽培之意。」六祖亦曰：「經有何過，豈障爾念？只爲迷悟在人，損益由己。」又曰：「第一莫著空，若空心静坐，即著無記空。」故其徒之達者，領玄旨亦不輟誦經也。蓋必如是，而後淵源旨趣，曲折透迤，爲靡有滲漏也。

莆陽士友，敦念殊殷，公甫届途，兢來下榻，以此得無寥落。府差之便，草草附此申晹，不盡欲言。

答李甯宇書

別來蓋三寄書而兩幸達，載接公甯里手函，已屬予抵莆之後。蓋郡邑鄉紳，敬承公之夙志，而僕亦感其誠款，憣然赴之，蓋除卻明學淑人，他何所事？「嚶其鳴矣，求其友聲」，吾復何心忍躭枯寂，惟不得及公尚在地方與共朝夕切磋，以是爲歉耳。

舘雖建在城中，而吾拘謭之蹤，乃竟以一城为限。舘卜陽山，距郡城五里許。蓋處莆五，道與漳異，既欲避市諠，又不欲遠士友，以幸其向往意也。每月十三日，大合於南禪，師牧暨鄉紳咸在，逢七日則聽友朋之自至者，小合于私寓。疏數允諧，士心兢勸，而最可喜者，則鄉縉紳之數十位，坦衷平氣，惟學之依，而不以爲忤也。將來切磋涵濡，必有可觀。而鄙浮寄之蹤，亦不至了無事事，爲歲月之虛縻矣。惟念辱公之誼過高，而依炙日乃過淺，衷腸氣味，一見允諧，旨趣淵涵，百未披一，所幸者拙刻具在也。《書要》、《約言》及《正學堂稿》，業已一切致到公處。頃簡蘭居語，謂：「士相見以紹介，女相交以媒妁。」必欲覿面孔、曾，則此真其紹介媒妁矣，不知公亦肯諒之否也？

卷懷雖非士願，静退亦愜夙期，所望合併心神，撥除冗絆，由端及末，往復參研。初讀之，必有訝其於循習相違；熟服之，庶將諒其於鍥勘不爽。往傳錦泉曾相贊曰：❶「蓋是求同於孔，求同於孟，而非求異於後

❶「傳」，疑爲「傳」之訛。

來也。」不知公又肯諒之否也？ 升沉惟所際值，蒼素自古無憑，孔孟終窮，何況吾輩？ 皇皇汲汲，總不爲私。 弘毅兩停，直滿己量。 公何苦難之？ 有仰間喜得林友去，便促促附此道忱。 尹德興者，即伊兄，亦同門友也，蓋最爲道義之選。

與袁翺卿書名士楚。

師與友，誼相成，故教與學，互相長。 温陵氣運，際會一時，師牧俱良，殊非偶偶。 頃簡韋弘濟，特就士子分上言之耳。 謂不可以當塗去來，爲學作止，如諸師者豈獨任重道遠，自天授之？ 即明學淑人，亦自君命之有專司矣，而可懈乎？

弘濟書述翺卿、勉叔、欽在三君語，皆毅然以學承擔，明其分之不在外也，吾復何云？ 惟是此學詣極者在透宗，而效實者先謹範。 透宗則容可需時，謹範則晷無停待。 今日入會堂，即今日謹規矩。 言必忠信，行必篤敬，且皆耳目之所共見共聞，匪伊幽昧之爲難知難測。 故不獨友可規，師亦可以督，無容爲懈散也。 歐陽文忠公之表安定墓也，謂見士子之言必稱先生者，不問可知其爲胡公也；見士子之循循飭矩矱者，不問可知其爲胡公之弟子也。 不然，將進趨揖讓，辭受取與之節，先無以信而取徵矣，而又何學乎？

各問語如旨答在别函，希轉致之。 此書雖致在翺卿，必徧以致諸諸師，蓋原不爲一人發也。

答陳堯勳書名光，莆田人。

書來，亹亹累數百言，若將直探孔、曾之宗，以求實有諸己。而周旋羅絡，飣餖鉤連，以意揣摩，尚屬册子之解，與頃來隨見酬答、直寫胸臆者，爲不侔也。

至善兩字全在體不在説，故可意解不可言求。知本兩言，全要悟不可執。李汝潛，同門得力友，六年密證矣，一旦乃豁然欣然走就質曰：「今而後始知天壤間擾擾紛紛，有如此經綸秘竅。」若説堯勳，説者不是，亦未嘗不有當。必若執爲是，如畫山水般，恐五嶽真形，尚未呈於圖象，惟體之。今而後欲就質，只合就日用行履處實下止修工夫，看其湊手礙手，貼本離本，得力不得力，朴實頭指出，作商量不必如此。宛轉組織要做成一篇的文字，議論反不見精彩也，知之。

見羅李先生正學堂稿卷之二十六

答王玉溪書

「士不可以不弘毅，任重而道遠」，公以爲所指士者三千乎？七十乎？抑凡爲士者皆當如此乎？故任學與明學若兩事，其實總爲一事；若爲明在先任在後，其實總屬一時。固未有明之不盡而可以言任者，亦未有任之不勇而能以有明者。公所述經權常變、境界際值，指數可謂極詳；所檢省酬物應務，至醺後夢中策勵，可謂至密。大率皆是道脩邊事，於毅分上可謂無歉矣。立己立人，豈必更改塗轍，即以公所旦暮兢兢者，出而與友共之，而分量滿矣。往釋「若聖」章，謂與人共爲之，不容倦也，正是此意。夫孔子豈真自多其有餘，乃日紛紛爲誨人之事，果若云云，倨傲驕矜，莫此爲甚矣。頃所以謂誨人不倦，正所以明爲之不厭，故毅又要從弘出也。若不從弘出，將一膜外否臧，休戚於我不相關矣。公即不主盟，而併友置之，直以淵源有本之涵斂，而爲寂寞自躭之守，恐所謂知本者不如是也。「君用之安富尊榮，子弟從之孝弟忠信」，幸是孟子說，恐不可以解綬懸車日，謂性分上便無復有不容諉之責任也。

曩承貺已莫酬，玆復軫歲闌爲餽問，何其勤也！何其勤也！使旋，草此附復，冗不一一。

答韋弘濟書名孚敬，晉江人。二條

止脩非創説，蓋從虞廷體勘而來；弘毅非漫言，蓋從承當《大學》而得。止脩者作法，弘毅者做手，故往謂之一以括學之體，一以盡學之用。故此四箇字合下來，原不是並提其工夫，亦原非兩用，惟是就友朋最初所缺者，大率在不弘。蓋先無有一箇必爲聖人之志出頭露面、傑然承擔，向後所病者，乃在不毅。續又無一箇殀壽不貳立命的判決，以致頭出頭没，不能接續，不能光顯。雖日相從講於止脩之説，亦祇爲口脂面藥，皮殼上的粧點。曾子若不就這裏討得爲學主持，何由視晉楚之上卿如微塵一芥，灑然甘苦，固窮至七日不火食，尚歌聲若出金石者乎？此真所謂「非苟言之，實允蹈之」，可以爲士楷模，而不可漫視也。勉之，幸甚。

又

虞廷審幾之要，在危微兩字；樂記性欲之分，在辨動静兩字。陽明先生所謂「主静之静，不對動而言」，蓋亦有見此也。静則理，動則欲，此幾之危微所爲分，道心人心所爲判也。三綱首揭，一脉倒歸，八目平鋪，就中拈掇。蓋直以至善爲之命脉，脩身爲之歸宿。故舊有云：「不本心，不本意，不本知，謂孔子果無見哉？性宗也。」如簡所説者未嘗不是，不無尚墮於邊解，且病執也？察之。

答趙懋凝書名光孚，建陽人。二條

最易曉者莫如一貫，而最未易言者亦莫如一貫。忠恕者則一貫之做手也，舊嘗引「天何言哉？四時行焉，百物生焉，天何言哉」，謂宛然畫出一箇一貫。又引「肫肫其仁，淵淵其淵，浩浩其天」，謂湊底討出一箇一貫。程子之解忠恕也，謂：「維天之命，於穆不已，不其忠乎？天下雷行，物與无妄，不其恕乎？」賢試將此兩者，反躬默默體取，自然氣味深長如見，不必如此苦苦將忠恕一貫兩爲敲推。譬同判獄，要在得情又喻傳神，特以寫照。此最是參請上機，而入理之徑訣也，體之。

又

舊每謂聖人言句，無一字不是説工夫。故及門之賢，雖贊聖之言，亦無一字句是存退托。爲之不厭，誨人不倦，自是夫子純亦不已之心，亦即夫子配天行健之學。吾人者將何求哉？學此而已矣。未至者容有厭，必勉而求爲無厭；未至者容有倦，必勉而進於無倦。故曰「正唯弟子不能學也」。蓋願學而未能，非阻難而自止也。仁聖兩字，亦不必别形容，只玩不厭倦，最有味。「天行健，君子以自强不息。」此卻是斬關的第一義諦，自始學至成德，無二作法也。願與契共勉之而已。

答蔡瑜美書名士瑜，晉江人。

每謂薰陶漸染四箇字，豈有一字不從漸入。故觀摩之益，大於閉户鑽研；啟發之機，若將不疾而速。一齊衆楚，徒益喧囂；莊嶽徙居，油然顧化。此昔之聖帝明王，所以降賜清問，忘其高崇，而下交於氓庶也，曰：「臣哉隣哉！隣哉臣哉！」而況於青衿之士子乎？德字不專指成德，蓋凡有志於脩德者，即不可孤而立，而必求有隣也。無隣而能成德，信哉我未之前聞矣。至於「敬義立而德不孤」，又屬文字偶同，不足據以爲比。因而執謂在己不在人也，舛矣。

僊鄉方濟濟向於道，又所謂不患無隣，惟患於無取友實志。乃徒以其名趨之，而實則視之如贅疣芒刺，而無裨於事實也，以自坐於孤立而無朋助也。惟檢之，毋虛負。

答靳佩蘭書名時芳，莆田人。

夷險升沉，世途必有；正己勿求，無非坦夷。此所以素位而行其學，無入而不自得也。「行人得牛，邑人之災」，謂无妄無災可乎？「无妄之疾，勿藥有喜」，謂无妄無疾可乎？果无妄，直以不治治之，勿藥有喜矣。故要在反其心之無他，而不能必其遇之皆順。動摇芥蒂，非外有迕於境，必内有佛於中。内縈外觸，意根隱隱，業已作兩地牽纏，乃復認以爲分毫不曾涉向人邊，而欲希光霽之景象常現前也，舛矣。至所云惟有自己脚跟下一步地，光光净净，可稱坦途，離此便是荆棘，而欲喫緊向己躬歸復，斯得之矣！斯得之矣！

守此，止脩無玷矣。

答黄士京書名大都，晉江人。

郵傳尺素，具悉弘襟。矢將實砥止脩，以爲口説徵信，而後赴講，意善矣。其實則講外無脩，講者講其所脩者也；脩外無講，脩者脩其所講者也。實心實意，吐出腎腸，以與友朋商確，則何講非脩？求乎子者以反之父，求乎臣者以反之君，求乎弟者以反之兄，求乎朋友者以反之先施，則何脩非講？如簡云云，尚不免看作兩層事矣。看作兩層事，亦何不可，只是便有等待之心，有空闕之處。一有等待，便不知何年何月，是自脩滿足的日子，而可輟以赴講。一有空缺，其勢不免飭於大關大節，而忽於燕笑觴豆；謹於大庭廣衆，而疎於暬近房帷。至復謂脩時無復講，講時無復脩也，舛矣。

玉溪恂恂，吾諒之悉。其實勇退急流，正所宜以學自任，爲後輩典刑者，尤不宜爲退讓之日在諸師友之致誠切敦請之耳。林而德書且不答，蓋度渠能來，則面在即。如不能，事竣後必已去矣。

答張爾衢書名鵬翅，晉江人。

舊感夏友問，謂：「經書如舊，何先生所論，半不同於前儒？」僭答之曰：「前儒所論者多是説理，我此所論者多是説學。夫説理説學，所差别相距幾何？然一不免爲托諸空言，一乃可以當抵實事，故只不就脚跟下作實體當，而指其悟者疑者爲質，皆空言也。」不意吾爾衢乃亦偶爾蹈此。經書中似相反，而義寔不悖者，何止千萬？若不會其旨趣所歸，而第將言句字面來比較同異，真所謂心迷法華轉，有何日了乎？

有答陳爾馥一書，載在《正學堂稿》，可檢繹之。所論無友不如己者，與來簡見頗異，而於夫子有教無類旨乃若相發而不相悖也，體之體之。此後友朋問者，切宜戒專講書不講學，道人分上事而不道己分上事也。草草。

答陳堯勳書名光，莆田人。

大開眼孔，著實做去，爲覆載中一完人，數語者何其發志之弘、出肩之勇。眼前友朋聰明氣力者不少，只爲不落根在學問上。所以語之諄諄，聽之莫莫，入會堂蔚然爲學問之士，出會堂猶然一功利之根。豈真有廣居？豈真有正位？大道只此一點真精神，倒歸學問一路，其氣宇自是寬宏，其規模自是正大。雖居人世上，卻是出人間，所以浩然充塞同衆之群，而不同其趣蹈；堂堂然得稱爲大丈夫，而非若小丈夫之可侔也。

來簡所論，一切未覩。契理徹關，可以予答意大書昭揭之，如户牖箴銘相似。口誦而心惟之，當必有迥然長格，而果不徒爲意見之揣摩、口吻之摶弄爲也。體之體之，并出與子典、君器共之。

答侄文煒書

書至，津津恣心衝口，幾於有物之語。頃屬侄屏旁搜，專業稿，今觀來簡，似能涵其氣而不但爲熟服其詞者矣。故學問要緊歸宗，學不歸宗而能有成者，斷無是理。然胸襟不可以不廓也，眼孔不可以不高也，此蘇子由所以謂「於山見嵩、華之高，於水見黄河之深，於人見歐陽公，而猶以未見韓公以之爲缺典」也。嚶鳴小鳥，亦有出谷遷喬之思，矧伊人矣？乃局守拘株，窮年卒歲，直汩没於米鹽醬醋、勺合斤兩，而忘海闊天空之大計也，此又侄所當諦思而深省者也。謀卿良益，喜侄共朝夕，冗不及書，面問可出此。

與劍浦學舍會友書

友朋一日不聯屬則散精神一日不振刷則頹。會亦何爲？所以提策乎此。獻和兹歸也，殆天之有意於吾豐也。其所振興助益，度當不小。乃伯衎書來，以舘所既嚴飭，欲倒身歸宿爲衆倡。時舉書來，復云：「一日講求，即是一日力行，并講廢之，不知所作者何事？」警矣警矣！世祇知講學之爲空言也，都俞吁咈者非空言乎？《齊論》、《魯論》，有一字句不是師弟子所相與講説論難者乎？

往會粤，偶感屬職問命，將二典三謨、封山濬川、曆象授時，諸所稱實事者析作一帙；師讓臣隣、都俞切磋，世所指空言者析作一帙。問何者可當二典三謨乎？有廣寧尹葉壽春者豁然省，出班謝曰：「今而後始知謨典之所以爲謨典。」若無師讓臣隣、都俞吁咈這一段風光，何取而高萬古？若如世所云實事直人，各歸家相率而爲問舍求田、勺合斤兩之較，實則實矣，以是而謂之躬脩也，可乎？又或曰：「吾以行孝悌之道，試問之冬温乎？夏清乎？昏定乎？晨省乎？就俾行之，已是末節，况一未之能有行也。直坐在家裏，與婦子兄弟共其起處而已，以是而謂之躬脩也可乎？」吾不意時舉乃能見及於此，又不意伯衎乃能力行如此。舊有云：「今人行數十里，不聞誦讀之聲，輒曰此非詩禮之邦。至越數十城，不問講學之聚，則莫之怪焉。甚或覩其有講學之聚，翻以爲怪也。」正有慨此也。

伯衎頃來講稿，説最可爲。守持工課，反躬獨悟，學尚不在經，何有於稿？緣聞入悟則先誦讀、次講解、次著作，又自是學之序次當如此，雖業舉者不能廢也，惟諸友其共圖之。此中士友每月一大會于南山寺，師牧鄉紳咸在。逢七日則聽友朋之自至者，小會於暢山私寓。士友彬彬兢勸，已爲難得。至鄉縉紳數十位合坐於一堂之上，平氣坦衷，惟學之依而不以爲忤也，則真爲世所僅見。羅、李、劉四君自是同門友，不待約。其他鄉紳之里居者尚多，且半舊會友也，可外乎？學非一人之私，會非一家之説，固自天子至庶人，自聖人達於途之人，所相與講明而見之行事者也。形迹少睽違，即非一體，惟諸友其念之。歲冗草草。

答陳從新書名湯道，同安人。

經世之學，一事不舍，直將家國天下通爲一身，齊治均平通爲一事，而獨厭科舉乎？吴康齋、陳剩夫，自是有特異之胸襟，迥開之孔眼，故排衆悱，擺脱纏縛，直從一路裏進功以底臻高大。彼丈夫也，我丈夫也，誠不可謂宇宙間，無復有康齋、剩夫？假令不具其志，而衹浮慕其名，以躐其步驟也，其有不牽情於外慕，奪志於交謫，以沮氣喪心者，吾見亦罕矣。故吾于三十歲而下，友朋未嘗不諭令兼脩舉子之業，蓋度其未必是吴、陳兩公機器，以免遺後悔，且以咎師也。

從新志意自不凡，至排俗忤衆，决絶利名，亦未必便是陳、吴兩公氣骨。兩乘參脩，並存不廢，如簡所説，姑以順親之望者，亦何不可之有？更詳。頃所作「耕也餒在其中」文字，則於趨時伎倆，亦殊有地步也。不患妨功，惟患奪志，吾誠不憂其功之妨也。至其志之奪不奪，則非予所知也。惟切實反躬體，庶毋兩負。

答彭從野丈書

來教云：旦夕誦老先生稿二部，今已卒業矣。敬之如神明，佩之若瑲玉，先哲之言，良不虚也。静言思之，孟浪光陰五十秋，真可惜也，傷悲何及。雖然，夫學性學也，無智愚，無老壯，亦爲之而已矣。性原不滅，此心亦不滅；心既不滅，則道亦不遠。「有斐君子，彼何人哉」，自今以始，矢惜分陰，堅守歸宿之訓，直將全副精神，常常只是歸本，不向外馳逐，不於人求討止之，既深脩之自固。《詩》不云乎，「惟其有之，是以似之」。非耶？惟先生終誨之，文質豈敢自分永棄。今初三會期至矣，竊擬每月朔日，請先生預指所講之章示下，俾人人争自濯磨研覈，以求明暢，以備顧問。孰甘如愚，乃懵然若罔覺耶！除十三大會無論已，其初三、念三二會，先於朔日即命示之，庶以牖發其疑問之端，振作其向學之志，而漸脱其頹靡之習云云。

耆齡傑志，伏櫪雄襟，矢透萬重關，不住塵埃境。故謂老馬容有識途，漁樵可以指徑，而不鄙其蠡管之蕪穢不足徵也。週環兩集，佩若箴銘，宛轉參尋，幾如嗜炙，翁之虚己，至矣。至復「矢惜分陰，直將全副精神，堅守歸宿一步」，則尤爲妙入孔、曾宗傳，直達天德。弟所以敢斷謂後來學術之訛，只爲看至善兩字不明，所以都錯者，正爲此也。辨寳者所貴眼明，超乘者不履階級，吾直可以坐而企翁之陟聖躋玄，而又何容贊乎？真切真切。

會中明哲，不止一人，講語惟裁，非予敢斷。倘翁辱預示之，而俾共訂商之，因以不靦芻蕘，效切磋之少益，則庶幾哉敢聞命矣。

答胡明郁書名景，豐城人。

脩身爲本四箇字，曷爲而揭出？正以爲士子直下討歸宿也。知本乎身，即知止乎善。若甚易知之事，察之。乃舉指摇目，無一步不涉向人邊者，蚤作夜思，無一念不是越出分外者。漫不自省檢，直盡氣狂奔，

往而不知返也，此所謂可痛者也。一部《論語》，豈有他謬巧，只是教得箇「人不知而不慍」；一部《孟子》，豈有他謬巧，只是教得箇「行有不得者反求諸己」而已矣。故思不出位，孔子以繫《易》，而曾子以揭宗，直是尋常，有何奇特？後之學者，大率爲虛玄所雜揉，方士禪伯的話頭所播弄誘奪，不循循謹於息興語默，而務爲高虛凌躐。若將有一段變怪非常可喜可愕之事，所以愈騖而愈遠也，則平實地總放過去了也。

吾苦三十年餘，僅乃見此。佩之若太上靈符，旨之若玄丹一粒。而契乃尚欲舍此，外别討歸宿耶？然味簡意，於拙稿已熟服見趣，亦頗近周匝矣。惟毋以奇心攙入于反躬實課，樸實頭尊聞行知敬守四字符，則躋于高明光大之景光地分不難矣。德易果能來，不但此學幸，似亦渠造道成德之一機也。大字偶得暇更作之，併納。

答林友書名爗，德化人。

昔賢謂不患妨功，惟患奪志。何以不妨功？蓋家國天下，原是具足之量；齊治均平，原是合了之職。宇宙内事皆吾分内，乃考古脩辭，獨不在其間乎？此所以不患妨功，蓋無事之可外，故無功之可妨也。登高者每有企及之情，未卯時輒爲時夜之望。鈎注已眩，金注即昏。若乃夫没人，則彼未嘗見舟而便操之也。覆卻萬方，陳乎前曾不得入其舍，則利害在外也，此所以惟患奪志。知本之揭，正有概此。故僭以爲千聖經綸秘密，而謂孔子平生，只有這箇悟門，而尚何暇牽纏作世情解乎？子張之學干禄也，教以「多聞闕疑則寡尤，多見闕殆則寡悔。言寡尤，行寡悔，則禄在其中」。是即富貴功名，亦一切不須向面外覓也，而何顧瞻縈繫之？

有試文自善，第不當於聞斯二者之内，即涉及得三之情。即就下句論，亦宜先寫其喜悦意，而後斷以道未有當，乃爲合體也。草草。

答鄒濾水書

劉從事將到手書，捧誦再三，備悉玄解，可謂見其大者。俯仰宇宙内，同體乾坤，混育元氣，勾萌甲柝，何往非仁？誠不必瑣瑣敲推，多爲較量。明道先生曰：「《大學》，孔氏遺書，須從此學則不差。」又曰：「于今可見古人爲學次第者，獨賴此篇之存，而《論》、《孟》次之。」舊每借以誘迪多士，謂今三書具在，所以教人者曾無異旨，而乃曰「須從此學則不差」，豈從《論》、《孟》學尚有差耶？又曰：「可見古人爲學次第者，獨賴此篇之存。」豈從《論》、《孟》學尚少次第耶？故諸經皆聖藴，必欲總千聖之淵源，定萬世之譜範，直從經事宰物之中，底歸性命之奥，使中下皆可率由，而穎敏不致馳騖，則必於《大學》乎歸宗也。口耳之襲，夫何足稱？門面之競，亦大卑瑣，有如來簡所云，不可與入堯舜之道。然真是處則當求也，學之不講，孔子且以爲憂，而况若吾儕乎？惟丈念之。

劉君不得面，覽簡意，亦可喜知僊里士大率非凡品也。外，承讀《易》之教，蠡管之測，更有可就質者，而愧此拘株合併之未可期也。人旋，草此附復，而并以近刻蕪言附申請益，惟覽照。

答余叔廉書名世威，豐城人。

「士不可以不弘毅」者伊何？蓋必將全副當精神，倒歸學問一路。居必廣居，立必正位，行必大道，而後正正堂堂，一段精神可昭揭於宇宙間也。獻和之所以日益者，只緣有得於此。渠真能以友朋爲眷屬，以學問爲家計。於此立德，於此廣業，於此脩文，於此明節，將世所分戀多岐者，併精作一道做了。此其功夫所以日簡日明，精神所以日暨日暢，有如來簡之所稱者。此固凡爲士者之所共優爲，而何其及門之士能體而行之者之鮮耶？如吾叔廉，則尤其具有能爲之禀，而無牽制之憂者。同此師傳，同此學脉，可退然以爲非所克勝，而讓豪傑之士於不處耶？惟勉之。至所云學旨未明者乃須講，學旨既明者只合做，而以尋做手、論功夫爲兩項事，曾不思有論有尋，即此便是做，即此便是講，是欲以爲緊切，而適以二之也。末後三省、四勿、九思、三反，切磋琢磨，多所稱引，總皆道脩邊事，要緊思其所主腦歸宿者伊何？乃爲有益。已有公書矣，檢來簡而偶有觸，故復作此。叔聖亦有書來，未及答，面間可出此，云冗不能專簡也。

答蔣蘭居書

古稱君子深造之以道，欲其自得之也。必自得之而後居之可安，資之不匱。覽來書，灼然徹見此，吾復何云？程伯子所云：「于今可見古人爲學次第者，獨賴此篇之存，而《論》、《孟》次之。」必欲明學於《語》、《孟》、《大學》，三書究觀，且宜有次第，而直將泛覽而窮蒐之得無汗漫？「衡誠陳，乃不可欺輕重；繩墨誠陳，乃不可欺曲直。」蓋尺度權衡，要定於我。公非始學此，固常博訪於多門，恣探於二氏，而得其綮要，以爲世宗盟者，特以爲理無兩是，經世之學，必於此乎歸宗耳。由此而研之有合，直可出以相徵；由此而研之有不合，直可舉以相駁。庶幾哉是非可以立決，趨背可以管歸，而又何至顧瞻眩瞀，披榛莽之多塗，爲混沌之剖鑿？

饒伯宗，敝鄉奇士也，公必聞之矣。往萃止蓮槎，僭勉之，謂：「學問不是小事，易昧難明。汝師苦歷二十年餘，乃牖其端。又十年餘，乃竟其緒，兹年已五十矣。」伯宗毅然曰：「如門生則何待於五十？」予因顧笑曰：「伯宗得恁地聰明，可謂有超師之見。」伯宗曰：「不然，門生則何敢望師？顧從一路裏進功，芟夷指徑，不復作二二三三之解。就令有不至，尺度權衡，固定於我，輕重曲直，將無所遁其程準，而學可與有明耳。」若不將《大學》按定作譜，孔子作師，而漫從載籍中窮搜之，至其求之不得直，遡之無始，反之自心之臆測，以求其必有中也，恐亦卒歸於汗漫而無所至止矣，不知公見以爲何如？

頃繹曾使者云，公隨發軔，兹傳蹤跡，乃尚憩於汀也，故托郵筒而致此。又，頃有簡寄宅上者，不知曾否致到公處？《論語大意》及報刻《提要》各一部侑覽，希照入。

見羅李先生正學堂稿卷之二十七

書問節語

唐虞者，洙泗之淵源；堯舜者，孔、曾之矩範。一脉頂傳，無以異於祖父子孫，豈獨門風家法相同，真是血脉精神渾爲一體。此止善執中、求仁養性，所以果然同一脉絡也。知止乎此，而後意根乃有栖泊，酬酢乃有主持，不擾擾紛紛、朋從爾思、甘效物役，作牛馬之馳走矣。故曰「知止而后有定」。

昔明道誚謝顯道博涉，謂：「賢卻記得許多，可爲玩物喪志。」及自讀《唐鑑》，卻又循行數墨，一字不遺，此古人所以謂「心迷法華轉，心悟則能轉法華」也。書果累心乎？則學不知本者之過也。學古入官議事以制政，乃不迷。「事不師古，以克永世，匪説攸聞。」此皆古人成戒。雖以孔子天縱之聖，不妨爲三絶韋編也。忘己逐物，貪外虚内，病從何來？治當何法？而乃以束書不觀爲學之要也？得無爲明眼者笑乎？右俱答黄汝顒。

昔子路問：「子行三軍則誰與？」曰：「暴虎馮河，死而無悔者，吾不與也。必也臨事而懼，好謀而成者也。」吾於《將將紀》特揭出此，謂爲千古論將之法。秋陽江漢，氣定神閑，以待天下之變，自是本領。至臨機履局，一事之止，亦自有合稱停者。觀其會夾谷也，請具左右司馬以從。請討陳恒也，曰：「陳恒弑其君，民之不與者半。以魯之衆，加齊之半，可克也。」故能當鼓譟而以數語折强齊。假令哀公能用孔子，則伐齊之事，孔子任之有餘矣。是皆所謂知本，兵家之所稱廟算也。霍去病，漢廷一將耳，且云「不至學古兵法」，況孔子乎？以軍旅未學，而有疑於孔子之「我戰則克」也，則固矣。出門如見大賓，豈真有賓；使民如承大祭，豈真有祭？「小心翼翼，昭事上帝。上帝臨爾，無貳爾心。」此止法之所以徹晝徹夜，徹動徹静，無有間歇時也。豈獨止法無間，脩法亦無間。此吾所以謂廣衆大庭，分量不爲增；獨處深山，一主一僮，分量不爲少也。又不但此，獨行不愧影，獨寢不愧衾，古之人有是言矣，曾如是下功夫矣。謂師友未交，人謀未接，便無有功夫可做，中焕蓋習而不察也。果知此，終日欽欽，儼然顧諟，無刻非脩，無刻非止。只此便是歸本的宗傳，透性之訣竅也，又何疑於知本？右俱答劉中焕。

知本兩言，寔是千古經綸秘密，爲孔學獨悟之宗。故教人以入手，必曰物有本末，事有終始，知所先後，則近道矣。蓋此十六字，知本之訣竅也。教人以落脉，必曰脩身爲本。蓋此四箇字，知本之歸宿也。經世之人，除此兩言，他尚何學？答韋純顯。

暫復爲復，常復爲艮。故曰「復亨剛反」。反者何？猶自外而還也，蓋尚有復之可言也，故曰「暫」。又嘗謂：「『孔子無不知，而作』，常止也；『顔子有不善未嘗不知』，知止也。」常止則無復之可言矣，又何不貳不遷之有？知止雖能復，容或有不止者在也。此顔子之所以三月不違也，蓋尚有違也。來問似達此，然以知本宗傳揆之，尚屬人分上事。孔子常止，顔子知止。常止者可當艮卦，知止者可當復卦。分數似明，總屬孔、顔分上，於己無干。更請就落脚一步處作實體取。答黄士京。

修身爲本，四字靈符也。於此歸宗，於此止善，此孔子所以謂「此謂知本，此謂知之至也」。蓋直將止善本身，合歸一脉矣。

至善即仁，仁即至善，但話頭換卻耳。故令學者未易曉。歸本脩身，所以歸止至善。此予所以謂脩身爲本一句，則是求仁之方法也，家國天下備此矣。然卻不得打合「繼之者善，成之者性」，非《易·繫》語乎？至善之點，恰有契此，其爲言性何疑？若如世説，必以造極者當之，則全經自性學，而於其中覲體指點者，乃無處討下落矣。

止脩雙揭，孰後孰先？主意工夫，兩何昂抑？此孔子所以謂「敬義立而德不孤」也。然到《大學》中，又似有循循善誘意。揭三綱倒歸一止，列定静安慮自於知止，此程伯子所以謂「于今可見古人爲學次第者，獨賴此篇之存」也。先止後脩，先脩後止，誠不免贅。若止地討未明白，則恐所謂脩者亦祗爲口脂面藥。喫緊鞭辟於實際，理地竟隔一層矣。右俱答孫啟濱。

士之謹操，無以異於女之守志。經綸藻思，藝能博涉，可以酬世。艷博名高者多其數，而惟此禔身大節，少有玷於暮夜之交，即所謂其餘不足觀也已。與友。

古人「君用之安富尊榮，子弟從之孝悌忠信」，蓋進退皆有事，所以能不愧素餐。後來直以當官舉職者爲不愧素餐，與孟子之所論異矣。堯舜禹臯，則學之明於上者；孔曾思孟，則學之明於下者。窮達雖殊，兩無有不滿之量。且直以爲自生民以來，未有盛於孔子也，則學之當務也明矣，窮達之兩皆有事也必矣。晨門荷蕢，夫豈絲毫有不檢之操？只以比量於二儀之生德，則較然懸矣。此孔子所以謂「果哉！末之難也」。惟契終始之，無俾居林之日，有不慊之分。答李宗誠。

學問非有倡不興，宗旨非有傳不協。三三兩兩，熒惑多端，展轉岐尋，動淹歲月。致將孔、曾正趣，面委蓁蕪，兢於越俎代庖，安開徑竇，則未必皆學者之過也。則學失其宗，徬徨焉無所依以立命故也。答黄毅菴。

生平得力，全在平心，理到是邊。臧獲必採，而況其在縉紳先生學問之宗主乎？特以途逕既分，舉目江山，果然盡非前景。蓋往謂之終事者，而今以爲始事。往謂之宗趣者，而今以爲條理。往謂之衍文者，而今直以爲欛柄之歸宿也。此其所以舛也，則學之宗趣本來如是也。答王體潤。

末俗滔滔，能文者例誚講學士，而講學士亦例薄能文。燁然藻績，而又究心淵邃，如吾延之者，幾二美之兼備矣。顏、曾、冉、閔，豈故不文，特不以文字落科級耳，故以德行稱首，惟勉之。養愈深則發愈茂，「仁義之人，其言藹如也」。蓋流於既溢之餘，而發於持滿之末也，非直從枝葉上作訂刪剿襲也。與錢延之。

止脩兩字，每謂揭出孔、曾。心要。豈獨孔、曾聖聖相承，無不是此門法。蓋一以定命，一以嚴防，廢不得也。知歸止以定命，則學有宗；而謹脩以嚴防，則止無滲。克即是脩，復即是止，知顏子之學有宗，則知顏子之所謂四勿，與原憲之力禁制者別調矣。「仁則吾不知也」，正以宗趣論而非以造詣之淺深論也，察之。

「經正則庶民興，庶民興斯無邪慝矣。」孟子此言豈不惡鄉原、楊、墨者哉？正有慮於己學之不明，而第向人分上作品題較量也。「衡誠陳，不可欺以輕重；繩墨誠陳，不可欺以曲直。」洙泗之宗傳，儒學之準衡繩尺也。試省之，果曾明耶否也？此之不明，而彼之爲較，去本地益加遠矣。右俱答孫光翰。

凡民有待後興，豪傑匪由天作。公奇氣蓋復出人群者，其能置豪傑之倫於不處乎？古稱一日居位，一日業官，僕卻謂一日有生，一日盡分。明學淑人，固自是儒者本等職務也，容諉乎？答友。

陰陽二氣，在天地分上自是兩停，以陽主生物，陰主成物，有肅殺之意。故假象顯義，以陽例之君子，以陰利之小人，諄諄然致扶陽抑陰之意焉。若遂沿此謂陰可盡去，陽可獨存，則無是理矣。《太極圖説》雖緣悟《易》而作，尚多揣摩之見，與羲文透體徹關者有間。無極而太極，象山駁之詳矣。主静立極，往感羅汝存問，亦駁之，載在《敩學録》，可按。即「太極動而生陽，動極而静，静而生陰，静極復動」，亦爲未瑩之語。太極豈有動静？動静者，氣也。自有天地來，氣即常運，豈待動而後生？待動而生，已爲礙理；動極而静，是何等待？右俱答伍學甫。

畫以傳神，書以載道。按圖不可得駿，對鏡自可整容。此釋氏所以謂「依經解義，則三世佛寃；而離經一字，又同魔説」也。吾雖諄諄焉爲學之故，狼藉於簡牘間，亦何嘗有一字句不紬繹自經文中來耶？若有一字句不自經文來，即是背卻宗傳，而於道爲無當矣。又何可勤多朋之刻集研竅，空汩没於杜撰無用之空言耶？答劉廷傑。

孔開正學，經煅萬千；曾獨得宗，烺然星日。大率開宗立教，從渾沌際鼎闢乾坤，固難爲力。而擇中省括，從多歧處能自得師，亦難爲眼。此三千、七十所以依依洙泗之門，而得宗者僅一顔、曾也。聞知者類閲五百年，而自托於見知者亦爾百餘歲。豈氣求聲應，道同德一，果不計踪跡間耶？然則有志者亦無取同堂，而亦無貴于親炙之矣，恐於理不然也。與張鼎卿。

得英才而教育之，古人以爲至樂，謂「王天下不與存」也。今章縫濟濟乎黌宫，絃誦洋洋乎溢耳，才不乏矣，教亦行焉。試考其中之所樂，趣爲何如也？蓋必有俯仰不愧之操持，而後有英才樂得之受享；有英才樂育之造就，而後可以滿俯仰不愧之襟期。所謂「致中和則天地以位焉，萬物以育焉」。於性分量靡不愜矣，而又何以知崇品之爲尊，編氓之爲賤乎？此所以「王天下不與存」也。答王體潤。

至人無夢，古有是語，故自昔以驗學之淺深。予亦苦夢雜，每愧之，以爲即此便是轉相縈續的根子也。只日用間誰能斷得事，要令事妥而心安，即是日有息；宴息間誰能遽無夢，要俾氣爽而神寧，即是夜有息。如此漸次保固收攝將去，到得全體太虛中涵寂照，則所云無夢者，又是自致之境，而不爲分外事矣。

「行有不慊於心，則餒矣」，一語提撕，萬鈞比重，雖以佛菩薩最爲勇猛精進，到此亦越不去，故曰無罣礙故無有恐怖。遠離顛倒夢想，究竟涅槃，然則有罣礙即不免於恐怖，不能究竟於涅槃也明矣。謂棄而君臣，去而父子，而能坦然無有罣礙，可乎？既有罣礙，勢必流爲昏沉；既不免恐怖，勢必流爲散亂。此孟子所以謂：「我故曰告子未嘗知義，以其外之也。」

無聞見者病在耳目塞，然其根淺；有聞見者病在意識障，則其患深。往有取滇友，謂其聞見狹，其聽者反專；其性習蒙，其守者反恪。陳生好處固在敏，受病處亦在敏也。其能尋繹，固在有所聞；而其能作障礙，亦在有所聞也。真所謂醯雞之覆也，不復覩天地之大全也。右俱答吴學親。

世之業舉者動曰妨工，講學者又動曰奪志，真所謂不揣其本而齊其末也，則不講於脩身爲本之學故也。將均平齊治家國天下之事緒，一切不捨也，而獨厭科舉乎？吾往既於自身有驗，續於宗誠有驗，而今又於以建有驗矣。所謂奪志妨工者安在？此其所以爲喜。答陸以建。

常惺惺謂喫緊，然湊底裏尚隔一塵。整齊嚴肅謂是敬，然極要領尚未覩歸宿。試看一步而定，再步而静，三步而安，何等點得次第，何等湊得根源。往所謂「定則本有立而不摇，静則本體虚而能固，安則本境融而常寂」者，亦可云至到之語。所以睿知聰明，皆由此出，而可以經世也，惟契更味之。所謂「百萬金革，其中常無一事，飲水曲肱，樂在其中」者，蓋真實語也。與趙懋凝。

孔子天縱之聖，經勘半生，無他奇特，只是揭得此四箇字。若以爲太上之靈符，玄丹之一粒也，夫豈苟然？僕亦每對人言，謂三十年老在學問中，曾無奇詭可喜可愕之談足聳學者之聽，而獨揭出一箇最無義味的話本，真可笑也。而不知此固洙泗之家常茶飯也，虚揣摩，閑議論，到此何處放著？答詹忠甫。

學問只有一宗，無二宗，以理只有一是，無二是。此昔人所以謂差若毫釐則謬以千里也。有疑必辨，有辨必明，不明不措，乃稱善學。此孔子所以謂「當仁不讓於師」，而謂「學之不講，是吾憂也」。將以體諸身，而於心先未之能諒也，可含疑弗辨乎？與邦和。

宣尼自聖，爲徒者何用三千？頂脉頂針，可遽云拔十得五。此孔孟之所以爲學求人，皇皇然如恐其不及也。每思乾坤初闢，正當開泰之期，何以便有屯難？須知有混沌，乃有開闢。所以有開闢必有屯難，何者？則疑團未解也。此天造草昧，所以宜建侯而不寧也。與韋弘濟。

世每謂顔子不出頭，以有孔子在上。然退省其私，亦足以發者。發何事乎？「自吾得顔回，而門人益親」，果何自加親乎？此其負荷擔當，衛道之功，力倍於由、求輩數等矣。是直以如愚心齋等語，想像顔子堆堆地僅同一箇處子的模樣也，何其見之淺乎？答吴學淳。

大學問要緊在擔當，非衹自了。要奮拔，不可蹉跎。進則日詣于高明，退則日淪于卑近，決無有中立之理。此孔子所以「發憤忘食，不知老之將至」也。有何休歇之時？有何滿足之量？有何等待節序？有何寬展期程？蚤作夜思，月征日邁，庶幾哉乃無辜於上蒼付與，可保見緝熙光明之益矣。與王忠甫。

惟學難明，惟人難得。有慕古之心者，每患無學；有可傳之學，又患無人。此從古以來，所以兩相求而每不相值也。席不暇煖，轍環周流，豈緊奔競之爲？汲汲皇皇，真爲得人傳道之計。諸葛武侯所謂「此皆數十年之内，所糾合四方之精鋭，非一州之所有」，武勇且然，何況道義？此之秦、之楚、之陳、之蔡，所以不辭其跋履之勤，汲汲然若求亡子於道路，而不暇衽席者也。答鄧浴吾。

學必以孔子爲宗，成案在經，有如皎日。以知作體，自是後儒見有深處，非淺所窺。廢知不用，又是邇來學者護知之過。其實有生以後，人即發靈，水陸飛行，用者屬此，雖孔子大聖人不能廢知也，而況吾儕乎？特其所注宿者，必於本不於末，往所謂「蓋是要將知歸於止，不是直以止歸於知，此宗之辨也」。蓋喫緊言之也，此攝知歸止，鄙人之所以敢力提撕也。答龔子典。

勢分與性分不兩立，士之有志者重性分，則必輕勢分，亦勢不兩存。孟子所謂「古之賢士，何獨不能，❶樂其道而忘人之勢」者，最足以盡此意。舊每愛「我欲中國而授孟子室，養弟子以萬鍾」，由今觀可謂極盛之舉，而孟子乃曰「夫時子烏知其不可也」。故義之所在，雖千駟萬鍾，不足攖情；雖安車蒲輪，有難枉轍。蓋

❶「能」，《孟子・盡心上》作「然」。

所重者有在也。答陳士標。

友朋最難得者臭味之諧，而尤難得者在破除彼己之障，「學公學公」言之。迷津指示，不擇芻蕘；老馬識途，惟伊指向。理决無有兩是，學安得有二宗？形骸一睽，見地乖隔，人各是其所是而非其所非，此徑竇所以多開，至有三千六百也。舍己從人，乃以成舜之大；聞善則拜，自昔頌禹之高。今安得有這般人。答高鳳岡。

修身爲本之學，語出人知，有何隱僻奇玄？所云戒懼，既不勝拘攣，稍解又苦於奔逸，自是世學通患。譬同御馬，束之則驟，縱之則弛。然所以卒能調攝，使進退履繩而旋曲中規矩，以柄操之在我也。無轡之駕，豈不間有協於唇吻之和？只爲提策，不自於人，緩急惟馬之意。所以終至顛隮，罔從控勒。修身爲本之宗，道果類此也乎？答張天爵。

理不容二，二則支；學不可雜，雜則晦。古所稱異端，真只在於杪忽毫分，而岐以千里者也。儒學所最易忽者，在如布帛菽粟；而所最未易摸索者，在如準平繩直。少涉淆訛，便乖宗趣，往謂之甘辛酸苦，一味入口中，即雜五穀之正。不但雜之，就能奪之也。答楊振甫。

與一鄉友處，能俾一鄉友人足其求；與一國友處，能使一國友人滿其量。此非身體而有得，全學在我者不能。頃所以謂有飯與人喫者，正謂此也，豈餢穀謂乎？必以饘粥不能自供，無以待朋來之養，謂之無飯與人喫，分量爲不滿也。則彼飯疏飲水者，將何以應三千、七十之求取耶？惟謙聽之左矣。頃每諄諄屬友明學，何以急明學？正是要辦飯與自己喫，即是辦飯與天下人喫也。答楊惟謙。

學即是經，經外無學。以書爲御者，不盡馬之情。若使按圖可以得驥，則筋骨形容之粗，驪黄牝牡之外，又豈須於伯樂、方皐乃具眼耶？反身而誠，樂莫大焉；從本立宗，惟變所適。此最學之要也，惟契尚進此。答傅國毗。

每謂理惟一是，學無二宗，毫忽舛訛，當地千里。楊朱、墨翟何至無父無君，夷惠、伊尹何以尚不同道，則端緒之毫分，辨之不可以不早也。兼收並蓄者，可以廣延攬之門，恢寧濟之略，而到此則真是毫釐雜不得也。答于如菴。

師友不離群，蓋是學問做手。世祇知病釋氏棄君臣、背父子，謂有外於倫常，不知其打併師友一家，亦自有特異之胸襟，夐開之眼孔，而不可尋常視也。此其傳所以竟千古也。儒學自是中正，至挈出身子倒入煉場，與三千、七十共一磨煅，則於彼作用亦略有符，微獨孔子已也。放勳、重華，直以帝者之尊，忘分下交，都俞吁咈於一堂之上，故俾太和之氣洋溢于海陬，以光昭于萬古。兒女心多，則煙霞志少，雖在僊家亦病之矣。薰陶漸染四箇字，豈有一不從漸入者乎？賢試看先輩，但師與友處得久者，則氣便厚，味便深。此豈有異聞異旨哉？則以浸灌滋潤培植之功力多也。答張子環。

劉尚，一裨將耳，與吴漢分營處，勍敵之來，即能豎建大將鼓旗，以收破敵之功。此昔人所以謂時當闌法，即不容爲終遯也，惟勉之。無以師地之遠，少有懈作率之心。無以朋衆之多，少有倦聯屬之意。又無以友朋中容有懈散，而吾司領袖者，亦爲之少涉燕安也。惟天行健，惟聖不息，吾人者將何求哉？惟法天之行健，效聖之不息，以勉爲自强而已矣。答吴學淳。

學問發志不難，砥行難；故始志不難，終事難。今古豈無賢傑觸事感興，喟嚮於道。離群索處，懈意生焉。汩没於米鹽醬醋，牽掣於貨利聲色，卒以頽其初鋭、虧其終簣者，吾見亦多矣。答黄汝顒。

「與時偕行，日乾夕惕」，固有相因之理。修身爲本，直是身到處學與之俱，無容討空閑也。亦不待覩景物之解甲抽萌，而後意乃加新，功乃加惕也。身心雖是故物，一番鞭策則一番振起；止脩雖云舊見，一番拈掇則一番精彩。外止脩而横開徑竇者，固有病求奇於止脩説；而漫騰頰舌者，亦衹成爲故事。答李英芨。

集成兩字最是誤人，兼答攙和，如補破衲。豈有孔子之聖，而有待於三子之長爲之湊合幫添之理？一是則俱是，一差則俱差。譬懸正鵠，謹在毫分；中的奪標，可容岐雜？《易》之所云「三人行，則損一人；一人行，則得其友」，言致一也，最足以盡此妙，惟契其體此。必欲爲天地立心，生民立命，爲堯舜周孔頂針頂脉，則此誠不可以絲毫之意見亂之也。答陸以建。

學問所貴者悟，所難者守。世有能悟未必守者，未有能守乃卒不悟者也。子輿、端木，兩可觀矣。然曾以魯得，賜以達失，夫何故乎？則守不守之所由分也，非悟不悟之所爲辨也。躬行君子，未之有得，則夫子之所尚可知；三省吾身，斃而後已，則曾子之所力可知。脩身爲本，允爲四字靈符，昭揭如星，罔容玷缺。如簡所云如臨如履者，似之矣！似之矣！答倪友。

異同之見，從古如斯；旁指多門，三千六百。雖然只一處真，二之非，是岐路之中又有岐焉，非真有見於是者而從之。亦安能併精壹志，歸向於孔曾之宗？脩身爲本之學，雖云至正至平，然卻難提難揭，故頃謂之即孔子未五六十時，亦未敢如此道也。非將全副當精神，徹入於洙泗宫墻萬仞，而覩見其淵淵浩浩、宗廟百官，富美如斯之盛者。如射覆盂，高之存金存玉，卑之存瓦存石，是乎非乎？亦衹見其增兹多口也。答陳堯勳。

學問有宗趣，有做手，宗趣明乃可辨手勢。譬同行路，向往定，乃可别步趨。頃説「克伐怨欲」章，契不見之乎？若不向宗上討明，而第從手勢上較量，已隔幾層公案已。復謂顔子之欲根淺，而原憲之欲根深，故難易如此也。是不復從學上講，而第從地分與質上相較量也，遠之又遠矣。答林漢冲。

學問第一在貼身體，其次乃在貼經勘，其次乃在貼稿求，蓋身即經也。身上體得明，則經在我。稿者所以釋經也，經果明，稿將不待論説而著。然由後言，則異乎是。蓋反身獨悟者，曠宇宙不一見矣。其次則未有不從遺經尋繹而有得者，暨於今則又異乎是。蓋經雖綱綱紀紀，如日如星，始之以訓詁支離，繼之以窺竊抉摘。循誦習傳，迷珠守櫝，致覩予説翻爲創異之談，駁止脩謂有未盡之款。有如來簡所云，則讀稿又其務之所宜先者矣。答章儀卿。

見羅李先生正學堂稿卷之二十八

書問節語

《孝經》一書，童年讀之，及此十載間，尤爲注情涵濡之甚。然亦祇見其體大例宏，旨淵氣渾，而以措之蹈迪，則尚有未析之款者。僭以爲其書語甚平，義可不煩詞説解也，而獨其數則當陳也。故按經之所提揭者，疏爲四局，以著明之，俾仁人孝子，有所據依而循習也。天經地義，庶將藉以維持，而人極于兹立也，而又兢兢焉敬守章程，不敢自出一字。抄寄一册，可細讀之。脩身爲本條件，每謂罄南山之竹編寫不盡，兹其尚復有餘藴乎？此孔子所以謂「吾志在《春秋》，而行在《孝經》」也。答羅汝存。

無煙火之氣者，皆可名僊；即玄釋之躭者，猶爲脱俗。紛紛藉藉，趨利趨名，混俗和光，誰能脱此？此吾所以雖意刻明宗，而見有超世之心者，亦不復過有求，必駁其爲儒與佛也。只要在發心處直的，做得來伶俐乾净，即兩皆爲高品矣。與劉晦伯。

講學問無以異於講丹方。講丹方必要其可以延年益壽，講學問必要其可以立命安身，故兩皆惟其是者，行之無所用執。此吴猛之所以反師許遜，子厚之所以勇撤臯比。暨于今千有餘年，不但不謂之屈，而且頌以爲高也。今又再越朞矣，家庭之所體勘，友朋之所參商，紛擾之所承當，静默之所悟證，知必有月將日就，緝熙於光明者矣。前意竟如何？理雖决無兩是，見卻未易到家。禪家至有九十三度下語未契者，晦菴與龍川亦往復辨難至六七簡不輟。所謂不益彼必益我，真坦坦平平兩相益之道也。其亦何嫌之有？與劉質菴。

今人行數十里，不聞誦讀聲，輒曰此非詩禮之邦；至越數十城，不聞講學之聚，則莫之怪焉。甚或覩見其有講學之聚，翻以爲怪也。夫無誦讀之聲，大之不過失進取之圖，小之不過缺名數之記，於身心性命虧缺幾何？彼之不憂而此之爲訝，是乃真可怪者也，則習俗之移人也，因循之害事也。

僊鄉本名賢生身之地，不但爲過化之邦。兹幸邑有良牧，序有良師，而諸士友又際會興起，如此惟令繼今以往，日有將，月有就。説止則無論動静閑忙，亦臨亦保，如見如承，而不祇爲空托。説脩則要俾利鈍失得，其難其慎，必敬必戒，而不祇托空言。將會所作煉場，將友朋當淬礪，而將拙稿作梯航。蓋梯航具而後淬礪可加，淬礪嚴而後煉場不負。無患人少，患在不真；無患會疎，患在不續。天地之道，恒久而不已者也，有何奇功？有何捷效？世之訓解者，每謂聖人之所思愈下，豈知老孔子蓋直下有慨於世人之無恒，而故爲是發嘆惋也乎？右俱答趙懋凝。

同一理也，凡中乎情合乎則者皆是。然一爲天，一爲人，又判然若不相蒙涉者，則何以故也？《記》稱：「孝子之有深愛者，必有和氣。有和氣者必有愉色。有愉色者必有婉容。」而今世之劇戲，摹擬王祥，粧點姜詩，亦豈毫分有不盡之節？此孔子所以謂「色難」，而又謂「啜菽飲水盡其歡，斯之謂孝」，而無責於養之備也。體貼兩字，要從此入，與從本立宗，從止發慮，恰合符節，其非因修得止甚明。舊以喻之晴空之鶴，止水之魚，游泳飄颻，纖毫神氣不動，誰復是脩者？誰復是止者？悟之則真可以想見止脩之妙境也。是乃真所謂天之理也，蓋最可玩味者也。答徐宗孔。

「天其運乎？地其處乎？日月其争於所乎？孰主張是？孰隆施是？❶孰居無事推而行是？」此昔儒所以謂「以道觀之，雖天地之大，亦物也」。又曰：「有物之大者，無若天地然。然而亦有所盡也。」予説「有憾」章，契不見之乎？謂憾者何？憾其尚爲造物者役，而非所謂「不物於物者也」。果其如契所擬，一切可以爲之安排布置，則豈獨怪兩盲風可爲天地責備，即渾敦、窮奇、檮杌、饕餮，亦豈大生廣生之所宜有哉？亦惟契之所詆訾，而彼亦將緘口無辭矣。答林若欽。

文章道德，古人原不以之分作兩事。讀謨典者，可云專紀事；而誦十翼者，可云專説天？繩削不煩，約之一言，可盡豐之。隻字不餘，純德古雅，渾然天成，而萬古之宗傳管是矣，文字之伎倆備是矣。詞覈而道不載者，容有之。未有本深而末不茂，持之有故，而言之不足以成理者也。答欒安友。

止脩一説，肆筆洞然，徹透孔宗，有功學者。大率高虛者好説止，而不思人倫日用，牽扯滲漏爲多；愿慤者喫緊脩，而不知至命盡性，毫髮差殊，了無干涉。故敢斷以止歸至善，本歸脩身，而又曰「知本乎身，即知止乎善」，正是體當孔子經文「此謂知本，此謂知之至也」一句合頭語也。如教之所論者允矣。答林三亭。

士生天地間，讓卻聖賢不做，卻做何人？自天子至庶人，榮悴殊倫，千層等級，暨于今足繫重綱紀者，

❶ 「孰隆施是」，《莊子·天運》作「孰維綱是」。

惟是道義一脉，他無可榮羡矣。此昔賢所以銖視軒冕，塵視金玉，謂不義之富貴，於我如浮雲也。然能徹此者鮮矣。答金良伯。

夷險世途，必有孔孟終窮，何况其次？由今觀孔孟乃不窮，而彼其時乘權藉勢者，乃失其所據依矣。然則有志者何擇焉？吾契有此秀才，未必能發科。然則即無此秀才，於身分何大損？「四子侍坐」章，大意最可玩，謂待千乘則千乘之寄任，有去來矣。待方六七十，待宗廟會同，則民社禮樂之司，有失得矣。是從未遇之先、丘壑之際，直空閑過了一段光景也。答孟仕登。

孔、曾正學，萬古日星，布在方策，井然可按。開關啟鑰，探本索源，一部全經即是全學，真如股肱心膂，九竅百骸，賅而存焉。雖物物各止其所，而渾淪磅礴，又會歸于一本，此孔子所以謂「此謂知本，此謂知之至也」。儒衣儒冠，人皆孔氏之徒。禮樂詩書，誰非道義？而此則真孔學之宗傳也。中間真有祖堯舜而不盡述，憲文武而不局於章者，真孔子之獨開慧眼、度越百王，而有功於經世者也。悟此則不階一命，分量滿矣；體此則隨身所到，功用徹矣。而大行窮居，兩無有昂抑矣。與王濬生。

知本兩言日拈弄，真有無窮之味。直以參位三才，綱紀萬彙，精粗鉅細，曲直洪纖，括綜之靡有頗漏。而中常皥皥熙熙，靡存凝滯，真孔子所獨悟，爲千古發經綸之秘。與王尹卿。

洙泗窮年聚首，終日與言，大率非勘不精，非磨不徹。「敕天之命，惟時惟幾。」非舜語乎？「兢兢業業，一日二日萬幾。」非皐陶語乎？由今觀若謂尚存疑義，有合有離；由聖身直是全體渾融，無間無斷。此發憤忘食，樂以忘憂，所以不知老之將至也，蓋真實課也。答王體潤。

脩身爲本之學，樸實頭要向辭受取予、出處進退處點檢得明白，乃爲不托空語。寧窘無俗，寧塞無通，寧拙無巧，所謂「富與貴，是人之所欲也，不以其道得之，不處也；貧與賤，是人之所惡也，不以其道得之，不去也」。此君子之所以無終食之頃違仁，蓋身到處學與俱也。與傅君髦。

邁往獨復，卓乎豪傑之倫。跡孤義峻，身退名高。九級崇臺，須實做脚。煉已築基，蔚然大乘之冠冕矣。區區蠡管，曾何補于高深；芹曝私衷，不容已已。敢以爲舍《大學》而別言學，則非孔子之學；舍脩身爲本而別開徑竇，則非孔子之宗。揭三綱倒歸一止，布八目本歸一身，文義灼然，理可概見。然要于此奮肩爲之負荷，直躡孔庭，以滿足其分量者，則真是俯仰斯世，難乎其爲人也。答羅匡湖。

毋謂林下無事幹，一片愛人成人的肚腸，功用直與天等。毋謂布衣無職級，由善信陟而至于美大聖神，亦何羡于金紫光榮？顧恐有一點厭心，有一毫分倦意，不足以克成厥終，而全體所爲滲漏耳。答趙懋凝。

知本兩言，每謂之千聖經綸秘密；本末始終四字，爲孔子一生悟門。悟者何？悟出知本也，此孔子所以謂「此謂知本，此謂知之至也」，盡矣。答洪含初。

荊山韞玉，必見寶於良工；空群上駟，有眼者自當得之牝牡驪黃外。顧此幾微之緒，爲千古聖賢所惟日孜孜者，非究不明，非磨不徹。著在簡編者，如圖如畫。雖飛行水陸，種種名相靡不錯陳，必欲求真，尚當得之意言象數之外。答嚴景茗。

吾性之拙，匪夕伊朝，適此艱屯，尤爲守株之局。可以默不可以言，可以静不可以躁，可以無求不可以有求。謂吾無愛成之意，則又非所謂知我者矣。答游元封。

欲立欲達，頃謂之蓋説仁者之體，不説仁者之造。故明學淑人四箇字，直是職分之所當爲，以原是性分之所當盡也。答黄定宇。

理與氣，豈可截然分得先後，要識其命脉所皈依，則於主宰流行，不可不知辨别耳。朱子所謂「上天之載，無聲無臭，而實所以爲造化之樞紐，品彙之根柢也」。故往答徐獻和，舉「《易》有太極」一句，謂「有」字下得極重。蓋人只知有兩儀，只知有四象，只知有八卦，曾不思其從何而來？故特揭出太極，教學者知所歸宗也。此最得喫緊爲人之意，有功學者。瑣瑣先後之談，曲證旁援，衹增疣贅。答徐時舉。

縉紳居林日，舍明學淑人外，事事皆末著。吾人何學？惟是法天。天亦何爲？惟是毓秀。試觀洙泗切磋，以較唐虞吁咈，爲異爲同，明者自鑒。則雖聖帝明王，爲世維持，其功德亦盡此矣。此曾子所以謂「士不可以不弘毅」也，蓋直以仁爲己任也。直以仁爲己任，是直以世道爲己擔當，明學淑人爲己職也。與沈介菴。

廣生大生，惟是一團實理；故參天兩地，仗者一點至誠。吾行天下，取友多矣，到頭有就只靠誠根。吾所以有取德卿，豈有毫分溢美，蓋察見其最初發念之真的也。孔門較氣力，則當讓子路；比悟解，則必讓子貢。卒之得宗頂脉，乃在曾參。蓋孔子之所品題，其魯者則誠之不容掩如此也，惟勉之。由燕處達廣庭，自夙興暨嚮晦，自觴豆至倫常，無俾絲毫滲漏、絲毫夾雜、絲毫弛放。如種胎植種相似，有不日進於光大高明者乎？無是理矣。答陳德卿。

心性兩字，譬表與名，析之非離，合之不混。然以父而稱其字，則蹙然不敢當。以友而呼其名，則怫然不爲説。故謂心性之無辨别者，非也。隨時提點，義各不同；瑣瑣敲推，又成執著。至或覩其稱名，而疑其遺卻字；見其稱字，又怪其缺卻名。又或因其名姓之兼提，而慮其混而一之，不復知輕重之所歸也，則固矣。

予釋「天命」章，契不見之乎？謂：「天命之謂性，言性即命也；率性之謂道，言道即性也；脩道之謂教，言教即道也。」此所謂合而言之也。正蒙云云，何以異此？所謂由太虚有天之名，由氣化有道之名。合虚與氣有性之名，合性與知覺有心之名者，則所謂分而言之也。其實合者非混，析者非離，若不悟其圓旨，而第按句而剖分之，將性命道教，便成二物，而虚氣性覺，一切皆由打合。有虚時尚無氣，有氣時又礙卻虚。而心性天道，一切互相爲矛盾矣，則豈所謂言外之經旨乎？

予每謂悟者入道之門，步步有工夫，節節有長益。只爲後來錯看了此字，直將做了手結局的事，此其所以舛也。如知止非悟乎？向前尚有定静安慮，一步步悟入的境界。志學非悟乎？向前尚有不惑、知命、耳順、從心悟入的光景。多岐紛然，的然認出正趣，豈不是悟？然從此一程進一程，一步信一步，愈進則愈深，愈深則愈悟。進無窮，則悟亦無窮。此孔子所以謂「發憤忘食，樂以忘憂，不知老之將至」也。

「人心惟危，道心惟微。惟精惟一，允執厥中」者，非舜語乎？「兢兢業業，一日二日萬幾」者，非臯陶語乎？「惟聖罔念狂矣，惟狂克念聖矣。」豈可云一聞止脩説，措之經事宰物間，便無有不是處耶？章程頒布，特示人以可入之途，俾不眩於所往。且以爲有志者謀，而非直爲無志不自檢慎者設也。心行兩相違，器之鄙薄也甚矣！而契尚以爲訣竅之未有真得也，則固矣。右俱答高進之。

檢問目，諄諄以求仁爲勘，意切歸宗，良是良是。只所云「斷不在作用上著力，言不期訒自訒，已不期克自克」者，得無爲發之太易，而體之太輕矣乎？「敬義立而德不孤」，乃不疑其所行。故每謂往學之敝，在知有脩不知有止；今學之敝，在知重止不復重脩。孤了修，固爲落根無地；孤了止，亦爾關防不密矣。「戰戰兢兢，如臨如履」，固是惟恐漏了止。直是一步步罔容空缺得正，而斃心乃安也，而止乃真爲無滲漏也。答柯揆邦。

孔子蓋天聰明之盡，而又經勘半生。二百一十五字，如造物生人般，必如此乃爲體備，故一毫互換增減不得。歸宗處自是止於至善，落脉處斷然脩身爲本。然卻不是兩句話頭，兩條脉線，故交互推原不得。一語犯著，便來離析，此來簡所以語若近，而見尚不免落邊也。

「從古未有辨心性者，析心性者」，契不聞予語乎？又曰：「支離于訓解，昔賢猶且憂之，而况支離於心體乎？」契又不聞予語乎？故混後乃有辨，辨者，聖人之不得已也；混後不得不辨，辨者，非多事也。「回也其心三月不違仁，其餘則日月至焉而已矣。」內外主賓，孰留孰去？此不辨心性，實則喫緊明心性之辨也。肯以此意體之，而并就予大意參之，即諸所稱引者，俱可不煩詞說解矣。

「大哉乾元，萬物資始。」「至哉坤元，萬物資生。」故乾與坤同一元也。資始資生，總之自一元出，而乾坤其用神也，故曰：「乾知大始，坤作成物。」生理兩字，指點不一。就靈明覺知認，則屬用，如告子之所指生之謂性是也；就天地之大德言，則屬體，如《易》之所贊乾元坤元是也。幾之一言，從古俱作用說，是誰將來與性對看？幾前無未發，則子思何言「未發爲中」？幾後無已發，則研幾兩字，將復何用？且既謂之前後則其屬用益明。來簡意雖緊切，總之不免見纏縛，爲支離之訓解所縈絆也，體之。右俱答丘加年。

物有一條，每謂教人以知止之法。教人以知止之法者無他，教以知本而已。經世之人，錯綜於人倫事物之交，牽掣於聲色貨利之取。擾擾紛紛，止將何入？故直從經事宰物中討出本地，與之歸宿。故以此爲經綸秘密，孔聖悟門，而謂之除此兩言，孔子無學。此其言蓋不草草也，可深味之，而不可浪漫解也。

舊語不云乎，「要緊在明心性之辨」。何以要明心性之辨？爲其已揭知爲體也，以致知爲宗也。夫既已揭知爲體，至善兩字，别無安頓。夫安得不指爲造極，作末後事。既以宗歸致知，知本兩言自屬贅剩，安得不徑從删削，指作贅文？蓋宗趣一乖至於如此，誰能不用知？鬪靡誇多，與灰心槁性自殊科；即事窮格，與反躬歸復自異致。故當以宗趣分，而不當以但一用知即謂之以知爲體。至復指精之一字亦是用知，而皇皇焉憂先生之廢知不用也。其所説者亦良淺矣。右俱答劉國成。

晨門荷蕢，豈是操行有不慊於聖心？直以自私自利，宗趣之乖，祇以成爲自好。此孔子所以謂「果哉！末之難也」。大擔子要須硬脊梁，長道路要須健脚力。故敢斷謂任重道遠四箇字，是從體當《大學》悟出；弘毅兩字，是從承當《大學》悟出。必如此，乃允稱爲士無忝於豪傑之期也。與吴身之。

學問論門法，不論造詣。造詣可聽淺深，門法必歸一是。之燕適粤，途徑兩分；針指毫釐，就頭判決。此孔子所以自十五志學，如舍矢破的般直進於耳順、從心的境界，而謂「學之不講，是吾憂也」。離能離所，請姑兩邊放著，而就其是者行之，庶幾其漸近理。答吴養志。

諸書翻閲，勢將茫然，蓋尺度權衡，未定於我也。自昔兩兩三三，汗漫縈纏，以至兹日，蓋非一朝夕之故矣。而賢復欲踵其岐塗，芟其蕪蔓，以歸之約也，不已難乎？成案在經，有如皎日，鄙忱所測，已到八分。大率拿定脩身爲本一句，最爲緊要。德此明，民此親，善此止，天下國家此均平齊治。又往感一友人謂：「此學只做來，便見口説總無憑。」脩身爲本，人共知之矣。曾見有一人，肯將全副當精神，統攝歸己，無俾有絲毫滲漏者乎？只如此體當，真瞬息間而旨趣可以明，學問之消息到手矣。答夏台卿。

習傳循誦，宗趣久乖矣，豈獨止字之義，爲經生之所未曉？即知字之用，亦世學之所未明。故言止輒疑其落空，言知特謂之窮理。必欲窮至事物之理，俾其極處無有不到也。以是而謂之得所止也，豈孔子之所謂知、孔子之所謂止乎？攝知歸止，契必聞予語矣。蓋不得已以判致知者之致，此知於外也；故以此表知止者之止，此知於内也。《大學》誠經世之宗，無有一事之遺知也。畢竟其所歸宿者，果安在耶？答陳德卿。

不如意事十常八九，此聖人所以繫象於易，必有取於忿之懲、慾之窒也。懲窒兩字，大都費力，非所謂行所無事，自然受享的光景也。武火煉靈丹，急切銷化不得，亦有時乎用之。初來自不慊意，到得慾消氣冷。亦見有安閑受享，而後知聖人之著此兩字，俾人刻意行之。非無爲也，而於當場對治尤切，有當情也。答方直吾。

「經術者所以經世務」，毋謂介甫之言。試觀三百八十四爻，二百四十二年行事，其所當吉凶趨避，進退褒貶，有一不自性命中流衍，爲齊治均平作均節調劑者乎？只爲陷溺之深，至以空言相視。忘筌棄筏，買櫝還珠，此豈經訓本來如是？則訓詁詞章之爲蔽深也。答徐羽蒼。

忠恕者以人言之，要之則實理也。誠之爲義，自就人言，而曰天之道者蓋僞，則人誠則天順性而動，無一而非天之用事也，故曰天之道也。後來只不明此，致將明善解作致知，譬看至善兩字不明，直以始事作爲終事，蓋蔽所從來遠矣。如簡所引明誠至誠等語，以之方比，尤可見將明與誠對説，灼然指用有至有不至，其爲就人言何疑？至《通書》所云「誠者，聖人之本」，自是祖孔子。孔子則何嘗不曰「誠之者，人之道」乎？此其意似亦絶無有二三也。答姚國初。

堯舜許大精神，不能家喻户曉；孔子轍環四國，只緣爲學求人。言游遡淮踰泗，則吴中爲變左衽之風；求賜接跡宣明，則荆楚以迴向慕之志。蕞爾順陽，有二老友爲之導率，而又得伯明翊之，吾復何憂之有？然吾特有憂於伯明之尚牽兩頭，不免二二三三之縈繫也。必得覿體相呈，直勘到理盡義窮處，底歸一是，而後爲快。答黄君正、廖成卿。

三千、七十，信皆依依洙泗之庭。然分猷闡教，適衛之荆，亦未嘗不各展其事。總之以發明知本之宗，即無適而非師側也。守株膝下，誠不可謂非孝子，然必至於不依倚顧復，縱横天地而後可當爲成人也。吾雖甚有樂於友朋相依，而尤有望於友朋之足以分猷闡教，爲孔、曾效疏附奔走也。如吾伯脩者，良似之矣。答周伯脩。

見羅李先生正學堂稿卷之二十九

書問節語

孔子大聖，何以三十乃立？然孔子不誑語，從前必有立不住處，故曰「吾三十而後能立也」。十載累功進級，如持左券，則以十五志學時，講究得法門清楚也。故吾輩要緊在勘學問，學辨不的，無以異於適越北轅，種莨莠作嘉穀也。工力愈勤，去道愈遠。

先事後得，非崇德與？此蓋聖門教人成法。今世學者，大都以計功謀利之心，攙入於進德修業之事。往往朝布種而夕求食其實也，其可得乎？姑未敢責如曾子之尊聞行知，斃乃後已。請姑學孔子十年一積學，乃換出一段風光也。吾猶以爲敏矣，惟體之。於學未明者，喫緊日研覈。學果明，不患于從入之無門，入室升堂之無有次第矣。此孔子所以謂「學之不講，是吾憂也」，蓋憂在此也。豈驟期其效，而有慮於經嘗之苦澀，造詣之未遽融化乎？右俱答丘士蓋。

藥不執方，要在愈疾；因病立法，致有多方。至正本清源，從元氣培植，則惟是誕降之佳種。甘辛酸苦一味，且不得而雜之也，而況有二藥乎？修身爲本，樸實頭自天命之，自人受之。昧而莫之覺也久矣，特自聖申之耳，故外此者皆支離也。舍修身爲本而別談學，非高騖虛玄，則卑流功利，有如來簡之所云矣。答傅君髦。

古云：「志伊尹之所志，學顔子之所學。」特以志必大，故借尹示的；學必篤，故指顔導趨。其實志豈在尹，而學豈在顔也哉？所謂「士不可以不弘毅，任重而道遠」，固吾人分内事也。與蘭陽會友。

學先知止，道本修身，蓋孔子徑指之宗，非予杜撰。後來只不明此，故將旨趣處看得輕，條貫處看得重，直以格物致知爲復命歸根之所也，其然豈其然乎？與江陽會友。

學之不講，誠爲吾憂。天之一字，頗亦難説。古稱天豈去此哉！任真無所先後，世心性之辨不明，言天者類止此耳。程叔子不云乎，「釋氏本心，儒者本天」。僭每揭出，謂可爲千古辨宗底案。果其心一天也，則釋氏何病本心？果其天即心也，則儒者之所謂本天者，將安所分寄托耶？必以無言爲天，如簡所云，則終日與言。無行不與者，又當落第二義矣。答郭青螺。

頃簡論知止格物，理近是，於肯綮尚未覷破的。故不能使聽者曉了聖人，直下要人歸止，即直下教以知止之法矣。豈是懸空説止，而令人無地之可入門乎？止既有入路，而或時有缺漏，乃嚴用修。故知止而用格致，則所云格致者，無一而非覿體之功；不知止而用格致，則所爲格致者，衹以了應務之劑量。其差毫釐，其别千里矣。答韋弘濟。

世界誠濶，世情自狹。惡直醜正，窮海如斯。必欲充類至盡擇里而處，恐無以副陳文子之清，而適以厘鮑生之慟矣。九夷之陋，孔子居之。夫孔子豈能必夷俗之不陋，直有見於轉移化導之機括，乃不在俗在我耳？所謂「一鄉之善士，斯友一鄉之善士」，固義之不容二，而責之不容諉者也。與沈介菴。

學問只要肯求，無一講便徹之理；只要肯做，無一蹴便到之理。若使一講便可徹，一蹴便到底，即顔子何用苦卓，而孔子何取憤思？修身爲本四箇字，確然立命之靈符也。佩在頂門上，則邪魔不敢犯；貼在心頭上，則六賊不敢侵。聲淫不聽，色邪不觀，而視聽必守聰明之則；暮夜不交，徑竇不踰，而動作必謹持守之。度可信于家邦，即可行于蠻貊矣，而何濬求之有？答丘邦禎、邦達、邦選。

別來萃止，晷不乏人。大率如愚之意多，啟助之益少。都俞吁咈，喜起交修，雖在君臣猶爾，而况於師弟之間乎？無論學之未明者待辨乃明，即學之已明者亦非論不暢。此師友之所以交相贊者也，此予所以每一合坐，不能不睠念於永寧也。答陳永寧。

天德何大？惟是一生。易不可見，乾坤幾息。此毓秀孕靈，爲世生傑，所以曾無寧軌也。愛人者所以自愛，成人者所以自成。一息與世不關情，即是置乾坤于度外。賢人君子，爲一大事因緣出現，直將爲天地立心、生民立命，而可同衆之解？如簡所云「目講學爲迂濶，以愛人成人爲詭異」者乎？答張淑卿。

舊每謂曾子論氣質，若有似狷，而較局量，卻又近狂，此所以竟以魯得之也。任重道遠四箇字，直從承當孔學悟出，所以弘毅兩停，合體狂狷。尊聞行知，日進於高明光大，與聖人之地分等，而魯固不足以限之矣。豈獨不足限之，且直以爲作聖之基本矣。答趙懋凝。

止字一法，自世説之，若爲到底之功；由學揆之，乃當入手之竅。説定静安慮，只爲要人曉得此爲始事；説本末始終，只是教人討出此爲歸宿。故敢斷謂全經專教知止，而謂本者止之地也。問本何在？修身是已。簡中磨勘雖已見體切之艱，而宛轉敲推，尚未覩歸一之處。此無他，只爲不知以修身爲本故耳。答范思中。

修身爲本外，無別有止于至善的門法，此虛玄卜度者，所以竟托空言也。曾子就心源上寫出江漢秋陽，固宛然一箇夫子。如見孟子，就應跡上點出仕止久速，亦盎然與原本不殊。經世之人不落實以修身爲本，視履考祥，步步見至善的頭面，則所云江漢秋陽者，真口說耳。

破心意知物之慳者爲何？蓋爲世之學者有執心意知物之病，而忘其旨趣之所歸宿也。其流之弊，必至于知有知、不知有善，知有致、不知有止，差毫釐而謬千里。此予所以謂復命歸根，全在一止。格致誠正，不過就其中缺漏處檢點提撕，使之常歸於止耳。來簡舉真修只是止者，正是此意。所以徹閑徹劇，無始無終，儼然有赫鑒觀，直與上下同流，心意知物，一切無所事事，自然各止其所。而非深體而有得者，疇能諒之？右俱答倪汝中。

最平最淡者，莫如修身爲本；最玄最奥者，亦莫如修身爲本。聖人將二百一十五字，羅絡經綸，貫徹性命，管宿於此。所以舉之甚易，透之甚難。所云「初聞若淡，玩之愈有味；初習若簡，究之益無窮」，庶幾哉真實不誑語。答黄士京。

每愛「敬義立而德不孤」，謂「不孤」兩字最有味。又愛程子「敬以直内，所以義以方外也」，謂「所以」兩字最有味。大率論學，須從宗上討明，而不必向言句字面上較量。修爲惟精，止爲惟一，往簡道之矣。敬義豈有別說，不過止修之異名耳。能于孔聖所謂「不孤」，程子所謂「所以」處透得消息，則雖用敬義兩字，亦何不可之有？如其未然，不若只依著《大學》言止便止歸於善，言修便本歸於身。本體工夫，一時俱到，似更簡明而切實也。答黄考叔。

他書未必人人盡讀，至《大學》，雖三尺之童子亦讀之矣。試問之修身爲本，是孔子親手揭乎？抑後之儒者妄揭乎？而乃謂誠正格致許多般條件，何故以修身爲本也？此似《大學》亦不曾讀也。至歸止尋宗之説，卻又近理。大宗之喻，于彼疑團，或當有豁。所謂「格致誠正其功，齊治均平其事，家國天下其所處之方」，真只一修身爲本便拈到底，而學者苦不知也。平鋪八目，就中挈出，有以哉！有以哉！察之。

昔蘇明允謂：「于《易》，吾見其思焉，而得之者也。于《詩》，吾見其感焉，而得之者也。于《論語》，吾見其觸焉，而得之者也。」故書不可一端求也。孔子亦云：「言豈一端而已乎？」夫各有攸當也。斷章取義，則如「思無邪」之一語，自足以概全經。必以思字帖知、無邪帖止，謂修身爲本之一言亦足以盡全詩也，則固矣。此昔賢所以謂「排比文義，最爲心害」。只一箇字不相對，便不認得其中旨趣之所含，而疑情横發矣，將聖人之所揭宗要，反爲理梗矣。右俱答龔士能。

性學不明，其來已久，故信學不及，其疑特甚。豈獨位天地、育萬物看作空説理，即修其身而天下平，亦誰能信得及，不以半點精神向身外覓乎？能盡其性，則能盡人物之性，而參贊位育，皆其分内事矣。功用愈大，斡旋之機括愈約，然能滿足其量者誰乎？天地之大也，人猶有所憾，亦只是分量之有未滿也。乃不以之咎人，而以之疑學，且并疑性也，豈不謬哉？

「想凝成國土，❶知覺乃衆生。」非釋氏語乎？此蓋其起教之因緣也。蓋直以天地萬物爲從知覺有也。

❶「凝」，《楞嚴經·觀音圓通章》作「澄」。

無想凝即無國土，此其湊底之根脚也，夫安得謂釋氏非本心乎？ 故其問者曰：「清净本然，云何忽生山河大地？」其答者曰：「色雜妄想，想相爲身。聚緣内摇，趣外奔逸。昏擾擾相以爲心性。一迷爲心，决定惑爲色身之内，不知色身外洎山河虚空大地，皆是妙明，真心中物。」故生天生地者，彼固認得只是一箇心；包天包地者，彼亦認得只是一箇心矣。與儒者本天之論，敻然隔一霄壤。所謂「以人見之小眚緣天地，明有不盡，則誣世界乾坤爲幻化」者，《正蒙》云云，誠非過語。而伋生乃欲强而同之，可乎？ 學親答雖未善，就章一語提撕，卻殊警策。右俱答吴學親。

年當六十，禮合杖鄉。逸我以老，斯其時節。勞力費心事，可省者省之。佛意攖情事，人憂者我不憂之。兒孫分上事，可開除者開除之。即父祖分上事，宜擺脱者亦須擺脱之。默計汝存，豈於食飲起處，有毫分不慎之節，所以致疾者，或者即由此也乎？ 惟一切酌損之，而將身子提出，向會堂中或僧菴道院從容涵泳，以有限之年，爲忘意之處。以上追無懷葛天之風，則何暢如之？ 予處此自非適，惟此寸腸豁豁，灼見其有無逃之分、不二之操，則雖處絶域，無以異于光天化日中也。與羅汝存。

滇南薄效，不但破緬有俘斬之徵，而又招攜有拓境之實。横來塗抹，尚有兹辰，則以孟養蠻莫，二千里之恢拓，不可磨滅也。天恩浩蕩，得此已賒，敢有逾涯之望，辱譽過矣。明學淑人，卻是本等職業，如士讀農耕，出疆不舍，要須得真實友與之共事。如契雅尚，固無日不在於意中也。答郭世宜。

識面而後諒心，蓋是常理。周情孔思，堯羹舜墻，真曠世可相爲感也，蓋中所契者有在也。僕于東臯何曾面？ 徒以狼籍緒言，覽其爲洙泗之宗。至經搆陷，墮瀕九死，乃益堅其信嚮，至爲之炷香爇籲，屢歲年而不已也。僕秖知端人正士之盈朝，而又孰知夫幽岑邃谷、布衣韋帶士，乃亦有愷悌仁人如足下者哉？與饒東皐。

簡至，蔚然辨思横溢，翩翩有濠上之風。邇來文士根地稍稍慧者，大率博涉。此以鬭奇取捷可耳，以講於身心性命，入于洙泗門庭，則夐然無有當也。典、謨、《語》、《學》具在也，其所指陳疾痛，開示宗要，有一語與之相符合者乎？故由彼則意日入于飛揚，而辭亦日就鼓舞；由此則意日見寧貼，而語亦日就渾融。答羅大用。

《詩》有之：「無田甫田，惟莠驕驕。」蓋最可爲學不知本者之戒。又曰：「是穮是蔉，雖有饑饉，必有豐年。」故學問只有向本地下功，不必較利鈍、計窮通。盡其分之所當自盡者，而德自此修，命自此立矣。誰無父母？蓋最好著工夫處也。而世往往略之，卻於身分外廣挽攬，以沽譽徼名，真所謂本之則無，如之何矣？此《甫田》之詩所爲誚也。堯舜之道，孝弟而已矣，豈特從父母上了卻性分，兼亦就父母上做出功名，真所謂「是穮是蔉，惟本之力」，即自有豐年也。每愛《遺教經》「二親有神」之語，夫二親何神之有哉？則以子道盡，天實鑒臨之矣。與杜希登。

武公何長？惟是不以老耄而舍我，必朝夕以交戒我，所以謂之睿聖。《詩》不云乎，「有斐君子，如切如磋，如琢如磨。瑟兮僩兮，赫兮喧兮」。蓋頌之也。真内外交相爲勗，毫髮無容於滲漏也。舊每愛「智及之」章，手寫以示門人謝雲龍，謂查了智及，又查仁守，又查莊涖，又查動善，何等緊切？何等好做工夫？世秖知重智及仁守，抑孰知只一不莊涖？即舉其所及所守者并棄之乎？與林三亭。

經世之人，直以家國天下爲一身，故亦直以齊治均平爲一事。豈容絲毫滲闕，所謂其本亂而末治者否矣？蓋是實理實事，如簡所云「貴修不貴説」者，近之矣！近之矣！答湛學博。

學問不是小事，孔孟終窮，皇皇汲汲，蓋要爲天地立心，生民立命也。半生經勘，昭揭大宗，紀紀綱綱，罔遺滲缺。不明之或可妄肆雌黄，幸明之豈容横開徑竇？倒身歸宿，猶恐其負荷之不克勝；殫力宣明，且憂其底裏之未易究。此顔氏之所以苦孔竭才，曾子之所以尊聞行知，而不敢出絲毫之意見以亂之也，此所以竟不失宗也。一傳何以爲田？再傳何以爲莊？則入門而悦，出見而悦，二二三三之熒惑，有以濫觴之也。故曰：「吾與爾事夫子於洙泗之間，退而老於西河之上，使西河之人，疑爾於夫子。」夫何故乎？則法門隱隱變矣。答友。

每謂遊僧方士，小口訣時或有之。大率無品，有兼收並蓄、博訪多參之意者，可以擇而交之。吾衣冠法度士，爲品尚不能齊，况此輩半多流浪之徒，中道而棄家，苟以避讉資口，而可一切無分，直以眷屬户門，抵爲虚閑禪室，而一概栖止飲食之乎？此其弊也决矣。與友。

山房就緒，萃止其情。奄歷二年，竟孤成約。大率一行一止，動有關於道義之綱，先之不容先，後之不容後，此吾所以每謂「仕止久速，必各當其可，乃徹底秋陽江漢也」。又每謂「入門一步便屬處，出門一步便屬出」。慎之，則天下之大本立矣，而可忽乎？答倪汝中。

學急明宗，理無兩是。差若毫釐，謬以千里。孔、曾正學，星日炳然，謂《大學》歸宿，果在知乎？挈三綱倒歸一止，布八目本歸修身，此蓋孔子親筆，非今杜撰。棋不按譜，學不據經，憑臆揣摩，何所不至？業已斷例，不復評騭先儒。故於來簡諸所稱引者，不復置一語。且拙稿具在也，平氣體涵，理路自著，此豈欲求同我哉？真有見於二百一十五字，喻如造物生人，一字句增減移易互換，別生意見不得也。答余伯明。

世間諸事貴蚤，至學問之聞尤宜蚤；諸事忌遲，惟學問之講卻不怕遲。無邊苦海，回頭即是道岸誕登。聖狂反手，此初平蘿石，所以不妨晚聞也。公何秉燭之明爲悵之有？世路喻以江湖，同心有如維楫。勤修會事，實砥切磋，則何虛過此生之歎？答揭懋鍾。

衛武所云：「無以老耄而舍我，必朝夕以交戒我。」宣尼所云：「發憤忘食，樂以忘憂，不知老之將至。」慈氏本當主教爲釋迦牟尼佛，勇猛精進，便超過了三千刧精力，何可咎衰？光陰不必病短，奮戈日昃，逐電追風，直可日躋千里，又何有於如綫之旨緒紹續，乃愧其不克勝也？答陳汝愚。

日煅則日純，日研則日粹。只體勘力稍懈，即求討之鋭不生。觀摩氣稍冷，即觸長之機以窒。故即講處便是實課，日可驗益觀成。此古人所以謂月將日就，則有緝熙於光明也，而怠者不察也。往往講於堂不講於室，講於意氣之空騰而不講於行持之實際。又或徒托之話言，忽然而悟之，忽然而忘之，而不以徵諸實課也，則亦何益之有？答吴學親。

舊有語：「學必有傳，道當歸本。」所以師弟不是强名，即此便是天然。叙秩遊其門者，雖人同似續之綱；必衍其傳者，乃號稱得宗之子。所以傳一人，廣一人，至化化生生，不可勝窮。只不契其旨，即不纘其緒，名義空存，道脉兹泯矣。世每頌佛法盛於馬祖，夫馬祖信禪豪，豈能家喻户曉？得以有入室之弟子一百二十九人，各爲一方宗主，轉化無窮也。答陳抑之。

知本之學，若甚淺庸，只一點精神不管束歸己，即爲出位。一絲毫罅縫走透，便不落根。亦臨亦保，如見如承，儼若有思，默而識之，直與元氣同其周旋，於穆共爲把握。成位其中，頂天立地，乃真可謂知本，無忝於四字之承傳也。與李松汀。

知本則步步歸本，不作末上之見；知止則步步歸止，不作離本之談。龍場儸里也，昔賢之過化處也。胸襟氣韻，及兹可想，其所當時局何如也？契可以深長思矣。温陵多才地，司訓又樂育之官，得地得朋，莫過於此。乃不能振興率作，偕之大道，而直以家山之遼濶，致憂危之過甚也，則非予之所知矣。答石子衎。

先天後天，大率緣於辨宗。譬之曰字曰名，豈伊迥爲一體，然決不可將字抵作名以紊亂其標本也。頃答徐獻和，丈不見之乎？謂心性本無辨，辨之者以歸宗也；心性本不可析，析之者以正混也。從古未有辨心性者，析心性者，然勘之款項卻不差，此亦臨亦保，如見如承，翼翼小心，所以有赫其臨，罔敢戲豫。象山所謂天之一字自皋陶説起者，其言殊有味。不然，將典禮命討，一切自我作之、自我而提衡之，此最學之深患。鄙人者之所痛心蒿目，亟欲援拯之，而愧此綿瘠力量之弗克勝也。答曾惇吾。

賢者偏有災，往往實有驗，非臆説。故邇於遇益能安，謂行藏莫與命争也。詢來伻，知往疾已全平，所苦者特痔耳。果其往疾平，而特苦痔，則吾猶以爲喜矣，惟安之。吾契必欲慕聖賢，則凡若此皆天之所以煅煉我也，成就我也，善體之而已矣。從古有爲賢人君子，而優游芻豢、衣輕食肥、坦然履順者乎？答陳德卿。

非弘不足以勝，非毅不足以致，自是常理。然必從徹悟《大學》而諒其必用弘，從擔荷《大學》而察其必用毅。乃真可與子輿氏攜手相將，游泳於宫廣墻高，若懷萬寶而宴息。雖欲隘而頹之，有不可得者，而後乃可稱實力也。

三千、七十，夫豈非豪傑之倫。卒歲窮年，依依師座，夫豈無爲？古稱飛衛之學射于紀昌，至於箭鏵交捽。夫飛衛豈真有背師之事？兩人者雖善射，亦豈真有交捽之情？蓋以爲必如是，而後可頂針續脈，舍矢如破，乃爲不愧於師傳也。至於相持而泣，矢不復傳於人，其寄寓尤有深可愴者，夫豈其真不傳耶？右俱答謝伯元。

吾於學誠有望天下之大同，而於同學者不取，必於定師友之大分。學之所以取同者何也？蓋以爲是孔、曾宗傳也。天縱之資，半生之所磨勘也。立命立心，頂脈頂針之必在乎此也。不忍其暫明而復蝕，以終蔽斯人也，故有望於天下之同。一人同即是廣一人之分量，天下皆同即是盡此學之分量，而吾直皡皡熙熙，倘徉於光天化日中矣。所謂「魚相忘於江湖，人相忘於道術」，而又烏知其機之自誰發耶？答龔子典。

尼丘固學問之宗，三千、七十，亦豈常衆之侶？然且戀戀依依，卒歲窮年，患難周旋而不舍也。以德盛頌夫子，固爲未悉諸賢之心；以義高美諸賢，蓋亦未究孔宗之蘊。禪門未悟者，至有九十，三度下語未契。其已悟者，至執侍十載或十五六載，乃敢保任不渝。則學之未易明也，浩浩淵淵之靡有涯涘也，彼其道誠異也。其皈命志心，一段悃誠，直與洙泗三千、七十，同一維繫，同一肩荷。答虞汝薇。

訥言敏行，聖人明訓；辭有枝葉，世道可徵。豈有不力砥於躬修，徒騰頰舌之理？則以爲一方風教所攸關也。頃所謂月止兩會，會止兩時，是積一歲中廢者四日耳。其爲躬行之日，力取數已多矣，而尚何靳乎？古所稱一生二，二生三，三生萬物。要在人，真不在賭衆。「一鄉之善士，斯友一鄉之善士。」賢否自不齊，未有罄千室之提封，而無一善類者也。謙讓未遑，隱隱方寸中，得無尚存退托？答友。

要識止於至善，直是透性之宗。仁、敬、孝、慈、信，尚屬流行之款。「翼翼小心，昭事上帝。」徹忙徹逸，無始無終。故曰：「立則見其參於前也，在輿則見其倚於衡。出門則如見大賓，使民則如承大祭。」豈有時刻間斷？修身爲本，特就中揭出，以示至止歸宿，與止於至善原不作兩句話頭，蓋直下便是允執厥中的消息也。答李容崖。

戰兢臨履四箇字，揭得甚好。然亦必徹入於天上歸宗，而後幾微毫髮之訛，有可考鏡。舊每謂：「『孔子無不知而作』，常止也；『顏子有不善未嘗不知』，知止也。」汗漫此衷，驅馳任役，儘大過差，不自知覺矣。此吾所以每謂聖人有過，而常人乃無過也。答友。

把捉兩字是功夫，卻帶著病；至巒巒把捉，則全是病，然亦不可謂之不是功夫也。優游厭飫，固見把捉之非，至委靡廢放，則雖巒巒把捉，尚爲有志於學者。如所舉克伐怨欲之力禁制不行者，亦豈可少乎？至所舉顧諟昭事、臨保欽翼等語，又一切皆爲有本。學脈歸止功夫，豈可將來與世學作一等看？答莊芹甫。

古稱千佛出世，只怕人不發信心。《大學》者蒙求誦，夫誰不知修身爲本者孔子所揭，卻誰肯信？只不信修身爲本，即自崇品至編氓，無一人能滿足其分量者矣。答洪君禹。

止歸至善，直截透性之宗；本歸修身，灼然至命之竅。靈符四字，一手全提。徹地通天，更無餘剩。而世之學者，類於條貫處瑣瑣作敲推。所以卒歲窮年，號稱問學，而啟口容聲，無非是訓詁辭章的見解也。答友。

塵網牢籠擺脱，果爲上計。淵源洙泗，星日炳然。宫廣墻高，富美中含，得門而入者蓋鮮，此所以不能以此而易彼也。覽來書，似達此。既以深諒於知本之宗，而又能照知彼心意知物之隨見所及，而揭者之爲支也。直下識認，直下承當，恢之以弘，固之以毅，即面命耳提，何以加此？答元鏗爾。

見羅李先生正學堂稿卷之三十

書問節語

江漢秋陽非異物，直是止入静安深境。澄渟澹漠，渣滓無餘，妙用天然，從本流溢。一切行于其所當行，止於其所不得不止。此吾所以謂「仕止久速外，無別有秋陽江漢也」。然所以爲此説者，蓋亦有故，只爲世人看得江漢秋陽深，仕止久速淺；秋陽江漢若爲精，仕止久速若爲粗：致將性命經綸析作兩事。不知其惟如此，乃徹底秋陽江漢也，故云爾也。而契乃能於此悟得《春秋》之筆削，一切皆從止發慮者，進退褒貶無一而非秋陽江漢也，允矣。

古稱天之高也，星辰之遠也，苟求其故，千歲之日，至可坐而致也。故尺度權衡，要定於我。所述讀拙稿三迴五轉，趣義轉深，具見究心之不草草。然多門亦不可以不勘也，宋明諸大儒之書，亦不可以不讀也。一切平氣虚心，從容涵濡，窮其見所自來，極其造所底至。參稽互閲，信乃益堅，而胸襟眼孔，亦不病于狹隘私小矣。右俱答陳湯道。

館事羈身，誠爲有志者苦。然士讀農耕，又各以其業爲食。故往於志學者，固曰：「必拔得身子出，乃於孔孟門墻有立站分。」及向予求討方法，則又曰：「舍教書外，無別有經綸的妙巧也。」則此又是本分的生理也。孔甘疏水，顔樂簞瓢，不知何以處此？然且汲汲皇皇、環轍周流而不已也，是真可訝者也。試一講而求之，此不但爲進之一人謀，蓋以爲天下士爲萬世士凡有志而困於貧、局於館者謀也。答高進之。

人情自昔難平，讒説殄行，聖世不免，卒于於變時雍。畫象不犯，太和洋溢，比屋可封者，亦此民也。古稱舜巧於使民，造父巧於使馬。夫舜何長之有？則有見於導馭者之在我，不在民也。答袁伯益。

僊家動説歸根竅、復命關，故將耳目口三寶閉塞勿發通，簡緣斷事，惜氣如金。經世之學，與彼自不同塗轍。然非皈命志心，將一副當精神倒歸一條脈線，而以語於知本知止，亦尚是隔靴桶的爬癢也。試觀顔子何以如愚，曾子何以魯得，不知惟愚惟魯，於俗乃疎，於道乃近。學獨得宗得力，即在於此。此誠有志士所宜深念，而在吾若虛尤切，有當情也。答何若虛。

煩劇人所難堪，静闃憂幽，尤爲境未易受。三關並徹，乃稱丈夫；四境不渝，乃真自得。此孔子所以謂「貧而無怨，難也」。頗見學者倚事務尚足支撑，至斷事務輒來紛擾。此在平常境，已見獨立之爲難矣，槁情之未易矣，而况於憂患乎？惟一切坦坦于于處之，乃爲近道。答陳抑之。

儒門貴穎質，禪家尚利根，非學無以廣才，畢竟天占七分，人止占三分。化盡氣質者聖人矣，餘皆不免爲學焉，而得其性之所近矣。答沈士弘。

志意日振刷則新，否則懈；友朋日聯屬則洽，不爾則疎。三千、七十，信皆豪傑侣矣，不緣師友打併一家。卒歲窮年，聚頭劘切，則何以濟濟雍雍，爲光千古無過矣。吾過矣，吾離群而索居，亦以久矣。離群索處，即在篤信謹守士且不能無鄙吝，而况吾儕乎？

學問不比建事，决無奇功；彝倫日用之常不比玄修，决無捷效。有倦自非是，所以有倦者，則以錯認了學問。一向就奇特邊幹事，捷速邊取效，虚鼓意氣，瞥見光景，輒思撒手，此所以成者鮮也，則倦厭之所從生也。右俱答揭懋鍾。

昔曾子委業洙泗，年甫十五六，于其時耆俊林立，登堂造室，自謂之有得者，何可一二數？卒之得宗，紹統乃在垂髫，夫何故乎？則志氣之難樹，一也。信根之難固，二也。流俗之難排，三也。繩尺之難維，四也。行業之難專，五也。曾子亦何長？所謂「尊其所聞」則高明矣，「行其所知」則光大矣，「戰戰兢兢，如臨深淵，如履薄冰」則其陟聖躋賢之本領也。答黄惟佐。

道之亨塞，厥有數存。分之在我，所當自盡。二百一十五字，昭布簡牘，如日如星。子貢所謂「不得其門而入，則不見宗廟之美，百官之富」，得其門而入，真盎然充然，如懷萬寶而燕息，大行不能爲之加，窮居不能爲之損矣。此孔子所以發憤忘食，樂以忘憂，固窮甘寂，意常滿，分常盡，不復知外此之有何榮羨也。明著衣冠爲士子，高談仁義作男兒，願與丈共勉之而已。答蔡肖謙。

學急辨宗，宗歸何處。止修雙揭，若綱在綱。往語不云乎，「不本心，不本知，謂孔子果無見哉？性宗也」。如簡云云，庶將徹此矣。只所云會者、視者、聽者、舞者、蹈者是何物？乃是我的至善也，則於知止義尚隔一層。《中庸》曰：「喜怒哀樂之未發，謂之中。」如所云果發者乎？抑未發者乎？又曰：「戒慎乎其所不覩，恐懼乎其所不聞。」如所云果覩聞者乎？抑不覩聞者乎？後來學術之訛，只訛於此，以致落根無地，至命無由，而直從聞見覺知流轉上作憇止歸宿也，此其所以舛也。答黄德冲。

止非口説，修豈游談？樸實頭以此形諸講，即以此驗諸躬。月將日就，緝熙光明，乃爲不負斯舉。簡至，知刻集不替暑寒，而又銓品不雜氣類。人三爲衆，况其十百於此。往所謂「一陽復以見天地之心，三陽回遂成天地之泰」。真意薰蒸，豈獨實志者自此日底高明，將令虛驕者亦漸增其慕悦矣。答倪汝中。

止爲主意，以對修而言也；修爲工夫，以對止而言也。其實聖賢立論，豈有一字句不是説工夫者乎？往以譬之作文，理最相似。命意修詞，豈可截然析作兩段？即欲混而一之，謂無復有句意之可分別也，則舛矣。如簡所舉，真止即是修，真修只是止者，最足以盡此妙。果真止無復修矣，果真修即是止矣，此其中微細，真可以意解，不可言求也。幸自反躬切實勘，口説無用。答范汝濟。

明道所云「吾學雖有所受，天理二字，卻是自家體貼出來」者。自昔看之不明，以明道特引其端，未之發耳。經常權變，曲折低昂，體事當情，稱量加減，所憑者誰云非理？所中者亦誰不云合理？試反而思之，是果天之理乎？頃所喻隔靴桶的爬癢者，固是痛癢爲無關，而所比貼體的汗衫，亦爾骨髓爲未徹。萬物皆備，反身而誠，此樂所以莫有大也。乃直於知上立家，物上求討，以是爲學問之宗竅也，真所謂不揣其本，而齊其末也。顔子死何以遽云天喪？三千、七十林立，何以獨號得宗？無乃於此兩字者，見地稍疎脱乎？答高景逸。

「指窮於爲薪火傳也，不知其盡也」，兩語者頗足概生滅之理。傳之一字，更須善看。譬如鑽木出火，火從何生？置木不鑽，卻無有火。不可謂有鑽時火即存，而不鑽時火即滅也。夫子之在川上也，有感而歎：「逝者如斯夫，不舍晝夜。」隱隱就當機處點出不滅意。然終不犯著執的病，此其所以爲知言也。答鄔實甫。

世每因《語》、《孟》以必信果爲小，不必信果爲大，致高妙悟、藐敦行，不知孔孟意特以辨學之宗，而非以破除名檢，爲惟義所在也。暨流輓近學，體歸於知，益復破除名檢，恣肆縱横，謂無往而非妙用。而止善之宗傳隱，修身爲本之法程廢矣。今姑未論透得宗源，先要守得矩範，庶幾哉無忝於善士，可稱於家邦，而有光於洙泗之門屏矣。與許友，名敬。

任之一字，未易承擔，信有如簡所説。然有定分之任，如士職農耕，人人所具足之量也，不可損也，即曾子之所謂「任重而道遠」者是也。有肩荷之任，如官舉職，農力耕，人人所自盡之分量也，不容辭也，即曾子之所謂「士不可以不弘毅」者是也。由後之任，可自省其造詣之未至也，固當自勉；由前之任，可委咎于賦畀之不至也。以之自安，明不至必力以明之底徹，行不至必力以究之觀成，以滿足此學之量。若曰「吾尚未明也，詣尚未至也，優哉游哉，聊以卒歲」而已，退然莫之敢當焉，則非予之所知也。答黄士京。

科舉之學最是空言，剿襲記聞，亦非高手。即未到得居安資深地分，亦宜就日用行履處切實體勘，而指其信者疑者爲質。又不然，亦宜靠就册子上鑽研，如解經義般，而揭其悟者疑者爲質，亦庶幾哉稍見苦懇，不爲汗漫。修身爲本之學，樸實頭要從性命入根，倫常砥效，即言之斐然成章，但不從自心流出，猶爲未詣實際，而况其祇就册子上披攤，以餖飣殘羹爲立命安身之本乎？答友。

性質兩字，舊所論者頗悉，有《答潘中儀書》，似當熟看。口味一章，要會立言之意。横渠所訓「養則付命于天，道則責成于己」者，蓋已深得其旨。若不會其旨，而直執謂性命之非二物也，欲混而一之，則所謂食色臭味者，於天命果何當乎？區區意見議論，時有忤前儒，至理到是處，雖其出於孺子芻蕘，亦毫髮不敢爲加損也。故每謂行藏莫與命争，議論莫與理争，如此章横渠云云，尚復可作異同解耶？答林三庭。

願言之意，夫豈有他？衹緣學旨之浩蕩，靡有津涯。致洙泗之淵微，久爲淪蠹，以爲不盡書傳，庶將口授。三千、七十，何等豪傑之倫？卒歲窮年，患難周旋，依依不舍，夫豈爲兒女子之私？仰高鑽堅，瞻前忽後。毫忽舛訛，距將千里。蓋雖欲已之，自不能已也。答陸以見。

聖狂反手，覺岸誕登。一日回頭，振轡千里。修身爲本，允爲四字靈符。蚩蚩蠢蠢，可與知能，原非有隱僻難知之理。顧恐信受者有不真，佩持者有不固耳。鄉有鄉師，族有族望。士褧非年少比，固里之耆碩，而後輩之所瞻仰也，可不慎與？答張士褧。

禮字只就節文言甚易，必就復禮約禮言則難。明道先生所以謂「學雖有受，天理二字，卻是自家體貼出來也」。蓋欲就用邊覓，既有似指體；欲就體上論，又有似説用。善乎孔子之言曰「親親之殺，尊賢之等，禮所生也」，正以指言其自然之條理，而非就應務節文之間較疏數也。《孟子集義》之論其看義字，恰與此符。只此箇意思看得有下落，即箇中諸所云云者，俱可不煩詞説解矣。答洪伯舒。

發心開眼，誠爲警訓。惟不發心，即雖孔聖再生東魯，牟尼復現西天，其如彼無向往之意何哉？此未入門者所以看發心也。經行者則不作揣摩之説，醒眼者則不爲夢寐之語。遲迴顧盼，只爲尚在迷津；邁往獨復，則以中無凝滯。此既入門者，所以又貴開眼也。如箇云云，揣量於三賢之造詣，而欲品騭其科分，幾希乎以堂下人之鑒觀，而欲裁堂上人之曲直也。謂之發心有志則可，謂之開眼則殊未也。此可與漢冶及同館友切實究，勿爲浪漫。答陳思緝。

提衡者刻在頂針，辨學者急須貫脈，全副精神倒歸自己，此最學之緊要。如簡云云者非無當，要所評騭者子貢，所較量者顔、曾。假令有孔子作焉，得無亦曰：唐生賢乎哉？我則不暇乎？至於「文章可聞，性與天道不可聞」，子貢之意，正有慨於夫子之日言性與天道，而昧者不知也。所謂「中人以上可以語上，中人以下不可以語上」者，豈真因人品之不齊，而故品第科别之乎？幸自反躬作實體，無從句覔。答唐叔升。

師友之繫籍者，空名必傳。學乃當實事，譬同夫婦植孕懷胎，則一脈頂傳，化生千萬。不爾者，亦衹寄夫婦名耳。白首相看，竟爲辜負。答劉子成。

月止兩會，會止二時，是積一歲中止妨六日耳。以此爲無益乎？直可置而不講。以此爲有益乎？是直捐奇零之歲月，而遂以博聖賢之榮名也。其取償也不既多乎？非其義也，非其道也，禄之以天下，弗顧也；繫馬千駟，弗視也。固窮甘苦，無辭爲之，而況其雍雍紳佩，談笑詠歌，以日臻於高明光大，而可尚存退托乎？答莊誠夫。

孔、曾經訓，昭揭若星。旨趣淵涵，原非深隱。一介士少未忘情於祖者，飄零别籍，遡源徂委，矢必歸宗。儒衣儒冠，人稱孔氏之徒，乃直循誦習傳，罔知尋繹。此鄙人之所以過不自量，謂後來學術之訛，只爲看至善兩字不明，所以都錯也。與王介石。

孤縱流落，甘分棄捐，區區報主憂民，僅有仗於二三知己，而横來摧沮，風波世路，與愿相違。古人進則救民，退則修己，是或一道。修身爲本之宗，晦之千有餘年，昭揭江城，似非偶偶。王、何、毛、鄭，昔之占一經以解説者，猶相與據而守之、翼而宗之，以善鳴於世。而況其覆海翻倉，直挈重淵，朗回旭照，以爲天地生民立命立心，而非曰小補之者乎？世祇知開疆闢土，爲國樹勳，抑孰知載造彝倫，一匡皇極？其功適等。致中和，則天地以位焉，萬物以育焉。夫豈必端緌垂紳，在廟堂之上哉？惟勉之。此真公進止行藏決擇之一機也。答羅吉甫。

理無兩是，學無二宗；兼搭攙和，如補破衲。舊每謂：「淄澠之水合，易牙嘗而知之，貴察也。鍾子期死，伯牙終身不復鼓琴，感知也。楊泣岐，墨悲染，痛失真也。真所謂二之則不是也。」來簡諸所頌，雖極踰涯，然亦何敢過讓？至所著《證學記》，條貫不妨小參差，大旨自不害。惟以爲必合王、羅兩家之説，而後蠡管見爲無欠缺也，則非所敢承也。一是百是，一差百差，此牽彼搭，如補破衲，真所謂二之則不是也。答涂及甫。

文宗接閲，人人有利鈍失得之心，而獨吾士京者，翛然處於物外。有利鈍失得之心，則苦於志奪。既無有利鈍失得之顧瞻，而又不能併精壹志，舉全力以皈向於孔、曾之宗，爲斯文負荷，則所謂高尚其事者，於何用之？與黄士京。

心性自合一，倘其以性對心，果孰爲之體？體無二，用有二。蓋物理常然，不獨心性爾也。愚智二字，自就質言，堯舜朱均異者在此。因善否之殊，趨而致疑於性之果有善與不善也，不幾於執横流之泛濫，而疑混混之源泉，無是理也。答唐叔升。

學問要緊歸宗，文字末業，且必有一主之見，而况將以爲身心性命計，而直可二二三三，作兼搭攙和之解乎？集成兩字，特以頌孔道之純全。無意中若衆善之咸有，而非謂其於立教開宗日，總三聖人之所長者而集取之也。微獨儒者之學謹於毫釐，即佛氏學亦惟是謹於毫釐。故曰：「惟傳見性法，出世破邪宗。」一切懇懇諄諄，要有見於二之非是。與虞汝徵。

人生只有這件事，無論隱顯窮通，與身世共其周旋。有學以主之，則步步是爲天地立心；無學以主之，則擾擾紛紛，衹以效世途奔走。宗傳故在，遺訓可尋，昭布如星，綱綱紀紀，在有志者善自佩持而已。

聞歸尚處館，此誠士紳雅致，與走名塗利域者不侔。然鄙意乃未愜，謂眼孔胸襟，不免滯在一隅也。寒畯士有志者，吾且爲之惜，謂其以館事羈身，俾分量爲不滿也，而況於縉紳先生乎？怠職則即此非學，殉職則身命以拘，真俾予進止莫之爲决也。右俱答曹平子。

學問雖在做不在講，然無行不與終日與言。遇真實師友，亦自是商量無底也。《正學堂稿》及《約言》及《書要》，致到公處者，彷佛六十卷，總之只一言。然予意中，亦衹見其發揮之不盡也，探之靡有涯涘也。一言半句不爲少，萬論千經不爲多。假令有孔、顔出焉，乃直以默相守，謂目擊而道存耶？

世途未必無事，才賢胡可息肩。齎捧拂衣，倒身歸宿，自是公雅志尚，是有等待的説話，有空閑的做手。行住坐卧不離，雖在出世者猶爾，况經世者乎？惟公就地立脚，隨步進功，不復作停待商量之解，則此學幸甚。右俱答許君佐。

夕陽名勝，往爲潛德之區，兹荷台旌導倡，良士景從，遂爲育秀之府。連辰合坐，拷鐘擊磬，誦詩鳴絃，雍雍然鄒魯也。僕亦感而忘患，披豁鄙陋之襟，誕布孔、曾之旨。時激時隨，或俞或咈，而士亦坦然投機、油然顧化，藹藹然充堂龢氣，若春風之噓拂也。狂心躁氣，不覺爲之消鎔；點雪紅爐，絲毫容住不得也。此本洙泗家法，摹倣於唐虞，而堯、舜、孔、曾之授受一道者。無鄰而能成德，我未之前聞也。獨善以自養，蓋昔之幽人畸士，若嗑缺、披衣、長沮、桀溺之流，以絶人逃世爲亢而已矣。此孔子所以謂「果哉！末之難也」。與林三亭。

「一鄉之善士，斯友一鄉之善士。」成都成聚者伊何？則以舜與天下同善，故所至之處，人人與舜同歸也。所謂大舜有大焉，善與人同，孟子云云，最是識得此意。修身爲本，自是學之正宗，然亦必悟得身不爲私，修非自了，乃爲直達天德。在一鄉則身一鄉，在一國則身一國，乃滿足其分量，無他欠缺，而成聚成都，蓋皆不是分外事矣。答王大章。

僭每謂拙稿字字是説學，不空説理。如何是説學？只一切就身體當，不作揣摩之説，即説理便是學。一切按圖策以意鑽研，而不曾貼就身上實勘磨底效，即説學只是理。試觀科舉士，其所講論，豈有一字句不是經；所著作，有一字句不是代聖人口頰者乎？而於身心曾無有毫毛之裨益也，何者？以只是説理故也。答陳抑之。

不急辨體，要在明宗，二語者雖緣有激，其實理亦如是。蓋天命之性，本同一體，無智愚賢不肖。等無差别，而徑竇多開，至有三千六百，此果體之異乎？則宗之趨向異之也，故體不待辨也。不但不待辨，且因以長意見支離，惢紛呶，口説無補於辨體，而適以爲此學病也。答趙懋凝。

古人所責日新又新者，固是浴德之方，亦便寓有鞭策之意。良心具在，有觸必興，敬怠交參，旋輒生懈。此苟日新者所以多其人，繼日能新者已鮮，至又日能新則真是絶無而僅有也。此成德士所以不多見也，此善俗所以難興，而良才每每稱乏絶也。豈真無其人乎？則善幾不續，一簣功虧，職此其由矣。答宗會友。

宗旨非有倡不明，進修非自力不徹。頃所謂學必有傳，道當歸本，師心自用，毫髮含疑，白首窮經，到底不投針芥，蓋專爲宗趣發也。至下手功夫，非緣自力，勉勉循循，如顏子之服膺勿失，如曾子之尊聞行知，則雖以孔子之聖，愛成滿襟，其能代發育而爲衆卉效奔走乎？故宗趣不明者，則當致辨於師；功力粗疏者，則當反咎於己。答蕭仁夫。

止修兩字，載在聖經，一後一先，散亂交錯。提揭之果爲難，已提揭又苦悟信之難。就俾能悟信，翼翼小心，一脈皈依無爽，而又洞洞屬屬，將動静語默，一切管而入於天則，則真爲千百中不可一覯也。覽來簡，似信此要，俾實佩持於鄙期待意，乃不負。答戴克肩。

所省從前所操切處，尚是尤人的分數多。默默墮在忿戾穽中，悟者亦殊確。衛洗馬所云「人有不及，可以情恕，非意相干，可以理遣」者，亦是平情語，用之自有助。但既認得人分上再無功夫，則此等語話，尚屬寬解法也。答洪君禹。

修身爲本，允如來簡所評，不可以易看，亦不可以難看。往所云：「最易最簡者，無如修身爲本，而最玄最奥者，亦無如修身爲本。最呆最滯者，無如修身爲本，而最靈最妙者，亦無如修身爲本。」學者隨所進處，乃知其有别樣的光景也。故就玩視者説，委當以難發之，使知所求。而就難視者説，又當以易發之，使知所入。如頃所教，直從止於至善説到修身爲本，歸結真合，性命經綸，一手提撕，以交付天下與萬世也，而胡可易言之耶？答曾蒼巖。

親師取友，爲益灼然明著。塵氛俗絆，醬醋米鹽，漸漬朝昏，隱隱奪人神氣。此古人所以必將師友打併一家，且環轍周流，卒歲窮年，鼓篋擔簦而靡懈也。往特以爲求友之謀，而今又占其爲浴德之助。簡中諸所作商量者，似可不煩辭説解，只挈出身子如往來莆故事，灑然瀟然，如鳳翔于千仞上，即諸瑣瑣者何足以芥蔕其胸臆，干其念慮乎？而所痛病祟之深，亦不待别求良劑藥矣。答友。

古人愛禮存羊。夫羊何足貴？届期覩物，觸目警衷，令人惕然有深思焉，則兹存羊者，所以存禮也。而并羊去之也，其何以興焉？月僅兩會，會止兩時，是積半載中乃成兩日，週歲中僅妨四日。而藉之警覺提撕，以善一方風教，束久涣士心，明孔、曾正學，續海邦鄒魯，是何其所費者寡，而所取償者大耶？講世務，決不如講經書；講醬醋米鹽，決不如講身心性命。兒女心多，煙霞志少，蓋彼與此勢相爲低昂者也。彼少此多，孰得孰失？答林三庭。

十寒一暴，未有能生；多技分心，雖奕不得。明明穆穆，聚精會神，所以成唐虞；濟濟雍雍，卒歲窮年，所以成洙泗。學雖甚易明，卻未易明，非將師友打併一家，即篤信謹守士，且不免漸失真，使人疑爾於夫子矣。答黄友。

每謂孔子大聖，何取憤思；顔氏睿明，亦苦孔卓。大率毫忽之易於訛，而端緒之難爲辨也。區區結髮，妄意斯文，歷閲三十年餘，五折肱而後徹及於此，故敢斷以理無兩是，學無二宗。蓋非學之無二宗，則理之斷然無有兩是也，豈獨瑜瑕蒼素，不可以同塗。即同一瑩玉良金，亦毫髮無容於點類，蓋必如是，乃可謂知義之至者也。與蔣德夫。

周旋顧盼者情，餽問綢繆者愛，而以當於師友分上，兩皆未爲盡節之至。同一遊洙泗之門，必得宗乃不辜孔望；同一委伊洛之業，必載道乃不玷師傳。兹誠荷諸友愛矣，懃款亦云至矣。尊聞行知，服膺勿失，充然載道，與之俱南者，是果誰其人乎？ 此吾所以每有悵於往會之虚，而切有望於方來之不復爲玷負也。與漳平諸友。

見羅李先生正學堂稿卷之三十一

達觀樓記

養吾黄公，既成觀化之丘，與客觴而落之。迴旋眺望，掀髯揚眉，顧謂坐賓曰：「昔有登峴首而悲傷，覽牛山而隕涕，夫豈非聰明豪傑士哉？乃不能忘情於去來，致流戀於光景。茲爲吾百年後委蜕所歸藏也，而吾與諸君子者寄傲其間，熙然若弄月吟風，忘其身世之行將有盡也。」乃復闢前之隙地，購財萃工，竪樓其址，以盡收山雲水月之奇，而日頌書鳴絃其間，曰：「吾豈徒殁而還之魄，且及吾之存也。怡神樂寂，以與此山日相爲泮奂優游也。」而顔其額曰「達觀」。

黄公由進士起家，立朝爲侍御史，侃侃有風節。已綰綬爲二千石，最治譽，退老於漳。超然忘形勢之殊，倐然以丘壑自占，曰：「吾始諸生耳，中達官，前乎侍御，後乎山人，此一切如晝夜之相代。吾前也，吾惟時之值，惟運之當委而順之耳，亦何所容心於其間哉？昔儒謂透得名利關，是小歇脚。以予觀其實，名利之關即同生死之關。用舍行藏，隨心任運，此孔顔之所以高出一世。逍遥詠歌，忘其年數之不足也。山梁協孔性，黄屋非堯心，惟一切不以榮羨其間，即升之在天，沉之在淵。同朝菌之晦朔，比蟪蛄之春秋，亦不復知其孰榮而孰辱，孰短而孰長，處之一矣。」

若黄公者，真可謂之能達觀也已。公既歿，而其子棨、集、桀，軫公之音容不可接，而其志有可繹思也，爲之塑像其間，以稱其凭闌傲睨之意，而以予之館於其家也，懇爲之記。予既樂其地之勝，嘉公之曠度，能寓意於景不留意於景也，而又愛彼三子者之能敦雍睦，以禮讓世其家也。謂觀于斯樓也，可以達性，可以昭德，可以鑒往，可以貽來，是誠不可無言以彰也，遂記之。

漳行紀咏序

閩在漢尚異域，而漳又閩絶徼也。距神京將萬里，即自豫章來，亦航水梯山，冒濤瀧、履巉岏、觸瘴霧，累月而後至。而予以罪譴居之，復遠跡東山，與猿鶴木石遊處。方盤桓撫松本，玩停雲，詠「可笑寒山道，而無車馬蹤」之句，而二老生者，蹩躠扶攜而來。霜毛種種，膚腷侵黧，近而覻之，乃知其爲老友陳永甯、羅惟信也。爲之愴然以悲，又躍然以喜，喟然歎曰：「此何地？而二子者，乃亦從予遊乎？」亟命僮拾莒莧，沽濁醪，趺坐松陰下，以暢叙其離索，究商其進詣。舊學新功，盎然充然，非復阿蒙舊觀也。

嗟乎！若二子者，亦真可謂能不以死生替交憂危墜緒者矣。已復述其經行之阻險，隕越之崔嵬，含酸負痛，不以頽其進往。徐徐出其遊詠篇什，雖在羈旅中，無意於角雋争工，而感時觸事，衝口露心，率有關於理亂綱常、士習民風之大，而其要歸在於矢志從師，戀戀依依，若惟見其爲樂，而不以爲苦也。

永甯少予二歲耳，惟信少永甯又六歲，宜稍壯，而皤然兩鬢，視永甯加老焉，皆非年少人也。徒以分義之關，致輕千里之視，怡然嘯歌，視險阻艱難人所共憂者，乃一切以爲喜也。嗟乎！後之有志於學、欲親師取友者，讀此可以興矣。故爲之序。

書杜希登四禮儀節名泮，南昌人。

往感涂清甫之請集四禮也，答之曰：「禮由身出，因脩而有。脩之則有禮，不脩之則無禮矣。經禮三百，曲禮三千，條析之不勝繁矣，有一不由身而出、因脩而有者乎？故曰隆禮由禮，謂之有方之士；不隆禮不由禮，謂之無方之民：則脩不脩之所由分也。」

三代之英尚矣，聲爲律，身爲度，無容贊矣，姑借後來一事明之：始漢文帝之自代而來也，行抵東渭橋，丞相率百官稱臣伏道左。帝以爲未正天子之位猶之藩王也，而下車慰勞之。乃太尉勃請間上璽綬，則以爲此大寶非可私相授受者，曰至代邸議之。已至邸，群臣請上尊號也，西鄉讓者三，南鄉讓者再，乃即天子位焉。勞軍之役棘門、霸上，兩將軍韃橐奔走，駭汗伏謁，而帝端拱禮之。既抵細柳，忽變一局，轅門不啟，裨偏不迎，大帥不拜，且曰軍中不得馳驅也。而帝爲按轡徐行，敬勞將軍，成禮乃出之。二事者是遵何典哉？固三千、三百之所不該，而洙泗孔、曾之所不及講者也。則帝之好脩，因時制之，而禮由身出也。後之言禮者異是矣：於所不能行者而必强之行，幾於沐猴而使冠；於所不可執者而必要以合於古，又有類於刻舟而求劍。故知禮者貴乎知禮之意，而守禮者不專在於守禮之文。往疚處嘗取儀禮經傳者，數墨循行讀之，覽其等威隆殺，大率爲有國有家者設，而後乃以之下格齊民，宜其文爲度數曲折之不可通於用者衆也。姑即三加一事言之，其所製章服有一爲齊民設者乎？而後乃固而守之，至以匹夫而僭公卿之服，以市井而冒詩、禮之章，旋衣之、旋釋之，有同兒戲焉。是於成人之日，即導之爲僭；始冠之辰，而先率之以爲僞也。達禮之意者，可如是乎？故頃嘗欲酌損之，特三登筵而三醮之而三申祝之，以示重焉，其可也。冠禮如此，餘可推矣。

門人杜希登，蓋所稱好脩士也。居常能以學自飭，處家凛凛，欲以禮示防。其所纂《四禮》，大率祖用文公，而量俗揆情，稍爲酌損於古今之間。不但以行於家也，又將以之通於里。所謂度吾所能行者爲之，庶幾乎知禮之意，而不徒斤斤於守禮之文爲也，吾取焉。同門劉謀卿輩曰：「無徵不信，非得先生一言之重，爲冠莫徵也。」故因其請也，爲本禮之意，取證於近古之緣情爲制者。所謂義無定在，緣時地人情而爲之低昂損益，蓋業道之矣。然豈徒以言義哉？固即所以言禮也。有志於復古者，其尚以予説會而通之焉，其可也。

學易三圖編序

豫章有傑士曰胡友泉氏，究探性命，飽飫經綸，蓋嘗有志當世之用矣。而卒鈍滯於進往之塗，乃喟然曰：「古人樂則行之，憂則違之，確乎其不可拔。蓋無往而非盡分地也，豈直較進取升沉利鈍之間乎？」於是退而作《學易三圖》，縱横交錯，布置描畫，以曲暢羲、文、周、孔之心，而極三才八索經綸之變。若曰：「吾誠無當世用，而以此行乎家，則父父子子、兄兄弟弟、夫夫婦婦，而家道正；以此行乎里，則人人親其親、長其長，而天下可平。是《易》之藴也，萬古之經綸管是矣，吾何憾。」而以寄示予於瘴海之陬，屬爲之序。

予天下之懵于經濟者也，其何以序君之書？然嘗言之矣：六經之書，凡皆爲經世作也，甯獨《易》哉？但有虚以待天下之動者，有實以定天下之則者。虚以待天下之動，則假之象，蓋聖人之視象猶事也，易是也。實以定天下之則，則假之事，蓋聖人之視事猶象也，《春秋》是也。以今觀於三百八十四爻，其所當剛柔進退皆象也，而所訂吉凶趨避之理何者？非事《春秋》褒善貶惡，賢賢賤不肖，固二百四十二年之間，君卿之行事否臧，所謂既往之陳迹也。而説者謂以正大經，明大法，爲萬世王者而脩也。蓋有見此也，何莫而非所以爲經世設也？故曰：「夫易何爲者也？夫易，開物成務，冒天下之道，如斯而已者也。」是故聖人以通天下之志，以定天下之業，以斷天下之疑。是故蓍之德圓而神，卦之德方以知，六爻之義易以貢，蓋孔子業道之矣。夫豈徒布算卜揲，如世所營，直以效筮占之款款者乎？予不敏，謬嘗以「孔子贊易之功，只在易有太極」一句，蓋鈎深致遠，錯綜參伍，興神物以前民用，三聖人闡之詳矣。而獨其主腦皈依，未經提揭，故使學者入於其中，茫然莫知所入。以義測者，直按圖索駿，比量於象畫進退之文；以數窺者，乃貴耳賤心，聽受於影響卜度之際。以是而謂之學《易》，是《易》全在經不在我也；以是而用《易》，自謂之定於天，其實人也。故歸本太極，其宗也。參位三才，其體也。搜括八索，其用也。錯綜經綸，其變也。極深研幾，則所以盡其變也。洗心藏密，則所以固其宗也。味君編固云：「孰主張是，孰綱維是？」必有不依形而立，不倚數而存者。是所爲自本自根，究竟之宗竅也，則於《易》也，信觀其深矣。

君名湜，字文澄，嘗備郡膠員，以學行爲當塗甄獎，今養素潛心著述，爲氣類所欽仰云。

題黄汝顒語孟本解

洙泗之學，必以復性爲宗，故《語》曰求仁，《孟》曰性善，其旨一也。知其旨而以讀其書，則雖時闔時開，若異若同，知其淵淵浩浩，旨趣之必歸一是也。故不熒惑於多塗，作二二三三之解。不然，而以觀於《論語》，確然粹然，如藥石之必足伐病，五穀之必足養生，於身心信爲有裨益矣。而究所皈依，則茫乎莫知從入。以讀《孟子》，忽然而説情，忽然而説才；忽然而説知能之良，忽然而説惻隱之心、羞惡之心、不忍人之心。將歸宗於情耶？抑將歸宗於才、歸宗於知能之良？譬諸草木榮然發卉，朱朱粉粉，滿目盡是生意，而隆施主張伊誰爲之？嗟乎！此固學之所以急明宗，而區區之過，不自量於虞廷既爲之挈本歸中於大易，復爲之指宗歸極，要以見源源本本，一脉頂針，如符如券，微獨《語》、《孟》，蓋千聖相傳，授守一道也。

予居東山久，黄生梠實朝夕侍，與聞乎斯義也熟，故既爲《大學約言》繹，復爲《中庸本解》，兹復成《語》、《孟》兩解以呈，而乞一言弁諸首。撫卷覽思，謂苦心極力鋭進者，信莫如黄生也。雖其吊奇索隱，時有過中，然大本大原，灼然知其爲止善求仁，而不熒惑於二二三三之解也。則於翼經衛學，亦庶有一班之幾乎道也，故爲之序。

題陳貞鉉詩草

詩者人之情性也，情性能亡乎？故謂删後無詩者非也。世之古體必祖漢，而近製則宗唐，必以氣韻風格爲律，誠遐邈不可媲尚。然擊壤一集，恣心銜口，無意爲工，而語性情之正，謂有近道腴者必歸焉。此昔賢所以謂子美詩之聖，而堯夫更別傳也，而歎操翰者二妙罕能兼也。然則即令風致氣韻一無爽古，尚爲得其一、不得其二，而況其放舍萬事，竭其一生之勤以效顰學步于片辭隻韻，而又未必相肖者乎？王、楊、盧、駱，蓋彼其時所哂輕薄爲文者也。閱兹千有餘年，以詩鳴者人宗上乘，曁業之成以視四子者，軒輊爲何如？此杜拾遺所以謂：「龍文虎脊皆君馭，歷塊過都見爾曹。」又曰：「或看翡翠蘭苕上，未掣鯨魚碧海中。」蓋誚之也。即盧、駱、王、楊，亦未易以方軌也，而況其等而上焉者乎？而世乃欲以此爲立命安身之歸宿也，其趨操亦良苦矣。

龍溪陳正學，字貞鉉，雅有風騷，穎而又能爲理性之慕，翩翩多製作。思與古作者媲美争妍，不以予言爲迂濶也，委誠伺教焉。將鼓篋東山，旦夕式欽承盡，諮叩嗟嗟。陳生其見趣，殆加人一等矣。詩必不遽亡天壤，于以破操翰之僻短，而兼古今之二妙，無俾删後竟爲無詩，吾且於陳生乎望之也。故因覽其集爲揭數語于卷端，以示勗，且以志予之慨慕云爾。

陳隱君傳

陳爲新會鉅宗，自其上世世有令人，入我明有白沙先生者，以道鳴，爲最顯。嗣有名碩者字伯容，號建一，弱冠即羅絡百家言，爲文詞下筆敏贍。父儀既夙感夢，而又覽君藻思，若將有公輔之期。試補弟子員矣，届期行釋菜禮，而父卒。君號慟走，里居不事事。主者令姑就列，乃服艱。君執不可，曰：「此何時，乃尚存進取念耶？是幽欺父，明欺官長，且自欺其心也。」既制闋，以稟於督學使者。使者不察，故曰：「往矣，甯復云。」呵之出。君愧之，慷慨語曰：「仕以求榮名，乃召辱，是尚可濡跡取容。」拂衣歸告母，請以德養終。

因築室西庄，爲棲遁計，被檄不復出，娱親務學。貲故雄里中，恣所出，不復計盈縮，要以善施滿量。族有運餉者，舟敗溺金，獄窘無從給。君券田爲代贖，田竟無取酬，君亦不屑意。嘗之邑，值暴風雨，市衢瀰二尺許。有兒墮沉底，無知者。君攬衣徒跣掖出之，付隣姆，爲撫抱。主者覔得之，問故。君曰：「出爾兒者隣也，非我也。」其人曰：「君安取長者語稱之？」子泣且拜，竟逡巡走避之，不俾知名。家世海畔，有賈泛重溟，届里舟没，亟命舠拯之，盡出其貨，而獨不見其人。君曰：「吾所爲徬徨冒風濤，不憚舉手投足勞者，豈爲貨乎？」以篙徧試水中，其人忽攬篙起。君喜甚，解衣爲禦寒，飲食之。賈方脱重淵，感再生，不復念貨。君徐語曰：「而縢具在也。」扃鑰宛然，出以還償。其人曰：「此皆君有也，予何敢知？」既謝不可得，乃發篋陳所貯，乞以其半奉君，則皆金珠重物也。君固讓，不取一珠，曰：「若方溺時，甯有此？予可貨取，去彼取此，得孰多？且何用知吾名？」爲遂謝去。其人曰：「真慈氏再生也。」念無可用報者，爲築小市橋，紀其事。

林三泉尹，會日訪君義行最，辟爲都老。一切求瘼糾慝讞獄，悉以諮君取實。里港合外洋，夜納泊有漁船數十，爲黠里索埠錢。無給，誑稟令曰：「向夕有盗舸百十入港内。不亟捕，且有變。」令既恐後機，而又稔知冤良肆蜑爲粤稔弊，曰：「此非訊都老不可定。」亟走召，君慷慨爲白情，而請尹潛行自按之。見諸漁者戴月披簑，鼾鼾卧船艎上，尹顧歎曰：「盜果若是耶？」立逮責言者，而禮信君加篤。

君初妻利氏，賢義，死，不續。有子兩人，亦夭。側室子曰受者，禀尤慧，亦夭。君爲煢獨矣，而執義益堅，不以二情頽行。里有不平節，一切取聽君裁。至有望門款輸，或耻及門不令君知者，其志行之感人如此。一夕夢侍仙侣遊河洲，贈君詩有「千章青果一枝奇，瓊枝玉朵帽簷歸」之句。君寤而原之曰：「予其尚有子乎？且不孝孰大乎是？」乃繼娶周，時君年六十矣，閱四載，竟舉子。前一夕夢昌黎韓公過訪，君異之，因命名曰「宗愈」云。芒穎蚤露，而君督教亦多方，竟成進士。凛凛樹節概，爲時名流，雖當君没後。考成最，奏推自沐恩，卒贈君官如子貴。仁人有後，其信然哉！信然哉！

君生弘治乙卯，没萬曆己卯，壽八十又五。祖居汴，有曰崇者，靖康中爲御史大夫，始避亂來粤，再傳而生亨甫，舉元進士，官至廉訪使。又三傳而生原道，判横州，儀其裔孫也。博極群書，才名燁庠校，蓋世濟其德，而鍾孕於君之身，而曾不一少試。宜其發祥趾美之不徒然也。世祇知頌公甫爲陳鉅公，抑孰知辭榮砥操爲族寵光，乃尚有名品如建一翁者哉？予故表出之，以著君幽潛，且爲世勗云。

經武淵源序

紳珮之儔，際生熙泰，陶鎔於禮樂之區。款言盱視，博袖長裾，以神化性命爲高，俎豆雍容爲盛。鄙夷介胄韜鈐士，直土苴耳。卒有意外之警，則縮頸結舌，徬徨四顧，圖所藉手以解紛紓難，何其意之相爲舛也？業稽古邃，氣淳而樸，風沕而芒，然尚不能偃兵，故有阪泉補遂之戰。迄於唐虞夏殷周代，迭見征討，故禹矢衆，協力殷湯，苞有三蘖，乃及於桀。盟津之誓，遠暨庸、蜀、羌、髳、微、盧、彭、濮，律以步伐止齊，毫髮不容陵越，何其慎也？孔子曰：「我戰則克。」又曰：「必也臨事而懼，好謀而成。」其此之謂乎？後世知本之學不明，故使儒者之功用不著。橫戈躍馬之冑，因以別技專門，而謂吾聖人之道不該乎此。嗟乎陋矣！今謨誥具在也，古聖君哲輔之，所摹畫指數可徵也。彼孫、吴之所爲正而法者，固吾聖人緒餘，其合變出奇偷取，一切以倖爲勝者，又所不屑齒也。雖然，即《春秋》之内外兩傳，亦既該而存之矣。

居閑有喟，爰摭六經、《語》、《孟》之及於兵者，彙爲内編，而綴以韜鈐子史内外傳之謀計征討，列之外編，而合以孫、吴軍讖諸法，總而揭之曰《經武淵源》。以見吾聖人之六籍，括綜包含，靡有頗漏，而世所稱兵法，特儒者分内事之一耳。其道之淵源，蓋在此而不在彼也。且俾佔畢者不踵固滯，跅弛者不終粗才。優游涵泳，循是以探，知兵政本原，庶幾其有勇者且知方也，於世道亦尚有少裨哉！

劉良弼大尹墓誌銘

往予分憲嶺西，值山海交訌之秋，張皇師旅，日不遑給。而予猶乘息馬投戈暇，與諸屬職、鄉紳、孝廉、文學爲身心性命之講。一時士友彬彬，委業予，而新興之劉君良弼，則尤其傑然者也。

無何，君窶窶，無以繼二親朝夕奉謁，選得令福建之連城，端書走問政。予答之載在《觀我堂集》，謂知本一脉，到處稱尊，至蒞政當官，尤爲日著之效。只一點念頭，上向監司處迎揣，下向百姓處猜防，自謂之用明，即所謂能疑爲明，何啻千里矣，與本地風光夐不相蒙涉矣。端拱垂裳，夫豈無兼照，智只其所注泊者，不於人必於己耳。君報書，佩持良固。下車初，即刻頒予《大學古義》及論學諸編，以訓迪多士。月之朔望，屬鄉大夫耆彦相與講明聖訓，而又節纂家禮，以革除佛事之風，俗爲一變。垢汙弊竇，澄汰自躬，一切浣而瀹之，故吏悚其廉，士範其節。矯厲稍睽恒，致佛衆口，輒掛冠去，隱於天露山。棲遲物外，屏跡公府，人共以此稱之。親喪過毁，塊處墓次，疏食水飲者三年。宗祠創飭，譜牒續纘，蔚然詩禮，爲粤士族望。事仲父如父，撫猶子比于子。已世之祖壟，咸豎碣甃石爲表顯。宗之子弟，則建館捐租，萃而課之，給其燈油之費。種種懿行若此。所著有《見聞日録》、《和陶集》及詩文若干首，仍置籍，紀其日行事否臧，以自鑒省。知本之學，不獨效於官，徵於里，且身有之，而非衹爲徒言頌也。如君亦幾可稱懿德，無忝於古學之承傳矣。

君名夢暘，字良弼，生嘉靖丁酉春仲，殁萬曆庚寅冬孟。配區氏，子男四：曰子廉、子庭者，俱庠生，區出。曰子薦、子應者，側出。女子一，孫男三。葬邑官當山之原，首丁趾癸，而狀公之行者，知戚友譚諭也。語非無徵矣，故不讓而爲之銘。銘曰：

士行之脩兮維友之良，吏政之卓兮維道之光，壽不滿德兮曰予有命，不亡者存兮終焉允臧。

見羅李先生正學堂稿卷之三十二

羅氏族譜序

《記》稱「天子建德，因生以賜姓，胙之土而命之氏」。羅之爲姓，其所從受賜，吾不知其始矣。要之自有天地，即有生人，有生人即有羅氏，而非始於豫章也明矣。而羅之族姓，顯聞於時，著於大江之右八閩之間者，則實自豫章始。故今江閩之爲羅氏者，率祖豫章。而其派别支分，徙吉水之熇下者，則生念菴文恭；徙永豐之湖西者，則生一峰文毅；由湖西徙樂安之古井者，則生侍御德潤，而京綬、成德，則侍御之裔孫也。

予往感兩生之捐田建館，以倡興其里黨道誼之風，徵其世德有自。兹京綬乃受成於族之長者，遡其淵源，聯其涣散，稽其系次，合其譜諜，而以叙言來乞於予。予每慨世之人知貴祖，不知貴身；知尚門閥，不知尚道義。羅氏自三代已建國，嘗與盧戎敗楚師于鄢。嗣後或以勳伐著，或以辭學顯。彼其建旄秉鉞以叙賞王庭，繪素摛章以馳騁翰墨，豈不傲然自得，足快意當年、流芳來禩哉？而曾幾何時，並同銷殞，無以異於過眼榮華，曾不足以當達人之一吷。而獨豫章先生以一老布衣，頽然卧於窮簷蔀屋，祖者洙泗，宗者關洛，無分毫氣焰薰灼足以動人。徒以道義之重，代更世易，閲數百年稱思不泯。凡繫姓羅氏者，源源本本，必歸之豫章。孕靈毓秀，世有達人。而入我明，復有文毅、文恭兩先生，以節義文章，爲士冠冕，以後先相輝映。

而羅氏之族望益昌以大，豫章先生之德之學，愈益有光。彼徒以珪組蟬聯，聲華炫燿，以鋪張揚厲誇詡其門閥者，視羅氏之宗譜，亦可以少知愧矣。雖然，「莫爲之先，雖美弗彰；莫爲之後，雖盛弗傳」，羅氏之先德，信盛矣。所以紹芳而趾美，闡揚而光大之者，可無有繼二文之美，而爲之後以益大其傳者乎？是誠在後之人矣，是誠在後之人矣，可不勗哉！

朱鳴洪墓誌

語不云乎，「奕之爲數，小數也，不專心致志，則不得也」，而況於學乎？自予倡知本之宗，開啟江城之緒，群然慕尚之者，霧湧雲蒸，幾半庠校，規模條貫，類能言之。至根極其體要，把握其樞機，絕利一源，反躬歸復，則誠不可多有，此豈學旨之果爲難明耶？則竭才苦卓，皈命志心者之難其選也。

往所謂有擔當，又怕激昂之虛氣稍多；有悟解，又怕涉獵之精魂稍薄。微獨如此而已也：有附郭之良田，則持籌計切；有錐刀之利路，則奔兢數多。知好色慕少艾，有妻子慕妻子，非至於數盡道窮，誰能盡情拚舍，而回向於生身立命之本耶？往予會劍浦學舍，多朋咸在，偶發一機，對皆不契。而獨鳴洪之旨爲有協也。一友進曰：「弟子輩雖共事先生學，教無科別，至悟解處，果不及鳴洪也。」予因顧笑曰：「賢試省何以有此？同衆之聞，乃不同其悟也。」鳴洪起對曰：「無非荷先生之教。」予曰：「不然，汝還有一師在。」鳴洪蹙然曰：「鍾實未嘗有師。」予曰：「鳴洪自有師，而不知昔賢所云：『吾覺此病非病，乃教誨我也。』鳴洪若無病，先生聰明機數，比衆較多，不知分卻多少，何由得與理湊？吴臯閴處，絕意世塗，直將生卒短長，颺之身外，而倒向於知本一脉，直持之爲往生西方公據也。已而燥火日以沉，遊魂日以集，食飲遂以大進，氣體復康，病意脱如，而孔、曾之旨亦涣然融通理解矣。此果先生之教耶？抑亦病之力耶？吾故曰汝尚有一師在而不自知也。不然，何以從吾遊者多其人，吾無異授而鳴洪之蚤有知耶？」鳴洪曰：「非知本提倡，則鍾雖濱於九死迫危，殆亦不過聽妻子之徬徨走望，爲醫藥尋求役役焉趨盡而已，亦烏覩夫返本還源之即是藥王耶？又畢竟是先生之教也，非專病之力也。」

衡陽之遊，士類翕然宗之，予誠爲之喜。既接歐陽生炳、甯生成、伍生定相、陽生薦書，皆受學鳴洪而歸誠我者。犁然趣義，彷佛聖真，授受轉相，如出一線。乃斷知鳴洪之爲善悟，温故知新，果堪爲師，而謂「愷悌君子，遐不作人」者，若鳴洪者良似之矣。故往蒞鄖，有感於士友之趨風，而地分之懸隔也，馳傳召致，委以分猷，曾未匝月，而四郡士斐然知嚮風焉。由是言之，豈獨善悟？即善教者，亦莫如鳴洪矣。時值酷暑，鄖旱尤甚，鳴洪竟日冠紳，不扇不浴。予曰：「得無過拘乎？且過苦乎？」鳴洪儼然起對曰：「鍾也地分微，徒恃先生重，若不從身上檢飭，口説空騰，誰信？是負先生之教也。」予爲斂容謝之。其遊於衡也，衡人士半折節，豈獨高其悟，稽其動定，課其取舍，察其矩度之森嚴，而操脩之固也。嗟嗟！若鳴洪者，亦信無忝於脩身爲本之丈夫矣。暨聞予難，號慟走里居，復自里北遡省，侍予于圄邸。席苫枕塊，視寢興，奉藥餌，屢易月不解衣，愁歎終永夕，不交睫。乃予之功狀日白，而鳴洪竟疾卧不起矣。在三之誼，人共稱之子孝臣忠，往往而是。至聞師難不避險艱，而直以身爲殉者寥寥，今古幾何人哉？蓋至于兹，而鳴洪之學益有徵。區區師傳分誼益以重，授受之心思益因以顯矣。此其節雖與日月争光可也。

鳴洪姓朱氏，名鍾。生嘉靖癸卯某月日，卒萬曆己丑正月十三日，甫年四十七。世居豐城之藍家巷，自仲祥公而下，代有顯者。閱六傳而生藹，藹之少子曰文彩者，仕爲巴陵丞，實生鍾。母氏某，尤賢，與巴陵公共以義方飭。鍾之從學予，實稟二親命。子孔曉，尚垂髫，越五載而當甲午春，乃納娶于衡。諸從鳴洪遊者，爲鐻金若干，謀買田宅爲久安計，且奉柩赴窆焉。從鳴洪之命，亦從諸友志也。故曾舜徵亦以爲葬衡便其地，面某背某。其葬日爲某年月日甲子，諸已見行狀中者不複述。蓋舜徵於鳴洪，無以異於鳴洪之於我，知師者莫若弟子。舜徵，君子也，其言信而有徵矣。故特揭所聞，爲誌所不載者，以曲暢彼己之情，畀孔曉合劓而納之壙中，以識不朽。

賴氏族譜序

果蓏之生也，自一粒以化成千萬粒，而要之自一粒始。然未有知其所自始者，此猶可諉於無情。禽蟲之生也，亦自一育以化成千萬育，而要之自一育始，亦未有能知其所自始者，此則不可謂之無情矣，故謂之禽獸。故反哺之慈，僅窺於烏，而妃匹之義，乍明於鴈。其他明者一，蔽者千。聚麀反噬，漠不爲慙；弱肉强食，恬無忌恤。族類之饕餮，種性之斷滅，破壞殘傷，慘不可名狀。人共訾之，亦直曰此禽獸耳，禽獸耳。雖然，假有人而剔其一羽，則必戞然鳴。更有人而剪其一腋，則必蹙然痛，何者？一體故也。故至於知其爲一體，則雖蠢頑如禽蟲，最無理義者，亦痛癢相關矣。

物尚如此，人胡不然？此文中子所以謂「宗法廢，則天下無人道」也。《大傳》曰：「自仁率親，等而上之至於祖；自義率祖，等而下之至於禰。」夫由吾親等而上之，是反其所自始也。反其所自始，雖累百世一人耳。由吾祖等而下之，是逆其所從生也。逆其所從生，雖累千萬人一身耳。而何手足之自相毀折，口舌之自相吞噬，眼耳之自相爲陵奪者之衆也？則本始之義不明，不講於尊祖敬宗收族之道故也。尊祖敬宗之道奈何？一曰嚴廟祀，二曰明宗譜。廟祀嚴則儼然一人在上，駿奔者雖累千百，知其爲一人矣，安得不親？族譜明則朗然一脉相踵承，雖累數十百世，悟其爲一身矣，安得不睦？

賴生維雍，從予學。講於知本之宗，慨然有感於族姓之涣然離也，祖始之茫然不知所自出也，既倣予家祀，倡義舉，輪房值。歲以冬至日，設始祖位，而合子姓，儼然俎豆衣冠崇祀之。已復有感于宗譜之未大明也，雖屢經脩緝，而自至元逮今二百餘禩，生齒之日以繁也，居徙之靡有定也，文獻之罔有稽也。請於宗之長者，擇子姓昆弟之敏而有文者，以分司蒐括，而身總其事。開局編摩，釐爲十目：首之以世例，次之以世系，次世齒，次世表，次世恩，次世志，次世傳，次世美，次世思，次世稿。以上遡渺源，下恢遠緒。始晉永興大尉光，以勼成都王穎顯，暨廷輔，義熙中官相國，家潁川，實生三方。而仲方之子曰文輝者，生七宣。曰宣儀者，則其發祥於豐城，爲賴氏繼別之祖也。指數千有餘年，爲世二十耳。智者觀之，曾不足以當其一瞬，而由賴氏之子若孫按譜籍而遡稽之，以上暨定風直士，真宛然一身也。則凡今爲賴氏之子若孫者，雖有麗其億，如九竅百骸之通爲一身也，宜疾痛疴癢之通爲一體也，可無愛與？

往予説仁禮，謂譬之投核於地，從此而芽、而榦、而枝、而葉，以至於萬葉千枝，不可勝計者，是則所謂禮也。然非既芽之後，方有此禮，即一核之中，而萬葉千枝不可勝計者，已渾然含具於此矣。故務枝葉之暢茂，而不思厚其所從出者，固爲學不知本。知本根之當固而不思慎其所發者，亦爲道未該全。嗟乎！通於此説者，其庶乎可以語於尊祖敬宗收族之道，而是譜之作，乃不爲徒文矣。

陳愧齋稿序

孟子曰：「夫道若大路然，豈難知哉？人病不求耳。苟其求之，有餘師矣。」夫子之告冉求也，亦曰：「力不足者，中道而廢可矣，今女畫。」大率道之不明，其端始於人之不求，而其究成於人之自畫。月將日就，毋謂功之不力，而所以臻緝熙光明之益者由此矣；管窺蠡測，毋謂見之未融，而所以極廣大高明之分量者由此矣。進曰「吾往」，止曰「吾止」，一簣功虧，豈固道之不可見哉？則自畫者累之也。此語之不惰，所以有取於「回而日省其身，斃而後已」，曾氏之所以獨得其深也。所以超出於三千，而有光於洙泗也。發憤忘食，好古敏求，非孔子乎？仰而思之，夜以繼日，非周公乎？惟無自畫之心，雖途之人可以入道；苟有倦勤之意，雖天縱之聖如周、孔，亦猶然在洙泗門屏外矣。

以予觀于愧齋陳君，其所著遺稿，首之以大書「克己」兩字，而銘其左曰「子翼」，銘其右曰「純孝」，而爲之説。已復大書「主一」兩字，點訓畫箋，而爲之説。已復大題其座之左曰「始條理」，右曰「終條理」，而爲之説。已復大書「清白」兩字，揭之楹間，而爲之詠。若不主一門，不專一説者，而其見日新，其守不局，其究研日邃，蒸蒸然有幾於憤樂之風、不厭倦之趣者。所謂好古而敏求、不自滿假者，若君非耶？豈與夫旨芹曝以自衒，觥奧窔之容光，而忘海濶天空之進取，不能入道反以害道者比哉？

予頃入漳也，謬以學倡，而君之冢子君相，實先多朋委贄焉。聞教津津，豁然理解，若夙有承傳，聆謦欬於洙泗之門屏者，知其淵源之必有自也。故因其請也，不辭而爲之序。

爲翟從先書卷

乾稱父，坤稱母，林林總總，宜皆同胞。乃有白頭如新，千里同室，曠世而相爲感者，是何其臭味之相睽合者異也？豈非乾坤雖一大父母，而賦生受質，有各一其趣？若或分之不可比而合者矣。堯雖聖，不能與丹朱、瞽瞍，雖頑嚚不能奪諸。舜父子猶尚如是，况其他乎？此吾所以每謂端人正士之在天壤間，真夐然另一胞胎也。不然，則何以渾敦、窮奇，乃見賢於檮杌、饕餮，而夔龍、益稷，顧受疾於共、鯀、驩兜。姬旦不免于居東，宣尼幾危于伐木，不知者直歎以爲道窮際厄，而不知氣類之不相求應，自化醇絪緼之始，地業有分矣。此聖人所以怡然甘之，安土樂天，惟其緣數之所值，而莫爲尤怨也。

予與翟從先，一産于江鄉，一生于嶺嶠，曾何有半面之交，而聞予覯難，疾首蹙額，若痌瘝之在廼躬也。披髮纓冠，若拯溺救焚之恐後也。此果誰使之然乎？則賦生受質，吾與從先有共一胞胎而出者矣。今人際二親之阨，能捐軀赴者，即可稱孝子；值綱常難，能致命狥節者，即可爲忠臣。予於從先，義不重於君臣，恩不親於父子，乃萬里間關，批鱗雪泣，直捐其所愛之生以代而不恤也，此真所謂父未必得之子，而君未必得之臣者也。則何其懇忱忠篤之至於此耶？則一脉之源流，有自天植之不可解者矣。

歲之癸巳，予始蒙恩解縶，編管於閩越。明年，而從先乃自廣歷潮，遠爲存盻。覩其爲人，其幹頎然以長，其神凝然以寂，其氣肅，其言簡，其肩屹然勁以竪，真奇男子也。宜其當震撼日，能出肩以頂全粵之綱，植區寰之勁節，奮身以叩重玄之聽，障既倒之頹瀾，卒之忠貫金石，義感神人。九重爲之霽威，而跡無沉繫；神明爲之翊贊，而疏不留中。公論自此益昌，沉冤藉此日白。覆盆朗闢，而吾縲絏之羈栖，亦仗庇解矣，則君之精誠有以感之也。而君方咨嗟歎息，以功罪既明之人，乃尚爲瘴海之流離也，謂己志之未大酬償也，慷慨語人曰：「嶺表可無翟繩祖，天下不可無李見羅。某之乞以死代先生，非飾也，誠甘之也。」雖然，此特自君義言之也，於其時主威方震，公論未昭，坐累者開豁固未有門，而批鱗者乃先有必死之分。故識者咸爲憂，謂李先生未必死，而翟君先死矣。疏之乞以死代者，蓋實事也，非虚語也。堂堂正氣，俯仰古今，如翟君者，可不謂難乎？彼賢者之處心，必無用報，而志士之激義，烏得無情？然則吾將何以報君，惟相與勉而進於道，以遡傳洙泗之矩也。必以聖賢自待，而不以一節自滿；必明此學於天下萬世，而不以小乘安樂自娱。芻蕘可採，容或有一班之幾乎道，可以效愛成之萬一者，而君惠取焉。其庶乎無孤於上蒼賦與，而君間關赴義，信若有受而爲之者，則豈獨區區一人之幸，真斯文之幸，孔、曾之幸也。非是，則予誠無以報君者矣。

鞭後卮言小引

傳稱：「中流失船，一壺千金。」夫物何常之有哉？因其所貴而貴之，則莫不貴矣。何者？適於用也。又曰：「同舟而遇風，胡越可使相救。」素所隔爾我形骸者，宛然如股肱心膂，則何情之有哉？患所屬也。

此芻蕘之言，聖人所以不棄，采風非而不遺。其下體詩人之詠，殆先得我心之所同也。是集也，雖皆出於老氏之言，其藏身之固不厭深眇，有足多者。故予既手寫《哲範》，隨所記憶者，亦并録出之，而目曰《鞭後巵言》，以廣德慧之助，故題之云爾。

漳平縣城隅公館會記

漳雖際海之畔，而漳平爲邑，實處萬山中。由南靖蜿蟺扶輿，登頓嶔崎，屢日夕而後至。故星軺使節不由，而轉販經商者罕歷。民性以此淳龐，士尚以此樸茂，有近道之資，而無爲之興起也。

歲之乙未，予行去漳，爲武夷之遊。羸縢躡蹻，避遠冠蓋之交，實取道焉。音踪所暨，斐然嚮風。于時令漳平者，爲合浦張子，司學政者爲莆陽林子、武平徐子。又並道誼之選，有作人之思，相與迓於郊，延于館，而率青衿士之數十人者，禮請敷教焉。予謝不及，而意殷殷然彌盛也。辭愈懇而踵相接也，乃爲之停傳者一宿，而合會于城隅之別館。衣冠秩如，禮度森如，情志翕如，拷鍾擊磬，誦詩鳴絃。諮叩紛沓，士獻其誠，人滿其量。雍雍然太和之氣，洋溢於一堂之上也。胥史輿臺、黎黔老稚之環橋門而聽者，咸欣欣悦喜也。曰：「何意海濱下邑，乃復見鄒魯乎？」

予既嘉三君子之能以道愛人也，諸士子之能以道爲學，惟牧與師之聽受而不二也，爲之申言曰：昔夫子不以仁聖自居，而以不厭不倦自勉。公西華，聖門高第弟子也，知仁聖之非難，而不厭不倦之爲難也。又知仁聖之無他，惟不厭倦乃所以爲仁聖也。二三子之不及夫子者，非不及夫子之仁與聖也，惟有厭倦所以不及夫子也。非不悦子之道，力不足也。自畫者非求乎？願息於事親，願息於事君，願息于交友。子曰：「視其塚壙如也，睪如也。」此則知所息矣者非賜乎？入聞夫子之道而悦，出見紛華而悦，二者交戰于胸中，而莫之决也，非商乎？回也尚云質敏，參也何所踰人？後儒乃曰惟顔氏、曾氏之傳爲得其宗也。夫顔、曾之所爲獨得其宗者何也？夫子嘗有言矣，曰：「回之爲人也，擇乎中庸，得一善則拳拳服膺，而弗失之。」曰：「語之而不惰者，其回也與？」及哀公問弟子孰爲好學，即以回稱首。他日又曰：「回也其心三月不違仁，其餘則日月至焉而已矣。」既死也又惜之曰：「吾見其進，未見其止。」其自言也亦曰：「欲罷不能，既竭吾才。」則儼然不厭不倦之宗傳也，豈直敏乎？曾子誠敏不如顔，而學則不異顔。其自言也曰：「吾日三省吾身。」自驗也曰：「尊其所聞則高明矣，行其所知則光大矣。」卒悟也。曰：「士不可以不弘毅，任重而道遠。仁以爲己任，不亦重乎？死而後已，不亦遠乎？」故於其終事，啟手足以示門人曰：「戰戰兢兢，如臨深淵，如履薄冰。而今而後，吾知免夫。」一簣不處非禮，曰：「吾得正而斃焉，斯已矣。」故其答陽膚之問，既渾然一仁聖之襟，發秋陽江漢之論，又直透夫子之髓。此其造豈復在顔子下乎？則猶然一不厭不倦之宗傳也，而魯固不足以限之矣。故始事非難終事難，日新非難又新難，聖人君子非難有恒難。

諸士子之斐然嚮風鋭矣，歡然聞教警矣。昔賢謂：「雖有天下易生之物也，一日暴之，十日寒之，未有能生者也。」親師之日少，而去師之日多；樂群之日少，離群之日多。真所謂「吾退而寒之者至矣，吾如有萌焉」，何哉？故夫會者，特以唤醒諸士子之夢寐也，特以啟發諸士子之聾聵也，特以聯屬諸士子之涣散也。引而伸之，則同天之行健，而無忝自强；怠而棄之，則僅同好音之過耳，而何補？實造將墮踪於自畫，尤效於顧息，有忝於顏、曾，而以希望於孔子之宫墻，難矣！ 蓋非仁聖之難爲，而不厭不倦之難爲學也。 三君子皆有師牧之責者，可無共勗之。

張尹名維，林學博名文煇，徐學博名銓； 會友盧弘進，衡陽人； 蔡大綸、黄槩，俱龍溪人； 黄御龍，德化人； 曾汝梅、陳志陽、林惟脩、陳汝復、楊廷圭、陳思亶、陳欽明、李寅、陳守邦、曾希章、陳汝賓、陳可紀、嚴和濟、陳九聘、陳大繼、陳九立、林士騏、林茂梓、陳可經、陳九華、陳汝棟、陳嘉會、陳士龍、陳欽宸、陳斗燦、鄭士珩、楊際會、陳紀禎、陳雲龍、陳夢鯨、陳良弼，俱漳平人。 時在萬曆之二十三年冬仲，望後三日。

見羅李先生正學堂稿卷之三十三

集義堂記

侍御王君忠甫，既成分口之居，而顔其堂曰「集義」。初，君之闢是壤也，將竪館其址，有翔烏數百，集其架木上者三日。占者以爲世有烏臺之應，廼君之見，則有進乎是者，曰：「吾誠感其祥，何敢徼其福？吾特取其義因以名吾堂，故題之云爾。」江閩雖壤接，距將二千里而遥，而君又豹隱龍蟠，閟藏之邃，破除畛域，枉顧存予於瘴海之陬，而以其記爲請。

古今之譚集義者有徵矣，曰猶言積善。若曰今日積一善，明日積一善，積之久，累之厚，以至於無有不善，是之謂集義也亦何不可之有？廼孟子之見則有異乎是者，故曰：「是集義所生者，非義襲而取之也。」至指言其功曰：「必有事焉而勿正，心勿忘，勿助長也。」集與襲對，即與襲反，取之爲言，與必有事焉尤悖。有事者常有事也，非襲其事之有善而取之也。詩不云乎，「小心翼翼，昭事上帝」？曰「不顯亦臨，無斁亦保」，則集之謂也非襲也，則常有事之謂也非取也。語不云乎，「立則見其參於前也，在輿則見其倚於衡也」？曰「出門如見大賓，使民如承大祭」，則集之謂也非襲也，則常有事之謂也非取也。推而至於堯之執中，舜之敕命，禹之安止，湯之顧諟，皆是物也。故集如居貨之賈，襲比於行貨之商；集如朝宗之海，襲喻以溝澮之盈；集猶溉種，襲猶積薪。其差毫釐，其別千里，不可以不深長思者也，則學之辨也。他日論舜也曰「明於庶物，察於人倫，由仁義行，非行仁義也」。概指其所明所察者。而言曰某事善、某事善，若有似於積，必欲探索其本源，根極其體要，則所謂由仁義而行之者，非所謂襲仁義而取之者也，則集與襲之辨也。而集之爲義，信可深長思矣。

曰：「如先生言則所謂集義者，不幾同止善之宗竅也乎？」予曰：「善哉悟也！止與集有異稱，而無異趣；善與義有異名，而無異體。故止善兩字，專就體説，而集義則合體與用互言之耳。允能作如是觀，以此行乎家而家齊而義集，以此行乎國而國治而義集，以此行乎天下而天下平而義集，而均平齊治，自各止其所矣。故集義之與止善，信不可以差殊觀也。」曰：「然則所謂正、助、忘者將奈何？」曰：「惟常止善，廼稱有事；惟常有事，廼顯集義。正助固非忘了，亦不是往笞詹純甫所謂『既不正，又不助，又不忘，而又常有事焉』。不識此中是何幹當，是廼真消息也，廼真可謂之能明於集義也已。君誠不敢徼天之福也，率是道而終之，以成其身，以教其宗之子弟。烝烝兢進於善，則太和之氣，將醞釀於家庭，以光昭於四海矣。集祥之慶，不於君歸乎而將誰歸？」忠甫起拜祝，辭曰：「敢不敬，夙夜勉旃，以無負先生之明教。」

題梁幼甯韶陽靈洞二集

六經，古所稱載道之書也，實爲文字祖。後之馳騁翰墨，劌目鉥心、搜剔胃腎，以争爲工者，卒未有能一累黍踰其矩矱。有宋世文章盛矣，乃所稱四篇文字者，而歐、蘇、曾、王諸大家之制作不與焉。豈非文章之於道德信兩爲途，若不相屬耶？今世能文者例誚講學士，而講學士亦必薄能文。是何其與六經之旨義相睽拂耶？韓愈氏蓋古所稱人文之雄也，其與李翊書，謂：「根之茂者其實遂，膏之沃者其光曄。仁義之人，其言藹如也。」故文不根於道，有至焉者否也？

梁幼甯鋭然從予學，方守官，治劇，日累牘連章，亹亹勤諮叩。若惟道之躭，而曾無有片言隻語涉入於騷人墨客之款者。予固知幼甯之非不文也，抑孰知其著作之盛工於鍛製如此乎？一日出其《韶陽》、《靈洞》二集，曰：「此末業也，非所呈於大方。然願假師言，重一品題，容或有一班之幾於道者乎？鄙志願庶尚以不孤也。」予既嘉幼甯之嗜學，而又悦其詞之工。謂足以破雕篆之癖，而徹性命之窾者，將於是乎在也，故爲之書。

三河賀氏譜序

昔孔子稱：「吾猶及史之闕文也。」大率世降風漓，彫醇樸散，姑未論遠，只二典三謨，其所記唐虞事，何其寥寥也？而淳懿質雅，渾然天成，太古徽猷，宛然如見，雖在千載下，有可繹思，亦烏在其詞説之多？後之爲史者異是矣。尚腴者滅質，侈富者益尤。意所摭則繪其標，而不稽實；事未核則曲爲之説，而不忌爽真。要以釣奇賈譽，故曰「文勝質則史」，蓋敝所從來遠矣。求能渾然存忠厚，據事直書，以信今傳後，如史之闕文者，有人乎？此夫子所以傷也。暨及後世宗譜之脩，尤爲誕謾。殷則必本始帝乙，陳則必推自胡公。馬遷之自序，至合重黎兩正，世掌天官，爲其淵源之自，辭致信美矣。遡所繼繼繩繩，統緒竟安屬？此何異雉蛇之假合，牛馬之暗投，佶烈之冒唐宗，劉淵之紹漢祀，欲以爲榮而反以貽誚者乎？此蘇明允所以斷自「可知自仁率親，等而上之，不過數世，而不耻於文獻之無徵也」爲可法也。

賀氏之爲族，派衍支分，寄籍於海陽、澄海、饒平、大埔者，不知其幾千百指。而其先實自金華，始有賀忠者，以勇力隷鎮國公胡大海，以功封千户。子政，復隨開平王常遇春征討，洪武十三年譴調福建之建甯衛，永樂二年再調廣東之潮州衛。傳九世矣而宗秩生于三河，家聲始振，有子曰絢，復以詩禮亢宗，從予講於脩身爲本之學。覽居徙之支離，慨生卒之罔據，遡源徂委，喟然興思，謂即未能倣古作者羅絡渺源，以覈成一代之典，姑就三河之里居者，次第其世名，考尋其配胤葬卒，以爲張本。且曰：「予既從先生學，一語有誣，是謂欺天，敢妄塗飾，扳援誇詡貽誚。」予既愛宗秩父子之能遠從學，載道而往，以倡興其里黨，覽其譜，按其質，嘉其飲泉芘木之不忘源本也，於鄙薄俗爲足興，曰：「如賀氏譜，亦庶可稱實録矣。如賀生者，亦信可謂能不倍師不忘祖矣。」故爲之序。

埭乾陳氏族譜序

盈天地間皆人也，林林總總，有一不自混沌肇分，孕毓始乎？如是則人皆故家也，何所羡於神明之胄？而世乃曰「莫爲之前，雖美而弗彰」也，則舜禹臯夔，果孰爲之啟祚？惟曰「莫爲之後，雖盛弗傳」也，則信然哉！信然哉！故顔氏以子淵繫望，孟族以軻氏著聲，直以其和風慶雲、泰山喬嶽之氣岸風神，綿洙泗之一緒，以擅譽當年，流芳來裔，而兩姓之門閥，遂大以顯。暨於今，源源本本，苟枝葉之可攀援、影響之可附麗者，必推自於兩公，而未嘗聞兩公之前，果孰爲之開啟，以張而大之者也。而世兢曰吾先何人，吾祖何人，不惟其德惟其世也，豈不悖哉？

若吾門人陳金鉞、陳湯道之所纂埭乾世譜者，庶不愧此矣。始樂原公諱黃鍾者，逮湯道爲世九，起勝國末季，閱今二百餘禩。支分八，子若孫指千，其系次井井以條，其生卒歷歷可按，而略不遡傳於嬀汭，扳系於虞思，以少爲鋪張藻繢，而直以古道自勗。以脩身爲本之旨，倡興其宗閭里黨也。謂欲光祖德者，自身始也；欲大門閥者，自明學始也。回、軻何人也？夫非盡人之子與？故觀於是譜也，可以徵信，可以揭範，可以振頹，可以勗靡。吾知埭乾之陳氏道義之風，自兹將益大，族將益顯，顔、孟之第望，且將不得專美於前矣。爲渠後之人者，可無勗哉！可無勗哉！

中庸本解引

《中庸》一書，自昔號稱難讀，蓋其所託者有近寓言，而所遡傳者率皆精蘊。家庭依炙，覿面聖真，將學摹寫祖翁，而托祖翁摹寫學問，善學者有以照知。其篇中所指爲聖人君子，所闡發肫肫浩浩、溥博淵泉者，凡皆以爲孔子作畫像，爲心源作圖本也，直可不煩辭説解矣。

黃生梠，依炙予久，蓋與聞乎斯義者，故於呫嗶外，能另具隻眼。其所著《本解》，雖不踰訓詁，而時出新知，能有得於意言象數外者。持稿乞言，輒爲牖啟。温故知新，後當有進於是者。此特其端引云。

祭王太夫人文

維萬曆二十三年，歲次乙未，秋八月辛丑朔，越望日乙卯，年姪李某遣男李熲敬齋香帛之儀，致祭于榮封一品太夫人王老年伯母之靈，曰：

嗟予無幸，負譴于盛明之朝，竄栖於瘴海之畔。乃復引身巖邃，絶跡市廛，不但仕路之黜陟罔所聞知，即世講之休戚靡由關接。歲之夏仲，乃有自榕城來者，傳有王太夫人之變，爲之噤愕不敢聲，已諗知其實也，爲之望空延跂，擗踊籲號，悲不自止。

嗟嗟！登名第甲，三百爲群，若母而母，人皆猶子。而某於太夫人何獨愴之深耶？追惟八載之前，被謗口之粧塗，爲觀風之覽採。危辭聳激，震動天威，宛轉支離，竟淪極憲，深幽囹圄之中。衷情所倚者，惟是海内之人豪，秉公平之衡鑑。孰知夫否臧之陰騭，乃有女中之君子，儼神智之蓍龜。其未解也則憂之，至無可奈何，晨昏爲誦懺，冀消禍於方來。其既豁也則喜之，方示疾未痊，亟躍起叩穹，慶公論之有在。

嗟嗟！殊鄉絶域，邂逅同登，世講通家，誰非如母？而太夫人於某又何獨眷之深耶？念某於長公相君，雖幸緣臭味之諧，辱當求應之與，而雲泥隔越，萍梗西東，何嘗得一效慇懃，展登堂之拜禮？而太夫人又何由而一識其言面耶？此其理其情，固易見也。緣相君之公忠體國，靡日夕不以社稷蒼生爲心。雖承歡燕語，亦靡日夕不以愛養人才爲亟。顰眉蹙額，憫光天化日中，乃有墮坑落塹之人。焦慮勞思，如救焚拯溺然。恐披髮纓冠之或後，致俾詞洽於耳，義激於心，由太夫人而下，暨成童咸知有李生之冤，惟恐其不拯之塗泥，而躋之青雲之上也。故某於太夫人之辱眷念也，有以仰見相君之爲心；而於相君之掖拯我也，有以仰體太夫人之爲教。不然，則太夫人端居邃密，何由而知世界之有李生？識其名姓可矣，矜其罪累至矣，何由而察見其負抑啣冤？爲之持齋誦懺，閔閔然若慈母之於弱子，凛疾痛之在廼躬耶？此某之所以聞訃興哀，至擗踊籲號，而莫之能止也。

嗚呼痛哉！圜扉疚處，念己無生，瘴海飄零，尚延視息。旋樞斡軸，功力何多？戴幬履持，忍忘推自區區之心。姑不暇爲幺麽之質，感再生之洪造，而直緣此頌太夫人之懿德，且以表相君之忠忱。太夫人真没乎？直任運以逍遥，同乘鸞之來去，知必炯四遐之弘矚，鑒瘴海之流離。童犬何知，藉傳哀些，緘馳望渴，彌切凄其。尚饗！

哲範序

《哲範》一編，蓋頃居福堂，日輯之以自廣益，取《詩》所稱「既明且哲，以保其身」者也。嗟乎予之陋也！古人兢兢業業，一日二日萬幾，終日乾乾，至於夕猶惕若。彼豈豫虞夫禍患之至，而爲是加兢惕哉？「昊天曰明，及爾出王。昊天曰旦，及爾游衍。」蓋真有見於動止作息，無往而非天命之所鑒臨；顰笑觴豆，無一而非吾人之所當檢點。其慎其難，惟和惟一，所以動罔弗臧，而吉道在我。此曾子之所以戰兢臨履，日省其身，斃而後已；樂正子春下堂而傷其足，至數月不出，猶有憂色也。然嘗竊怪孔子厄於陳、蔡之間，絶糧者屢，辰夕猶講道誦詩，悠然不輟。而孟子僅僅失職於齊，有不豫色，其用情又若大異然者。大率孔子之所諒於天者深，而孟子之所以自待其身者重也。是又非淺襟之士所可跂望而庶幾也。

冥栖之暇，省循之次，時憶古哲人之善行嘉言，或預幾而知敕，或經創而加懲。有感此心，隨筆記注，久之纚纚然溢帙焉。稍加釐訂，眄析爲篇。首之以吉脩，次之以慮善，次之以貞遇，又次之以增德，而時省觀之，以自鑒焉。頴兒偶進曰：「先生每謂罄南山之竹，寫脩身爲本之條件不盡。且謂非思得綱維，未可提挈也。以愚觀於是編，體大例詳，旨淵義博，且惕惕然有足動人深思者，請即以是當脩身爲本條件可乎？」予曰：「可哉！」因述以弁諸卷端，出以示夫同志。

吴郡丞憲峰陸君墓表

古之君子不忍死其親，故爲之論譔，其德美而明著之，剫之金石，以圖不朽。蓋既爲之狀，又爲之誌，又爲之表；或以納之壙，或以揭之隧。大率誌狀以紀其詳，表碣特彰其大。故誌所同、表所異，非有嘉猷懿行，足樹風標軌者，紀其世籍生卒可耳，何表乎？

以予觀于吴興憲峰陸君，年十八即以《易》補郡弟子員，試諏收最等，爲當塗所甄奬。當塗之所以奬異君者，不獨高其才，兼亦録其行。謂君之端謹好脩，動必與古爲徒，不泯泯群鉛槧汩没。癸酉舉於鄉，五上春官不第，乃奉大父命謁選，得令直隸之豐潤。至則剗根荄，釐蠹瘼，而又不忍暴前之瑕，以戕吏命。沉渾敏强，弊蘇恩洽，以故吏頌其明，人感其量。撫臺西蜀蹇公薦於朝，有才德並茂之譽。屬時海酋跋扈，羽檄蠢蠢，君雖已轉郡丞，當事者猶欲留之幕府咨計。君念高堂久曠省，泣請遵旨赴上遂，私不汲汲爲功名之赴。既抵吳，察臺陳公一見異之，挈以遊巡海上。適崑山署政缺，曰「此非陸丞莫爲任」。君亦感上知，勤恤民凋瘵，鞠躬盡瘁，積勞致疾，竟卒于邸，時爲孟秋望後二日。疾革無他語，惟曰：「吾生平讀聖賢書，妄意依彷，幸遇見羅李先生，計秋盡，且乞歸竟此生，陶冶畢吾志。兹目不瞑矣。」

嗟嗟！此其心何心也。因念公令潤日，屬予在禁，於君無平生歡，而君過信其子典述所從受《學》、《語》，謂孔、曾旨果在斯？不遠數百里走問，饋無虚日。卒假公謁入都城，求予於犴狴中，一覿面賞願。予既感典生之以信學，故能信師，而又嘉君以信子故過。諒友已傳其訃也，哀之，經其里撫棺哭之慟。已聞其易簀語益歎君之志尚蓋甚遠，而惜其未克酬，竟齎憤以殞也。謂古所稱有德美而可明著之後世以垂不朽者，若君非耶？故因其嗣子之請也，爲著其大者表於墓。俾君雖不幸中道折，未究所底，其名行之足樹風標軌者，固炳炳與天壤共敝也。幽憤庶有瞑，且以慰仁人孝子之思云。

詩餘雅品序

辭之興，最爲近輓，雖多出於名卿哲士之什，類以之寫羈臣怨女之思，極繾綣綢繆之態，故其音悽，其辭豔，其風致淫以卑。至抵於里巷謳吟，俳優劇戲，轉而爲曼聲嘽調，不得與詩體共宗。此豈辭之體質故然哉？不龜手瑣技也得所用，以之裂地而封。五石之瓠，慮以爲大尊而浮之江湖，則適於濟。辭固樂府之變調，而風、雅之遺音也。可以暢襟，可以匠物，可以舒幽寫憤，能曲盡人意之款款，而不局於儷韻俳情。故昔人謂詩情不似曲情多，善用之，直可進而與古之樂府同調，非近體詩所可爲方比也。而顧爲妖聲媚曲，所罣誤沉淪，有可惜者。

居閑諷詠，取其能攄發性靈，而抑揚高下，尤有叶於墜抗節拍，有一唱三歎之音，於幽懷逸賞有適當者。故爲削其淫哇而銓其雅正，合諸選萃之一編，仍户析之爲冲雅、悲壯、悽惋、豪逸四局，俾其風律情致，以類相從，以便騷人之覽采，而冠以冲雅一篇。蓋恬愉澹泊者，予本嗜也。今而後有過岑寂而聞詠歌者，必是編也。

海潮菴會記

海潮菴雖際海之畔，距邑郭二十里，而近山蟠水瀦，風氣攸鍾。都諫松汀李君，卜以厝安其封君靈魄。純心古誼，猶欲密邇其訓。結茅其畔，誦習其中，以旦夕式克欽承，罔敢怠忽。而又以其暇日來善類之朋從，相與講習觀摩，以究探性命之懿。不以予爲淺陋也，枉車騎而惠臨貺之。栖遲漳郡之郭，夷猶東山敬學之堂，予方日凛凛圖所以踵申報禮末由，而又重以合庠師友之勤惓肅啟，敦延至三至四，且越歲彌年，而靡有倦厭也。乃竟困於守株之局，還自武夷，始一假道之便，造菴之庭，而輸其綮窾也。一時慕學之友，由諸生而遡數之，暨於縉紳先生，合凡八十餘人，拷鍾擊磬，誦詩鳴絃，雍雍然鄒魯也。

夫學之不講，自孔子以爲憂；接賢士大夫之時少，則人主亦爲病。此都俞吁咈，雍容切磋於一堂之上，而三千、七十，觀摩講礪於洙泗之間，所以爲光千古也。要緊在宗趣正，俾一切有裨倫常，而不騖爲空寂；體勘實，俾一切效實取舍蹈迪，而不祇托空言。止爲實止，脩爲真脩，所謂居廣居，立正位，行大道。富貴不能爲之淫，貧賤不能爲之移，威武不能爲之屈。乃真可以語慥慥之篤實，而無忝於脩身爲本之丈夫矣。聞義不徙，不善不改，講之何爲？憂之何取？故夫會者，所以聯屬人心之涣散也，所以激發人心之頽靡也，所以唤醒人心之沉迷也，所以提策人心之怠玩也，所以掖其能及而牖其不及也，所以證其已悟而開其未悟也。有志者固於此考成，而無志者亦於此知奮，可忽哉！可忽哉！

時尹同安者，爲洪君世俊，實始就菴受學。而司訓王君埴、林君業，以公出，各遣子壻趨事。主政林名叢槐、大參林名一材，都諫李名獻可，則同之鄉先生也，並以學倡。布衣盧弘進者，楚之衡陽人；庠生朱家相者，撫之樂安人。同安友則洪朝晃、傅鑰、陳懋時、張汝翀、葉宗派、陳紹芳、劉夢斗、劉夢騶、李從可、林燧卿、陳士龍、陶挺、陳俊、李芝瑞、陳賡、郭元珪、陳真成、林煒、蔡夢嵩、李時炳、林道推、蔡應琪、王道照、王三聘、陳襄、黄而焜、郭應梗、吴大光、劉廷賓、蔡國輝、陳士聘、葉儲精、葉夢蠏、蘇蒉、許安甫、蘇國翰、王鼎、楊濂、陶鳳儀、紀邦賢、李仕可、劉廷襄、劉正秋、陳廙。而鄭天錫則王司訓之館師，王佑、黄廷策者，其子若壻也。林可大，則林司訓子。清漳友爲陳君相、洪啟源、黄梠、黄棨、黄集、黄槊，以予還自武夷，故不以其地遠，並趨風焉。時在萬曆之丙申孟夏，凡三合會，而予憇菴者七日。

重建傳貽書院記

僣每謂學之道，遡源急明宗，而障瀾先謹範。嘗書報友人，謂學問講到今日，探本索源，可謂究窺理窟，而道氣儒風，尚覺未振。後來病宋儒，謂其究經者大率尋章摘句，敦行者不免狥生執有。然儒風在宋時，亦可謂大光矣。安恬守澹、伏節死義者，大率講學士也。又不知其所從得力者安在。又廣而論之，謂每看孔子太和元氣，詞旨最温厚矣。至論到去食，曰：「自古皆有死，民無信不立。」又似稍厲聲色，舉動最閑妥矣。至接淅不脱冕，又似稍近急遽，則何其守局拘方，矯厲廉隅之至也。豈非江漢秋陽，一脉頂針，固自無爽祖述。而可仕可止，可久可速，則仕則止，則久則速，亦毫髮無容濡滯，乃於道爲有光，於本原地爲無玷負也哉！

宋之儒者，大率克謹此，而文公先生其尤也。其教以致知入門，踐履實地，而躬致行之。故從之遊者，淺深自殊詣，未有不下帷發憤，沉酣於六籍子史，而罔遺餘力者。未有不砥行飭躬，兢兢於出處辭受，燕笑觴豆，而罔敢紊越者。雖其淵源一緒，以之頂脉唐虞，勘宗洙泗，未必一有當，而按其趣操，稽其蹈迪，其不合於孔子之矩矱者蓋少矣。故士節以此不墜，風教以此不頽，而洙泗之門庭藉之以克振也。如崇德之輔，慶源其一也。居常洞洞屬屬，履繩蹈矩，遊朱氏門庭者蓋所可共勉。暨僞學禁行，黨錮之禍方蔓延而未已也，及門士有變易名姓以避遠燔林之雪者。而慶源獨奮義爲周旋，之死靡悔。既禁稍弛，即聯屬里子弟，以講明致知踐行之學，建書院，而揭之曰「傳貽」。將轉相授受，以衍師之教澤於無窮也。

嗚呼！士窮乃見節義，經煆辨金，履險識驥，如慶源者，可不稱賢矣哉！閲今幾五百歲，以紹明者鮮人。堂皇邸舍，概就傾圮，蔓草荒蕪，而勢豪又從而陵奪之。有可感者，邑令陳君允堅，長洲人，以名進士擢令諸暨，調煩兹邑。蓋所謂負豪傑之才，而有聖賢之志者。考尋古哲，標樹風規，顧瞻咨嗟，曰：「豈有名德如慶源，而桑梓地弗克延其祀事者乎？」則爲之迎像祀之，且計財鳩工，將一切爲之飭新恢拓，而率子弟衣冠俎豆之。按期會臨眂之，相與講習其中，以上遡渺源，下綿墜緒。慶源誠朱門上足，而陳君能不以簿書期會爲急，而以遡明聖學，迴斡人心，爲道之大也，亦可謂知本者矣。

孝廉陸典，於予爲門友，而慶源里中後學也。沐陳君之教澤深，故能頌其美，而思載傳於不泯也。不遠數千里，走省予於瘴海，而以其記爲請。予既樂於道人之善，而又幸此學之墜庶將藉有興也，故不讓而書以歸之，俾劖之石。

興仁堂記

洙泗之學，必本脩身。由吾身而遡探之無始，宗歸止善；由吾身而内析之，爲心意知物；由吾身而外列之，爲家國天下。蓋全體一仁也。故齊家不是挽攬家，治國不是挽攬國，平天下不是挽攬天下。蓋人人有家國天下之分量也，故人人有齊治均平之責任。所謂「自天子以至於庶人，壹是皆以脩身爲本」。直將崇品編氓，比夷分量；敢以布衣韋帶，肩荷乾坤。真所謂言大而不爲誇，貴賤之等，自是截然論性分，則真所謂兩無加損也。而人顧自少之也，惟參觀其深矣。故曰：「士不可以不弘毅，任重而道遠。」

夫所謂士，豈繄專指公卿暨大夫？亦豈專言三千與七十？均是人也，滿其量者則爲聖爲賢，虧其量者則爲愚爲不肖。而勢分之崇卑，非所論於此矣。堯、舜、禹、皐，則學之明於上者；孔、孟、思、曾，則學之明於下者。化行于上，爲唐虞之於變時雍；化行于下，爲洙泗之雍雍濟濟。身到學俱，氣求聲應，心同德一，而舉斯世斯人同歸一仁矣。故身外無餘事，脩外無餘功，脩其身而能事畢，而明德、親民、止至善，一以貫之矣。

新喻簡生，名志學，字明之。始以齊民介甑山張友而謁予，于其時堂陛方嚴，漫勗數語，兹來十四年所矣。吾意中已忘有簡生，而簡生以念學故，乃不忘予也。以望七之年，艱關跋履，走謫居而就正。出其宗叔所贈行之章，知能以學徵於里。捧其鄖陽所合友之籍，稽其友朋所相與切瑑之言，及宋友之所以贈生者，庶幾哉能以身發明，不但自口矣。予嘉之，愧予之已忘生，而生乃不忘學也。因其爲宗祠乞額也，爲表曰「興仁」，而告之以此。俾知分量本來如是其大，責任本來如是其不容諉，家齊國治而天下平之，一切不從身外得也。將四海之同風，且自一人始也，而況於新喻之里簡氏之宗已哉！祠堂之建，正以尊祖敬宗而收族，仁道也。而又率是道以風之，俾凡爲簡氏之子若孫，顧名思義，人人知以脩身爲本，而同歸於一仁也。其爲造甯有量哉？

簡生初以字行，予爲之改今名，而復其字曰明之，以致予期待之意云。

封監察御史禾江傅公暨配陳孺人墓誌銘

先襄敏分閫淮陽時，屬近山傅公以都御史協理院事，提督操江，同有安攘之寄，故於倭犯江北也，亦有同憂之情。予時諸生耳，亦間關侍帷幄，與籌計。于時已知閩南有近山傅公之爲時名卿矣。

越又三十餘年，而予橫蒙不理，編管於漳，距近山嘉禾里，風潮之便，不半日程耳。因得友其弟鑰，孜孜問學，歲走予謫居者數四。研覈之暇，時時頌若翁禾江公德義，予耳而嘉之弗忘。親老無以養也，勉而服賈以資贍甘毳，而又量時平直，斤斤不忍多取。於書略通大旨，而獨好觀史，欲覽採古節行爲鏡鑒。伯父仲珍嘗繫獄，公橐饘侍，并爲白其冤。已客死福安，公間關歸其櫬。近山公生而穎，公奇之，幼即勗以古義。已通籍，馳簡飭之曰：「幼學壯行，兹其時矣。」故近山公從行人選授御史，歷藩臬，晉位中丞，所至以清節著稱，皆稟公教也。諸當塗以子故，加禮公，而公沐恩封御史，峩峩冠惠文，曾不以纖毫意氣加人，人服其德。里有争田者，挈其田畀公，欲藉力擠其弟。公飲之酒而諭之曰：「君視予與若弟孰親？乃不以讓弟，而以遺予，舛矣。」其人爲愧屈，遂好如初。説者以比于古陳太丘之風。

陳孺人者，公繼室。亦稟樸好義，當禾江公欲三分其産，而以其二與近山，子鑰弗爲順也，乞四分之而取其一。而孺人曾不私其子，曰：「吾不意鑰也能厚倫如是。」倭犯嘉禾時，實發劉太孺人塚，挈其柩，泛海中，索贖。鑰復倒囊裝，懸賞鼓勇，越風濤説合，卒完璧無恙。孺人復喜曰：「吾兒鑰不但廉也，又能孝矣。」予每覽觀世之好脩士，雖其所自力，半多自於父母之彝訓，得之近山公，不待美矣。至鑰以詩鳴江湖間，爲騷壇雄長，廉靖孝友，又復如上所述，乃曾不以之自滿。聞予之風，竟委贄焉。羹墻寤寐必徹，覿面孔、曾，以求無忝，豈獨近山公爲稟尊人之教，而鑰之淵源亦信有自也。

公名珙，字質温，其先福清人。再徙籍中左所。父福，大父興，王大父宗緣，皆有隱德。而公福公之季子也。生成化丙辰，卒嘉靖壬戌，享年八十七。子男二：長即近山公，名鎮，劉太孺人出；次即鑰，陳孺人出。女三。孺人生正德丁卯，卒萬曆庚子，壽年九十四。孫男八，曾孫男十二。如兩尊人者，亦幾可稱備福，爲世希有矣。鑰卜吉壬寅年春孟三日，將奉其二親柩與太孺人劉氏合窆，而屬儀部郎何君喬遠狀其行實，來請銘。何君，君子也，其言信而有徵矣。故不辭爲次其事，仍係以銘。銘曰：

德之足兮壽而康，冠豸冠兮象服煌煌。蘭並森森兮濟厥美，幽扃之閟兮奕葉之光。

見羅李先生正學堂稿卷之三十四

龍瀛郭氏祠堂記

古者不但世國也，亦且世官。故卿大夫家皆有采地，以世傳其子孫，以奉其禋祀。廟制之建，特下諸侯一等。

及秦監周敝，總海内而定一尊，罷侯封，置守宰，一命之吏，皆拔起隴畝中。廢陞操於天子，旦擢權爲卿相，夕失勢即匹夫。一人之身，且無有定貴定尊也，而况於世享之禄爵乎？故禮典闕而不脩，廟制廢而不講，横金衣繡者，僅以爲身榮耳，考所以奉順其先者，蓋闕如矣。惟唐制三品而上，得建廟京師，故韓、柳諸名家多存其誌。大率因官立祀，要以榮貴近，而非以爲一定不易之典也。故後之家有廟者，非制也，乃情也，所謂因人情而爲之，節文以義起者也。然君子由之，何者？則尊祖敬宗收族之道，自天子達於庶人，一也。將營宫室，宗廟爲先禮也。今制廢矣，安得有其人乎？此吾於郭生喬準所以有取也。

喬準之三世祖號素齋者，守池郡，以廉靖著稱，於貴於賢，並應祀。然自其盛際，已不及考循古則，脩明義起之禮，閱子若孫，踵仍其貫。暨於喬準，覽祖德之幽潛，嗟歲事之零落，喟然興思，謂如吾素齋公，固郭氏不遷之祖也，乃僅同齊民爲寢堂之奠獻，可乎？於是纘累世資儲，殫半生拮据，買地於郡城之東，建廟祀之，并祔其祖若考三世。展敬有堂，齋宿有所，藏器有室，庖湢有厨，蒸嘗有業，燈油有資，可謂備物矣。而又按依文公家禮，參考瓊臺儀制，潔俎豆而敬，時享之。使其簡不至疎，奢不及僭，彬彬焉秩秩焉，俾駿奔者儼對越之思，旁觀者起追遠之慕。如郭生者，可不謂難乎？

古稱：「禮失則求諸野。諸侯失道，則大夫脩之；大夫失道，則士脩之；士失道，庶人脩之。」蓋人人有家國天下之分量也，故人人有齊治均平之責任。有其舉之，雖布衣韋帶士，固祖德之所藉以光，禮典之所藉以不墜也。「莫爲之後，雖盛弗傳」，豈必在縉紳先生乎？如郭生者庶不愧此矣。故因其請也，爲本禮之所由廢，遡義之所從生，而嘉喬準之志，爲有近乎古也。謂僅存而不泯者，將於是乎在也。有仁人孝子之心者覽之，能無勗乎？

爲仲堅禪客書卷

仲堅禪客之訪予岑寂也，予蓋甚高之，又甚訝之。最爲無情，有過釋氏者乎？父母眷屬忍棄絶，四大且謂非有，而何有於朋友之交？死不愴情，患不蹙額，平等寃親，而何有於離别之感？

頃焦漪園爲予道李卓吾，每念及予患苦，輒隕涕，已訝之。謂卓吾之遺妻女黄安也，舉家爲號慟，而渠恬然不戚心，是既已忘情骨肉矣，而於予何獨愴之深也！韓愈氏所謂「平居酒食遊戲相徵逐，誓死不負。一旦臨小利害，僅如毫髪比，反眼不相識，落陷穽，不引手，反擠之，又下石焉者，皆是也」。此宜禽獸不忍爲，而其人自視以爲得計，蓋世誼之鄙薄至於如此。是由乎人倫者反薄，而背乎人倫者氣韻反高矣，此予之所謂可訝者也。予於卓吾兄交誠密，甯能比其妻？意雖親，豈能及其子？此真所謂生平不下淚，乃於我泣無窮也。此卓吾兄之胸襟眼孔，所以夐異於人群，而直與天爲徒，可爲智者道也。吾於今又見仲堅矣。

仲堅生而出家六十年，老在禪扃，枯坐一榻上，四相俱忘，徹入於無生法忍，於世無情尤甚，乃軫予之寥落也。以望七之年，托跡於吴門，挈侶於廬刹。重繭扶攜，不遠數千里，枉盼存於瘴海之陬。既抵寓，澡身易服，儼然升堂，道眷戀之情，成賓主之禮，慘慘然若弟子之於父兄，悲喜交集也。嗟嗟！此豈禪者之所宜有乎？此予之所以既高之又訝之，謂不但爲出世者所難，其胸襟氣韻，直與卓吾等。即游方之内者，亦可以勸矣。

昔雲居元謂三世諸佛，則是箇有血性的漢子。世衹知禪者之無情也，抑孰知其必滿襟義激，而後能奪肩拔出於火宅中，將世染累盡情拚舍，向一門超出也。故必於彼輕，乃於此重。信乎非有義概者莫能勝，非有血性的漢子莫能幹也。兒女心多，則煙霞志少，僊家亦病之矣。然則仲堅之兹行也，豈獨可爲游方之内者勸，即於彼出世者，亦可以風矣。

盧孺人墓誌銘

清江有盧弘進者，從其父游學衡，因舘焉。衡人士好脩者咸與友善。已母氏以就養衡，卒焉。弘進擬扶櫬歸窆里，衡人士不忍其去也，則并留其母，請葬衡。盧生不能决也，以質於其師見羅李子。李子曰：「首丘，世戀也。死嬴博、葬嬴博者，彼何人乎？」盧生曰：「穀同食，死同穴，且先嚴業已厝里矣。」予曰：「而言是蒼梧之野，蓋三妃未之從也。古之人有行之者矣。」盧生曰：「唯唯否否。」然卒如予指，卜兆於衡之白鷺港孫家坪，首壬趾丙，窆焉，而屬其戚甯叔虛氏具實來請銘，曰：「將納之壙中，識不朽。」

按狀稱：母氏饒，夙端慧，迪姆訓惟謹。甫笄，歸盧氏。盧故豪家也，夫君穎，號後池，性剛簡，以家中落，去業醫，然不屑屑銖兩。孺人躬紡績，佐之養，得姑歡。諸男子嚴訓外，督厲有加。兩女子亦並飭以詩禮，致爲名家慕。仲子尤伉倔背時趣，弱冠即棄舉子業，潛心正學。人迂之，而孺人玉之成，曰：「貧窘予甘之，以口腹急錙銖，爲兒點累，予不忍。」

嗟嗟！若孺人者，可不謂賢哉？生嘉靖戊子冬，距萬曆丁亥夏，享年六十，不爲夭。有子三人，女二人，皆成立，非無後。伯子名弘道，娶黄；次即弘進，娶饒；次弘達。女：長若任，次若文，皆適甯，爲叔虛子婦。叔虛初納采，仲子亦疑焉。予引古義譬解之曰：「放勳二女妻重華，子不聞之乎？盧氏以兩女爲甯兩子婦，何疑？」此予所謂爲名家慕者也。予雖忝梓里，何由知孺人？以仲子契，耳其概。兹復按甯狀有徵，故不以諛墓嫌，爲次其事，仍系以銘。銘曰：

是惟盧孺人之室，佳哉！葱葱鬱鬱，以蔭其後之人。

陳憲伯傳

陳憲伯者，名吾德，字懋脩，粤之新會人也，系出宋大師冀國公誂。元初，有名倬者，爲惠州總管，因家焉。後徙新會之外海村，四傳而生封兵科給事中文鳳，實生公。

年二十五，薦於鄉，占名第二。越乙丑，成進士，授行人，捧册封藩。及爲鉅公造葬，斬斬無交私。選授工科給事中，陳粵海防，便宜中情竅。元旦日食，覩公卿護救者偃蹇，引古義飭正之。謂男教不脩，適見於天，則日爲之食，則天子素服而脩六官之職；婦順不脩，則月爲之食，則后素服而脩六宫之職。乃往歲護月于中軍都督府，輿臺胥史，雜沓喧豗。今茲正旦，三事在前，庶尹在後，執法糾壇，昭昭乎白日青天，非復夜昏之比，乃亦喧雜如前，至有挾持茵褥、潦倒踞肆者，昧先聖之經，忽祖宗之典，忘有赫之臨，甘戲豫之咎，是可忍也，孰不可忍！茲元夕月届蝕矣，盍先敕正臺臣，嚴糾劾，毋踵怠忽，干天譴。一時廷臣凛凛生欽翼。元宵燈織費鉅，公疏請，得報罷。無何，復有採珠命。公方攝户垣，與同官李已上章切諫。上怒甚，斥爲民。今上即位，召起兵科給事，到即劾奏中貴鄭真，以傳奉官其姪錦衣，非制，且漸不可長。而斥總督劉奸贓，不宜召用。禮部主事宋與兵部主事熊交惡，搆煽熊，爲堂卿論斥矣，公并劾罷宋。時江陵柄國，意有屬，深啣之。徂冬，成國公薨，行十萬賂，援例乞贈王，江陵力主之。公抗章，言其不可，旋因慈甯宫災，復按洪範五行休咎申論之。江陵恚曰：「安取此腐儒語？」嗾典銓者出之外。

公既守饒，以正風俗、作人才爲政之要，廣厲學官，誘進以聖賢之道。予時甫拂衣甯里，肅書幣，价兩生端請敷教。予謝不往，而公諄懇出由衷，士亦俄然顧化。他如嚴溺女之禁，減網罟之征，定湖港之税，革居貨之奸，抑宗室之横，嚴什伍之法，繕毁敗之垣，皆種種爲地方永利。會御史劉臺劾奏江陵受賄成國，引公外補爲證。張怒甚，嗾其黨以建昌王被竊事論公失職，謫尉馬邑，而按江右者。復希旨論之，竟褫職。公怡然赴貶所，還經敝邑，兩頤爲加豐，一腹皤然，非復舊觀。予迎視笑曰：「無官身輕，豈是謂耶？」旋用薦，起補馬邑尉，歷陞思州府推官、寶慶府同知，皆不赴，卒奉二親終。制閫，起補紹興府同知，陞湖廣按察司僉事，分巡武昌道。屬巨盜劉汝國、虞孟新阻兵江楚間，旅拒王師，公毅然引己任，擐甲董旅，直逼其巢。鼓戰士，無不一當百，遂克之，瀦其穴，二渠並就馘，餘黨衆殄無遺育。已遘疾，卒于官，年甫六十二。

公丰儀端渾，喜愠不形，鎮日不發一言，寂然不見其爲簡，而人亦不疑其有他。至是是非非，義所當斷，剖析必盡。里居伉静，有司希得覿。及事關地方安危，則奮肩出負荷，如梁村、雲鄉二壘，反請材官爲置戍。島夷由厓門入，倡起義旅，并倒廩爲輸餽。里有兇狡，欲謀變。潛詣邑，語署事者豫戒備，禁不發。仍勸輸振乏，俾亂戢。蛋户寄海泊營漁，間亦有齎糧爲盜作蹻者。喜功者不復辨玉石，不得已，至列栅自固。公教令毁其栅而籍其名，閭書賴以全活者衆。縣議徙學，公曰：「病在人，不在地。」爲議建文昌閣于左方，引紫水入泮池，文風遂盛。邑瀕海阻山，居民十九憇外，請當塗爲增壘。居常以讀法什伍兩者爲致治良規，故居里守官，率以此爲上務，里閭咸化之。學問之旨，一本白沙。與予志義雖諧，爲序刻古義諸編，而於知本旨卒未契。暨讀《論語大意》，乃幡然曰：「宗傳果在是。」爲先襄敏造葬，日以氣韻合，實始定交。予每謂生平莫逆無如公，公亦雅相推許。道善成美，昕夕罔倦。先歿兩月，緘書致圄邸曰：「古人以死報知己，今公寃錮而某不克爲鳴頌，安用生爲？」病革時，諸長子並不侍。李似齋、馬鳳麓二公實爲經紀。其後出公枕下書，大率孝友忠信，以訓飭其子弟者，且曰：「李見羅予石交，屬謹事。」其篤固不渝如此，孰意夫公遽死，而予尚蒙活，乃守株瘴海濱，不得一踵公丘壟，申曝鷄絮酒之奠也，豈不哀哉！故因覽公事狀，感而述此，以致予生死之交。公忠節在朝廷，勳猷在竹帛，信義在友朋，孝友在鄉黨，經綸藴藉在著作，炳然可以蓋棺瞑目，而獨惜其壽不滿，以不克究舒厥志，爲世造無量之福也。然有子十人，並克紹志承學，則又爲世希有，天所以不盡公用，而俾克昌厥後者，意將在於斯乎！意將在於斯乎！

將將紀序

蓋不佞際熙恬，得優游鈐閣，既成《經武淵源》之編，蓋有慨於簪紳介冑之昵所習、互相訾。而爲介冑者，懵然不復省於兵政本原，不知此固吾聖人之能事，經籍之緒餘也。故爲摭而拾之，綱而紀之，大率除戎束伍，合變出奇，皆所爲將之事也。

昔人謂「不善將兵，而善將將」，則所以將將者，信有道也。故復爲之探括傳記，得所爲得而可法、失而可鑒者，不啻數百餘事；其情態之異致，鼓舞之殊方，不啻數百餘種。爲之作而歎曰：「甚哉！將之難爲馭也。非是亦無由而知將將之果爲多術也。」然竊有見於御將之説，蓋不講於三代之前。將將之云，實有激於三代之後。蓋兵民分而後，民始有舍穡事，而專力於擊刺馳射豪勇而爲兵者，於是始講御兵；文武分而後，士乃有外詩書禮樂而專務於戰勝攻取權奇而爲將者，於是始言御將。三代之前，有是乎？征苗者即平水土者，伐奄者即制禮作樂者。説禮樂，敦詩書，雖及春秋之際，選將之方，猶尚如是。此孔子所以謂「必也臨事而懼，好謀而成」。蓋皆循循焉砥行飭躬，豈與夫嗜色貪榮、暴虎馮河、死而無悔者比乎？「維師尚父，時維鷹揚。」最稱雄傑矣，然敬義夾持，凛然祗慎，又烏取駕馭之方？故繇漢祖後，諸所稱將將者，信多術矣，然皆三代以下之事，三代而後之議論也。雖然，道有升降，政由俗革，隆則從而隆焉，污則從而汙焉。暨於今制，變而人心不古矣，則所以爲馭將之方者，講求又烏容已哉？

長於駕馭，而其事之不可摘而數者，則爲之紀以示範，而敘其事於前，得可遵，失可鑒。而其事之可指而稱者則揭其名，款疏之以示警而列於後。而末復繫以經傳子史論之愜於理，而可以爲世訓誡者。蓋上下數千百載，帝王之所以創基纘緒，英雄豪傑之士之所以銘鼎勒彝，與夫名卿喆士之所以焦慮勞思、圖回體量，凡可以善將將之方，而佐古人行事之未備者，舉於是焉萃矣。主上方隆唐虞之德，四海同風，五兵不試，家詩書而户絃誦，誠無事於用武。然憂治危明，無虞致戒，熊羆之士，不貳心之臣，固自昔帝王之所必蓄備，以保乂王家者也。則是編也，又烏容少哉！烏容少哉！

楊復所太史制義序

善爲科舉之學者，與性命之學一；不善爲科舉之學者，與性命之學二。故雖有高明士，足擅場名家者，亦靡不謂學自學、業自業。工於業，必無暇學；務乎學，必妨乎業：蓋敝所從來遠矣。樂堯舜之道者，何嘗廢耕；終始典學者，未聞病築。文殊之命善財採藥也，曰「是藥者採將來」，善財遍觀大地，無不是藥，遂將地上草拾一枝度與文殊。文殊接得，曰：「此藥亦能殺人，亦能活人。」故夫物何常之有？信乎盈天壤間無不是藥，而殺活之機括，蓋存乎其人也。如楊先生之爲制義，蓋有深徹此矣。故爲覆梓而廣傳之，以警發世學之憒憒者。

日鑒篇序

昔孔子計歲考功，十年一進級。月將日就，緝熙光明，如持左券。其旦暮皇皇，所以提撕檢照者，想見術不疎矣。故曰：「發憤忘食，樂以忘憂，不知老之將至。」曾子亦曰：「吾日三省吾身。」「戰戰兢兢，如臨深淵，如履薄冰。」直至終事，乃啟手足，以示門人曰：「而今而後，吾知免夫。」何其功之密也！何其功之密也！此堯之所以兢兢，舜之所以業業，禹之所以孜孜，文之所以翼翼：蓋千聖相授，守一道也。敬肆介於幾微，純駁岐於千里，電光石火，奄忽斯須，一日萬幾，可無慎與？

予淺陋，雖謬有測於知本之宗，揭出止脩，日與友朋共其磨煅，而輿衛寡閑，箴警多闕，蹉跎伏匿，鏡省無徵，亦恐徒托話言，罔臻實益，因取詩人日鑒之義，式時賢自省之科，稍加釐訂，用比韋弦，庶幾咎可徵於既往，善可考於方來。寸累銖稱，動昭鑒戒，出往游衍，如式欽承。豈繄自勗，并付剞劂，與同志者共之，以爲考道論德之案云爾。

凡　例

一《易》稱：「君子進德脩業，欲及時也。」丹書之戒曰：「義勝欲則昌，欲勝義則亡；敬勝怠則吉，怠勝敬則滅。」故茲以德業爲綱，以敬怠義欲爲介省。無怠欲，即以屬之敬義，於其下微點之，可紀者圈之。稍涉怠欲者，於其下亦微點之。大者則乂之，不必斥言其事。

一善不指名，惡不昭揭。非既欲課功而復自掩惜之也，以難乎其爲言也。以難乎其爲言，因而顧望遲回，至含垢隱慝，不復記録也，功反疎矣。日考之，月稽之，且歲會之，消長犂然，有人心者覽之，能無惕乎？

一敬怠隔者毫分，義欲岐者杪忽。《中庸》曰：「喜怒哀樂之未發謂之中，發而皆中節謂之和。」是知七情之發，少有乖於天然本色，即是欲矣。臯陶曰：「兢兢業業，一日二日萬幾。」幾者，動之最爲微細者也。是知意竇之萌，少有睽於原本者，即是怠矣。察之又察，防之又防，無過不懲，無微不紀，庶幾哉其有裨於進脩，無辜歲月乎？

一《益》之象曰：「風雷，益，君子以見善則遷，有過則改。」《損》之象曰：「山下有澤，損，君子以懲忿窒慾。」夫忿與慾，信損矣。懲而窒之，則損者翻爲益；遷善改過，信益矣。不能遷，不能改，則益者反爲損甚矣。夫諱過之自戕，護疾之非藥也。善則揚之，惡則蔽之，即此一念，已不可與入堯舜之道矣，又烏取其立課功，而昭日鑒乎？戒之。

一霜雹雷風雨雪，明晦休咎徵應，不但天時，抑亦有關於人事也。覼往可以占來，紀今且以驗後，略而不紀非也，故首之以天時。

一酬應往還，無謂末節，交道繫焉。公私纖鉅，經權常變，學旨昭焉。曲折必當其倫，稱量各有天則。匪備遺忘，德業之實案，固於此乎徵也，故次之以人事。

一德業原非兩事，以欲就心上考鏡，故以進德當之，而以敬怠析其介；以欲就事上考鏡，故以脩業當之，而以義欲析其介。無往非學，亦無往而非人事也，故次人事之下。

一「小心翼翼，昭事上帝。」「上帝臨汝，毋貳爾心。」戰戰兢兢，那有閑言時候，凡我同心，敬之哉！無以空文掩世眼，無以怠心隳歲成。湯銘所謂「苟日新，日日新，又日新」，蓋必日日能新，又日能新，此苟日新之所以不爲虚負也。世之人大率暫新者多，又新者少，此所以不及古人也。尚明戒之，其庶幾乎有稽歲會，無忝實録矣。

丘隱君傳

道漓俗降，矜一節、兢一知半解，以要世資而賈譽者，多其人矣。渾然端且厚，自天植之，有古君子長者之風，蓋希覯云。

予與隱君丘沙溪，並爲南昌郡人，隱君實以女妻予，然予義不忍諛。隱君亦雅以古道相勗，不取爲諛。其操行處心，何其與世之人異耶？幼不好弄，長而能文，弱冠即不豔利名，與儕儔角競。所讀書期履實，聞陽明先生致良知學，心嚮之。水洲魏先生者，君里人，而王門之高第弟子也，介友人交之於先生。先生以爲賢曰：「篤信好學，無若丘生者。」

隱君雖講於致良知之學乎，然兢於義，不兢於知；敏於脩，不急於悟。語訥訥然，如不出口，恐躬不逮書。自少至老不釋卷，每撫之，輒曰：「有愧古人，有愧古人。」事里之長者如父，撫少者不異其子。歲饑則倒廩帑餼之，窘輒燔其券。早失怙，哀毁過於制，三載處苫帷，泣飲不輟。母年九十矣，護視如風燭，蓋曲致無方之養，人稱其孝。弟昆在者兩人耳，白首相友愛不衰。仲弟婦孀居，奬掖之，俾遂節。諸子姓諄諄飭以讀書謹禮。諸所行一切，率自至心，靡鉛飾，而又充以問學，故純懿爲里士冠。

魏先生固王門上足，而隱君之在魏門，亦幾可稱高等矣。隱君以同里故，事先生最久，故濡造深，先生亦以屬望隱君厚，故磨礪篤，所謂篤信好學，真有試而云不虛美矣。予每慨世之學士，操行者雜飾，秉心者赧誠，美名善事，率多自於比擬塗澤，而非從性天中出也，所以不足多有。如隱君行事，所謂君子長者非耶？吾于今真見古人矣。故爲次其事，表于世。

君姓丘，名价，字資翰，别號沙溪，新建之北城里人。先襄敏亦雅重愛君，爲題其堂之額曰「聚順」，人以爲實録云。

論曰：金不較銖兩較精，璧不必盈尺貴瑩。桃李不言，下自成蹊。隱君聲施不出閭巷，不言而躬行，延及孫支，尚綿世德，雍雍然有雍睦之風，是遵何道得之？吾於兹論世，益有徵矣。

見羅李先生正學堂稿卷之三十五

題徐獻和莆陽答問

昔堯之授舜也，曰「允執厥中」，舜亦曰「允執厥中」，轉相授受，如出一線。夫舜，大聖人也，明庶物，察人倫，豈不能高爲一説以自見，而顧曰「執中執中」云云，則以爲舍是無學矣。

顏淵之在聖門也，禀資爲最睿，乃夫子授之，顏淵佩之，拳拳焉捧持而著之心胸之間，罔敢失墜。故其言曰：「夫子循循然善誘人，博我以文，約我以禮，雖欲罷而不能也。」則何其尊信之至也？以子夏之質比顏子，則善生意見者宜當讓顏；以顏子之睿比子夏，則篤信之守宜不及卜。乃入聞夫子之道而悦，出見紛華而悦。熒惑多塗，湮耳滔心，卒也退老西河，俾學旨之轉入支離，使西河之人疑於夫子，則子夏之不能定宗，故生意見之過也。譬同行路，期在到家；又喻覓方，主於瘳疾。果其到家之誠切，堂堂正道，萬古率由，老馬識途，吾將依倣，而又何暇作異同之解乎？故以文明之大舜，不能舍執中；明睿之子淵，不能違克復：而後之學者異是矣。楊朱之所歎亡羊，莊生之所悲臧穀，一則困於岐路之多，一則病於趨操之異。夫岐路何以多，則好奇尚怪，横生之意見亂之也；趨操何以殊，則忘本逐末，宗趣之乖離生之也。故追者空竭力，卒於亡羊；牧者兢操事，總皆失守。而唐虞之旨趣荒，洙泗之宗傳隱，道術竟爲天下裂矣，蓋意見之支離，爲害如此。

《大學》者，蓋孔子所以定宗也。綱綱紀紀，昭布日星，上勘下貽，如符如券，犂然鼎立。三綱約歸，知止秩然；井分八目，本歸脩身。既爲之開啟其扃鑰，俾尋繹者不患於無門。又爲之把握其樞機，使操脩者不患於無據。其教天下萬世之意殷矣，合性命經綸而爲之括綜提撕至矣。儒衣儒冠，凡皆孔氏之徒也，舍孔氏之學不宗，他尚何學哉？

友人徐獻和，蓋與予共生于里閈，同有志乎聖人之道者也。予倡之，獻和和之，如出一轍焉。兹來二十年所矣，孤踪浮寄，引跡巖藪，忽枉飛翰之將，并以一編見寄，則其分轄莆陽，與諸生問答語也。曲而暢，肆而衍，如水行地，若無情而各止其所；如燈取影，若因物而曲肖其形。庶幾哉「資之深，取之左右逢其源」矣，獻和真益矣。吾其如潦倒何哉？然謂吾爲非孔氏之徒，不可也。舍孔子之學不學，他尚何學哉？故願與獻和共勉之而已矣。故因其請也，爲題數言于卷端，以標其進，且以示勗。

兩京督學侍御養貞詹公墓表

詹侍御者，名事講，字明甫，號養貞、撫之，樂安人也。由進士起家，擢令宣城，治績最畿輔。天子曰：「是堪任耳目寄者。」簡陟北臺侍御，遣視兩浙鹺政，尋命督南畿學政。假滿起復，改視北畿學政，甫一載而丁太夫人憂變以去。士方喁喁然倚望，而公以哀盡傷心，倏訃傳不起矣，年甫五十五，聞者咸流涕。

古稱士處世，如錐處囊末立見，不苟濡涊。至比能言士於朝陽鳴鳳，謂足繫重綱紀。即身都將相，默默循循固寵禄，無所概於理亂治忽，以視白簡霜威、螭頭載筆，與天子論較是非，其所裨益，大小稱量，相距可勝道哉！可勝道哉！如詹君之爲御史，良不愧此矣。國家養士二百餘年，士亦争濯磨，以古哲依倣。祖者洙泗，宗者關洛，彬彬然多理學之選，無忝祀配。而陽明王公，又特揭致良知，以破訓詁支離。白沙陳公，以致虚立本教學者，凝攝銜鶩精神，要爲有裨士尚。而一則病其翼經功少，一則檢其履蹈小疵，致聚訟盈庭，累數十載議不決。公既夙講於身心性命，而于兩先生學涵濡尤邃，乃喟然曰：「豈有堂堂大朝，可以繼濂洛關閩後者，僅一薛河東乎？」盟心屬草，備列兩先生學狀，有裨世範，無忝宗乘。旨下，禮卿議莫能奪，浮論自此熄。而兩先生之品騭以定，卒與敬齋胡公並時祔食孔子廟庭，爲代光寵。

居數載，復有鄖陽巡撫李孟誠之事，以金騰破緬功爲臺臣摭謗，傳糾劾。上震怒，逮繫廷鞫之，寘諸重典，輿論咸寃之。自閣府、部院、衛寺、臺省以暨司屬，而又外暨留都以及鎮巡撫按，下而舉監、布衣以暨外徼夷民，各披款納忠頌雪，章凡百數十上，而上一切留中，不少豁其意也。公于李雖同鄉，初未一識面，毅然爲憤發曰：「罪疑惟輕，功疑惟重，明罰敕法，枉孰有大於此者乎？吾爲風憲官，何可負職？」沉思極慮，疏列李生寃狀如指掌，上爲特回慈，旨下部議。於是舉朝懽騰，共頌公，以爲有回天之力。

夫此兩事者，一則繫重於學問興替之機，一則有關於國典勸懲之大，乃舉朝紳諍之不能得，而公以忠悃逼臆，片楮徹宸扆，而聖心回斡若轉圜，兹豈非所謂主聖則臣直，曠世之一遇哉！故論者謂公居家庭則孝友，處閭里則謙柔，禔身皭然不滓，交友然諾不移。究學問則密叩廣參底徹，講經濟則稽古證今罔滲，蓋蔚然經世鉅工、儒紳之楷範也。而其格君精誠，復有夐異於常儔，若與聖天子有寤寐之因緣，交脩之喜起也，謂公且秉鈞衡，大用之靡艾也，而孰意其數之止於斯耶？此士之所以聞訃傷心，而爲李生者，又辱公冒難批鱗爲頌雪，不覺其抆淚傷心，悼痛之無已也。

公行多善，公政多善，并家世懿德，具載公家嗣德象所次狀，將以屬世鉅工爲之表闡，故不述，而特揭其功德之大有關世教者，屬公嗣子碣之塚上，以昭示罔極，謂是足以載公之心事于不没矣。假令公貴有加，苟濡涊取充位，即號稱金紫光榮，爲世詡豔，以彼易此，得孰少多？公嘗有言曰：「大丈夫生斯世，甯玉碎，毋瓦全；甯鳴鳳朝陽，毋寒蟬夕噪。」又若自爲銘者。由公言考其行事，亦真可稱實録矣。其源源本本，風猷節概，信有所自來也，豈偶然哉！豈偶然哉！

李汝潛傳

往予感李廷唯昆弟之爲若考乞言也，謂汝潛雖不幸中道殞，未竟厥志，然卻有一般幸事。彼其時教旨初宣，疑團未豁，而獨汝潛者見之卓、諒之深，謂孔、曾之旨，必於斯乎在也。而惜其熟置道旁，棄而不採，湮淪簡牘間，以至於斯也，吾何幸先生之今開之也，而又何幸得與聞之？奮肩爲負荷，有疑必問予，亦靡問不酬。至於今淵源一緒，皎然如日中天，俾有志士，按圖可以索驥，不苦於從入之無門也，則汝潛之功力居多也。

大率紛拏之紊學，無以異於蹊徑之爽真。梯山航水，奔夜戒朝，甚至冒濤瀧、觸瘴癘，豈獨行正道者效其勤劬，即由曲徑旁豁，有不盡其瘁者乎？卒于抱途窮之慟，有履錯之嗟，甚至墮坑落塹，無有至止收拾，則趨向之訛，端緒之判別，計失在初也。楊朱豈不學義，其流至于無君；墨子豈不學仁，其究乃至無父。差若毫釐，謬以千里。夷、惠、伊尹，已逼聖真，孟子尚斷以不同道也，則學之難明也；三千莫不聞教，曾學獨號得宗，則學之當辨也。舊有語：「未入門者看發心，已入門者看開眼。」同一志於聖人，而不屑爲途之人也，是謂發心；同一事乎學問，而不眩於紛拏之解也，是謂開眼。中夜有求于幽室，悵悵乎其何之，豈緊無進往之心，非燭何見？則眼之不明累之也。如汝潛者，可不爲難乎？諸所問答語，今具載《觀我堂稿》、《敎學録》諸集。假令學而非也，則予言已爲贅。果其學而是也，彼所爲矻矻孜孜、窮研極慮、分漏分更、闡明開發，啟助之功，夫豈小補？真所謂不但能發心，而又克開眼者也，故能年僅四十，即絶意於進往之途。一入吾門，逼真謂聖人爲可學也。

時陽山莊公方督學，覽其乞退情詞，輒問曰：「得無從見羅年兄遊乎？其實做秀才，亦何妨講學。」汝潛正對曰：「宗師言是，惟大昭靦晚聞，計程量力也只幹得一路。」莊公曰：「審如是，予何能挽，然要衣巾否？」對曰：「不願也。」其勇決如此。滇南傳訃，同門之友共發悲慈，爲位臨哭，製辭哀輓，曰：「諸生輩雖幸遊先生門，得窺見孔、曾緒，雖師之力，亦友之力也。」則汝潛之闡明開發，功不可誣也。禪家稱上足，不謂之利根，則以爲法器。汝潛春容博大，藹若和風，至義所當斷，如斷蛟剸兕，刃不濡血，雖盈庭聚訟莫回，扛鼎拔山之力莫之能禦。照了曉解，又如水月鏡花，朗然心目，能得于意言象數之外。所謂利根法器，在儒門中若汝潛非耶？生平行誼齒籍，有南皋鄒給諫所譔誌銘可按，此不述。而獨高其悟學之明、決志之果、啟助之力之有功於斯文也，爲表出之。屬君嗣子次之誌銘之後，以附其家傳云。

夕陽寺會記

夕陽古刹也，一名真寂。界同、龍兩邑，交距深青驛適半舍。峰巒蟠鬱，山勢阻深，屈折紆迴，入于其中者，恍然如另一區宇，忘其在于塵境也。世傳唐宣宗爲沙彌時，師事黄蘗運禪師，實遯棲此。今其刹雖圮，而其名特著於漳泉之間者，以此也。

歲丁酉季春，參藩徐君獻和，以予有道誼之承傳也，共處于閩，閲五載不一見，而察其地之特近於東山也，請於直指輟道務，而敬趨候教焉。且挈晉江、同安、南安、安溪、德化五邑士，益以莆田、龍溪、長泰、南靖、鎮海合凡七十餘人，而同安之令博暨鄉紳咸來萃止，相與究洙泗之宗傳，遡孔曾之渺緒，而以其義就質於予。予不得辭也，僭爲之開啟其扃鑰，差次其堂階，分别其先後，根極其體要。謂《大學》一經，妙在於規模之大，條貫之詳，而所以操之者有其要；根柢之極深，端緒之極密，而所以運轉之者有其機。紛然酬酢，直下可以作主；汎然遊騖，就地可以立根。故知本兩言，往謂之衍文者，而今以爲學宗。物有一條，往漫視之者，而今以爲全學襟吭。脩身爲本，向淺言之者，而今特揭爲性命樞紐。一切若敻異於群言，而不知此固洙泗之家常茶飯，孔、曾之彝旨也，布在方策，可按而覆者也。舊有語：「聖賢立教，比於造物生人，片語隻詞，固無有不元氣具足者。二百一十五字經文，喻如八萬四千毛竅，一字不可增，一字不可減，亦一字不可移易互换。必悟此而後謂之全學，必體此而後可以謂之全人。而以視班見管窺，抉摘經文，以自鳴其説者，祇見疎矣。」諸君子咸曰然，遂書以爲會記。

徐大參，名即登，豐城人，先任學憲，後陞今官，興泉，其轄地也。洪尹名世俊，歙縣人。葉諭名宗舜，建安人。王司訓名埴，邵武人。林司訓名叢，福甯人。王太參名任重，晉江人。林主政名叢槐，林大參名一材，李都諫名獻可，俱同安人。友生之與會者，曰莊鳳章、葉若琬、蔡國賓、黄唐、王玘、王天猷、王瑛，俱晉江人。曰陳懋時、洪朝冕、陳有聲、葉宗派、張汝翀、林夢竹、蔡日芳、陳龍冲、劉夢斗、陶挺、林燧卿、陳士蘭、陳士龍、陳賡、黄克家、陳士鸞、方君才、康時弼、康學顒、康麟、陳紹芳、陳紹蕃、林煒、李從可、張凍、李芝瑞、陳臣俊、周機、周瓦注、陳廷拱、王元衡、陳金鍔、陳金鉞、陳聘萬、郭元珪、葉成章、康泰、陳士菈、陳弘猷、劉夢庚、陳堯一，俱同安人。曰魏巍莊時講，南安人。曰林熼，德化人。曰顧其俶，莆田人。而清漳友之與會者，在龍溪爲楊琰、吴道濂、柯方榮、蔡大綸、黄槃、吴文燿；在南靖爲黄浩；在長泰爲蕭鳳；在鎮海爲何湛。而布衣盧弘進，則楚之衡陽人也。會始于三月初七，竣于月之十一，凡四日。

題陳汝愚詩草

陳汝愚之遊學吾門也，蓋一見于吴臯清墅，再見于流坑之校書祠，三見于武夷之萬年道院，宛轉二十年所。嘗以折簡枉問學，謂妄念多而定静少。予答之載在《觀我堂集》，曰：「此蓋世學通患，就念驅逐，與念作敵，所以愈不甯静。」又曰：「心性之辨，大抵難説。渾得來既恐其歸宿或差，析得來又恐其支離轉甚。所謂可意解不可言求，只樸實頭下脩身爲本功夫，一味歸本，則止于至善的消息自在其中。末世學者，所愧負還只在此。可謂喫緊於提撕，就學者頂門上一鍼矣。」而頃來武夷，孜孜問難，乃尚處於疑信之間，何也？

此豈學旨之果爲難明耶？ 大都世學非分情于末業，則奪志于生資，同一暴之十寒，憶鴻鵠之別至。 故俾靈魂爲之散越，研慮以之不深分量，以拘天光不發，此殆非一人病之。

茲復感其以詩乞弁，爲之遡迴把玩，悉其意所注處。 其所以陶冶性靈、經營慘淡者，亦可爲既竭心思爾已。 如汝愚者，可不爲難乎？ 余既嘉汝愚之夙有志，懇懇然思欲與之日涵濡周旋，以無孤其期嚮也。 而又覽其集，悦其詞之粹、作之苦，謂于西江詩派，必有托而傳也。 而特惜其分量之未大滿，而徒以其業之末者成其名也。 爲書以歸之。

學古堂記

昔孔子不得中行而與之，輒思及於狂狷。 夫狂者何取乎？ 以嘐嘐然惟知慕古。 狷者何取乎？ 以踽踽然意不屑。 今故舊每謂曾子論氣質，若有似狷；而較局量，卻又近狂：此所以竟以魯得之也。 和光混俗，順非飾澤，合汙同流，苟爲媚悦，以博譽里黨，取稱願愨，而封閉愈深，攙搶愈茂，此孔子所以謂之「德之賊也」，不可與入堯舜之道也。 伐木削迹，栖栖皇皇，夫孔子何俻得此？ 則以其戴仁抱義，執德不回，以無當流湎。 故制必從周，不生今而反古；行必軌哲，不狗俗而習非。 此孔子之志也，即其思狂狷之心也。

遊吾門若羅生京綬者，吾取焉。 其貌樸，其氣渾，而其守確。 朝從予委贄，夕聞母恙即言歸，曰：「予既從先生學講於脩身爲本，是不即爲予盡心盡分地乎？」湯藥必嘗，净穢不擇，乃母氏竟不起也。 羸形毁服，屏居蔬食，一切檢循古制致喪者，三年煢煢然，有孝子之風。 人共訝之曰：「脩身爲本之弟子，固如是乎？

往易之，兹欽之，曰是殆非今之人也。」羅生亦因是信學之果有皈依也，無少長賢愚之咸可與入道也。處則與其猶子成德講于家，出則與其士庶講於里，不數載蔚然成風焉。乃與成德謀曰：「非館則萃止無所，非田則供餽無資，盍相與捐田築室，以爲館穀。」計議既有定，乃緘書走萬里乞言。予嘉之曰：「如生志行，信可爲無忝於實慕，無辜於古人之期嚮矣。」歲甲午，以予流辟入閩陬，不遠數千里，扶攜走就業。暇日以其楓林新搆乞名額。予曰：「無他言，『學古』而已矣。脩身爲本，古學也。自堯舜以來，相傳未之有改也，自天子達於庶人，莫之有違也。敬守之而已矣。」羅生蹶然而起，負墻而立曰：「敢不敬勉旃，以無負夫子之明教。」

南靖縣治興造記

南靖，漳名邑也。自元世建治于雙溪北，閱二百有餘禩。物阜民安，才賢彙出，稱吉壤。嘉靖辛酉懲寇難，始議徙于玳瑁山麓。水泉弗甘，果蓏弗殖，流潦縱横，民罔甯宇。閱三十年餘，而市廂尚落落，僅垣曠土。陳侯甫下車，周覽即以爲憂，謂政孰有大於此。適分巡憲僉王公建中按部至，見與克合。乃檢故牘，順民情，議徙復。上其事監司，咸是之。而分守藩參吴公之鵬，復躬爲相度。侯乃蚤作夜思，圖所爲敉甯計。蓋既欲善所治，又將縮其費；既欲措之安，又思節其力。凡爲城六百二十七丈有奇，門樓四，塔一，縣治、學宫及各廨宇咸具。經始於甲午季冬，而落成於乙未春仲。曾不半朞，而雉堞森如，棟宇焕如欻然，若神運鬼輸，向之榛叢茀翳者，蔚然稱鉅麗焉。

於是民意涣而懷歸，謗聲寢而作頌，思所以銘侯之功，昭示罔極。蓋不但戴侯之德，而直高侯之鑒度，謂有夐出於人群也。故能於廪帑空乏之日，經大費而帑不稱匱；兵荒凋敝之後，起大役而民不知勞。喧填簫鼓，摇危萬狀，毅然執樞，如嵩岳中立不倚。既謗之成，鑠金銷骨，當軸者亦寒心咋舌。而侯信其一是，如洪濤萬折必東。昔吕蒙城壖須，范仲淹城大順，韓琦城水洛，張仁愿城三受降，皆以落落難合之籌，卒之排衆慼而鳩工，不移時而竣事。功立當年，譽傳來禩，使非有囊括宏襟，沉遠石畫，而徒視衆口吻爲奮頹伸縮，其何以繫元元之命，而鞏磐石之安也哉！

昔越王勾踐問戰於王孫申包胥，申包胥對曰：「夫戰，智爲始，仁次之，勇次之。不智則不能知民之極，無以銓度天下之衆寡；不仁則不能與三軍同饑勞之殃；不勇則不能斷疑，以發大計。」兹興大役亦由是矣，自非智以籌之，仁以體之，而又勇以决之，吾見慮之不審則疎，體之不悉則怨，而斷之不果則疑，侯於是備是三德矣。行且遺大投艱，秉衡爲社稷衛，豈徒芘一南靖已哉？時撫閩者爲都御史許公孚遠，按閩者爲侍御劉公芳譽，咸軫念艱危，計安衽席，與諸屬吏相應答如影響，故俾侯得有所恃，以守職竣工。至於計材量役，程土鳩工，議成之覈，具載牘中者，且采而納之郡乘，以永永垂世楷式，此不具云。

尚志堂記

温陵許君佐，蓋所謂嶔崎歷落，可喜可詫人也。生平所遭值，大與人異，其處心亦異。困則直沉諸陸，進則若躍于淵。怙恃罔依，而不爲徙倚奪業；饔飧不繼，而不惜蕩産爲資。舍犁挺，必學詩書。已復抛鉛槧，躍從鞍馬，一試于留闈，輒占名第一，魁多士，叨金紫，榮躋於帥閫。兹年四十五矣，歷官十有五載，而上無一椽爲覆，下無片土卓錐。橫金衣繡，其階異，其窶同，猶然一浮寄之孤生也。

如許君者，可不稱宇宙内一奇男子哉！假令其初，少濡涊依栖，爲苟活計直，當群下走。其繼也，不撥霧另豁眼，將泯泯沁沁，守株一老秃儒。又其繼也，苟一階自滿，日僕僕問舍求田，爲裘馬衾簟謀，雖濫竽一秩已，不足比量人數，而況足取賞於士君子之林乎？兹雖處散局，日侃侃然談天下事，憤東酋之跳梁，欲奮往援朝鮮，畢死綏之志。乃買一室榕城東，以安置其妻子，以無貽内顧，而顔其堂曰「尚志」云。因公假節，過訪山居，跽而請曰：「士之立志，無以異於射之，立的高則隨高，惟所指嚮。威所以幸有今日，敢奉教於先生門墻者，恃有此而已。」

余惟古稱志於道德者，則功名不以屑心；志於功名者，則富貴不以屑心。由前言之，許生惟不屑意於富貴也，故能破世網之沉酣，磊磊落落，見頭角於纓冠魚服。兹且將進而與古爲徒也，不以予淺陋，謂孔、曾之旨一線之未泯者，將於是乎在也？而敬委誠受學焉。嗟嗟！許生其尚能不屑意於功名，而必以孔、曾道爲歸乎？則真可謂之能尚志也已，予尚望之。

明宗書院志序

莆故爲文獻之邦，成均外廣闢芸館，以翊宣教化，洛誦於謳之聲，相聞四野。故才美文學士斌斌輩出，而動猷節概，足繫重綱紀者，亦煒然布于朝臺，爲清時冠。而獨郡城之内歉焉，蓋苦闤闠之靡有隙也。歲之戊戌，鄉紳主其義膠，員協其贊，而一時監司、司牧，復共嘉與以翼成之，即射圃之頹基而建竪焉。故莆城之内有書院，自今始。工既訖工，❶又以「明宗」爲揭額，蓋取往者「不急辨體，要在明宗」之句。

夫宗之所以必明者何也？譬同發軔，必辨所趨；又喻機張，必先正鵠。故孔子憂學之不講，豈緊憂過之，不能知義之不能徙，而德無自脩乎？果然，則柱史瞿曇不脩德乎，而何以見謂異端？朱、翟又何嘗不脩德乎，而何至闢爲無父無君？三聖人德至矣，乃一則病其隘，一則病其不恭，且曰與我不同道也。不知舍脩德外，復有何道？而三聖人者，乃與孔子不同乎？蓋學之難明如此，不可以不講如此。而世顧漫誚之曰何取空言，又或曰祇妨實事。則堯舜之所爲兢兢業業，孔孟之所爲汲汲皇皇，君臣師友間至卒歲彌年，都俞吁咈，辨析研窮，分漏分更，若惟恐其毫忽之或舛訛，以上孤賦予，下玷承傳，則何以故也？然則孔子之所爲憂者，蓋憂在此也。

莆雖同衆之規，乃獨異衆之揭，故往以萃青衿士，而今不分童耄、不擇韋布，惟其志之嚮於道者，俾之咸萃其中。往特以校藝文業，而今直以孔、曾爲師，《大學》爲案，日孜孜焉惟止善脩身之講。醵金者以此不惜銖兩，要爲道謀；捐田者以此不靳毁成，凡爲義勸。而又軫宗趣之未覩一是也，提倡者之不可以無人也，不以予爲謭陋，而肅書幣走友敦延之，以典司厥事。届會之期，當塗士紳，合坐于一堂之上。考鐘擊磬，頌詩鳴絃，疇咨問難，款款然惟道是謀，惟身心性命之講。而不復蹈於功利之求文辭末，直與古庠序學校之設異制而同趣、殊時而合轍也，豈非盛哉！

❶ 下「工」字，疑衍。

丹山林公，既綱紀其事，於落成日，以記文屬之藩參徐君矣。復慮其義久而湮也，輯其事之始末，而按次彙編之，以爲書院志，而屬予爲序。偕從野彭公，率諸弟子員黄一鰲等，儼然衣冠而臨睨之，曰：「是誠有望於公之一言示的，不可諉也。」予謝不敏，然又不敢辭也。輒按籍而紀其大者，以樹風標軌，俾後之登斯堂者，顧名義而知宗之必辨，學之不可以不講也。而相率勸勉之，毋勤於始，毋墮於終，毋奪於二三之解，復化而爲藝文之圃，功利之藪也。將海濱鄒魯之盛，且復見於今，而諸君子建創之始，志願亦不爲孤矣。

贈文林郎龍莊徐公墓誌銘

豫章自三代世擯於荆舒絶域，入春秋僅一見。東漢末，孺子興焉，實號南州高士，而後才始彬彬輩出。孺子姓徐氏，故爲豐城族望，而孺子清潔孤寒，又豫章士望也。歷魏晉隋唐宋代，有達人名龍者，始自覺溪，徙于井岡，再徙邑郭之南岸，四傳而生欽明。欽明生律，律生詔，詔生燧，字時輝，别號龍莊，則今祠部郎即登之父也。砥節樹聲，實與祖德相暉映。初管粤桂林倉，已調宰大横驛，已復改萬全右衛倉使。稍稍涉世氛，而公性高簡澹泊，敦尚詩禮，所遊與盡一時知名士。士貧有志者，捐貲業之成；先達之以學倡者，督子姓皈依恐後。粤儲耗踰百石，倒槖貯代爲負者輸禄，所入盡以供官。兩得調，皆脱内簪珥佐費，其廉如此。

歸里課子明農，絶跡喧市，距閫僅望許，閲二十年，親友罕接其趾。月之朔望，萃里父兄子弟，揭聖諭，諄諄焉款申約，且節晦翁禮要率行之，俗爲化底淳皥。太守范公修郡乘，采其事立傳，有「正己率人，感化一方」之譽。以子貴，荷褒封，制辭謂其孝友惇倫，端方礪俗，比其視孺子韻致，吾未敢遽軒輊鐵兩。❶然要爲有光祖德，無忝於邦之善士。生正德丙子季秋朔日，以即登迎養易水，卒於邸，爲萬曆丙戌季春八日，蓋越稀齡又一祼矣。以戊子年仲春葬于覺溪之前枋，首乾趾巽。配李氏，贈太安人。子男三：長即登，由進士歷今官，娶胡氏，封安人；次即用，石城縣尉，娶涂氏；次即元，府庠生，娶黄氏；次即亨，早殀。女一，適萬絳。孫男四：應魯，登出；應芳、應暘，用出；應秋，元出。孫女三。即登、即用並受公指從予學，而即登端渾睿明，傑然以學肩許。莞易務，即以闡於治；讀禮，即以衍於家。扶襯南還，一切考循古制，尤能達公志，成其美。

予蓋嘗頌公行誼，爲之祝，故知公有素。於其請也不復遜謝，而爲之銘。銘曰：

徐始覺溪，顯聞自漢。燁燁龍莊，媲美南岸。維孝維貞，俾邦之憲。前枋之原，覺溪之里。倬彼崇塋，爲光千祀。我來銘斯，施於孫子。

❶「鐵」，疑爲「銖」之誤。

見羅李先生正學堂稿卷之三十六

重修文信公祠堂記

嗚呼！二儀傾，孰爲正之？重離晦，孰爲闢之？瀾倒綱頹，孰爲掖之？則忠義之在宇宙間，人極賴以立也。然嘗竊怪，自昔策名委質，秉一節以奉主者，何可一二數？而獨文信公之英風義概，燁燁爲世口碑，如道前日事，此豈徒以其間關起旅，茹苦塗辛，獨至有可感思者乎？則以公之知有國不知有家，知有綱常不知有利害，而直以其身盡瘁，與國俱亡也。

南渡而後，宋事已非，日凜凜瀕危不可支計。暨于景炎、祥興之間，兵入臨安，捧璽挈族，寄生漠土，而一二大臣，區區擁其童孺遺孤，以竄棲海畔，而欲希一成一旅之基，圖以光復舊物，此不待智者知其難也。而公起自隴畝間，寄空名於宋相，矢肩九鼎，驅蟻援烏合之聚，措足鏑端，抗軀虎吻。自贛而汀而漳而崖，卒於敗空坑，執五嶺，係累燕京，伏節柴市。以公之明，豈不知天命之已不祚宋，人心之業已歸元，普天率土，莫非元有，而故爲是以圖僥倖哉？則其所殉者義，所秉者節，而所盡瘁者社稷之存亡也。夫叩馬一諫，何能挽殷不滅，而伯夷爲之；祁山六出，曾何恢尺寸之壤，而諸葛武侯爲之。卒之天經賴以立，地義賴以扶，而萬古之綱常，炳然星日也。公之志亦由是也，不然，則當圖回於局勢，計量於濟傾，求可求成，乃克殫殉國之忠，伸復讐之義，而君臣之大分幾於泯矣。然則公豈徒忠於宋，固所以爲萬古植綱常，爲斯世斯人永永標臣極也。

藩參京口吴公，蓋嘗抗節於省垣，披赤於丹陛，侃侃然有與公異世同符者。按漳數月，貞度肅紀，百廢具舉。間閲祀典，感公之廟祀弗肅也，捐貲卜壤，别爲建竪，而斥其舊宇爲賓館，以待往來之棲息者，而以其記屬於予。予惟公之精忠偉節，既夙所欽，而吴公際卧勤之會，有經綜之勞，乃汲汲於祀典興修，前賢褒表，其志尚亦有以大過乎人者。故樂以文字挂名其下，以頌揚其美盛，庶有激云。

吴厚菴處士墓碣

漳雖際海陬，爲閩盡界，當宋季，晦菴朱先生實綰郡符，以道德倡興，其治屬彬彬然化於詩書禮讓，號稱鄒魯。道漓世降，風教日隳，士尚亦頽靡，黄、陳兩先生後，漳蓋寥寥然乏嚮矣。入我明，而劉君名騆者，以謹禮稱。嗣有陳布衣真晟者，砥行飭躬，燕寢起居，無玷衾影，爲能續伊洛之矩。故問漳士之賢者，由前言必曰勉齋、北溪；由後言必曰愛禮、剩夫。古稱問國君之富，數地以對；問大夫之富，數賦以對。故觀其所對，而漳士之所慕尚，蓋可知矣。今有人而問才於魯，必曰孔；問才於鄒，必曰孟。豈由孔孟上，鄒魯遂無人矣乎？則所重者有在也。

吴君厚菴，邑之紫泥人也，名黼，字光表。忠信孝友，洽于里黨。於父之老友某之孤窮，察父志而周之，殁則爲之斂。事叔父如父，坐必起。雖里叟，見必恭。宗之流徒者，挈而甯厥宇。歲歉發廪，優與值，不較。

故誼感鄉人，來亂民葉八，等守護之報，善行多可稱。而吾獨有取於所慕尚，蓋卓然其爲古之人，而非今之人也。引而進之，確然其爲道誼之選，而非世情之歆艷所可得而濡染也。王䄍者，謹厚士也，故以沈默名其子。劉屏山，養邃士，故以仲晦命所知。覽君之所以名子者，蓋有古人之遺風矣。長曰道源，字學易；次道淵，字學靜；次道濟，字學權；次道波，字學親；次道溥，字學一；又次道濂，字學淳；最少道洛，字學程。何取而名此乎？君之言曰：「閩自龜山載道來始重，繼以豫章、延平、新安，乃益顯，道學其真古今第一流品乎！故吾以道命爾名，而以學命而字。顧爾名、顧爾字，承父志而勉爲儒，吾願畢矣。不義而富且貴，真於我如浮雲也。」君家世生平，具載樂安陳永甯所次傳中，此不述。而獨括其志誼之大者表于世，以爲士之處心用意，允能如君所慕尚，必以道爲學，以聖賢爲歸也，則豈獨海邦鄒魯可復見於今，而黄、劉、兩陳四君子之邃涵苦操，亦彬彬焉輩出，不得專美於前矣。則君之爲造于漳，甯有量哉？故不辭而次其事，畀道濂碣之塚上。道濂篤行淳心，實從予學，所謂能紹君志，無忝厥名者也。

董可大墓碣

董可大，名槐，樂之流坑里人也。董爲樂望族，遠祖江都相曰仲舒者，從焚坑後，潛心洙泗之業，蔚然爲漢大儒。而董常復從學龍門，靈扃夙啟，媲美子淵，故家世相尚以道。閱我明，乃有蓉山先生出焉。而可大之兄名可用者，實翼相之，相與講明致良知之學。可大夙有異慧，既從其兄遊學金陵，歸而師事蓉山、近溪兩先生，雖日循習其説乎，而遲迴往復，謂恍然見光景之若爲活潑也，又茫然若歸宿之罔所據依也。學果如是乎？然不敢啟於口也，且不敢問於人。歲之丁丑，從友人羅惟信得予《觀我堂稿》，伏讀之，行而吟，飯而噫，怡然若有契也，曰：「是其先得我心之同然者乎！」時以語於人，輒非笑之，甚或詆訾之。而可大持愈力，不少屑其意也。越庚辰，卒介惟信贄謁予於吴臯清墅。一見語諧，聳然異之，曰：「是豈嘗習予稿，有得者乎？何其悟之穎而深也？」惟信爲叙其由，曰：「是雖居先生門墻外，乃向在先生門墻内也。」予曰：「是尚可一日離予側乎？」因挈童孫授之館，而日相與訂商焉。于時樂士之從遊者漸以進，信受者日以多，而可大復以證悟之深者歸，爲之闡發。於是人共慕悦而向之，疑者解，詆訾者反爲譽矣。

癸未而後，予雖暫出山也，而意未嘗一日安於官。方期與諸士友爲十年之聚，煅煉磨砥於一堂，倚可大以分席之任也，而可大乃不幸死矣，年僅五十五。訃聞日，予尚在縲絏，不能爲之位，而心切痛傷之。蓋予求友久，經勘多，知士之志學者難，其人而能究研於邃密而有悟者，尤不可以多得也。往純甫殁，已哀之，而汝源、世輯又繼殞。汝忠者，雖非三子比，而於止法一門悟殊徹，又中摧，而今可大又死也。樂士誠多，儔如此數子者，在吾門屏中，甯可多屈指耶？可大家故窶，又死於疫，母亦並殁，遺孤子三人，又弱不能振也。故予哀之甚，爲序次其志義之大都，畀惟信碣於塚，俾樂士過而顧之者，知可大之爲慕學君子也。同門友亦共欽之，知可大爲先生門下之聞道友也。死者若有知也，其志尚庶托以不孤云。

夏東昆山質疑序

語云：「千金之裘，非一狐之腋。」後之學者，每謂聖遠則言湮。然由孔子興教後，二千餘禩，士之被服仁義，漸涵道德，彌遠而彌勤。至于今，六籍、《語》、《孟》，微詞奥旨，炳如星日，亦烏在其世遠則言湮哉？則諸儒者闡明翊贊之功，力不可誣也。彼病傳注者，病其溺心滅質耳。苟其有一班之幾乎道，可謂其僅牖奥窔于下，濟之榮光有不滿其量哉！故由漢歷唐宋暨今，士之覃精研思于載牘間者，人效其靈，期于明先聖之道。以爲世啟助者，雖醇漓膚髓，言人異于宗傳懿旨，未必概有當，而要之皆有志乎斯文者也，其功效故不可泯也。文中子所歎，蓋九師興，《易》道微；三傳作，《春秋》散。《書》殘於古今，《詩》亡於齊魯者，特偏舉其疵，謫其黑白瑜瑕之錯雜糾紛者病之耳。「區區諸老翁，爲事誠慇懃。如何百世下，六籍無一親。」淵明云云，則真有概於士之有經而不讀，而不病於倚經而躭嗜者之爲疚也。

夏用德，於予道誼交，故於若翁爲世講。以翁所著《質疑》見示，而屬片語牖其端。撫卷往還，字研句析，覘其獨見之明，時有越出於常衆，爲前儒所未剖者，爲之斂襟以歎，曰：「若東昆者，亦庶幾其有志於斯文者乎！」《質疑》云云，誠謙之也。果其有疑義云乎哉！果其有疑義云乎哉！是爲序。

吴龍衢處士墓碣

吴母周孺人之没也，伯子自誠既以請於近溪羅先生爲之表其墓矣。越又十二年，而當萬曆癸巳九月十日，而龍衢處士君復没，自誠方遊學海南，聞訃奔歸，一慟至絶。自誠蓋篤於天常者，母氏病，嘗割臂廬墓，致有甘露凝祥、紫芝毓秀之應，人共稱之，曰孝子孝子云。兹獨不得侍嚴幃，以終罔極之報也，故其愴尤深，其摧損尤劇。念可爲不朽圖者，惟是藉大君子一言之重爲表顯。不遠數千里，間關走瘴海，求予之甚止而謁焉。予既夙不嫻文辭，而又屬意況之零落也，然不得以例解，輒按狀爲次第其始卒，以稱生志。

君生而懷奇負氣，慷慨多大節。垂髫奉祖母命，迎大父雲間，即爲名卿所賞鑒，留館肄業者兩載。學成乃歸，大父母爲悦喜。無何，大父没，兩尊人春秋高，又多病，而伯兄夫婦又繼殞，家運屬中剥。君念學雖成，而造物者利鈍不可卜，念可以計時取裕，徼旦夕之什一，以厚旨甘奉者，莫如商，便因遊貨吴楚。不五載，累貲鉅萬，不爽籌。有子三人，督教各成業，已聞羅先生倡學盱江，屬走師事。自誠雖備員弟子乎，既屢試蹶，不克稱君志。君爲憤發走之楚，越十載不一歸，曰：「吾無子，何家之爲？」已有傳自誠之割股廬墓者，乃憣然曰：「吾所爲背親戚、棄丘壟、長往不還者，爲無子也。兹其賢加於科第遠矣，吾何復滯此？」歸，語自誠曰：「兒何所懲頓自克？」自誠跪而泣曰：「皆禀見羅李先生教也。」君爲之感泣，炷香籲叩曰：「吾何以酬？吾何以酬？惟天錫先生難老，爲天下師，爲萬世師。」於時自誠尚守塚，君亟走其孫，肅緘如上所述，侑以兩縑一劍謝。予覽之，爲喟詫曰：「今安得有如許人？」其處心用意，誠有大過乎人者。」宗祠未建，則醵金爲首倡底成。馬龍、雙湖兩橋圮，奮貲爲修築。困乏者周其急，負債不償者焚其券。歲祲出粟賑貸。一切皆人所難能之事。尤崇信因果説，於梵宇玄宫之建，率助貲焉。高曠恬愉，終老閭巷，間以琴樽賓友爲娱，不俛仰一折節見官府。先没示恙，館甥楊俊省之，亟起披衣，語曰：「吾疇夕一夢甚奇，重九後度當謝人間事。」命酌爲别，屬諸孫侑歌之，君亦大悦喜，自歌其所著「忠孝安國家，詩書教子孫。但行平等事，陰德滿乾坤」之句，曰：「是吾心也，未殫酬，子其爲我志之。」越數日，端坐中庭，集子婦進觴畢，顧謂曰：「吾以快活來，今亦以快活去，若等無苦慟慼。予念遺一紙，付自誠，命秉佩。」言訖而逝。不但坦坦於利鈍、升沉、聚散、失得，而於死生、壽夭亦灑然若旦暮之期，且前知其事者，如君亦幾可稱達人矣。

君名棟，字伯隆，龍衢其別號也。先世以避兵故，自金谿徙居臨川之六都大巷里。傳七世，名遜者，恩贈徵仕郎，即君曾祖，生廷儉，廷儉生元吉，即君父，配雙氏，育子二，君其仲。生正德己卯五月九日，享年七十五。子男三：長自誠，邑庠生，娶楊氏；次自誌，娶涂氏；次自謙，娶喻氏。孫男六，孫女一。將卜吉，從合周孺人，窆于塔岡之源。予既辱自誠知，而於公復有臭味，似惜其緣數之不諧，以不克遂晤語之願也。故因自誠之請也，爲述其志業之大都，屬採貞珉，劖而碣之塚上，以無忘世德云。

崇德流光堂記

古稱「德厚者流光」。陳之受姓自胡公始矣，故爲陳氏之子若孫，遍天下率祖重華氏。而居樂安之古塘者，斷自可知直以太丘長爲初祖。當漢末，朝之紀綱廢矣，而士節義之風興，争以矯厲爲高。太丘公望重一時，爲俊厨顧及稱首，顧恂恂敦博，不少露齟齬，以干時之忌。於其時，節士中推長者，必曰太丘公、太丘公，雖煢煢老蔀屋，而無疆之歷葉，萬之子孫，其福德已基於此矣。

歷晉宋，代有達人，至叔達，實受學龍門，以讜直佐武德、貞觀，治爲最顯。嗣有德彰者，官秘書丞，與黄魯直太史相唱和，爲辭林重。而古塘之開基，則實始潤甫。潤甫爲人愿慤，以存德名其堂，人因以存德公稱之。子善叔，孫彦卿，並仕顯，際劻勷，有討捕之效。入我明，有季平者，以直諒蹇；子旦者，以踈財著；本誠者，以慈惻聞：皆爲士難得。至升道能倣行藍田吕氏約里中、爲訟息，明世則以孝友見旌，崇禮則樂善好脩，爲東廓、念菴、近溪諸名德甄賞：彬彬然皆好脩君子也。是又在弘、正、嘉、隆間，爲耳目及覩者也。

昔季札請觀於周樂，見舞韶箾者，曰：「大矣！如天之無不覆也，如地之無不載也。雖甚盛德，蔑以加矣。」其祀百世固宜，以今觀于古塘，多君子雖顯隱異值，乃操行處心，無一不本忠厚，譬同種樹者有以培之，而無以剥之。又如作室者有以固之，而無以傾之也。則扶疎廣蔭，合抱干霄，豐棟飛甍，鞏安磐石，固其數之所必致者矣。即不必逖遡於重華，其所自長養封植者，食報甯有量哉！乃今又得裔孫致和者，力紹祖風，敦行孝友，嘗以學倡興其里黨中，成聚矣。聞予説，不遠數百里枉研覈，輒懤然曰：「先生説是，先生説是。」介友人庭見于予，踽踽然趨就弟子列，且屬其徒咸來受學。嗟乎！此其心何心也？則真可云善繼述，直將遡精一心傳，以開淵源統緒，不但爲有光世德而已也。感予之爲題其額曰「崇德流光」也，曰顧名思義，後必有枉駕吾廬，覽堂題而詢其義之自者。爰述其世系，來請言曰：「是非借先生一語之揭，莫爲徵也。」輒按狀次其事，屬致和劖諸廳壁，用告來者。

書弟孟堅卷

孟堅之從學予也，蓋命之自伯父云。時予年甫冠，勉齋翁氣岸高一世，子姓侍之者，凛凛恐弗當，而顧獨辱垂盼予，至以子相委。鞠躬罄折，儼然以賓師道處之。不肖爲遜謝不敢當，然不敢諉也，故孟堅於予雖昆弟，實師友，兹來四十年所矣。及門士今稱先進者，莫如孟堅矣。

孟堅爲人敦重明博，即不必予師，可自淑，予亦何敢貪天之功。然予因是而知師友之果足爲綱常重也，即親昆弟，惟不正師弟之綱，於規厲切磋，必有不滿之分。故古人比之水，無當於五色，而色弗得不章也。師誠虚位，越在五服之外，而所以濟五服之弗叙弗親，俾夫父父子子、兄兄弟弟、夫夫婦婦之正名定分，比涣聯情，則必於師道乎歸宗也。

予淺陋，誠愧無可傳之學，然檢括於洙泗唾餘，冒昧提倡，以四字靈符爲孔傳之正印也。謂生民之道，必於此乎立命立心也；堯舜周孔，必於此乎頂針頂脉也。諄諄然以此自勗，以此詔人，而孟堅者乃獨信之深、守之固，奉之若蓍龜，寶之如藥石，佩之如箴銘。一言動不楷於脩身爲本者，必飭之；一作息必無怍於脩身爲本，乃行之。間覩士之大言高視者，輒咈曰無空言，予知守此四字符而已。故得宗黨信孚，朋友義協，曰此真脩身爲本之弟子也。夫孟堅何能爾？則以師友之分誼爲之維持也。故以此行乎君臣之間而顯者，爲堯、舜、禹、臯；以此行乎父子兄弟之間而顯者，爲文、武、周、召。蓋從古如斯，所賴以相成者道，必徑於此矣。

孟堅年今六十，猶日孜孜以不克紹明爲憂，不日依炙予爲歉。頃來，既間關北遡，省予難于燕邸，兹予雖解縶，猶然在瘴海陬也。復曳屨衝炎，踵漳之東山而謁焉，曰：「楠於此實有歉於明之未能盡也。」至閲歲移時，戀戀然未之能去也。予曰：「行矣孟堅！旦夕徼天幸，且與弟共風月於龍安，殫切磋於羅麓，以無辜伯父之期待，無忝于古師友之相與，以有成也。」因書以納之奚囊底，徵異日。

盧隱君傳

自昔高人畸士，放跡于煙霞，寄情于丘壑，若渭水商巖、磻谿梁父，彼皆有沉遠之慮，龍德而隱，以混跡漁樵。下此若季主、君平、倉公、俞跗，亦灑然處於塵壒情累之表，計誠在事，其用意亦太幽渺矣。所謂「寂寞綴道論，深簾閉幽情。安知天漢上，日月懸高名」，以振奇宇内。蓋往往而是，若今後池盧君，亦庶其有可稱者乎！

君生而禀慤，不忍與流俗同操。既下帷發憤，而又困於窶，迫於養也，不得已去而業醫。乃君之志則進乎此矣。禔身必飭，奉母養必潔以豐。處親知，分少絶甘；經寇難，奮肩底殆罔恤。課子學，背時趨，順其志所慕尚，衷情所樹蓄，蓋隱然有道君子也。彼其托於醫也，直曰：「可少致吾志，以衛生人，而匡時之急。且藉其報禮酬，以贊予之旨甘奉。而又因以締合賢士大夫之交，覽采江湖之隱逸，以足吾鼓篋懷賢之想。」其遊于衡也，甯湘塢、易蒙菴、劉仁山，皆以道自重者，倒屣與爲歡。蒙菴以二十年高蹈，里黨罕窺其面，而獨契洽君。此豈徒以其術業有過人者耶？娶氏饒，有婦德。子男三：伯弘道，能繼業；次弘進，生倔奇，恥比俗，有似狷而篤慕古之志，又類狂。至狥義之急，忘其身之窶瘁，又若有古義俠風者。嗟嗟！此其所禀受從來遠矣。緣君既澹榮肥，能慫慂其嗜尚，而又爲之廣哲匠陶冶之。若廖密齋、曾植齋、甯叔虛輩，皆俾執師資之禮，宜其見地之卓，而與衆殊也。

予雅與弘進契，而又樂于道人善，故爲君掇其大都，揭以示朂。其詳則見於羅汝存所爲狀并誌君之墓者，此不復云。

大學約言題辭

儒者之學，以經世爲宗；孔、曾之傳，以《大學》爲案。直於經事宰物之中，指歸性命之竅，故以止善揭綱，而以脩身落脉。本此之爲本，止此之謂止，真全副家當一手提挈，以交付天下與萬世也。故程伯子以爲「於今可見古人爲學次第者，獨賴此篇之存」，而惜乎離章析句、斑見管窺，爲全學之蠹害者非淺小也。僭以爲必明此，而後道可入也。過不自量，既爲之提挈綱維，述古義以闡立教之宗，復以經印傳，以傳釋經，爲作考次，以訂經傳之序。而間從劄記，并以敷言，旨義稍繁。初學之士，牿於舊見舊聞，蒐括之煩，茫然未有入也。特撮其簡明者彙爲此集，題曰《約言》，而以考次箋義附之。以開啟方便之法，亦所謂不勝其愛成，恐此學之即未喻於人人也。若夫大雅君子，則奚取于此。

茹芝軒記

自昔所稱高士若孺子、淵明、兩疏、四皓，豈真能高飛遠走，不在人間哉？特其不嬰情於世網，不濡跡於畏塗，雖居人世上，卻是出人間，此其所以高也。而世評騭，類以孺子屢徵不起，坐老山谷間，以爲絶唱。淵明後雖不仕，聊欲絃歌，亦不免爲饑寒所驅。兩疏則僅能知止，四皓又無端出山，此皆譏評過也。不知可仕則仕，可止則止，彼數子者，亦各自有權存。故處者非矜名，出者非近利，觀孺子之語郭林宗也，曰：「大厦將顛，非一繩所維，何爲栖栖不遑甯處？」此其意亦豈自足於丘壑，遺世而不顧者耶？即此可以概見諸君子之用心矣。彼伯夷、伊尹之於孔子，豈非所謂「夐不同方者」乎？而孟軻氏律之，且謂「同歸於仁」，矧伊數子，其風標氣韻，乃有異世而同符者。故吾有取其清，以爲是天之逸民也，首陽之流亞也。道無隆替，弘之在人；世何今古，維之在傑。孰謂明盛際，乃無其人乎？吾于今又見欽孚矣。

欽孚姓黄氏，名詡，嘗備郡膠員，貢天府，以經學爲士子師。兩典分校，一綰學符，恬愉澹泊，孄然不滓。清潔孤寒，略同孺子，而挂冠之跡，又大類淵明。至白首浩歌，徜徉山谷，宛然有綺季、甪里之風。孜孜問學，日邁月征，忘其年數不足與予年相若，而德過之。顧以爲是孔、曾宗傳也，吾師學而已矣，夫容知其年之先後生於吾乎？　韓愈之言曰：「古之聖人且從師，後世則否。是故聖益聖、愚益愚。」又曰：「位卑則足羞，官盛則近諛。」吾誠無官之足諛也，而欽孚之忘年而爲此也，其亦有古人之心乎？　是又爲彼數君子者，所未有矣。

衡茅小結，甕牖繩樞；心遠地偏，膝容天大。吾過而顧焉，菜羹蔬食，賓主甘之，熙熙然有古食芹採葛之風，輒援筆爲題其額曰「茹芝」，而論著其意如此。後之欲知欽孚者，必將有考於斯文。

見羅李先生正學堂稿卷之三十七

南安縣修城記

海南袁君之爲令南安也，屬關酋起海上，嗾齧諸島嶼爲雄，鴟張虎視，日蠢蠢思與大邦爲仇。兇焰所震爍，莫敢保甯宇，而東南諸畔海地，痌瘝尤棘，致厪廟堂宵旰，圖所以計安疆理，謂莫如固圉便。

袁君性敏强，至則承德意撫循其民氓，而周覽其郛郭，蓋頹然不足恃爲固也。則計材鳩工，上其事監司，一如指出帑金六百有奇，而攬民用歲仂五百有奇。已復罄，殫己俸薪佐所不足，創城之角樓者四，飭敵臺者五。雉堞之阤壞者脩之，馬路之欹反者築之，甫半載而訖工。嵯峨鞏固，蔚然周垣，稱雄鎮焉。民老稚仰而瞻。俯而憶，相與頌曰：「自今即有意外警，其庶保居康，以無逋竄，是果誰力乎？」則相與謀走漳，求予之愬止而謁焉，曰：「願乞公言載不朽。」且曰：「君善政非獨於此。凛然玉瑩，莫敢干私。裁剖刃游，庭囹留事。權豪矗峙，干謁屏竇。老胥錯蠹，鼇剔風生。巨猾占籍，詭逋相踵。法立信孚，供輸恐後。徵發紛糾，氓庶竦駭。抗牘豁停，户胥安帖。而又崇飭黌櫺，濬疏泮濁，身自作師，諄懇導諭。故俾士頌民懷，風清敝絶。茲特其保障之一端耳。」

予耳而嘉之，謂世之善令，孰有如袁君者乎？始南安未有城，前令夏君汝礪實創之，民芘以安。閲茲三十年餘，倭益横而城益日就圮，而君繼之虔始厚，終兩濟其美。夫用民雖春秋，政所慎重，浚洙築圁，一切紀録。然於城惡衆潰，俾民罔據依，亦未嘗不揭之示炯鑒焉。彼南仲以朔方興詠，而子囊以城郢賈怨，亦顧其時與義何如耳？君蓋嘗講于知本之學，規爲注措，於本末始終先後，一一處之當倫中窾，故雖舉盈時詘，而帑不聞糜，民不告病，子來兢勸，不彌朞而畢緒。崇墉仡仡，直與天壤共其敝也。假令關酋即不死，風濤倏忽，民可恃無悚，而况其席主德有磐石之固安，而無覆隍之患也，豈非幸哉！宜乎民之眷眷繹頌而弗能忘也。

君名崇友，東莞人，爲侍御聚霞公冢子。侍御立朝有大節，而君最吏績，當上科，且踵芳武，去而羽儀天朝。爾民能戴之，得而私之乎？吾行拭目以俟之矣。董是役者，爲邑簿方，庭塾亦與有勞焉，法得並書。

知本治規序

昔孔子志大道之行，痻痳欲興東周之理，而願莫之遂也。退而序《詩》、《書》，定禮樂，贊《周易》，脩《春秋》，彬彬焉備素王之經制矣。猶慮夫淵源一緒，汩没於載牘之間，循沿而無其據也，特作《大學》一經，貫性命之宗源，羅經綸之法象，手授曾子，以貽天下來世。乃揭學之本，歸之於脩身；指學之訣，歸之於知本。直于轇轕紛紜之中，示以至止歸宿之窾。使人執之以自淑，則家國天下之柄在我；運之以應務，則均平齊治之用咸宜。在家則身乎家，脩其身而家齊；在國則身乎國，脩其身而國治；在天下則身乎天下，脩其身而天下平。

以今觀于二典所紀：堯明峻德，而九族以睦，百姓以親，萬邦以和；舜躬玄德，而以之慎徽五典則從，以之納于百揆則叙，以之賓于四門則穆，以之納于大麓則烈風雷雨弗迷。三代哲王，率由斯矩，迺承一緒，星日可徵。蓋上下數千載間，其臣主之所共憂勤，廟堂之所爲摹畫，孜孜焉惟是敬天勤民爲務，而要以慎厥身脩爲本，謂「邇可遠在兹」，「以昭受上帝，天其申命用休」也。故敢斷以知本兩言，爲千古經綸秘密；本末始終四字，爲孔子一生悟門。由此而出者謂之天德，謂之王道；不由此而出者謂之義襲，謂之霸功。此孔子所以謂「此謂知本，此謂知之至也」。他日稱舜也曰：「無爲而治者其舜也與？夫何爲哉？恭己正南面而已矣。」而子貢亦曰：「夫子温良恭儉讓以得之。夫子之求之也，其諸異乎人之求之與？」蓋君道與師道合爲一轍，故教本與治本易地皆然。所謂「異乎人之求之」者，夫何求哉？壹是皆以脩身爲本而已矣。

下及周末，此意漓矣。故以子産之賢，不免取功於救世，使民棄禮而徵書。然其芳軌遺風，猶有未盡泯者，就事論事，尚爲不乖于施爲錯置之序，於知本之意有庶幾焉。故今所輯，雖以典謨、訓詁、洙泗爲宗，而于其後義之協者，亦并採而次之，而合題之曰「知本治規」，以私自淑，且以示夫同志。俾由《大學古義》而入之，則可以概孔學之章程。由《觀我堂稿》而繹之，則可以研入手之旨趣。由《道性善編》而勘之，則可以徹不二之宗源。由《論語大意》而參之，則可以破似是之遷惑。而又執此以往，以究觀經世之大用，庶幾哉其無孤于孔、曾提倡寤寐之思，而三代之治，亦可興矣。

南靖縣安福禪院會記

予寂處東山者，三年於此矣。武夷蓋邂逅而遊，予無心焉。南靖之會，亦邂逅而合，士子無心焉。時尹南靖者，爲新會陳子，而閩縣葉子爲之師，於予並有道誼。素聞予之道當出靖也，欣欣懷悦喜，謂士習之頹靡將於此振也，離涣當於此萃也，學問之風教當於此興也。爲之倡興聯束，合郡邑士若干人，萃止于縣郭之安福禪院，而謁予敷教焉。

予曰：明學淑人，士職也。身到學俱，何往而非盡分地，其敢以羈旅辭？後世直以當官舉職者爲不愧素湌，曾不思天生民而立之君，不但牧之，亦使師之。故學者所以學爲君，不但爲師也。孔子洞開慧視，徹見性原，挈出脩身爲本，直以崇品編氓比夷分量，蓋有鑒此。貴賤之等自是截然，論性分，則真所謂兩無加損也。明此以爲君，堯舜其隆也，故忘分下交，直與稷、契、皐、夔之倫相與講於廟廊之上。明此以爲師，孔、曾其盛也，故量分圓成，直與三千、七十之徒相與講於洙泗之間。故明學淑人，士職也。一日而離群，即一日而廢學；一日而廢學，即一日而曠官。世祇知頌雍熙之盛治爲比屋可封也，而孰知其師讓臣鄰、都俞吁咈太和之氣，洋溢於廟堂，以迄于四海，功德之所自乎？故家有會，則父子親而兄弟睦；國有會，則仁讓行而風俗美。紛紛攘攘，趨利趨名；一膜否臧，休戚罔與。誰復識性命身心之當講者？故夫會者，所以喚醒人心之聾瞽也，所以提策人心之懈惰也，所以收拾人心之散亂也，所以破除人心之沉痼也。此孔子所以謂「學之不講，是吾憂也」。而世乃曰「貴在行，不在説」，相與會文則會，會利則會，會技藝則會，會遊宴則會。

役役朝昏，終其身道義之言無由而入耳也，行安在乎？故有德之不脩之實志，則必有學之不講之深憂；有既竭吾才之至心，則必有終日與言之密勘。三千、七十，依依孔氏之門，直將師友打併一家，此其傳所以竟千古也。儒衣儒冠，誰云不自孔氏？自利自私，顯然背棄。此士職所以不脩，而學術竟爲天下裂也。瘝官曠職者，人共訾之。索處離群，獨善以自養，則莫知愧素飡焉。此孟子所以謂「君用之安富尊榮」與「子弟從之孝弟忠信」，其功用適等也。必如是，而後爲無虧於士職，無忝於愛成，無孤於上蒼之寄荷也。

陳君既已相原隰之宜，圖保障之固，徙縣治而一新之，所謂富而教之，兹維其時。而一時民望依依，又若子弟之於父兄，惟其意向之所指使，而莫爲逆也。清漳固昔賢過化地也，有海邦鄒魯之稱。惟令繼今而往，時儆其怠忽，而按期臨蒞之，將俾家孔、曾而户脩止，彬彬然復見海邦之盛事，而一時之締合，乃不爲徒文矣。陳尹名宗愈，葉師名公坖。會友李寅，豐城人。盧弘進，衡陽人。賀絢，大埔人。吴道濂、柯方榮、陳君相、林一鳳、汪有泉、洪啟源、王家相、吴東震、郭紹臯、蔡大綸、林士英、柯紹臯、蕭鳳、洪時蕃、黄棉、黄棨、黎時熙、黄集、黄絫、吴文耀、倪葵、陳翼飛、李應荆、蕭育源、洪時範、林昊、趙環、戴夢龍、李光先、魏琦，俱龍溪人。洪朝冕，同安人。柯萬梯、陳嘉節，莆田人。李炯，海澄人。張誌、王任校、陳天珠、王廷啟、王汝礪、王盛、黄子頤、黄浩、王邦暘、陳光猷、施廷賚、陳金聲、陳九洲、黄學曾、楊炌、戴文、吴世株、林引昌、陳玠、陳宗佩、陳汝器、余秉成、黄拔、韓紹琦、陳存仁、陳日熜、陳紹冕、陳中簌、許鯉、許子琬、許有孚、許廷縉、徐文炳、顔鍾睿、黄鳳岐、陳家楝、吴宗礜、陳尚錦、林日甲、楊良林、盧耳高、王廷、蘇信、龔希尚、王命撰、陳江、洪世隆、蕭世祥、許震亨、韓時霖、余曰有、黄文寅、黄文懿、黄椿、蘇可相、黄致中、陳懋良、李癸進、黄復春、陳鏸、宋君起、蔡元顯、陳王佐、龔希啟、王佐才、游堯天、黄宇文、陳昕、陳欽命、王楓卿、林子奕，俱南靖人。時在萬曆二十三年冬仲之望前二日。

唐絶雅銓序

古稱「詩言志」，有志則言，無志不徒言，此古之詩所以與今異調也。未有無其志而强爲言、非所志而必襲爲是言，以效顰學步、取歡於世者也。此後之詩，所以不古若也。

詩者，人之情性也。謂三百篇後而無詩，是情性并亡於天壤間也，不然也；謂三百篇後而尚有詩，是聲韻直寄於篆刻雕蟲之吻也，道不似也。僅覩者其騒乎？以其發于悃忱忠篤，而優柔婉惻，比物引類，藹然有古諷諫之風，下此則古體耳。歌行絶句，雖不足進而方軌，而繩削稍不煩銜口肆意，猶有款款見情實者。蓋至於近體而風斯下，三百篇之風規，幾爲絶響矣。故文俳而格斯卑，詩俳而雅道喪，起八代之衰，變西崑之體，此昌黎、廬陵之所以爲有功於斯文也。予往以子美比雄退之，由兹論乃不能力追古作者以振頽風，而直攻苦駢辭，以成末習，則子美實爲之也。蓋格套之文不除，雖高才不能以踵漢；俳比之調不格，即殫力不能以追唐。而典謨風雅之盛致，益以遠矣。

予今所銓者，絶句耳。以爲雖未足進乎古，而披款露心，猶有若天籟之自爲鳴者。於言志之意，爲有當也。居閑採擇，冠以杜、李兩家，而餘以世序之末，乃繫於女冠仙釋五七言詩，共得如干首，析爲六卷，而論著其意如此。

題張子環雲東譚藝

詩賦之取士，若爲無裨乎？以篆刻雕蟲敝精神於片詞隻韻，爲風花雪月藻繢虚光，而於身心性命爲無當也，故謂之空言。以厭棄其空言也，而易之以經義。所誦習者率皆理性微言，所紬繹者罔非經綸實事，揭管濡毫，往往遊神於沖漠，陟降于黄虞，宛然喜起之，親承羲皇之覿面也。若將以口代天言，而非直爲光景之描畫已也，乃亦於身心性命，了無有關涉也。

未達則刻意以工之，既達則涣然而棄之，若魚兔之筌蹄，竟爲無用物也，則何以故也？飾也。不嘗聞優孟之爲孫叔敖乎？被服孫叔也，劍履孫叔也，而其中則未必孫叔也，冠佩解、意態見矣。狐之假虎也，爪甲皮毛，有一不虎者乎？而肝膽則猶然一狐也，疇則畏之？故至於爲飾，雖經義亦空言也。孟子所謂「服堯之服，言堯之言，行堯之行，是堯而已矣」者，謂其行之無一而非堯也。假令但服其服，言其言，是亦假虎之狐，而飾貌之孫叔也，烏在其爲堯乎？蓋空言之爲敝如此，乃世所尚。又有可訝者：惟相率而爲空言也，則獎掖之、培植之；有一人而洞洞焉屬屬焉必實體之，以求無畔於聖人之教也，則群呰而笑之且擠抑之，以爲是立異好奇者。嗟嗟！此固空言之所以日滋，而實行之士之所以不多見於天下也。蓋葉公好龍，貌之惟恐其不似也，一旦真龍降，反駭而走矣。由世所尚皆葉公也，直可爲畫龍以媚悦之，而可效真龍之降止，以翻易其視聽，俾之駭而走乎？

温陵張子環，制義之工不待美矣，而吾獨有取於其爲人。蓋確然心孔之心，而學孔之學者也。其所著經義，雖不必詭時，而所操脩，則要爲履實，蓋詞與誠兩協者也。以予有一日之長，庶能具隻眼於文字外，不徒爲悦其似而不賞真者也，乞一言以弁諸首。予亦嘉子環之能爲真，而不取徒飾也，故爲之序。子環名維樞，晉江人；弟維機，字子慎。並從予遊，可稱雙轂。

爲吴有恒書卷名自誠，臨川人。

昔人謂「求忠臣必於孝子之門」，「立愛自親始」。世未有不愛其親，乃能愛他人者；然亦豈有能愛其親，乃不能愛他人者？置之而塞乎天地，溥之而横乎四海，施之後世而無朝夕，蓋合家國天下而成其身矣。

吴生有恒，往傾蓋感予言，即歸隆母養，爲之割股。廬墓者三年，純心苦行，彰明較著矣。予嘗簡致之，謂眼前一段，自了母分上事。嚴親在侍，一日疎違，即于初志發心，併爲虧損。嗟嗟！世豈有能致隆于母養，乃虧節于父事者乎？予言爲贅矣。兹復乘色養暇，請于父，不遠數千里，走省予難於囹邸。其行也，衆難之；其至也，共高之。嗟嗟！世豈有能致隆于父養，乃虧節于師者乎？人言爲贅矣。福堂參扣，道義孜孜，席藁床笫，無方曲致。予何德足當之，立愛自親始，真未有不能愛其親，乃能愛他人者，吾於生有感矣。

歲晏言歸，依依未愬，予曰：「行矣吴生！盧貞甫，艱貞過金石，可以代生事，且幸其無二親之絆也。歸甯而翁，是即所以甯予志也。世又豈有致隆于師養，乃遺養于父者乎？公論幸昭矣。天王明聖，劍江汝水間，行且席霈恩，與生共切嗟萃止也，而胡久滯此。」吴生乃唯唯，瀕發，出卷請書。念方意況之零落也，其何以益生，惟敬守其所最初發念，以奉而母者舉而措之家國天下，裕如矣，豈徒以篤師義云乎哉！豈徒以篤師義云乎哉！

祭陳象成文名大武，建安人。

維萬曆丙申春，予既哀徐志英之亡也，爲文以吊之，已復傳劉敬止訃，爲之揮淚不自禁，曰：「嗟乎！何天之不祐善人一至此。」屆秋之杪，復傳象成訃，爲之愴顔歎曰：「志英死，吾意已不堪，乃敬止復死，而又繼以象成也，吾其何能爲情耶？」

閩士之知我也，半多在徐獻和督學之後，而象成之私淑予學，乃獨在予守官滇南之辰。以趙中丞爲予刻《觀我堂稿》，而象成偶得之，爲之浣襟莊誦，豁然有契也，曰：「此孔、曾宗傳也，吾師乎！吾師乎！吾何不幸而不生同其地，以與諸士友者日涵濡于劍水之濱乎？」癸巳之冬，予始負譴入閩，憩止城西驛舍，青衿之士，咸來萃止。時象成已不隸膠員數，亦同衆趨風焉。人皆訝之，而不知象成之已先彼十年，爲予遥禮之門生，得宗之弟子也。宛轉遲徊，亟欲走漳之東山請益，未能也。越又三載，乃得奉教于武夷之萬年道院，以簡牘所研窮者，轉爲面受；以意見所摹擬者，出爲親承。相悦以解，如魚之得水；豁然有徹，似從瞽獲珠。曰：「吾乃今知嚮者之尚在先生門屏外也，吾乃今知嚮者之尚滯于言語文字間也，吾乃今知知本之果爲《大學》立教宗也，吾乃今知知止之果爲《大學》入手竅也。先生其真丈夫天人師乎，吾不能鞠躬盡瘁于止脩之學，甯不愧？曾吾不能恢廓頂當，以弘毅盡分，何以面孔？兹予雖旋里，而敢有負先生之教，以不自勉旃非夫也？」

予壯之，謂建州之一脉，將於象成乎有寄也，此予於敬止之死，尚有望象成也。乃象成亦不幸死矣，是豈獨天之不祐善人。蚩蚩蠢蠢，人百其年；汲汲皇皇，惟學之依。必欲與古爲徒，反奪之籙焉，豈天之并無意此學耶？吾雖不欲爲三子悲，能無意學？吾雖不欲爲上蒼哀籲，能無意三子？故始吾之哀志英，猶可言也；續吾之傷敬止，尚可解也；兹并三子殞矣，吾所夙委寄于建州，以闡教分猷者，不竟爲寥寥耶？此吾所以不得不悲也，故復爲文誄之。吾豈獨以誄一象成，固所以誄敬止，且以再吊志英，蓋以是三子者之庶將爲建著蔡，非初學士比也。三子皆知學者，身可没其精志密脩不泯之意氣，固燁然在宇宙間也。一觴灑奠，淚與之俱，不亡者存，知乎不知，尚饗。

曾恒愛字説

樂安曾生維僑，嘗備邑膠員矣。已乃貲遊太學，橐饘省予難于圄邸，予嘉之。自是每令節，必謝招邀，卑服雜輿臺入。侍人曰：「此何地，而君故卻謙歡就之乎？」曾生曰：「予師在禁，予愧不能叫閽爲師頌嗚。際兹辰，何忍躭娛樂自便。」予聞益義之。

已事竣，猶依依然戀未之去也。予曰：「行矣曾生！情無窮，分有限。」生因跽而請曰：「必不得已，敢以僑字乞先生一言，置座右，如侍先生可乎？」予曰：「頃答恒愛書，尚存記憶否？謂皮毛之説，爲見尤支成位。其中頂天立地，無尺寸之膚不愛焉，則無尺寸之膚不養也。後之軀殼此身，而挽攬天地萬物爲一體者，敝正坐此也。真所謂二之則不是也。」又曰：「有筋力者常少有筋力，又怕激昂之虛氣或多；有悟解者誠難有悟解，又恐涉獵之精魂稍薄。莫善一止，莫妙一脩，湊底收凝，管歸一息。徹忙徹逸，無始無終。天高地下，何者而非一體之所圓融；嚬笑豆觴，何者而非一脩之所當檢點。有何顱頂之尊，有何踵息之賤，貴心志，賤皮毛，真所謂二之則不是矣。惟生敬守此，庶其可以言。恒味此，卒無負，乃真可爲能用愛。愛師，愛也；愛身，亦愛也。未有不愛其身，而能愛他人者。行矣曾生！身到處學與之俱，何往而非師側。天日庶有開，旦夕且與生共徜徉于劍水羅山之間，以相爲伴奂優游也，而胡戀戀於此。」予故不別爲之説，而直申此勗之，用以考徵他日。

贈徐翰明序代作

歲壬辰，予與二三同志舉燕臺之會，以究知本之宗。翰明徐子吶若不出口，退若不勝衣，而嗜尤篤，究研尤邃，間以語予曰：「知本足乎？」予曰：「先生之教不云乎，《大學》之書，蓋自天下之遠，反之國家，而統于身，是由遠以及近，而性分之體量全矣。卻自心曲之微析之意知，而通於物，是由裏以及表，而性術之精微盡矣。此所謂合家國天下而通爲一身，合齊治均平而通爲一事，合格致誠正而通爲一脩，故又曰格致誠正其功，齊治均平其事，家國天下其所處之方，直將崇品編氓，比夷分量，敢以布衣韋帶，肩荷乾坤。蓋人人有家國天下之分量，故人人有齊治均平之責任也。盡矣，無容有剩詞矣。」曰：「然則止脩並揭者奈何？」曰：「先生之教不云乎，脩身爲本者，止於至善之竅門也；止於至善者，脩身爲本之命脉也。故曰止爲主意，脩爲功夫。」又曰：「真止即是脩，真脩只是止。格致誠正，凡皆所以爲至善作隄防也，爲止法效疏附奔走也。此《大學》所以雖秩然分八目，而必本歸脩身；雖犁然揭三綱，而特約歸知止。此直下貫性命經綸爲一事，統天德王道爲一宗，所謂窮理盡性，以至於命者。此學之謂也，而可二言之乎？前此所以誤，只爲不知知本爲《大學》立教之宗，知止爲《大學》入手之竅，脩身爲《大學》歸止之的。所以訓詁詞章，弊於宋者，固以格致爲宗，而唤起天下曉得求心；振於明者，亦衹以致知爲奥。故由舊説則要緊全在格致，而知止甚輕；由今説則立命歸根全在一止，格致誠正不過就其中缺漏處檢照提撕，使之常歸於止耳。此誠孔學不二之宗。先生創開之悟，而有志斯文者，所當諦思而密講也。」

徐子豁然醒，恍然如有見，且歡然若有慶也，請於會友曰：「予雖幸遊先生門，荷諸君子教，驟叨秩，悵其去切磋之速也。兹經里，又適家大父暨家嚴初度綵衣觴祝，人以爲榮，而予謂忝通籍，必以道爲學，以聖賢爲歸，乃可爲榮親之至者也。請即述所聞以歸爲祝，且以善里之子弟，引而伸之，又以善所治。俾蒸蒸然騭聖躋賢，以班於鄒魯也，庶有豸乎？」諸在會者咸起贊曰：「善哉！徐子之爲志也。不獨成其身，且以成其親；不獨善其里，又以善所治。所謂合家國天下而成其身者，用此道也。他日廣洙泗宗風，紹孔、曾懿矩，爲師門壽學脉者，非徐子而誰乎？吾儕有望矣。」思欲别爲説，以爲壽筵增飾，爲兩尊人光寵者，何以易此？遂次第其言，納之攜囊以贈。

見羅李先生正學堂稿卷之三十八

答樂石梁書

熊益中使者至，將到公委質吉牋，并以賤誕遐祝，而又覆梓《大學約言》于邑齋，以廣宣教旨，誼何高，意何厚。此真求之古人不可有，而况若今乎？

半生謬妄，爲學求人，仰企環轍之心，絶非干主之故，幾若負建鼓而求亡子於道路。故得六籍，昭垂繼承，有賴一經，貽訓嗣續到今。假令獨明之而獨傳之，將教外之心旨誰與寄乎？脩身爲本之旨，公諒之審。心此正、意此誠、知此致、物此格，公必知之矣。家此齊、國此治、天下此平，公知之否？德此明、民此親、公必知之矣。至善最無形聲，亦於此落脉，公又知之否？知止者以開啟其尋覔户門，知本者以括綜其把握樞要。一脩身而能事畢，真所謂易簡而天下之理得。天下之理得，而成位其中矣，而非豪傑之倫而誰與共此？

都下一時幸多同門友，且皆良益也，不必廣招邀，只此學同志一者，相與按期會，而聯屬切磋，自然志意不頹，檢脩加飭，而孔傳宗趣亦日研日覈，昭昭乎如日中天矣。拙稿以去，力不能將，姑以俟之。方伯文起復，又可具也，而先此附差，以答謝高誼，病體草草。

答天中書院會友書學博春元貢士、生員共四百二十五人。

洛閩距地幾將四千里而遥，周情孔思，寤寐羹牆，信哉曠世可感。吾於多朋，何曾有半面之交，徒以一思誠導之，而衆友遂群然慕而嚮之。至越脩阻之山河，爲臯比之擁事，真曠世一心，千里猶同室也。然豈繄思誠之所能導誤，則以孔、曾之宗傳，庶其在乎此也。

僭每謂理惟一是，人則知之，至學無二宗，人或未之知也。不知理既無有兩是，學又安有二宗。故不但虧體滅親者之與我異道，即同一儒者之倫，共造聖人之域，尚不免有毫忽舛訛，以自乖於宗趣。故曰：「伯夷隘，柳下惠不恭。隘與不恭，君子不由也。」又曰：「皆古聖人也，吾未能有行焉。乃所願，則學孔子也。」則何其旨趣之難明如此也，雖然宗傳固在也。惟不以沿習紊其紀綱，而直從至善覔宗；不以章句斷其氣脉，而直向脩身落脉。始之以知止，要之以知本，真炳然洙泗之淵源，確然萬古可依倣。儒衣儒冠，誰非孔氏之徒也；相應相求，固宜其鍥勘之不爽矣。雖然，學問明之非難守之難，故始事不難終事難。曾學何長，惟在敬守；孔聖亦何多，惟是不厭。修身爲本，四字靈符也，宣尼之所親手挈也，敬守之而已。將神化性命，總歸裏許，而又何多羨乎？

思誠寄到習課，覽之當倫中竅，一脉頂針，不殊覿面，此真可云洙泗之正宗，而印心之符券。面思誠即面孔、曾，而又何至厪皈向之勤惓，爲岡陵之遥祝，誠愧之矣！愧之矣！念無可用報者，且友多，勢不能以遍及也，輒以拙刻十五種，共四十七册，附致天中書院貯之，以備衆友公閲。嵩毓公生未有交，徒以多朋之重過，示褒表，覽之感銘汗浹，附簡一通，希轉致謝。僊鄉距閩地誠遠，而抵江鄉則非大遠，天果有意斯文乎？則羅山劍浦之間，其萃止真可跂而俟也。書必以遍致多友，毋俾一遺。

答楊惟謙書名大有，建安人。

問：大有久沐教澤，悟知本之學，握經世之宗，直透性命之竅，以此自淑，即以此淑人。第人各異學，即同門友亦抱異見，言人人殊：有謂知本爲本體者，有謂慎獨即知本者，有謂知止即知本體者，有舍格致而不言者，有輕脩身而重知本者，有只重脩身爲本一句，不必在八條目上做功夫者。又謂家國天下心意知物皆是末，齊治平格致誠正皆終事，只脩身爲本是知本知始者。大有屢言其非，而彼莫之信也云云。

聖經宗趣，昭揭如星；萬緒千條，總歸一貫。只揭出脩身爲本，家此齊、國此治、天下此平，蓋身外無有家國天下也；心此正、意此誠、知此致、物此格，蓋脩外無有格致誠正也。不但此，德此明、民此親、善此止、只一脩身爲本，便拈到底，而學者苦不知也，致令多生意解，横起支離，有如來簡所陳，無足怪矣。然卻有一法，《大學》者固六籍淵源，而鄙所著《大學約言》，實全經旨趣。初纂之，直以省學者蒐括之煩；既刻成，業與定一背誦之課。謂無論長少新舊，已出仕未出仕，但遊吾門者，必讀之萬遍千遍。蓋必辭洽而後旨融，旨融而後意端不雜，而諸所揭紛紜疑詫者，不但不以挂於口，亦不以之萌於心矣。

苦病臂，不能多作解，且以爲不足解也。果其真有志乎斯也，直敬遵師訓而熟服之，亦不待解也。只爲世之實要學敬學者少，而實信師尊師者則又少矣。既不肯反以實體諸躬，又不肯密以敬脩乎業，而徒憑臆決，妄肆雌黄，則雖至於萬别千差，以轉爲熒惑，亦何足怪乎？思翼、仁甫、國聘及林、吴兩友，俱有書至，以臂痛不能普作答，而又苦去友之行迫也，各以一帖見情，面時并出此屬之，人寫一篇閱之，即所以求益之方，道莫徑於此矣。貢事匆匆，度契不能過此。秋末冬初，匡嶽必且入武夷相待，胸襟氣味，果有以大過人者。升沈利鈍，毫髮不以屑心，而獨汲汲皇皇此也。惟謙彼時尚未北，猶可及面也。

答王體潤書名瑱，邵武人。

廉勤藻雅，蔚然六館之良。貞陽榮轉，慶有階矣，胡乃遽爾摧折？譽甫騰而謗躡至，豈届考期，倏增飛語耶？爲之悵悵。

朝報未見，札至，始知咫尺之間，竟睽晤對。自屬公氣體偶違和，得無襟宇亦因之太寥落耶？仕路羊腸，世情風雨，從來如此。不然，孔孟何以終窮，眼前匡嶽便是樣子。二君固同出吾門，知匡嶽處此，必且有展拓胸襟，另作一眼者矣，惟公勉之。氣求聲應，何地無賢，昭武民淳，士習尤樸。卷同安之所設教者，以載宣於里黨，其有不焕然興起者乎？如此，則公雖退處丘壑，固自有明學淑人無量之職業，莫大之經綸也，亦何所吝情留去。

朱、徐二友，往有書，其氣味率堪琢。引而伸之，觸類而長之，知可與共學者，不獨在一人也，面時致勉之。謝伯元雖隔縣，其肩當氣岸尤傑，必寄聲聯屬之。使者立待，草草。

答杜希登書名泮，南昌人。

理惟一是，到致一處，則見不復可易。學無止法，故雖至耳順從心，亦尚有進步處。故頃有叩予之進修履歷者，僭答之曰：「三十年體勘茲事，覺得意與日新。底戊寅而後，見乃稍定，不復大增益。閱茲二十年來，揣量卒無改，而惟此對境臨爐，漸磨涵濡，乃有時異而歲不同者。」故來書前一半所云「年進一年，歲明一歲」者，正屬理上之解，即未覯大圓，次當融渾。後一半所云「氣質之偏未袪，意見之窒未化，名實之歧未渾」者，則屬造詣分上事。前塗景勝，儘是無窮；殫力消磨，未易脱化。而急欲臻止上之圓機，覽本中之妙趣，宜其手勢階梯之未易以湊合也。念契遊吾門，彷佛三十年來，指陳磨勘，何止十回。然如此番者，則真爲進詣之有地分，不復廑顧瞻遲回，而直可從中管攝皈依，以趨倏於美大矣，爲快如何！

涂及甫所著《證學記》，契必見之矣，而累簡未之及，豈於意有慊耶？謂蠡管之測，果有待於幇貼，義乃備耶？

答柯宇徵書名方榮，龍溪人。

七載居漳，日勤礪淬；良朋景附，鐘磬相聞。豈繄乏嚮道之人，且半多開眼之士。未班洙泗，有忝顔、曾，直以談止不實止，談脩不實脩，脚跟下一步地未曾穩固，有如來簡之所云耳。至於當場之際，最有病於護短心多，求益志少。半月爲會，工力已疎，竟寂不言，會者何事。又有如來簡所慨，德之不脩，風之不暢，職此其由矣。「言忠信，行篤敬，雖蠻貊之邦行矣。」蓋是孔子教人成法，惟宇徵其力任之。嚴以前之病證爲戒，而刻以後之砥踐相觀，乃庶幾哉無辜於師門期待，有光於先輩之遺風矣。

天寶會幸不廢，最善者在遞互提策，所謂「有朋自遠方來」，要以新耳目，起精神，原非爲多事也。雲陸公雅意欲振興，頃覽蘭居爲介紹，大爲喜。謂是奮起一機，而隨傳報命，已簡陟於西川也。優鉢曇花，原是曠五百年而一呈瑞，佳事難諧，往往類此。從聖知厚友，且敦重有力者，可無時相勗。昔之有志士，且將求友于四方，而況其比鄰在桑梓之間乎？

答郭文蔚書名煒，清江人。

孔、曾雖賢聖，豈能家喻户曉？「王國克生，維周之楨。」此疏附奔走，分猷闡教，所以從來要有人也。蓮花萃止，淹歷多年，最爲親密，無如貴鎮友矣。而吾文蔚，又以豪傑之才，有聖賢之慕。赴難既逼真古義，承學又不讓顏、曾。頃李敬甫傳到手札，具悉皈向之端、敷教之委，直以拙刻與諸士友按次而講磨之，覽之良爲善。而獨惜夫敬甫之行太匆匆，不及一酬款也。止於至善，原是脩身命脉；脩身爲本，即是止於至善竅門。顧此兩語者，要識其旨之合，而又知其不得已而爲言。蓋直從止於至善説到脩身爲本，只是一句話頭，不可作兩截看也。故敢斷謂全經專教知止，後儒不明，以謂專教致知。雖然只是一句話頭，卻又不得不兩著語，乃爲徹體渾融，不墮邊解。頃與陳永甯、黄翰甫暨小兒語次，偶借古人輯瑞頒瑞爲況，謂師友之勘學，何以異於述職之合符旨？趣之允諧，何以異於考成之頒瑞？《列子》所稱「飛衛之學，射于紀昌，至於箭鋒交捽」，其妙合亦類此。此雖散之殊鄉絶域，如師一人，雖續之千萬載後，一脉頂針，毫髮無憂於左誤矣。

《約言》一集，曾否入覽？止脩肯綮，機關括此，已到八分。故既輯之成，謂不論老學新學，已出仕未出仕，但遊吾門者，必熟服之至於萬遍千週，乃就身體當爲有徵，就會宣闡爲有據，譬梓匠輪輿之與人以規矩也。寄去八册，可分閲之，而翻置其一學宫。其他諸稿，則照公見行之，課按次而講研之，得其理矣。去友爲鄭子徵，名光星，蓋莆士久在學問者。往多參，兹乃併精皈向於知本之宗。故乘其去也而作此，以致予未竟之情，且以道彼行藏，爲之紹介。

答莊兆質書名應期，惠安人。

《約言》肯熟服，蓋最得鑽研之要。紛紛攘攘，直於何地歸宗，故特揭出箇本字。聞聲隨聲，見色隨色，茫然莫可收拾，故特教以止字。正是從忙雜中取討入路，而非就經事宰物外，别躭虚寂也。既有此一步爲之立根，而後從宜檢點，如簡所云，實與敬者乃一切皆爲有本之作用、歸止之功夫矣。體之體之，并出與會友共之。

答莊君任書名以藎，惠安人。

善體也，所謂不覩不聞，未發之中也。所露之端倪，如惻隱、羞惡、辭讓、是非，則所謂已發也，用也。於此而察識之云云，卻要有分曉。察識者要於此辨别，而知所歸宗，不專於此劑量，而求其事理有協。毫髮之訛，卻有千里之判。所舉溥博淵泉，而時出之者，蓋足以盡此妙。功夫主意，原是一貫；脩脩止止，兩不相睽。謂造詣之地分有淺深則可耳，而其爲並行而不相悖者，一也，體之體之。至所云聲色、貨利、生死三者，委爲情欲之所難弃，然亦止可以斷流俗。常儔志學之士，則當别論。所謂「殀壽不貳，脩身以俟之」，蓋直下就要於此定命立脚矣。有何慧劍，有何别法，截然真志一騰，喻如振槁矣。

與廖純初書

身到學俱，往有是說。果其離身之外又别有學，則當擇地所處，乃爲之圖。此昔之大儒，所以一生做官，一生進學。區區妄臆，敢斷謂孔、曾學亦不是出世宗也。

音驛不通，閱兹半載，臨民蒞政，日見之行。知所猷爲注措體勘，益親切，謂學之外甯有政耶？察其必無容於空閑，則知其必不容於等待。往説豪傑章，公曾覽之否？謂有待即凡民，無待即豪傑。只一箇待字，斷送了天下多少人也。僕亦苦蹉跎，故感公之志義而及此。耿耿亦何求，惟願世之才賢君子，人人爲世道關情，猛睜睛爲孔、曾挑擔子也。丁尉使者之便，草草附此申忱，惟照諒。

答游友書名永昌，樂安人。

簡至，不衹道温寒、及浮泛，而獨汲汲於明心性之辨也，讀之良爲喜。所舉程伯子性包心情語，僕蓋未之見，諒契必有徵，何其與鄙人之所見者合乎？

往答文宗魯，載在《敎學録》，謂心爲郛郭之説，蓋是以心包性。豈知充塞此身，無非是仁；豈但充塞此身，直將充塞宇宙。蓋徧界中渾是一團生理也，心特其發機之最靈者耳。生心爲性，命字之義，或亦由此。心者性之郛郭，後儒言之，宗魯蓋習而不察也，與性包心情之旨，若合符節。文公亦曰：「仁者必覺，而覺不可以名仁。」張子亦曰：「合性與知覺，有心之名，心統性情。」文公之云，正亦祖此。統字爲義，第曰兼之。如云心一也，有指體而言者，有指用而言者，而非以心統攝如主僕然，有如來簡之所疑也。體之，幸甚。

答王尹卿書

頃以静勝齋居過淺窄，非所以安賢者。風傳道旆且將與永甯聯轡返也，即刻簡致姚友，借其閒覺之堂，擬以上房待公，而以下房處永甯，謂不可太孤寂，無與共朝夕啟處也。姚生亦欣然躬糞除，并肅諸供張具，以待有可喜者。而孰意夫公之乃竟有他阻也，爲悵爲悵！

身子斷要拔得出，乃不爲塵俗所牢籠；志意斷要常伸，乃不爲卑瑣所陷溺。又每謂有貴眼開，夫眼何取開？淵源一緒，聲臭俱無，毫忽舛訛，當地千里，非開眼則何能辨别得？功利中人，如油入麪，始終本末，炳在幾先，非開眼則如何判决得？所謂知所先後，則近道矣。豈獨入道樞機，直是禔身炯鑑。端居之暇，時共友生愓愓此衷，切琢在此，故願與公之共勉之也。

徐匡嶽，真過人，頃簡至，不一及於利鈍升沉，而獨汲汲皇皇，欲促予爲武夷萃止計也。顧予尚未往，而彼奮揚之意氣，則蔑不來矣。賢聖亦何長也，只如此做，肯自朝至暮，自朔至晦，自元旦至歲除，一切將志意精神振刷，灑然處於埃壒之外，如鳳翔千仞，自不群翼鱗之飛走矣。雖欲不謂之賢聖，胡可得也？姚生舘尚空閒，永甯亦尚處於静勝齋居，蓋非候公至，彼亦無事爲姚齋之獨往也。

答鄭藻卿書名三鑑，建昌人。

説獨，即不必更説至善；説至善，亦不必更點獨。至善兩字，是湊根柢揭出本色，其他則皆形容之語，如曰不覩聞、無聲臭、莫顯見、至隱微者，皆是也。獨字亦是形容之語，以其無對，故名之曰「獨」。此所以説至善不必更説獨，而説獨亦不必更點至善。不得已而表之，蓋爲未悟者作義疏也、贅語也。以來簡有「獨即至善」，故及之。

外，賤體承念矣，所惠藥及方種種，有劑量，可感。丸膏俱未用，只洗藥一試用之，頗有效，更佐以他藥，兹漸向瘳矣，勿慮勿慮。

答郢陽正學堂會友書

楚閩懸隔，雖將四千里而遥，氣求聲應，幾如同室。兼林而德以閩友既就郢商確，目見其雍容萃止，而簡、廖兩友復自郢來漳，備述其皈向切磋。四遐士但遊吾門者，令焕然興起一切如郢。友朋之聚，但同斯學者令逼真淬礪，又一切如郢。則吾雖在數千里外，何以異於几席間，而孔、曾之學，其有不焕然昭闡者乎？

學問明之固難，任之尤難；悟之非難，體之爲難。蓋任則不患於不明矣，體則不患於不悟矣。如簡友所述，蒙生認過一節，可謂虚受忠告，兩盡其美。率是道而終之，一切就日用行履處指痛箴砭，而又要以久無倦厭，即蔚然洙泗之風規，超然唐虞之上理矣。而又何憂於疑信之相參，旨趣之未盡瑩徹乎？

簡生到，彼必久留之。迂左之邦，良益罕到。頃覽宋友贈言，亦戚戚有孤陋之懷，爲離別之感，與予意恰有符也。《敎學録》、報刻、提要各二部，兩庠友各收其一。諸况諒簡生能言之矣，不瑣瑣。

答余伯明書名望陽，順昌人。

學問之急歸宗，譬作文之先定意。千葩萬卉，一脉管歸。化化生生，敷榮跂俟，二之則非是矣。覽來簡，有感傷足而歸，創於缺脩，諄諄焉惟是省循，爲務尚矣。旋感黄緇一語，見獨聳懷瑞應，恐底虚生，兩乘參脩，復舊見解，乃復欲把老師一段精神，收拾於丹府靈臺，不知於何用之。五陵符讖，意厥有存，蠢蠢癡癡，難與説夢。孟子所云「舍我其誰」者，蓋是從身上定天，而非從讖上立命。假令伯明即有學僊志，而運會之未臻也，將遂甘汩没以自爲退托耶？

僕豫章人也，三五十間，覩黄冠布衲之纍纍然，跂踵垂涎于萬壽西山之間者，不知其幾千百輩。兹十九挂名鬼籙矣。彼庸流下乘，知有讖不知有脩者，如此耳。而吾輩可蹈之耶？偶陳、羅兩友，覆録報刻，輒以一册侑覽。蓋吾學固當會，而吾功罪狀亦不可以不熟悉也。

答曾蒼巖書

家居百務所叢，豈得無事。考襄女嫁，又其大者。知門下於此日勞心矣，而又能乘燃燈課子暇，繹學明宗。覽之不勝喜，即出以示多友，無不爲之斂襟起頌者。

自僕揭脩身爲本，知其爲經世之宗者多，而知其爲性命之宗者少。故乙未居東山，專揭此以勘學者，前後下語何止百數。然卒未有契者，而何來簡款款，乃爾悟之深耶？至將《學》、《庸》兩集，徹見渾融，而謂「哀公問政」章無一字句不是《大學》門法，則尤爲淺襟者見所不到。世之勘學之的，悟學之敏，復有如公者乎？

大率後之儒者樹幟，自以性命爲宗，而根蒂竟從知見安立。故於《大學》知重知，不知重止，於《中庸》知喫緊明，不知喫緊善，兩皆謂之致知邊事。僭妄每云：後來學術之訛，只爲看至善兩字不明，所以都錯者，正爲此也。亦臨亦保，是將何所敬畏？如見如承，是將何所捧持？闇然而日章，夫何故乎只爲直下向天命上歸復，自然文彩不章，聲色俱泯，若有意於爲淡。是直就皮面上包裹去，此亦何啻霄壤乎？一步深一步，則一步闇一步，直與天載同一、聲臭俱無，外此尚何止？尚何脩？如簡所云，悟得知止後，方悟得脩身爲本者，可爲得其髓矣，吾復何辭之有？惟是乾大生，坤廣生；孔汲汲，孟皇皇。豈有他事，直是要爲天地立心，生民立命，思天下之民，有不被堯舜之澤者？若已推而内之溝中也，惟公更體此。

頃辱過東山，謬相贊，謂直從止於至善，看到脩身是本。歸結不省，是何苦心，已異之。兹承究詣，益復邃玄。孔、曾懿旨，既已徹在公心；弘毅頂傳，可無力爲擔荷。拙札何足道！所幸者斯文之一脉，將於公之身有寄荷也。得暇必一過山居縱言之，爲學徵表。

答韓雲陸書

頃雖叨荷帲幪，守株世外，甘群鹿豕，不克效奔走之恭。乃過辱高軒，枉爲眄睞，已復遠將腆幣，不以去漳，故敦念殷殷，一切無可報謝。乃蘭居書傳，慨然欲景行先哲，興起斯文於政成之後。

中國授室，養士萬鍾，不以生爲諵陋也，而謬委以矜式之任焉，其何以堪之！其何以堪之！然此自是中季後，吏職所未開之眼；曠百年中，當官者所未有之事。妄謂海邦鄒魯，不獨見於古，而又將見於今也。業已默默促裝俟之，蓋除卻明學淑人外，他尚何事？適此上信下孚之日，更復俟之何時？而孰意夫道行有待西蜀之需，才正急廟堂之上，乃不暇爲漳士謀，而爲彼中善後謀矣。漳人士信無幸，而翁悃悃肫肫，一段大志願，未克究觀底績，能無悵乎！能無悵乎！簡至，更有感於勤情，乘冗布此申復。政遠，惟爲國爲道自玉。

見羅李先生正學堂稿卷之三十九

與劉旋宇書

劉從事使者至，將到夏樸齋手書，并以覆刻拙稿。展誦鼎言，煒然冠帙，蓋既以爲感，而又竦然愧無以當之也。以尼父創開密諦，爲子輿氏獨悟真詮。顧予何人，謂足以發而謂爲歷千載未明，特爲之揭出也？愧矣。雖然，販夫販婦不應有金，而邂逅之間，容有拾取；樵童牧子何所識知，而恣心衝口，冒協聖真。世固有非其分所得而得，非其悟所及而偶然合者。則雖康衢之謡，擊壤之歌，孺子之詠，南人之言，容亦有楷於性命之符，爲大聖大賢之所必採者。則雖謂蠡管之窺有徹於淵源旨趣，亦未爲過也。雖然，金不入猗頓之儲不精，驥不迴伯樂之盼不貴。丈固斯文之宗匠，而孔、曾之嫡嗣也。無徵不信，經品稱佳，庶幾哉將藉重表闡，以無抑置矣。而特惜夫愚慮萬千，有微瑕之霧縠，少不愜於聖真，即無以取徵於世世，而乃以之上累衡評，其負譴於門下，甯有量耶？此固僕之所以既以爲感，而又爲愧也，真切真切。

劉使之旋，謹此附申悃謝，而并以拙刻數編侑將請益，伏惟覽而教之。臨楮無任惓惓。

答曾敦吾書三條

陳橫橋問：「舜承堯命，曰『允執厥中』而已，如何便從人心說起？」答曰：「此承四海困窮，天祿永終說來。夫四海困窮，便天祿永終，人心何其危也。」又曰：「道心惟微，豈誠有二心耶？又何爲精一而後執中耶？」曰：「人受天地之中，以生只有一箇，惟念頭一起，則人未嘗無兩心焉：其一曰人心，自其有不中者言之也，不中則偏，偏則或踦或傾，非危而何？其一曰道心，自其無不中者言之也，中則未發，未發則不覩不聞，非微而何？然心非果有二也，惟其雜則二也，二則疑；心非遽能一也，惟其精則一也，一則信。此學只爭一箇信，只怕一箇疑。惟信道而不信心則執中，而非執一。故曰『允執厥中』，此之謂也。」

虞廷學問允矣，淵源一脉，頂針千載，如見端緒，介別謹在毫分。道心人心，從兹剖判，惟精者何？正有見於道心人心之不一，而恐其或二於中也。惟一者何，正有慮於道心人心之不一，而欲其常一於中也。舊語云云，理亦煞到。疑信兩言，具見緊切。平氣觀之，得無畫足。至謂人心惟危，是承四海困窮，天祿永終而來，語亦未有據。《尚书》、《魯論》具在也。謂承曆數在躬說來則有之，謂承四海困窮天祿永終，則並是十六字之下文也，此亦不可不察。

又

陳琴山問：「執中等耳，堯舜何以傳道？子莫何以賊道？」答曰：「執中所以傳道，執一所以賊道。」曰：「子莫無權，則爲執一；堯舜無權，何以執中？」曰：「堯舜有中，子莫無中；堯舜無執，子莫有執。無執者中，則是權；有執者權，然後中。」曰：「中與權，亦有辨乎？」曰：「權，秤錘也，所以稱物之輕重，而往來以取中者也。中無定體，惟權是體；亦無定用，惟權是用。權寄於衡，而後銖兩明；權寄於銖兩，而後萬物平。非執之於我，而能平物者也。執之於我，謂之執一；聽之於權，謂之執中。中與權合，不與權對。若南子之見，嫂溺之援，皆權也，皆執中也。公山之不可之，佛肸之不可往，皆非權也，皆執一也。程子曰『權只是經』，余亦曰中只是權。」

學不急於辨體，要在明宗，蓋區區立教開宗，始語子莫執中云云，豈可將來與堯舜所傳合看？堯舜之所謂中，蓋指天命之性而言也；子莫之所謂中，則以矯爲我兼愛之過而執其中。故曰執中無權，猶執一也。所惡執一者，謂其賊道也。而因謂堯舜無權，何以執中？是直就事理之無過不及上看，而豈天命謂乎？《中庸》曰：「喜怒哀樂之未發，謂之中。」僭每謂從古言中，未有若此之端的者。故謂堯舜有中，子莫無中可也；謂堯舜無執，子莫有執則不可也。堯舜豈無執者乎？謂執之於我謂之執一可也，謂聽之以權謂之執中，則又大不可也。權只是經，程伯子云云，信是矣。中只是權云云，果就事理上看，如子莫所執云乎？抑就天命上看，如堯舜所執乎？毫髮舛訛，距將不止千里，似不可以漫看。

又

問：「夜氣即良知否？」答曰：「夜氣，氣也；良知，性也。性附於氣，而非氣所能拘，物所能蔽，是謂良知。夜氣清明，達於平旦，好惡與本來人相近，乃是存養良知之候。屈子曰：『一氣孔神兮，於中夜存；虛以待之兮，無爲之先。』則謂夜氣即是良知，或未必信，而謂其神之虛非知之良，亦不可。」《孟子》書不但説夜氣，又説平旦之氣。所以説夜氣、旦氣者伊何？只要發出好惡與人相近，是又性善的本色發露也。所謂「乃若其情，則可以爲善矣，乃所謂善也」，真孟子道性善本旨也。就夜氣執煞，説養者已非，而又將良知夜氣兩爲映對貼括，是孟子以道性善，而丈乃以道良知，舛矣。僊家亦有謂元手屈子，甯非具眼人？大率玄素之學，就橐籥上歸竅，就闔闢機關上討消息者。故曰：「一氣孔神兮，於中夜存；虛以待之兮，無爲之先。」與堯舜之所謂中，孔、曾之所謂善，其宗趣真不啻霄壤也，察之。

答楊友書名廷御，將樂人。

脩身爲本，蓋孔子自揭之宗。八目平鋪，就中拈掇，緊接至善，直透根源。世衹知其爲經世之宗，孰知其爲性宗？必悟其爲性宗，而後正誠致格，不蔽於支離，齊治均平，不膠於象數。而世尚忽之，若以爲李生揭也。不知李生者，特能述之耳。譬同渾璞，向委榛蕪，天牖鄙愚，特爲鐫剖。人皆棄之，而我獨珍之，故見以爲異，而不知此固洙泗之家常茶飯也，既經揭出，如日中天矣。夫復何疑之有？

覽來簡，并形之歌詠，知信此，故及之。更如簡意敬佩之，乃爲無忝於門牆，而有光於祖德矣。令師帖希轉致。

答湯惟載書名來熙，臨川人。

脩身爲本之學，聞之疑者多，而卒能信者少；創而驚者多，而卒能悟者則又少矣。何者？以其最平淡無他奇渺，而實則直透性命根荄，包含萬有。内之不騖於虚玄，外之不膠於象數。正正堂堂，爲三極大中之矩，所以易昧而難明。而非穎敏而篤實者，莫能咀其胾而嗜其旨也。不意吾惟載乃能知之，所稱「世學非瑣屑，無主難下手，則莽蕩無主，無可措手」，則尤爲經創語。脩身爲本之學，卻樸實頭兩路裏俱不犯著，所以不躭悮了人，但恐其佩而持者不能固耳。

遠承遥禮，感切此衷。然必實以學擔，乃爲無忝。

答周友書名繼愈，羅源人。

傑然志氣，寤寐斯文。慨孔聖之不相逢，歎己躬之靡依託。壯矣至善一揭，委爲晦之千年。落脉脩身，復爾顳頊看過。知本乎身，即知止乎善，真合性命經綸，一手提撕，以交付於天下萬世也。而契乃能聞風景附焉，關河伊阻，屬友介紹，遠爲尊禮，愧予非所當，然亦何敢自諉。附去《大學約言》一册，可諦覽之覔宗；《孝經疏義》一册，可按次之謹節。得面固善，即不面，亦不越几席而有餘師矣。惟勉之，毋虚托。

答黃元善書名瑞慶，侯官人。

别來靡日不懷，蓋以元善暨侯光在沙合可稱雙轂，一方之道義所攸關也。簡至，傑然不甘泯没，欲奮肩儔伍中，希踪洙泗，與古爲徒。至復揣量於時局，揆度於出處，若將併精壹志，杜謝干旌，倒向丘園，以精脩大業而就鄙取裁焉，則尤爲鉛槧士見所不到。雖然，事固有由己不由人者，故有可告於妻子，有不可告於妻子者，有可謀於朋友，有不可謀於朋友者。胡康侯所云：「吾平生事，無一不與人商量。惟於出處之際，如人飲水，冷煖自知。」假令吴康齋、陳布衣當其未棄科舉時，以之告於師、質於友，則彼爲師友者，將如何而爲之裁酌？遯世不見知而不悔，毋云聖者能之。不悔兩字，蓋最可味。大率初志願易發，到遯世不見知悔，卻難忍也。必於此一眼覷徹始終成敗之局，乃截然保其無悔。然此自是己分上事，非人所能贊也。

會事只繫得一脉，住便好，且無責備。而時檢勒於躬脩，要以久無倦厭，則生天生地不難矣。報刻一册侑覽。

答惟陽宗叔書名萬春，豐城人。

學問所貴日新，每有詑友朋之窮年卒歲，號稱問學，兢拾餖炙殘羹，將經籍一二字面，瑣瑣作推敲，間或將拙稿摘取其中一二疑義，以之相論證，而反之自身行履，曾未着半點精神。故於甘辛酸苦無可指，以是正裁擇，而尚何望其有日新之益？所以問者無情，答者少味。如老叔之屢簡云云，庶不愧此矣。

發憤忘食，樂以忘憂，毋謂孔子分上事，非人所及。大率一番勘，即有一番疑，一番疑即有一番悟，一番悟便有一番樂。安勉雖殊科，而憤樂之相因，忘食忘憂之遞互相乘，自是實用力者之同，然初非有二致也，勉之矣。只如此日邁月征，或方憤而樂隨之，或樂已而憤繼之。總之皆實勘實磨，豈獨樂者快心，憤者亦愜志。蓋無往而非實地步好光景也，此孔子所以不知老之將至也。行藏任運，進止惟時，天定勝人，會當有合。惟毋懈進功，以需面質。

邦石吾望之厚，一别屢年，竟無聞問。豈真冗耶？抑别有見耶？覽所稱「賴觀摩以無孤立」者，諒其意之或不爲孤負也。面時致勉之。

答魏敦稷書

舊每有取於契「學外無師」一語，謂是具眼的人。兹復有感於匡嶽於失意日，一語不屑於升沉利鈍，而獨汲汲皇皇，欲鼓篋夷山，爲問學計也。其胸襟識趣，誠有以大過乎人者。友朋間徒知誦其書，而曾不思法其品，堪輿之教人，亦知看格之猶勝看書也。予舊亦云：「論人先定品，論士先辨志。」又曰：「未向學者看發心，已向學者看開眼。」有敦稷之眼孔，乃可保學不昧宗。必具匡嶽之胸襟，乃可兩停弘毅，無忝負荷。而來簡諄諄頌予之發矇振聵，爲極廣大，極精微，而獨悵泉之士友，比於輿漳之氣味涵濡爲稍踈也，可謂不揣其本，而齊其末者矣。

曠世可以相感，千里不殊同室，彼果何人也哉？然此不獨敦稷病之，大率知誦書不知法品、知慕學不知辨宗者，舉世之學者，凡皆如此矣。若吾敦稷者，則猶爲能具其眼，亦可謂出乎其類，而不群鉛槧之汩没者比矣。惟勉之，并出與在會友共之。

答姚惟德書名宜，清浪衛人。

「金經煅而彌精，技當場而益鍊。」僕往有是語，無意中若爲公發。子路所謂：「有民人焉，有社稷焉，何必讀書，然後爲學？」司教寒氊，百里之命寄，到手如金入煅爐，正其辨色之日，而世往往虛負焉。

方晉過山居，抵掌而談署篆事種種，令人欽直。於邂逅之頃，遺白叟黄童以無窮德愛，如公真可謂不負其官，不負所學者矣。脩身爲本之學，正要在此等處表節。止於至善，亦豈徒漫躐高虛，此僕所以每謂「仕止久速外，無別有秋陽江漢也」。而公允能蹈之，真可爲此學慶矣。明學淑人，僭每引爲士責，士不可以不弘毅，蓋人人有必滿之量也。更能如簡所期，直以世道人心，軫其念慮，而揭四字靈符以綱維之。收拾異同之見，毋俾亂孔之宗；聯束涣散之心，俾之咸歸一緒。同安非少士，固往所爲彬彬然半庠校而歸向斯者。

輪山之會即未克舉，就泮宫而爲萃止，按《書要》而講磨之。彼將觀範於公之身，以尋繹其旨趣，知一切不徒托之空言也。其有不油然顧化、沛然興起者乎？將使四遐士且將聞而頌之曰：「此真師門之赤幟也。」其所裨益甯有量耶？方晉亦豪傑之倫，即可當首座之寄，且見設帳於黌序，又不待外索也。故乘其還便，而作此致勗，惟照諒。

答陳烈卿書名烶，樂安人。

脩身为本之學，最妙在中下皆可率由，而穎敏不容馳騖。書來亹亹，有歉於止奥之未有窺也，而日兢兢於存善心，行善事，交善友，説善言。果然吾姑未責其止與不止，而姑有取其脩爲能脩矣。內不失真，而外不殊俗，豈伊舍此别爲法？古云：「太和爲之表，至心爲之內。」夫如是故全。乖疎時見，或者病即在此，惟察之。然切不可倚就人面上作陪奉打點，病轉深也。

答張從聖書名懋一，龍溪人。

江東拜别，倐經兩秋。志衰髮短，落莫人後。徒以紛紛擾擾，屑越精神，糜捐歲月。近晤同儕，商論脩身爲本，大率謂聖經格致誠正，原有次第。今欲併歸脩身，而謂物于此格，知于此致，意于此誠，心于此正，似於次第未有當者。懋一默而思之：家國天下者，何身之感遇處也？齊治均平而不管歸，此即流於刑名術數。心意知物者，何身之運用處也？格致誠正而不管歸，此即入於寂滅禪幻。故論條貫，則有漸次有先後；論主腦，則無界限而有渾成。此脩身爲本之至平實、至易簡。即脩即止，不眩於支離；即止即脩，不涉於偏補。所以闡發聖經，開示來學者，功至偉也。不知有當於師旨否？

書至，具悉眷念之殷，而又喟歎生平，得無傷於懲艾之過。然亦自是傑然志氣，不甘汶汶，欲鼎立於人群也。

孔開宗教，意豈徒然，直以韋帶布衣，肩荷綱常民物。使窮簷蔀屋，被褐青衿，不階一命，奮身有路。吾方謂從聖之慶得所依也，而乃以形局利鈍少乖殊，輒過爲摧損耶？爲歎爲歎！揭出身子以與世界共，即是中天下而立。群里之彦俊，而日與之涵濡切磋，大以成大，小以成小，即是定四海之民。此孟子所以謂「得英才而教育之，王天下不與存也」，從聖諒之否耶？脩身爲本，原是孔子手揭定宗，一脉管歸，自然八者俱到。如簡云云，豈并疑孔子耶？以愚見，只合敬守孔學章程，確遵師門矩矱，聯屬朋儕，相與砥磨於一堂之上。日考其脩之有未密者，而揭以就正焉；日省其止之有未固者，而揭以就正焉。誰後誰先，誰偏誰詖，此正所謂支離之解，而有志者所宜痛删也，勉之矣。

貴恙頃有傳，不謂如是之甚。大率志意不常伸，故俾氣血精神日藴結，即欲以療疾病，道莫徑於此矣。外，承裱到手卷，有感於良朋不易集，而勝會之不可虛也，欲取暇爲綴數言于卷端，而屬茂元人爲之作，俾各襲藏之，以識不朽，乃不幸也。

答陳子觀書

縲絏非訪道之區，靈襟嗜尚，敻與衆殊。每以頌於友朋，未嘗不高公之雅，而愧予之淺陋，乃無學之可傳也。

别來荏苒，九换歲頭，音驛希聞，徒厪夢憶。《論語》蓋洙泗日相授受之言，而《大學》則老後垂世之筆。項針一脉，若券若符。止止脩脩，無二作法。故有問洙泗之學者，吾請觀於《大學》二百一十五字；有未諒脩身爲本之揭者，吾請觀於《論語》日相授受之言。大意之作，特以印此。故因之感發興起者踵接，而吾子觀又以生未有交之人，於墮濱九死之日，不識面而諒其深焉。則尤爲朋衆之所希有，以此心竊感而銘之，而苦於地分之睽，萃止切磋之無其幸也。忽傳札到，款款見忱，更辱幣交，祇增感怍。區區蹤跡，愴不堪陳。離别家鄉，已十三載。襟懷粗遣，眠食尚安，恃有此學之故。書不盡言，言不盡意，必欲殫披底赤，酬報宣尼。非得豪傑如公百十爲輩，與之日相涵濡切磋，即未易以闡未明之秘，而演教外之心旨也。王使云有北差便，故輒作此附之，當能達也。而又悵旅館之寥落，無可以將虔也，惟照亮。

答洪伯舒書名晉，晉江人。

有生以後，人即發靈。知不可離，何待契説？但恐其蕩而無歸，故斬關立此一步。知本知止，一切用知試論之。將歸知於止乎？抑將歸止於知？知本本知，義亦準此。此最學之緊關處，而所差别乃僅在於毫分秒忽。僭每謂全經專教知止，後儒不明，以謂全經專教致知，悮矣。就此一會中所講「吾有知乎哉」章，旨義亦大明白。謂古人之所以事心者，以止事心。以止事心，故本常立。古人之所以求知者，以無知求知。以無知求知，故其應不匱。何嘗有廢知之説，而致廑契之過防，且以來談禪説寂之誚乎？體之體之，并出與會中友共之。

南安姚國初，樸實士。一别五年，守志彌篤，故特作此附之，引以相接，并轉致會中友，並一接之。

答劉謀卿書名聰，南昌人。

學問只有一宗，無二宗，以理只有一是，無二是。一是不明，多生意解；孔宗不著，致啟支離。豈有孔子之學不明，而有待於三聖人之學爲之幫添之理？登泰山何以辨吳門之馬？混淄澠何以別異同之味？此昔人所以謂觀海難乎其爲水，而遊聖人之門乃難乎其爲言也。而豈容以兼搭攙和，作一二三三之解耶？如簡所云，可爲徹底此矣。至所云「以此而應務則輕安，以此而涉寓覺舒泰」，即以此而窮經，將萬緒千條豁然會於一本。蓋精神之有着落，而欛柄在手故也。可爲約而要、簡而明矣，吾復何辭之有？

《約言》一集，雖老學亦有望熟服。煒姪亦致勤斯者，可藉交警。至兩地合會約，則尤爲振起提策之要。但令繼今往無勤於始，無墮於終。豈獨比隣士藉有夾持，將來四遐才傑，必有聞風而興起者，旦夕徼天幸，如簡所期。吾直可以坐而觀德化之成，此真有賴於多賢之助翊也。

答黃夫美書名龍裳，惠安人。

僭每以知本兩言，爲千聖經綸秘密；本末始終四字，爲孔子一生悟門。得此欛柄，入手直於經事宰物。擾擾紛紛中，敢自主持。於天命之性，不覩不聞，直下敢討歸宿。故知本兩言，委爲聖門正法眼藏。於此歸止，於此着脩，則宇宙在乎手，造化生乎身，而性命經綸有一以貫之者矣。而向顧指爲衍文，直抹去之。不知除此兩言，孔子何學，而《大學》亦惡用作乎？猶恐學者窅窅冥冥，揣之不可測知之地，無所據以從入。

故又委委曲曲，討出脩身爲本，使人高不騖虚，卑不執有，直於人倫日用之常，底歸性命之奥。其所以教天下萬世之法至矣，意亦甚殷矣。而惜乎離章析句，着節黏枝，淪埋簡牘間，曠二千年以至於斯也。往蒞粤，不避笑訾，奮而作兩義，以詔粤之士友，而世學尚嗤之曰：「公乃将衍文亦作兩義耶？」嗟嗟！可痛矣。

李汝潛，同門得力友也。六年經勘矣，一夕乃有悟，欣然走就質曰：「今而後知攘攘紛紛中，有如此經綸秘竅。」不意吾夫美乃能知之。既能識此，則止止脩脩，可以惟其所用。或先止後脩，或先脩後止，或無漏而以一止直包脩，或有漏而着一脩以固止。疾徐甘苦，加減稱量，真是萬别千差，臨爐自爲勘，有不可以一端求也。其他瑣瑣者，自屬無疑之疑，可作不解之解，故不暇一一答也。

答黄仲黼書名裳獻，惠安人。

簡至，讀之豁然有悟於歸本之宗，而知博施濟衆之不從俱立俱達外覔也，安人安百姓之不向脩己以敬外求也。蓋自條理言，雖自有經綸括綜功夫，而自歸宿言，則直是半點精神無容他有滲漏。此孟子所以謂「萬物皆備於我矣，反身而誠，樂莫大焉」。只如此步步歸根，即决排疏鑿，莫大之經綸，亦一切行其所無事矣。體之體之，并出與會友共之。

答顧涇陽書

養弘丈將到手函，并以大刻。來使立待報，未卒業而彷佛窺其意。大率字字皆藥石，劑量品騭，可稱衡齊，吾復何辭之贊？惟遡從黄義下，暨洙泗隱隱一脉，似有相承，譬萬縷千絲之括綜有竅，繁葩濃郁之管攝歸根。有門可以繹，此子貢所以歎「不得而入者，則不見宗廟之美，百官之富」；有樞可以握，此孔子所以謂「女以予爲多學而識之者與？非也，予一以貫之」。年經苦勘，尚此盤桓，寤寐有懷，意殊未已。

武夷幸有山房可憩止，且入在九曲深處。蓋諸當塗之敦念孤踪，而僕尚此依依未之能赴。兹獻和又歸矣，屢簡至，不緯之恤，而汲汲欲鼓篋夷山，爲萃止計也，似亦道義之一因緣也。他地或非公，而此則處閩之境，非閩所得專而有也。固四至之衢，而適中之孔會也。倘約有成，敢祈命駕，相與共砥磨於一堂之上，少有效於孔、曾，亦不負爲一大事。因緣出現於世，惟丈其圖之！惟丈其圖之！不盡。鄙愚副在拙刻，所望以愛東老者波及之，迷津届溺，亦猛回頭，決不忍終濡滯，以孤丈之雅教。

見羅李先生正學堂稿卷之四十

答劉在田書

來教云：某也幼讀《魯論》「不處不去」一章，未審所謂。再讀「子輿氏動心忍性」一章，似爲欺我者。邇來山中習静，間閲禪書，少悟宗旨，則知天之所以玉成乎大聖大賢者，多從拂鬱困苦中得之。吾孔夫子之所以不去乎貧賤者，難以衆人言也。龐居士云：「但願空諸所有，切勿實諸所無。」斯語有得，便可直證菩提，無煩曲徑。往役於晉，曾作一偈答瀋藩王云：「玄黄再造，而佛性常存；河嶽可移，而金剛不改。」先生長者，得骨得髓，言言是道，念念窺真。回首當年，浮雲過眼。嗟嗟此日，返入實境。省力得力，便覺冏快，自悟自得，即先生亦難揭以示人也。某也後學小子，景仰高風，不敢以寒暄長語謏説靡辭溷塵清慮，而直陳其朱愚朴白如此，知先生不以爲狂妄也。不腆將芹，統希慈鑒。

恭承雅教，焕若發蒙；更辱寵頒，感佩何極。世途坎壈，自昔難平；素位而行，惟所際值。素富貴則行此學於富貴之中，素貧賤則行此學於貧賤之中，素夷狄患難則行此學於夷狄患難之中。居易以俟，正己勿求。初非有擇而取之，故亦非有避而去之，此所以無入而不自得也。無避就即常空，常自得即真泰。空之一字，甯獨佛言；「屢空」、「空空」，聖人不諱。要爲空其所本無者，而非空其所本有者，此儒者之學所以異於釋氏也。問嘗書答蘭居，有謂佛氏之學無裨於世用，是不知佛氏者也；謂佛氏之學即同於吾儒，是不知吾儒者也。不知翁意以爲然耶否也？

淪墮之蹤，摧頹之劇，絶遠冠蓋之交，甘同樵釣之侶。不但爲海畔羈臣，真可稱天壤物蠹。有何知識，足動高明之採，而乃曠垂遐矚，豁示襟期，喚起沉冥，登之覺路。故敢忘其固陋，而率呈其蠡管如此，以解頤大方。而又愧旅邸之寥落，無可以將虔也，輒以拙刻數編，侑緘請益。蓋非乘台使便，决不敢出位而踰涯也。伏惟照亮。

答曾蒼巖書

誨人不倦，非恃有餘；以友輔仁，道當如此。巍然廟堂之上，都俞吁咈；頹然林壑之下，濟濟雍雍。世祇知羨唐虞之盛際，至於比屋可封，而曾不思其所以比屋可封之故。「陶河濱，漁雷澤，所居成聚，至一年成邑，二年成都」焉，此固舜所窮處而躬行之者。登庸之後，特以其道廣而衍之，以化被於萬國之間。故洙泗之風規，即是唐虞之上理。舊曾説「若聖」章，謂「與人共爲之，不容倦也」，最是識得此意。謙受莫如孔子，豈真自多其學問之有餘，日嘵嘵焉侈泰，而以其所得者出之以教人乎？覽來緘，退讓意至矣，砥礪意亦甚切矣，酌損於切磋之宜慎重，又極深婉矣。然以格於明德、親民，孔曾之大學問，其分量蓋未滿也。

永甯回，并君秀述知一切。兹恍然不復作二乘解矣，爲快如何？只如此勉勉循循，月將日就，將惠之風教日以興，老丈之功德日以茂，研究日以深，檢脩日以密，而孔、曾之洪慈大造，亦濯新如揭日月。海邦鄒魯，不獨羨於古，而又將見於今矣。會不必數，然必有恒期。人不限多少，要以始終無倦厭。天地之道，恒久而不已者也。吾人者將何學，惟是法天。莆惠非遠境，永甯尚久住，即再一往還，有何不可？幸諭多朋，無徒快於此番之洽，而悵於後會之難期也。

答莊君秀書名以蒞，惠安人。二條

問：每謂虚氣合以成性，私心疑之。蓋以陰陽化生，氣行理賦，言理便著于氣矣。著于氣便有雜揉，何云性善？《中庸》提性立宗，喫緊在一天字。故慎獨致中，只是教人向天歸來，不落一毫形氣，乃可復性。認性不真，性學終晦，三品紛紛，其病皆起於以氣論性，而不知以天命推原者乎？夫性善，則才亦善矣，情同此善，而幹局乃有不同者何？果才之不同乎？抑才之不盡乎？抑性體之有虧，而作用亦因以異乎？曰「非才之罪也」，若爲才解釋。曰「不能盡其才也」，又若於才責備焉。此中未晰，伏乞批示。

天上歸宗，予每言之矣，總是一箇理。在天則謂之命，在人則謂之性。理與氣自不相離，卻有宰乎氣、不混於氣者，所謂「孰主張是，孰隆施是，孰居無事推而行是」者，謂此也。「喜怒哀樂之未發，謂之中」，契必知其爲指性矣。喜怒哀樂非氣乎？其未發非理乎？是即所謂天命也，蓋就人身上點也。若必如簡所云，將理與氣截然析作二物，於萬象外敻然立一太虚，乃謂之不涉於氣，無是理矣。故性即天命，不必更作分別。性既善，故情亦善、才亦善，而有不然者，質累之也。故曰「率性之謂道」，言率性則全是天而不雜以質矣。允若兹，豈獨無不善之情，亦且無不善之才。故曰：「或相倍蓰而無算者，不能盡其才者也。」蓋非於才上責備，責其不本乎天，而於率性之分量爲未慊也。後儒於天命外，謂有氣質之性者固非，因而揭出天字，謂言性便著於氣，亦太拘瑣矣。横渠之言，誠有過者，若兹四轉語，要以見命名起義之厥有由來，語雖未大渾，而意卻不害也，察之。

又

問：會中承曾蒼巖先生詰曰：「以獨爲天命之性，先儒曾有是説否？抑自李師揭之耶？」蒞對曰：「程子謂：『斯道與物無對，上天之載無聲無臭，有何對待？』無對之謂獨，或者其出此乎？」又詰曰：「不覩不聞，而一切覩聞皆從此出；至隱至微，而實莫見莫顯。故君子必戒慎恐懼，以慎其獨也。前意已盡，復説箇喜怒哀樂來，似於上不相蒙。不知此處將何如聯洛。」蒞曰：「聖賢不欲懸虚説道，其曰不覩不聞，曰隱、曰微、曰獨，恐墮懸虚之想，故就人性情之間言之，以見其非冥漠不可須臾離也。夫獨，無矣，而根於有；喜怒哀樂，有矣，而根於無。此獨之爲妙，戒慎恐懼，蓋慎乎此。所以致中立本，而盡其性也。管測如斯，不知有合否？伏乞裁示。」

舉綱者必挈綱，拂衣者先振領。僭於《易》，爲之指宗歸極，於《書》，爲之揭脉歸中。直將乾坤兩卦，按落後天，而謂道心人心等皆屬用。一切皆睽習駭衆之談，故致有好異之誚，而其實不然也。《斅學録》不云乎：「後來學術之訛，只爲看至善兩字不明，所以都錯。」則其證印之底裏也。獨之一字，亦就此處看出。故曰：「獨者何？所謂與物無對者是也，亦是畫出箇天命的樣子也。」只一錯認了明德，其勢不得不就格致歸宗。一昧卻道性善，其弊之流，不得不以知能之良爲體。此其差真只在於秒忽毫分，而岐以千里者也。蒼巖肯信此，真斯道之慶。所宜喟然而歎，奮然而起，出肩爲堯舜周孔作師保疑丞，而不復爲訓詁辭章，效疏附奔走矣，其功德甯有量耶？餘所疑者，君秀答之是矣，可不贅云。

答莊芹甫書名泮，惠安人。

千虛不博一實，參也何以魯得，只爲一實有餘。進而挹師長，固渾然一道義之襟。退而處妻孥，不改色。入而萃止道義之堂，凜凜焉莊語。出而處市肆，不易辭。此吾所切切屬望於友朋不可多得者，如吾芹甫者，真其選矣。師必無一語不是愛成弟子，一切佩之如箴銘，咀之如藥石。即片詞隻韻，足以造道成德，而況其分更分漏，累牘聯章，不勝其宣闡之至者乎？

會事聿興，衆情允協，覽之殊喜。然擔子卻重道路長，契蓋稔聞斯語。無限有志士，到底未觀成，則以百年長歲月，志勤於始，墮力於終，所以成者鮮也，勉之矣。開到諸友，查果見在籍者多，新到者例必備寫年庚及住止，以便遠日之稽查也。草草。

答莊兆質書名應期，惠安人。

飯蔬飲水，孔子亦貧；陋巷簞瓢，不改其樂。世祇知富貴福澤之足以厚生，抑孰知貧賤憂戚之乃以玉汝於成乎？然則孔、顔之所爲得力者，就在於此而不在富貴福澤也。蘇秦何如人？亦知使秦有城南二頃田，豈能佩六國相印？道心人心，遞互往來，尚不免爲頻復之厲，而況直以憂貧之心，易其憂道？則所謂勤勤懇懇，尋繹於載籍間者，於何用之？知契不坐此，然此自是舉世情所共中之膏肓，所當共受之箴砭也。故因簡意而輒及之，至所云握機而運，躍然心目者，則又將合堂士所共藉以起助，爲幸又如何？《約言》一集侑覽。

與蔣蘭居書

莆陽雖孔道，以僕寄蹤寥落，絶遠冠蓋之交，故亦苦乏便鴻。入春來，僅得一寄簡，且不知其達未達也。偶王大章，來自浙，攜有敬菴年兄書，将致之公處，故得附此。《正學堂稿》雖舊編，以徙莆故，陳、方兩公合續稿并編之，輒以一部入覽。

以予觀學問，畢竟無有二宗，以理决無有兩是故也。不知近磨勘竟何如也？有悟有疑，不妨時以出商證。三代後大儒，勤勤懇懇，卒未有以孔孟道行於世者，徒作空言。即以綿淵源一線之緒，而維世道千萬載太平之綱，則雖欲謂之爲空言，亦不可得也。

王生殊有傑氣，學旨亦已見大端，不盡者希惠玉之。

答蔡叔理書名大綸，龍溪人。

禪扃憇息，旋返暢山。時止時行，可容意必。大率脚跟下一步地，要令站得穩實，即俯仰人天，兩無愧作，其氣浩然，物莫能干矣。何待論到止而念自不至動摇，何待較及脩而中自靡容滲漏，此最豫之上者。此孟子所以謂「善養吾浩然之氣」，爲有長於數子，爲不動心之根本也。所舉臨文接物，與處童僕妻孥，以及於夜寐晨興之不無漫散也，具見策勵檢省之不草草，更期開大眼孔，展大胸襟，直將全副精神，倒歸學問一路。幕天席地，與元氣共其周旋，則兹區區節量之差池，喻如拂塵振槁，有不煩蕩滌而廓然見端拱之光景者矣。

蒲節後所望蚤促裝，經涉莆陽，必弛擔爲十日之聚，乃爲快也。

答南漳衆友書五十七友。

僭每以知本兩言，爲千聖經綸秘密；本末始終四字，爲孔子一生悟門。於此悟得，則隨地隨時皆有歸宿。百萬金革，於其中亦有操持執捉。蓋經世之人，原是避事物不得，而又欲從此直透性命根宗，則舍此别何法。此聖人所以探原止善，而必委委曲曲，討出脩身爲本也。

往答甘乾齋，謂近與友朋始未論到識仁，只樸實頭教他知脩身爲本，而止之爲入門。知脩身爲本而本之爲實地，知修身爲本而脩之爲實功，似甚簡易明實，意正屬此。而來簡諄諄焉闡發，遠竭鑽研，隔手調絃，竟同一調。吾以此知衆友善學，而又以此知惟德之善傳矣。非言游則魯道何由至吴？非中立則洛學何自入越？必欲爲天地立心，爲生民立命，舉四海之才賢，俾之咸共奮興，以躋於鄒魯，則信乎非一手一足之所濟矣。

惟德操脩不爽矩，磨勘又徹宗。惟諸友其敬聽之終始之，要以久無倦厭，則真是孔、曾之幸，不獨鄙人幸也。

答王漢治書名鍔，晉江人。

莆與晉既界隣，且三山孔道也。爲大比歲，士子奔走所必經，遲速可惟時，何用汲汲？

申甫深潛縝密，吾愛之甚。而又於蠡管窺所最可驚愕與前儒異者，一切信之不疑，而獨於先後兩字，謂孔子立言之必不草草也，必格致誠正四轉手，而後可及脩也，語亦非無據。予説「善士」章，漢治曾讀否？謂一鄉之士，非小於一國；一國之士，非小於天下。直是合鄉國天下爲一身，通古今爲一息。量在申甫聞之，必更生疑詫。又説「人有恒言」章，謂天下之本在國，國之本在家，家之本在身。若爲節節離析，括其旨義，直是謂家國天下之本在身也。牽文泥句者，夫胡足以知此，將又必曰：「孟子不草草，必三轉手而後可及身也。」真所謂二之則不是也。至其歸向之意，有迥異常儔者，則何待契説乎？

北上必得預展程，如頃柯謨伯故事，留此越月乃去，斯爲善也。

答洪君諧書名邦夔，惠安人。

至善兩字，蓋是直指本體而言，獨字卻是形容之語。有意即非獨，好惡兩分矣。有好有惡即有對，自然非獨矣。以獨字認作知，果非宣尼旨，此其弊何自來乎？則以錯認了「不覩不聞」作静，而將「莫見莫顯」爲動，故將獨字爲人所不知而已所獨知之地也。不知不睹聞，原是直指天命之性言，故緊緊接著便説：「雖至隱矣，莫見於此；雖至微矣，莫顯於此。」此君子之所以戒謹恐懼，必致謹於斯也。《大學》、《中庸》非二旨，曾子、子思無二道，再言慎獨者，蓋惓惓焉屬學者之致謹於斯，而世直於情識間求之，末矣，孤負孔、曾心矣。大字最難任，故大意最難識，孔子於坤說「至」，僅以「大」贊乾。於舜說「君」，而稱「惟天爲大，惟堯能則」。予所謂「惟天爲大，惟命爲大。知本之學，性命之學」者，爲此也。故非止善不足探源，非明親不足滿量。吾斯未信，只爲未信此也，曾點已見大矣。而填實處卻疎，末路裏致成狂流，入於玩弄光景去也。此非反躬嘿嘿，體直徹入於萬仞宫牆，而覩見其浩浩淵淵富美，恐亦徒托之空言也。察之，并出與會友共之。

答黃衡中書名銓，豐城人。

羅汝存將到手書及問目，因以知頃來惠問者已數數，而怪予之未有答，疑其浮沉也。閩海雖遥，不在天外，意氣即消颯，豈得無情，信哉是魚鴈之浮沉也，不足訝也。

司教既樂育之官，清江又密邇，蓮槎彬彬焉多舊學之侶。風傳文蔚既以夙所學者演於盱，而吾衡中又以密所參者倡於其里。宫商協奏，金石相宣；棫樸菁莪，豈緊天造？惟是愷悌之君子，相與振興而率育之耳。「志學」一章要緊認者在一學字，至其功深力到，寸累階升，似非所宜羨，而羨在學問之歸宿，蚤見頭面也。仰鑽瞻忽，是從何處得此景象？循循善誘，是果何法爲之裁成？欲罷不能，要識從前得無可罷。既竭吾才，如有立卓要識及此，何遽不作疑情？即一切不墮滯於語言，可求於入路。而孔、顔之造詣地分，不在方策而在我矣，惟體之。如簡云云者，似尚屬義之次也。

與鰲溪會友書

鰲溪閩海，相望在數千里外，而多朋之敦義殷殷，如共萃止於一堂之上也。所揭者無非知本之宗傳，所研者無非止脩之奥訣。古稱「堯舜知他幾千年，其心至今在六籍」，昭布如日如星，即孔孟端委垂紳，炯然如見。然則吾又何嘗不日在鰲溪，而諸君子亦何日不鼓舞徜徉，依依於師座之側乎？至復軫其賤誕，而歲爲申禱于名山。其不赴者又届誕之期，儼然衣冠而遥爲之展慶。此真古師友之所僅見，宛然祖父子孫之處於殊鄉絶域不忘情也。感如之何！愧如之何！

僭每謂吾學稍長處，惟是字字説學，不空説理。而友朋之簡至者，乃尚不免於按圖索驥，畫餅談泉。禪家亦有得皮得肉，得骨得髓之喻。就令字字説學，尚恐徹者止在腠理皮膜之間，若復稍稍涉近文字，其距骨髓，何啻霄壤。敢以爲必破除此障，而後可以入道。所以往答陳汝忠，謂往學弊弊高虚，今學弊弊汗漫。正有病此，惟諸友其體之。

尚經居此經年，氣質爲一變，義理講訓亦向明，抵里居，度當爲刮目。諸友書尚多未答者，一則冗，一則病，一則懶，尚嗣圖之。倘善體之，則兹寥寥數言，未必不是破癥瘕之箴砭，而保性命之靈樞也。

答莊君秀書名以蒞，惠安人。

往語不云乎，「止惟一法，脩有多方」。經世之止，原與禪寂不同」。隨所脩處，亦曲盡其經綸之巧。只默默一點皈依，儼乎如臨如履，依稀如子在胎。則真是徹晝徹夜，徹忙徹逸，無有間歇時也。此古人所以謂百萬金革，其中常無一事也。何嘗非一法，亦何嘗廢一法？而賢乃見以爲鑿乎？破屋禦寇之喻，契必聞之稔矣。恭己垂裳，天下以理，豈有主人公端拱坐在家裏，而尚憂於二二三三朋從之竊發者乎？體之。

與陳子觀書

往王謙齋將到公書儀，云即有北差，便隨附簡謝，侑以拙刻，知必久徹于記室矣。

僭每謂經世之人，不可以二出世之宗。世之守株套例，而妄肆雌黃者，予亦往往嗤之。謂彼皆以神聖之資，就性地入測，而據所見以立宗。故其持之不爲無故，言之足以成理，至嗣續承傳，終古不可熄絕。然其毫忽之訛，乃有千里之判，又截然其不容紊越者。故各固守其宗，敬循其矩，至棄千乘之世業，背王宮，捨眷屬，以趨脩於寂寞，謂必如是而後可庶幾也。而世之學者，顧混言之，必欲援釋以入儒，推儒以附釋。此固孔聖人、釋迦牟尼佛之所不能交相爲用也，而況若吾儕耶？舊每謂不急辨體，要在明宗。孔子之不能背君臣父子以明經世之學，猶釋迦牟尼佛之不能不背君臣父子以明出世之學，皆斷斷乎兩不相易者。在孔子固無取於佛道幫添，在釋迦牟尼佛亦無俟於孔學標榜。徑山欽之語崔趙公也曰：「出家乃大丈夫事，非將相之所能爲。」今有人而果能背君臣、棄父子，削髮披緇，以趨從於彼學，則吾猶有取焉。不然，是直守釋氏之籍，而初未嘗學其學。般弄釋氏之舊話柄，而實未嘗一循其矩矱也。直以混俗行藏，欲希涅槃受享，此固釋迦牟尼佛之所不敢任也，而況若吾儕耶？在家出家，蓋是方便之法，必欲實證實脩，豈宜如是，此固事理之甚易見者，而世高明士往往昧之，是可歎也。故往有傳卓吾丈之裂冠毁冕，若譏之者，而予獨甚壯之。邇又有感余伯明之欲拋妻棄子，浪蕩天涯，以趨翛於不死，而予又贊行之。謂審如是而以學僊學佛，乃真可云出世的漢子也，則吾老孔子門中，豈少此一人耶？

感公夙誼，而又以讀《論語大意》爲發志之因緣也，謂純乎經世而敬循孔教者，必莫公若也。故乘衷素之行，而附此申勗焉。衷素亦豪傑之儔，且過承道誼之愛者。知臭味之諧，其晤語必不爲徒然矣。

與蔣德夫書

入今歲雖兩寄書，恐將送者蹉跎，未必以時達。不然，何徂夏入秋，窅然不一聞回耗耶？念之深矣！念之深矣！

止修磨勘，邇竟如何未論？儒者宗傳，遡自唐虞，演於洙泗，無二作法。經綸性命，一手提衡，即彼鶩寂躭虚者，自謂之秘密微妙。總此樞機，罄焉括盡，真所謂孔子之謂集大成。夫豈其有意於兼之，而彼數子之各擅其宗，謂美盡在己者，其長處乃竟不能以有加也。伐木削迹，畏匡厄陳，百折千摧，卒以諒斯文之未喪，而方且頌詩鳴絃，優游以俟其定也，夫豈其無所信而然哉！僊鄉雖僻壤，厦屋清閴，足可怡閑。過從蕭疎，更無龐雜，知於此究之，必更精且審矣。時出新知，貺予寥落，庶資起助，振此摧頹，亦所謂師與友交相贊者也。

徐獻和，真可爲有特異之襟，於失意中，乃能鼓邁往之勇，不緯之恤。而汲汲皇皇，欲鼓篋爲夷山萃止計也。有問者曰：「此非公舊遊地乎？」渠漫笑曰：「予從師，非訪故；予問學，非尋山。且武夷公地，自昔賢者處之，非闖所得專有。予豈但不面有司哉？只一教職至，予必走而避之榛莽中矣。」其友乃喟然曰：「允若兹，則公信可獨往獨來於九曲溪頭三百峰頂矣。」顧予未能往，而彼邁往之意氣，則蔑不來矣。舊每謂：「未向學者看發心，已向學者看開眼。」若此者似亦開眼之一端也。又往接柯宇徵書，云公將徙郡，僕亦贊厥美焉。不知邇進止計定何如也？念間喜得人便，輒復作此致忱，惟照亮。

正學堂稿舊刻後序

弘進侍先生比諸弟子爲最久，故察先生之作止語默最悉，而聞先生之教語最熟。夷險升沉，惟先生所遭值，備極生中之苦，而意度常閑，精神常定。經常權變，粗濬淺深，所以待門弟子之問者，隨叩異情，而其旨常協。今載在刻中，若《大學古義》、《論語大意》、《道性善編》及《觀我堂稿》、《斆學録》以暨《鄖臺仕學齋稿》、《南中問辨録》，其爲論不啻詳且覆矣。即不復更贅一詞，直可紹休孔、曾，遺淑來世。而先生又引身巖邃，絶跡市廛，端拱一榻之間，寤寐羲皇之上，於世一無營，而友朋之疑而叩悟而證者，方請求未已也，則又烏能已於言乎？黄汝潔，蓋先生入室弟子也，隨稿記注，而并收拾多友之所什襲者久之，纚纚然成帙焉，曰「是不可以無傳也」。以紫芝精舍之正學堂爲先生敷教地也，因題曰「正學堂稿」，而屬弘進次言其末簡。

弘進浣襟莊誦，作而歎曰：「大矣哉！孔子之學乎，雖甚盛德，蔑以加矣。富矣哉！先生之言乎，其宣鬯孔宗，雖甚鴻鉅，蔑以尚矣。」然弘進從事先生之學，體勘頗竭思，每謂先生之有功洙泗、夐然前儒者，其大略有四：一曰直遡孔、曾宗源，而無片語隻詞涉及于後儒之款。一曰純乎儒學，自本達標，無有毫分攙搭于二氏之説。一曰究探性命，極於聲臭俱無，而又落實經世。一曰括綜事理，最爲纖微廣大，而探其榦運樞機，不盈把握。故先生之學至簡易，亦至淵微；至廣大，亦至綜覈；至深渺，亦至平淡；至習熟，又至新奇。然先生豈有求異先儒？不獨無求異先儒，亦豈有求異佛老？譬同行路，中道闢則旁蹊曲徑自見其支。又同寫照，真像立則横斜攲歹，想像摹擬，自覺其贅。如以知本兩言爲千聖經綸秘密，本末始終四字爲孔子一生悟門，直鼎開混沌，前乎此有如此開眼者乎？又如以知本爲《大學》立教之宗，知止爲大學入手之竅，脩身爲《大學》歸止之的，而謂由舊説則要緊全在格致，而知止甚輕；由今説則立命歸根全在一止，格致誠正不過就其中缺漏處檢照提撕，使之常歸于止耳。故曰止於至善，人知其爲末後事，孰知其爲始事？脩身爲本，人知其爲經世宗，孰知其爲性宗？止善本身，人知其爲兩句話頭，孰知其爲一條脉線？皆逼真口授孔、曾，開啟扃鑰。善乎傅錦泉先生之言曰：「頃疑先生若爲有意度越，既讀其書簡而明、平而實，蓋是求同於孔、求同於孟，而非求異於後來也。然先生無心同孔孟，縱言之自無一字句不與孔、曾同，則旨趣之淵源合也；無意異後來，然縱言之自無一字句不與後來異，則端緒之塗徑分也。」兹集也，其宗乘之管束也尤嚴，支流之辨析也尤確；其根極體要也尤精，其障迴瀾倒也尤至。至於衛正道，闢邪宗，謹綱常，重節行，明取舍之分，慎出處之裁，皆凛然義正詞嚴，如斧鉞冰霜，如青黄赤白，不容以毫髮僭差陵越。有關世道，無忝實脩，故敢斷謂儒學到孔子而始定宗，孔學到先生乃真覿面。外此者非高騖虚玄，則卑流功利。膠固之狥生執有，支離之訓詁詞章，其爲失中。不明乎聖人之意旨，則一而已。然則士之不安於固陋，而有志於聖人之學者，舍先生其誰與歸？士之有志于學問，而無從入者，舍先生之書其誰與據？

今孔、曾之經訓具在也，諸儒之語案可檢而徵也，平氣虚心，取先生之書，數墨循行，讀之當必有涣然冰釋于愚言者。而是編之刻，豈徒以淑漳士，固所以淑天下與萬世也。是爲序。

正學堂稿舊刻後序

此吾師見羅先生所論著，與薦申辨學及答群弟子問語也。初，先生倡道豫章，著《書要》凡三十卷，大指無非闡發孔、曾宗傳，以止爲入竅，以脩爲工夫，欲人收攝靈明而歸之虚者。業已廣布四方，嘉惠多士矣。數歲入滇，有《南中問辨録》。又數歲居閩，有《大學約言》，精析玄解，不一而足。今《正學堂稿》復有梓，將學之難明乎？抑明學者之難其人乎？何諄諄也！

蓋古今儒者談學夥矣，獨未有倡爲止脩之説。倡止脩之説，自先生昉。如三綱八目，舊以止善爲終事，先生斷然以爲始事。見謂不從止落根，全副當精神向外走作如何得收斂，畢竟滲漏處多，德蔑由明，民蔑由親，又直於事物棼棼擾擾之中，尋討出止法。曰本末始終四字，把定入道之樞，括盡經世之竅，而本歸之乎脩身。見謂脩身爲本，即是止於至善，非有二也。固非離事物討止，與禪定者類也，誠洞于孔、曾知本之學旨哉！其言之矣，竊嘗反覆而繹思焉，必待造極乃稱止，有終身皓首不可幾者，徒令人歎聖人絶德也，必無所事止，只從靈明用事。《書》説安止，《詩》頌敬止，《中庸》詳戒慎恐懼、慎獨、致中，果何物哉？故止爲入竅，脩爲工夫，身其歸宿，善其命脉。先生非創見，諄諄言之，是唐虞以來之真傳，而尼山之嫡派也，故曰「正學」也。匡嶽徐先生謂天子諸侯大夫欲明學于上，釋此無以開宗；士庶人欲明學于下，釋此無以啟緒。知言矣！知言矣！

社友黄汝潔鐫是編成，同邑李司諫氏叙其端，不敏臯並侍先生東山者也，幸稍有悟，不敢不步趨從事焉。因僭綴一言，俾四方學者讀先生書，知先生所爲論辨，諄諄弗置，相與軌之正乎？夫正鵠樹而射弗中，非善射也；司南具而車弗前，非善騁也。斯又我同志責也。

見羅李先生正學堂稿後序

聞諸《易》曰：「天下同歸而殊途，一致而百慮。」「同」者何？ 一是已。惟一故同，同乃以殊。彼知殊而不知同者，支離之譚，逐末而忘本者也。即不得其一而强爲之同，是附會之見，執末以爲本者也。蓋觀聖人之立言也，矢口而成章，隨叩而如響，洋洋簡編，河漢無極。必也繹其條貫，而探其旨歸，則原原本本之妙，固隱然而在也。何也？ 一故也。

按聖人之言，以考後世立言者之言，淺深之致，可得而辨也。吾師豐城李夫子，寤寐孔、曾，宗源知本。宏振教鐸，啟發群蒙。書行天下，亦既家傳，而人誦之矣。而正學堂一稿，則夫子居閩時，門弟子所輯應酬問學語也。一刻于漳南，再刻于莆陽。小子綸昕夕捧誦，蓋五稔於兹矣。天幸竊有窺也，作而歎曰：「富哉！言妙至此乎，啟鑰抽關，固是千般委曲，而反覆辨難，只是一條脉絡。批郤導窾，固見揮霍自如，而引掖提撕，卻甚要約可循。讀他書精神未免涣散，讀師書精神自覺收斂。讀他書意氣未免發揚，讀師書意氣自覺平淡。讀他書心緒未免鬱塞，讀師書心緒自覺融暢。讀他書見其多言繁稱，殊費尋索，讀師書則綱舉目張，整然不紊。讀他書見其横拈倒弄，殊覺牽合，讀師書則宏綱大旨，愈掇愈明。乃知有本者如是，所謂資之深，則取諸左右逢其原者，竊于夫子見之矣。」

夫子學問大旨，如日中天，小子何得而不習？固高賢所日省測，又不敢以自信也。敬書夫子曰：「小子進矣！是可與矣！」爰命勒諸簡末，用以諗之。

「《儒藏》精華編選刊」選目

經　部

周易鄭注
漢魏二十一家易注
周易注
周易正義
周易口義（與《洪範口義》合册）*
温公易説（與《司馬氏書儀》《孝經注解》《家範》合册）
漢上易傳
誠齋先生易傳
易學啓蒙
周易本義

楊氏易傳
易學啓蒙通釋
周易本義附録纂注
周易啓蒙翼傳
易纂言
周易本義通釋
易經蒙引
周易述
周易述補（江藩）（與李林松《周易述補》合册）
周易述補（李林松）
易漢學
御纂周易折中

周易虞氏義
雕菰樓易學
周易集解纂疏
周易姚氏學
尚書正義（全二册）
鄭氏古文尚書
洪範口義
書傳（與《書疑》《尚書表注》合册）
書疑
尚書表注
書纂言
尚書全解（全二册）
尚書要義

讀書叢説
書傳大全（全二册）
古文尚書攷（與《九經古義》合册）
尚書集注音疏（全二册）
尚書後案
毛詩注疏
詩本義
吕氏家塾讀詩記
慈湖詩傳
詩經世本古義（全四册）
毛詩稽古編
毛詩説
毛詩後箋（全二册）
詩毛氏傳疏（全三册）
詩三家義集疏（全三册）
儀禮注疏

儀禮集釋（全二册）
儀禮圖
儀禮鄭註句讀
儀禮章句
儀禮正義（全六册）
禮記正義
禮記集説（衛湜）
禮記集説（陳澔）（全二册）
禮記集解
禮書
五禮通考
禮經釋例
禮經學
司馬氏書儀
春秋左傳正義（全五册）
左氏傳説

左氏傳續説
左傳杜解補正
春秋左氏傳賈服注輯述
春秋左氏傳舊注疏證（全四册）
春秋左傳讀（全二册）
公羊義疏
春秋穀梁傳注疏
春秋集傳纂例
春秋權衡（與《七經小傳》合册）
春秋集注
春秋經解
春秋胡氏傳
春秋尊王發微（與《孫明復先生小集》合册）
春秋本義
春秋集傳

春秋集傳大全（全三册）
孝經注解
孝經大全
白虎通德論
七經小傳
九經古義
經典釋文
群經平議（全二册）
新學僞經考
論語集解（正平版）
論語義疏
論語注疏
論語全解
論語學案
孟子注疏
孟子正義（全二册）

四書集編（全二册）
四書纂疏（全三册）
四書集註大全（全三册）
四書蒙引（全二册）
四書近指
四書訓義
四書賸言
四書改錯
四書説
廣雅疏證（全三册）
説文解字注

史　部

逸周書
國語正義（全二册）
貞觀政要

歷代名臣奏議
御選明臣奏議（全二册）
孔子編年
孟子編年
陳文節公年譜
慈湖先生年譜
宋名臣言行録
伊洛淵源録
道命録
考亭淵源録
道南源委
聖學宗傳
元儒考略
理學宗傳
明儒學案
宋元學案

四先生年譜
洛學編
儒林宗派
程子年譜
學統
伊洛淵源續録
豫章先賢九家年譜
閩中理學淵源考（全三册）
清儒學案
經義考
文史通義

子部

孔子家語（與《曾子注释》合册）
曾子注釋
孔叢子
新書
鹽鐵論
新序
説苑
太玄經
論衡
昌言
傅子
大學衍義
大學衍義補
朱子語類
龜山先生語録
胡子知言（與《五峰集》合册）
木鐘集
西山先生真文忠公讀書記
性理大全書（全四册）
居業録
困知記
思辨録輯要
家範
小學集註
曾文正公家訓
勸學篇
仁學
習學記言序目
日知録集釋（全三册）

集部

蔡中郎集
李文公集
孫明復先生小集
直講李先生文集

歐陽脩全集
伊川擊壤集
元公周先生濂溪集
張載全集
温國文正公文集
公是集(全二册)
游定夫先生集
和靖尹先生文集
豫章羅先生文集
梁溪先生文集
斐然集(全二册)
五峰集
文定集
渭南文集
誠齋集(全四册)
晦庵先生朱文公文集

東萊吕太史集
止齋先生文集
攻媿先生文集
象山先生全集(全二册)
陳亮集(全二册)
絜齋集
文山先生文集(全二册)
勉齋先生黄文肅公文集
北溪先生大全文集(全二册)
西山先生真文忠公文集
鶴山先生大全文集
閑閑老人滏水文集
郝文忠公陵川文集
仁山金先生文集
静修劉先生文集
雲峰胡先生文集

許白雲先生文集
吴文正集(全三册)
道園學古録　道園遺稿
師山先生文集
曹月川先生遺書
康齋先生文集
敬齋集
涇野先生文集(全三册)
重鐫心齋王先生全集
雙江聶先生文集(全二册)
歐陽南野先生文集(全二册)
念菴羅先生文集(全二册)
正學堂稿(全二册)
敬和堂集
涇皋藏稿
馮少墟集

高子遺書
劉蕺山先生集（全二册）
霜紅龕集（全二册）
南雷文定（全二册）
桴亭先生文集
西河文集（全六册）
曝書亭集
三魚堂文集外集
紀文達公遺集
考槃集文録
復初齋文集
述學
孿經室集（全三册）
劉禮部集
籀廎述林
左盦集

出土文獻

郭店楚墓竹簡十二種校釋
上海博物館藏楚竹書十九種校釋（全二册）
秦漢簡帛木牘十種校釋
武威漢簡儀禮校釋

*合册及分册信息僅限已出版文獻。